501
RUSSIAN VERBS

fully conjugated in all the tenses
alphabetically arranged

by

Thomas R. Beyer, Jr.

C. V. Starr Professor of Russian
Dean, The Russian School
Middlebury College
Middlebury, Vermont

BARRON'S EDUCATIONAL SERIES, INC.

© Copyright 1992 by Barron's Educational Series, Inc.

All inquiries should be addressed to:
Barron's Educational Series, Inc.
250 Wireless Boulevard
Hauppauge, New York 11788

Library of Congress Catalog No. 91-30602

International Standard Book No. 0-8120-4662-5

Library of Congress Cataloging-in-Publication Data

Beyer, Thomas R.
    501 Russian verbs : fully conjugated in all the tenses,
alphabetically arranged / by Thomas R. Beyer, Jr.
        p.   cm.
Includes indexes.
ISBN 0-8120-4662-5
1. Russian language —Verb. I. Title. II. Title: Five hundred
one Russian verbs. III. Title: Five hundred and one Russian verbs.
PG2271.B48   1992
491.782'421— dc20   91-30602
                                                        CIP

PRINTED IN THE UNITED STATES OF AMERICA
  45 8800 98765

To Bernard MacQuillen of Xaverian H.S.,
Robert Lager of Georgetown University,
Joseph Conrad of the University of Kansas

and

for Dorothea, Carina, Stefanie, and Alexandra,
who give it all meaning.

Contents

Acknowledgments

I am indebted to the hundreds of my students whose efforts to learn Russian continually remind me how complex the verbal system is. Many other authors have prepared the way for this work. Patricia Anne Davis's *201 Russian Verbs* (© 1968, 1970, Barron's Educational Series, Inc.) has served generations of teachers and students well. I frequently have consulted the standard reference source, *A Dictionary of Russian Verbs*, E. Daum and W. Schenk, 2d ed. (© 1983, VEB Enzyklopaedie Verlag Leipzig). My own list of 501 Russian verbs was derived in part from *5000 Russian Words with All Their Inflected Forms*, Richard L. Leed and Slava Paperno (© 1986, Slavica Publishers, Inc.). I have also consulted a number of major textbooks used in American high schools and colleges at the basic, intermediate, and advanced levels. Particularly helpful was *Russian: A Practical Grammar with Exercises*, I. Pulkina, E. Zakhava-Nekrasova, 4th ed. (1988, Russky Yazyk Publishers).

Many of my colleagues at the Middlebury College Russian School, especially Robert Channon, Kathryn Henry, Alina Israeli, Olga Kagan, Maria Polinsky, and Richard Robin, have been generous with their time and constructive comments and criticism. Many improvements are the result of their efforts. Any errors are mine alone.

The book was prepared on a Macintosh® IIsi using Microsoft® Word 4.0, Avtor © III.2, and the BiRussian © font.

How To Use This Book

On pages ix – xi, we provide examples of a transitive verb without the reflexive particle, a verb with the optional particle (-ся), and a verb of motion. The following conventions apply:

The first line contains the imperfective infinitive separated by a slash / from the perfective infinitive. When the (-ся) is optional, it is enclosed in parentheses ( ). If the parentheses are not provided, the use of -ся is required. For the verb of motion, the multidirectional imperfective form is separated by a dash – from the unidirectional imperfective form. The imperfective forms are separated by a slash / from the perfective infinitive form.

On the next line, possible translations are given. When the verb with -ся has a different meaning, it is given in parentheses ( ). If the perfective form conveys a meaning distinct from that of the imperfective, that meaning follows the slash.

The infinitives (INF.) of imperfective verbs appear in the left column, of perfective verbs in the right column. For verbs of motion, the multidirectional precedes the unidirectional; they are followed by the perfective form.

The present tense (PRES.) forms correspond to the personal pronouns, listed in the following order:

я	заменяю	открываю (сь)	хожу́	иду́
ты	заменяешь	открываешь (ся)	хо́дишь	идёшь
он / она / оно	заменяет	открывает (ся)	хо́дит	идёт
мы	заменяем	открываем (ся)	хо́дим	идём
вы	заменяете	открываете (сь)	хо́дите	идёте
они	заменяют	открывают (ся)	хо́дят	иду́т

The past tense (PAST) forms for both imperfective and perfective are listed in the traditional order: masculine, feminine, neuter, and plural. Sometimes more than one stress is possible in the past tense. Such cases are noted by two stress marks. In instances where the stress of the reflexive (-ся) forms differs from the normal stress of the past tense, these forms also have been supplied.

The future (FUT.) is divided into the compound future for imperfective and the simple future for perfective verbs, listed in the same order as the present tense.

The conditional (COND.) is listed by masculine, feminine, neuter singular, and plural. These forms correspond to the forms of the past tense plus the particle бы.

The imperative (IMP.) is listed in the singular, followed on the next line by the plural.

DEVERBALS (verbal adjectives and verbal adverbs) are listed as follows:

The present active verbal adjective (PRES. ACT.) of imperfective verbs.

The present passive verbal adjective (PRES. PASS.) of imperfective verbs.

The past active verbal adjective (PAST ACT.) of imperfective and perfective verbs.

The past passive verbal adjective (PAST PASS.) for perfective verbs (with a few imperfectives). The long form is given. When the stress of the short forms is identical to that of the long form, the short forms are not provided. If the stress of the short form shifts from the stem to the ending, only the masculine and feminine singular forms are listed when the stress on the neuter and plural is identical to that of the feminine. If the neuter and plural forms have stress like the masculine, the neuter form is listed after the feminine to show the return of the stress to the stem.

Note: The verbal adjectives or participles, as they called by some, are declined as adjectives, agreeing with the noun that they modify in gender, number and case. Only the masculine nominative singular form is provided. A complete set of verbal adjective endings can be found on pages xii – xiv.

VERBAL ADVERBS are listed according to their aspects. In a few instances, alternative forms of the verbal adverbs are listed.

Basic information on the cases which are governed or determined by the verbs is given at the bottom of the page. Certain verbs require specific cases of the nouns and pronouns that accompany them. Transitive verbs, for example, take a direct object in the accusative case and may have a second object in another case. Certain verbs are accompanied by nouns or pronouns in cases other than the accusative. Some verbs are normally followed by prepositions. We have used the Russian method of providing the pronouns кто – что in the appropriate case. You can identify the case required as follows:

кого – что	accusative
кого – чего	genitive
ком – чём	prepositional
кому – чему	dative
кем – чем	instrumental

	IMPERFECTIVE ASPECT	PERFECTIVE ASPECT
INF.	заменя́ть	замени́ть
PRES.	заменя́ю	
	заменя́ешь	
	заменя́ет	
	заменя́ем	
	заменя́ете	
	заменя́ют	
PAST	заменя́л	замени́л
	заменя́ла	замени́ла
	заменя́ло	замени́ло
	заменя́ли	замени́ли
FUT.	бу́ду заменя́ть	заменю́
	бу́дешь заменя́ть	заме́нишь
	бу́дет заменя́ть	заме́нит
	бу́дем заменя́ть	заме́ним
	бу́дете заменя́ть	заме́ните
	бу́дут заменя́ть	заме́нят
COND.	заменя́л бы	замени́л бы
	заменя́ла бы	замени́ла бы
	заменя́ло бы	замени́ло бы
	заменя́ли бы	замени́ли бы
IMP.	заменя́й	замени́
	заменя́йте	замени́те

DEVERBALS

PRES. ACT.	заменя́ющий	
PRES. PASS.	заменя́емый	
PAST ACT.	заменя́вший	замени́вший
PAST PASS.		заменённый
		заменён, заменена́
VERBAL ADVERB	заменя́я	замени́в

заменя́ть кого – что кем – чем, кому – чему

открыва́ть (ся) / откры́ть (ся)
to open, discover

	IMPERFECTIVE ASPECT	PERFECTIVE ASPECT
INF.	открыва́ть (ся)	откры́ть (ся)
PRES.	открыва́ю (сь)	
	открыва́ешь (ся)	
	открыва́ет (ся)	
	открыва́ем (ся)	
	открыва́ете (сь)	
	открыва́ют (ся)	
PAST	открыва́л (ся)	откры́л (ся)
	открыва́ла (сь)	откры́ла (сь)
	открыва́ло (сь)	откры́ло (сь)
	открыва́ли (сь)	откры́ли (сь)
FUT.	бу́ду открыва́ть (ся)	откро́ю (ся)
	бу́дешь открыва́ть (ся)	откро́ешь (ся)
	бу́дет открыва́ть (ся)	откро́ет (ся)
	бу́дем открыва́ть (ся)	откро́ем (ся)
	бу́дете открыва́ть (ся)	откро́ете (сь)
	бу́дут открыва́ть (ся)	откро́ют (ся)
COND.	открыва́л (ся) бы	откры́л (ся) бы
	открыва́ла (сь) бы	откры́ла (сь) бы
	открыва́ло (сь) бы	откры́ло (сь) бы
	открыва́ли (сь) бы	откры́ли (сь) бы
IMP.	открыва́й (ся)	откро́й (ся)
	открыва́йте (сь)	откро́йте (сь)

DEVERBALS

PRES. ACT.	открыва́ющий (ся)	
PRES. PASS.	открыва́емый	
PAST ACT.	открыва́вший (ся)	откры́вший (ся)
PAST PASS.		откры́тый
VERBAL ADVERB	открыва́я	откры́в (шись)

открыва́ть кого – что

ХОДИ́ТЬ – ИДТИ́ / ПОЙТИ́
to go by foot, walk / set off

	MULTIDIRECTIONAL	UNIDIRECTIONAL	PERFECTIVE ASPECT
INF.	ходи́ть	идти́	пойти́
PRES.	хожу́	иду́	
	хо́дишь	идёшь	
	хо́дит	идёт	
	хо́дим	идём	
	хо́дите	идёте	
	хо́дят	иду́т	
PAST	ходи́л	шёл	пошёл
	ходи́ла	шла́	пошла́
	ходи́ло	шло́	пошло́
	ходи́ли	шли́	пошли́
FUT.	бу́ду ходи́ть	бу́ду идти́	пойду́
	бу́дешь ходи́ть	бу́дешь идти́	пойдёшь
	бу́дет ходи́ть	бу́дет идти́	пойдёт
	бу́дем ходи́ть	бу́дем идти́	пойдём
	бу́дете ходи́ть	бу́дете идти́	пойдёте
	бу́дут ходи́ть	бу́дут идти́	пойду́т
COND.	ходи́л бы	шёл бы	пошёл бы
	ходи́ла бы	шла́ бы	пошла́ бы
	ходи́ло бы	шло́ бы	пошло́ бы
	ходи́ли бы	шли́ бы	пошли́ бы
IMP.	ходи́	иди́	пойди́
	ходи́те	иди́те	пойди́те

DEVERBALS

PRES. ACT.	ходя́щий	иду́щий	
PRES. PASS.			
PAST ACT.	ходи́вший	ше́дший	поше́дший
PAST PASS.			
VERBAL ADVERB	ходя́ – ходи́в	идя́	пойдя́

ходи́ть – идти́ во что, на что, к кому - чему, за кем – чем, в чём

With an imperfective infinitive, **пойти́** can mean *start to.*

Verbal Adjective Endings

The verbal adjectives in Russian must agree with the noun they modify in gender, number, and case. In verbs with the reflexive particle, -ся is used after both consonants and vowels.

PRESENT ACTIVE VERBAL ADJECTIVE

	Singular			Plural
	Masculine	Neuter	Feminine	All Genders
Nom.	де́ляющий	де́ляющее	де́ляющая	де́ляющие
Acc.	де́ляющий	де́ляющее	де́ляющую	де́ляющие
	де́ляющего			де́ляющих
Gen.	де́ляющего	де́ляющего	де́ляющей	де́ляющих
Prep.	де́ляющем	де́ляющем	де́ляющей	де́ляющих
Dat.	де́ляющему	де́ляющему	де́ляющей	де́ляющим
Instr.	де́ляющим	де́ляющим	де́ляющей	де́ляющими

	Singular			Plural
	Masculine	Neuter	Feminine	All Genders
Nom.	стро́ящийся	стро́ящееся	стро́ящаяся	стро́ящиеся
Acc.	стро́ящийся	стро́ящееся	стро́ящуюся	стро́ящиеся
	стро́ящегося			стро́ящихся
Gen.	стро́ящегося	стро́ящегося	стро́ящейся	стро́ящихся
Prep.	стро́ящемся	стро́ящемся	стро́ящейся	стро́ящихся
Dat.	стро́ящемуся	стро́ящемуся	стро́ящейся	стро́ящимся
Instr.	стро́ящимся	стро́ящимся	стро́ящейся	стро́ящимися

PRESENT PASSIVE VERBAL ADJECTIVE

	Singular Masculine	Neuter	Feminine	Plural All Genders
Nom.	делймый	делймое	делймая	делймые
Acc.	делймый	делймое	делймую	делймые
	делймого			делймых
Gen.	делймого	делймого	делймой	делймых
Prep.	делймом	делймом	делймой	делймых
Dat.	делймому	делймому	делймой	делймым
Instr.	делймым	делймым	делймой	делймыми

PAST ACTIVE VERBAL ADJECTIVE

	Singular Masculine	Neuter	Feminine	Plural All Genders
Nom.	брáвший	брáвшее	брáвшая	брáвшие
Acc.	брáвший	брáвшее	брáвшую	брáвшие
	брáвшего			брáвших
Gen.	брáвшего	брáвшего	брáвшей	брáвших
Prep.	брáвшем	брáвшем	брáвшей	брáвших
Dat.	брáвшему	брáвшему	брáвшей	брáвшим
Instr.	брáвшим	брáвшим	брáвшей	брáвшими

	Singular Masculine	Neuter	Feminine	Plural All Genders
Nom.	брúвшийся	брúвшееся	брúвшаяся	брúвшиеся
Acc.	брúвшийся	брúвшееся	брúвшуюся	брúвшиеся
	брúвшегося			брúвшихся
Gen.	брúвшегося	брúвшегося	брúвшейся	брúвшихся
Prep.	брúвшемся	брúвшемся	брúвшейся	брúвшихся
Dat.	брúвшемуся	брúвшемуся	брúвшейся	брúвшимся
Instr.	брúвшимся	брúвшимся	брúвшейся	брúвшимися

PAST PASSIVE VERBAL ADJECTIVE

	Singular			Plural
	Masculine	Neuter	Feminine	All Genders
Nom.	сде́ланный	сде́ланное	сде́ланная	сде́ланные
Acc.	сде́ланный	сде́ланное	сде́ланную	сде́ланные
	сде́ланного			сде́ланных
Gen.	сде́ланного	сде́ланного	сде́ланной	сде́ланных
Prep.	сде́ланном	сде́ланном	сде́ланной	сде́ланных
Dat.	сде́ланному	сде́ланному	сде́ланной	сде́ланным
Instr.	сде́ланным	сде́ланным	сде́ланной	сде́ланными

	Singular			Plural
	Masculine	Neuter	Feminine	All Genders
Nom.	откры́тый	откры́тое	откры́тая	откры́тые
Acc.	откры́тый	откры́тое	откры́тую	откры́тые
	откры́того			откры́тых
Gen.	откры́того	откры́того	откры́той	откры́тых
Prep.	откры́том	откры́том	откры́той	откры́тых
Dat.	откры́тому	откры́тому	откры́той	откры́тым
Instr.	откры́тым	откры́тым	откры́той	откры́тыми

The Russian Verb

One of the most important parts of speech in Russian is the verb. Because Russian is an inflected language, that is, the forms change to convey grammatical meaning, Russian verbs have numerous forms, all of which are presented for you in this book. The most distinguishing feature of the Russian verb, one of the major differences between it and the English verb, is **aspect**. Like English verbs, Russian verbs have **moods**: indicative, conditional, and imperative. Verbs have **tenses**: past, present, and future. Many Russian verbs can form verbal adjectives and verbal adverbs.

Aspect.   All Russian verbs have aspect. The word for aspect in Russian is **"вид"** from the verb **"видеть,"** meaning *to see or view."* A Russian uses aspect to describe how he or she sees or perceives an action. There are two aspects: imperfective and perfective. You will find that Russian verbs frequently come in aspectual pairs. In our book we have listed the forms of the imperfective aspect first, followed by those of the perfective aspect. It is essential that you know to which aspect a Russian verb belongs.

The Parts of a Verb.   Russian verbal forms have at least two parts: a stem and an ending. There is an infinitive (past) stem and a non-past (present/future) stem. Sometimes these stems are identical, as in the verb **читать,** where to the stem **чита-**, the infinitive ending -ть, the past tense endings   -л, -ла, -ло, -ли, or the present tense endings -ю, -ешь, -ет, -ем, -ете, -ют can be added. In most cases, however, the two stems are different. To the basic verbs consisting of a stem plus endings, Russian can add prefixes such as **по-** to make new verbs, for example, **почитать.** Many perfective verbs are formed by adding a prefix such as **по-, на-, про-,** or **с-** to the imperfective verb. Russian verbs may also have suffixes such as **-ыва-** or **-ва-** after the stem but before the ending. Such verbs are most likely to be imperfective.

The Infinitive.   In this book, as in most dictionaries and texts, verbs are listed in their infinitive form. You can recognize the Russian infinitive by looking at the ending. Infinitives end in -ть, -ти, or -чь. The -ть or -чь usually comes after a vowel. The ending -ти comes only after a consonant. The infinitive is made up of the stem, including any prefixes, and the endings above. The infinitive (or past) stem is the basis for the formation of the past tense, the past verbal adjectives, and the perfective verbal adverb. You can obtain the infinitive stem by dropping the endings -ть, -чь or -ти. Note that some infinitive stems have a г or к in the stem that is not visible in the infinitive form, for example, мочь, печь.

Infinitives are used after some verbs; in some impersonal constructions after modal words such as **надо, можно;** after some adjectives like **рад, готов;** and after some nouns like **желание, умение.**

The Indicative Mood–Tenses.   In the indicative mood Russian has three tenses: present, past, and future.

The Present Tense is formed from imperfective verbs only. To form the present tense you need to know the non-past (present/future) stem and to which conjugation the verb belongs. In the present tense, the verb agrees with the subject of the sentence in person (first, second, third) and number (singular or plural).

The First Conjugation

The endings for the first conjugation are: -ю (-у), -ешь (-ёшь), -ет (-ёт), -ем (-ём), -ете (-ёте), -ют (-ут). The vowel letter ю is written after another vowel. The vowel letter у is written after consonants. The vowel letter ё occurs only when the ending is stressed.

я чита́ю	я узна́ю	я иду́
ты чита́ешь	ты узнаёшь	ты идёшь
он/она́/оно́ чита́ет	он/она́/оно́ узнаёт	он/она́/оно́ идёт
мы чита́ем	мы узнаём	мы идём
вы чита́ете	вы узнаёте	вы идёте
они́ чита́ют	они́ узнаю́т	они́ иду́т

The Second Conjugation

The endings for the second conjugation are: -ю (-у), -ишь, -ит, -им, -ите, -ят (-ат). The vowel letters у and а are used after the consonants г, к, ж, ч, ш, щ.

я ве́рю	я спешу́
ты ве́ришь	ты спеши́шь
он/она́/оно́ ве́рит	он/она́/оно́ спеши́т
мы ве́рим	мы спеши́м
вы ве́рите	вы спеши́те
они́ ве́рят	они́ спеша́т

Because you need to know not only the aspect, but also the conjugation of each verb, the following tips will be helpful. Most verbs whose infinitives ending in -ать, -авать, -овать, -евать, -ывать, -еть, -уть and -ти are first conjugation verbs. Most infinitives ending in -ить are second conjugation verbs.*

In the conjugation of some verbs, there is consonant mutation (the consonant at the end of the stem changes before certain endings, for example, д → ж, г → ж, к → ч, т → ч, с → ш, з → ж, с → ш, ст → щ). After the five labial consonants (when the lips meet or the teeth touch the lips), б, в, м, п, ф, the letter л is added in the first person singular of the present tense. In second conjugation verbs only, if consonant mutation occurs, it occurs only in the first person singular form.

The non-past (present/future) stem can be identified by dropping the -ют (-ут) or -ят (-ат) of the third person plural form. You will need to know this stem to form the imperative, the present verbal adjective, and the imperfective verbal adverb.

---

* A few infinitives ending in -ать belong to the second conjugation: гна́ть, держа́ть, дыша́ть, крича́ть, слы́шать. Seven ending in -еть are second conjugation: смотре́ть, ви́деть, ненави́деть, терпе́ть, оби́деть, верте́ть, зави́сеть, and verbs formed by adding a prefix to them. One infinitive ending in -ить is first conjugation: бри́ть (ся). The verbs, би́ть, ли́ть, and пи́ть are also first conjugation.

In both conjugations the stress may fall on the stem or on the endings or switch from the ending to the stem. Stress has been indicated throughout the book by an accent mark or the vowel **ё**, which is always stressed.

The Past Tense is formed from the infinitive stem of imperfective and perfective verbs. In the past tense, the verbal forms agree with the subject in number (singular or plural) and gender (masculine, feminine, or neuter) in the singular. After dropping the infinitive ending -ть, -чь, -ти, add -л, -ла, -ло, -ли.

я/ты/он быва́л
я/ты/она быва́ла
оно быва́ло

они быва́ли

In some cases, the past tense stem may end in a consonant. In such instances, the -л in the masculine singular is omitted: везти → вёз. Verbs that have infinitives ending in -нуть normally preserve the -ну- in the past tense stem: отдохну́ть → отдохну́л. But a few verbs, for example, привы́кнуть → привы́к, omit the -ну- in the past.

The Future Tense has two forms in Russian. Imperfective verbs have a compound future, formed by adding the imperfective infinitive to conjugated forms of the verb **бы́ть** "*to be.*"

я бу́ду смотре́ть
ты бу́дешь смотре́ть
она/он/оно бу́дет смотре́ть
мы бу́дем смотре́ть
вы бу́дете смотре́ть
они бу́дут смотре́ть

Perfective verbs form a simple future by using the conjugated forms without the auxiliary verb **бы́ть.**

я прочита́ю	я поговорю́
ты прочита́ешь	ты поговори́шь
он/она/оно прочита́ет	он/она/оно поговори́т
мы прочита́ем	мы поговори́м
вы прочита́ете	вы поговори́те
они прочита́ют	они поговоря́т

Tip: If the perfective verb is formed by adding a prefix to the imperfective, both will probably belong to the same conjugation.

The Imperative Mood is used to give commands. "Read!" "Leave!" The imperative is formed from the non-past (present/future) stem of the verb. Remember that you can identify this stem by dropping the ending of the third person plural form.

If the stem ends in a vowel add **-й** for the singular, **-йте** for the plural.

поезжа́ют → поезжа́ → поезжа́й or поезжа́йте
сове́туют → сове́ту → сове́туй or сове́туйте

If the stem ends in two or more consonants, add **-и** or **-ите**.

отдохну́ть → отдохн → отдохни́ or отдохни́те

If the stem ends in a single consonant and the stress falls on the ending of the first person singular present/future form, add **-й** or **-йте**.

говоря́т → говор → говори́ or говори́те
спеша́т → спеш → спеши́ or спеши́те

If the stem ends in a single consonant, and the ending is never stressed in the present/future, then add **-ь** or **-ьте**.

гото́вят → гото́в → гото́вь or гото́вьте

Infinitives with the suffix **-ав-** maintain the **-ав-** in the imperative form.

дава́ть → дава́й or дава́йте
узнава́ть → узнава́й or узнава́йте

To form the equivalent of "let's," Russians use the first person plural form of the verb.

Идём. *Let's go.*
Почита́ем. *Let's read a bit.*
Поговори́м. *Let's talk.*

To express "let her/him/them..." use the form **пусть** followed by the third person singular or plural form of the present or future tense.

Пусть он чита́ет. *Let him read.*
Пусть Ири́на позвони́т. *Let Irina telephone.*
Пусть они́ зае́дут. *Let them come by.*

The Conditional Mood is formed by adding the particle **бы** to the past tense form of the imperfective or perfective verb.

он бра́л бы	он взя́л бы
она́ брала́ бы	она́ взяла́ бы
оно́ бра́ло бы	оно́ взя́ло бы
они́ бра́ли бы	они́ взя́ли бы

The Particle (-ся) is attached to some Russian verbs. A few Russian verbs do not have forms without (**ся**), whereas others never take the particle. The particle has several functions. It can give a reflexive meaning to a transitive verb; it can indicate reciprocal action; it can express the passive; or it can make a transitive verb intransitive.

In general, the particle is spelled **ся** after a consonant or the soft sign **ь**; after a vowel the particle is spelled **сь**. The verbal adjectives are an exception. After the active and passive, present and past verbal adjectives, the form is always spelled **ся**.

In this book we have indicated by use of (**ся**) in parentheses those verbs which can be found with or without the reflexive particle. Because the reflexive forms of several verbs are used only in the third person forms, in many of the tables reflexive forms for the first and second persons are omitted.

The Verbs of Motion are an essential part of a Russian's outlook. When describing motion, a speaker of Russian declares whether that action has one definite direction, (unidirectional) or not (multidirectional). These are also sometimes called determinate and indeterminate. Motion verbs come in pairs in the imperfective, with one multidirectional and one unidirectional verb. Some of the more common pairs are:

MULTIDIRECTIONAL	UNIDIRECTIONAL
ходи́ть	идти́
е́здить	е́хать
носи́ть	нести́
вози́ть	везти́
бе́гать	бежа́ть
лета́ть	лете́ть

In each pair, both verbs belong to the **imperfective aspect**.

A perfective verb, meaning *to begin walking, riding, running, flying,* etc., can be formed by adding the prefix **по-** to the unidirectional verb: **пойти́, пое́хать, побежа́ть, полете́ть.** Other prefixes can be added to the above pairs, forming an imperfective–perfective pair with a new meaning: **приходи́ть / прийти́** *to come, arrive by foot,* **убега́ть / убежа́ть** *to run away.* Notice that the addition of a prefix to the multidirectional verb yields an imperfective form, while the addition of a prefix added to the unidirectional verb produces a perfective verb.*

Verbs of motion in our book are listed alphabetically under the multidirectional verb. The multidirectional and unidirectional imperfective pair and the perfective verb with the prefix **по-** are supplied. Other commonly used prefixed forms are listed alphabetically according to the imperfective infinitive.

The Verbal Adjective (Participle) derives from the verb, can be transitive or intransitive, and may have the particle (**-ся**). It has aspect, and tense, can be active or passive, and governs nouns as a verb does. Like an adjective, the participle is declined and agrees with the noun in gender, number, and case.

---

* The topic of verbs of motion can and does occupy several books. This explanation provides only a few basic principles.

Present Active Verbal Adjective. The present active verbal adjective is formed from imperfective verbs by replacing the -т of the third person plural ending with -щ- and adding adjective endings.

читáют → читáющий, читáющая, читáющее, читáющие
живýт → живýщий, живýщая, живýщее, живýщие
вéрят → вéрящий, вéрящая, вéрящее, вéрящие
спешáт → спешáщий, спешáщая, спешáщее, спешáщие

The reflexive particle for all verbal adjectives is **(-ся)**, even when it follows a vowel letter.

занимáющийся, занимáющаяся, занимáющееся, занимáющиеся

Present Passive Verbal Adjective. The present passive verbal adjective is formed from transitive imperfective verbs by adding adjective endings to the first person plural form of the verb.

читáем → читáемый, читáемая, читáемое, читáемые
стрóим → стрóимый, стрóимая, стрóимое, стрóимые

Infinitives with **-ав-** (**давáть, узнавáть,** etc.) retain that suffix in forming the present passive verbal adjective.

даём → давáемый, давáемая, давáемое, давáемые
узнаём → узнавáемый, узнавáемая, узнавáемое, узнавáемые

Past Active Verbal Adjective. Past active verbal adjectives can be formed from imperfective and perfective verbs by adding **-вш-** and adjective endings to the infinitive (past tense) stem. (You can obtain this stem by dropping the **-ть, -чь, -ти** of the infinitive or the **-л** of the masculine singular past tense form).

читáл → читáвший, читáвшая, читáвшее, читáвший
писáл → писáвший, писáвшая, писáвшее, писáвшие
поговорúл → поговорúвший, поговорúвшая, поговорúвшее,
поговорúвшие

When the past tense stem ends in a consonant (**принёс, спас**), **-ший** is added to the consonant.

принёс → принёсший, принёсшая, принёсшее, принёсшие
спас → спáсший, спáсшая, спáсшее, спáсшие

The particle **(ся)** is used throughout the declension:

откры́вшийся, откры́вшаяся, откры́вшееся, откры́вшиеся.

Past Passive Verbal Adjective. The past passive verbal adjective is usually formed from transitive perfective verbs by adding -нн- or -т- to the past tense stem unless the stem ends in the vowel и or a consonant, in which case you add -енн- (-ённ-). Note that if consonant mutation occurs in the present/future, it will also occur in the past passive verbal adjective.

приговори́л → приговори́ → приговорённый
спа́с → спасённый
встре́тил → встре́ти (встре́чу) → встре́ченный

If the stem ends in a vowel other than и add -нн- plus regular adjective endings.

прочита́л → прочита́ → прочи́танный
уви́дел → уви́де → уви́денный

The suffix -т- is added to stems ending in -ну-, many monosyllabic verb forms with prefixes, and a few others noted in the book.

дости́гнул → дости́гну → дости́гнутый
проби́л → проби́ → проби́тый

The past passive verbal adjective in Russian also has a complete set of short forms that agree with the noun in gender and number but are not declined. For example:

откры́тый → откры́т, откры́та, откры́то, откры́ты

They are used to form passive constructions. When the placement of stress of one or more of the short forms differs from that of the long form, these short forms are listed in the book.

The Verbal Adverb can be transitive or intransitive, governs nouns, and has aspect. Because it is an adverb, its form does not change.

The imperfective verbal adverb is formed from the present tense stem of imperfective verbs by adding -я after vowels and most consonants or -а after the consonants ш, щ, ж, ч.

чита́ют → чита́ → чита́я
говоря́т → говор → говоря́
спеша́т → спеш → спеша́

Imperfective infinitives with the suffix -ва- retain the -ва- in the verbal adverb.

дава́ть → даю́т but дава́я
узнава́ть → узнаю́т but узнава́я

With verbal adverbs the reflexive particle will always be (-сь) after the vowel: улыба́ясь, встреча́ясь.

The perfective verbal adverb is formed from the past stem of perfective verbs by adding -в after a vowel and -ши after a consonant.

открыл → открыв
показал → показав
взял → взяв
принёс → принёсши

In some cases, especially for prefixed forms of verbs of motion, the perfective verbal adverb is formed by adding -я to the future tense stem:

придут → придя,
принесут → принеся

With reflexive forms the verbal adverb ending is -вшись:

улыбнувшись
появившись

Alphabet and Pronunciation Guide

The Cyrillic alphabet has thirty-three letters. Many of them will be familiar to you from English; several others resemble Greek letters. As in English, each letter is only an approximation of how a sound is pronounced. The guide below lists the letters in alphabetical order.

RUSSIAN LETTER	ENGLISH SOUND	SYMBOL	RUSSIAN EXAMPLE
а	a as in Amen	A	да *DA*
б	b as in bat	B	банк *BANK*
в	v as in vote	V	вот *VOT*
г	g as in go	G	гол *GOL*
д	d as in dog	D	да *DA*
е	ye as in yes	YE	нет *NYET*
ё	yo as in yo-yo	YO	полёт *paLYOT*
ж	zh as in azure	ZH	жена *zhiNA*
з	z as in zoo	Z	за *ZA*
и	ee as in bee	I	ива *Iva*
й	y as in boy	Y	мой *MOY*
к	k as in kayak	K	касса *KAsa*
л	l as in lot	L	лампа *LAMpa*
м	m as in mall	M	муж *MUSH*
н	n as in note	N	нос *NOS*
о	o as in hello	O	но *NO*
п	p as in papa	P	парк *PARK*
р	r as in rabbit	R	рот *ROT*
с	s as in sun	S	суп *SUP*
т	t as in toe	T	такси *taKSI*
у	u as in rule	U	ну *NU*
ф	f as in fund	F	фунт *FUNT*
х	ch as in Bach	KH	ах *AKH*
ц	ts as in tsar	TS	царь *TSAR'*
ч	ch as in cheap	CH	читает *chiTAyit*
ш	sh as in show	SH	шапка *SHAPka*
щ	sh as in sheep	SH	щи *SHI*
ъ	hard sign		not pronounced
ы	y as in hairy	Y	мы *MY*
ь	soft sign		not pronounced
э	e as in echo	E	это *Eta*
ю	u as in union	YU	юмор *YUmar*
я	ya as in yahoo	YA	я *YA*

Three Rules of Pronunciation

1) In each Russian word, only one syllable is stressed or under accent. Russians pronounce the "**o**" sound only when it is stressed. When some other vowel is stressed in a word, the letter "**o**" is pronounced "**a**" **кóт** (*KOT*) but **котá** (*kaTA*). When the letters "**e**" "**я**" and sometimes "**a**" are not stressed, they are pronounced as "**i**," in the English word "it."

2) Consonants can be hard **ну** (*NU*) or soft **нет** (*NYET*). The soft "**n**" is like the sound in the word "onion." A consonant is hard unless it is followed by a soft vowel letter **я, е, и, ё, ю** or the soft sign **ь**.

3) At the end of a word or before voiced consonants, **б, в, г, д, ж**, and **з** become their voiceless counterparts: **б → п, в → ф, г → к, д → т, ж → ш, з → с**. Examples: **ход** *KHOT*, **баб** *BAP*, **ног** *NOK*, **автомат** *aftaMAT*, **водка** *VOTka*.

Alphabetical Listing of 501 Russian Verbs Fully Conjugated in All the Tenses

	IMPERFECTIVE ASPECT	PERFECTIVE ASPECT
INF.	аплоди́ровать	зааплоди́ровать
PRES.	аплоди́рую аплоди́руешь аплоди́рует аплоди́руем аплоди́руете аплоди́руют	
PAST	аплоди́ровал аплоди́ровала аплоди́ровало аплоди́ровали	зааплоди́ровал зааплоди́ровала зааплоди́ровало зааплоди́ровали
FUT.	бу́ду аплоди́ровать бу́дешь аплоди́ровать бу́дет аплоди́ровать бу́дем аплоди́ровать бу́дете аплоди́ровать бу́дут аплоди́ровать	зааплоди́рую зааплоди́руешь зааплоди́рует зааплоди́руем зааплоди́руете зааплоди́руют
SUBJ.	аплоди́ровал бы аплоди́ровала бы аплоди́ровало бы аплоди́ровали бы	зааплоди́ровал бы зааплоди́ровала бы зааплоди́ровало бы зааплоди́ровали бы
IMP.	аплоди́руй аплоди́руйте	зааплоди́руй зааплоди́руйте

DEVERBALS

PRES. ACT.	аплоди́рующий	
PRES. PASS.		
PAST ACT.	аплоди́ровавший	зааплоди́ровавший
PAST PASS.		
VERBAL ADVERB	аплоди́руя	зааплоди́ровав

аплоди́ровать кому – чему

аресто́вывать / арестова́ть
to arrest, seize

	IMPERFECTIVE ASPECT	PERFECTIVE ASPECT
INF.	аресто́вывать	арестова́ть
PRES.	аресто́вываю аресто́вываешь аресто́вывает аресто́вываем аресто́вываете аресто́вывают	
PAST	аресто́вывал аресто́вывала аресто́вывало аресто́вывали	арестова́л арестова́ла арестова́ло арестова́ли
FUT.	бу́ду аресто́вывать бу́дешь аресто́вывать бу́дет аресто́вывать бу́дем аресто́вывать бу́дете аресто́вывать бу́дут аресто́вывать	аресту́ю аресту́ешь аресту́ет аресту́ем аресту́ете аресту́ют
COND.	аресто́вывал бы аресто́вывала бы аресто́вывало бы аресто́вывали бы	арестова́л бы арестова́ла бы арестова́ло бы арестова́ли бы
IMP.	аресто́вывай аресто́вывайте	аресту́й аресту́йте

DEVERBALS

PRES. ACT.	аресто́вывающий	
PRES. PASS.	аресто́вываемый	
PAST ACT.	аресто́вывавший	арестова́вший
PAST PASS.		аресто́ванный
VERBAL ADVERB	аресто́вывая	арестова́в

аресто́вывать кого – что

	MULTIDIRECTIONAL	UNIDIRECTIONAL	PERFECTIVE ASPECT
INF.	бе́гать	бежа́ть	побежа́ть
PRES.	бе́гаю	бегу́	
	бе́гаешь	бежи́шь	
	бе́гает	бежи́т	
	бе́гаем	бежи́м	
	бе́гаете	бежи́те	
	бе́гают	бегу́т	
PAST	бе́гал	бежа́л	побежа́л
	бе́гала	бежа́ла	побежа́ла
	бе́гало	бежа́ло	побежа́ло
	бе́гали	бежа́ли	побежа́ли
FUT.	бу́ду бе́гать	бу́ду бежа́ть	побегу́
	бу́дешь бе́гать	бу́дешь бежа́ть	побежи́шь
	бу́дет бе́гать	бу́дет бежа́ть	побежи́т
	бу́дем бе́гать	бу́дем бежа́ть	побежи́м
	бу́дете бе́гать	бу́дете бежа́ть	побежи́те
	бу́дут бе́гать	бу́дут бежа́ть	побегу́т
COND.	бе́гал бы	бежа́л бы	побежа́л бы
	бе́гала бы	бежа́ла бы	побежа́ла бы
	бе́гало бы	бежа́ло бы	побежа́ло бы
	бе́гали бы	бежа́ли бы	побежа́ли бы
IMP.	бе́гай	беги́	побеги́
	бе́гайте	беги́те	побеги́те

DEVERBALS

PRES. ACT.	бе́гающий	бегу́щий	
PRES. PASS.			
PAST ACT.	бе́гавший	бежа́вший	побежа́вший
PAST PASS.			
VERBAL ADVERB	бе́гая		побежа́в

берéчь (ся) / поберéчь (ся)
guard, take care of (beware of)

	IMPERFECTIVE ASPECT	PERFECTIVE ASPECT
INF.	берéчь (ся)	поберéчь (ся)
PRES.	берегу́ (сь) бережёшь (ся) бережёт (ся) бережём (ся) бережёте (сь) берегу́т (ся)	
PAST	берёг (ся) берегла́ (сь) берегло́ (сь) берегли́ (сь)	поберёг (ся) поберегла́ (сь) поберегло́ (сь) поберегли́ (сь)
FUT.	бу́ду берéчь (ся) бу́дешь берéчь (ся) бу́дет берéчь (ся) бу́дем берéчь (ся) бу́дете берéчь (ся) бу́дут берéчь (ся)	поберегу́ (сь) побережёшь (ся) побережёт (ся) побережём (ся) побережёте (сь) поберегу́т (ся)
COND.	берёг (ся) бы берегла́ (сь) бы берегло́ (сь) бы берегли́ (сь) бы	поберёг (ся) бы поберегла́ (сь) бы поберегло́ (сь) бы поберегли́ (сь) бы
IMP.	береги́ (сь) береги́те (сь)	побереги́ (сь) побереги́те (сь)

DEVERBALS

PRES. ACT.	берегу́щий (ся)	
PRES. PASS.		
PAST ACT.	берёгший (ся)	поберёгший (ся)
PAST PASS.	бережённый бережён, бережена́	побережённый побережён, побережена́
VERBAL ADVERB		поберёгши (сь)

берéчь кого – что

беспокóить (ся) / побеспокóить (ся)
to disturb, bother (become anxious, uneasy, worry about)

	IMPERFECTIVE ASPECT	PERFECTIVE ASPECT
INF.	беспокóить (ся)	побеспокóить (ся)
PRES.	беспокóю (сь) беспокóишь (ся) беспокóит (ся) беспокóим (ся) беспокóите (сь) беспокóят (ся)	
PAST	беспокóил (ся) беспокóила (сь) беспокóило (сь) беспокóили (сь)	побеспокóил (ся) побеспокóила (сь) побеспокóило (сь) побеспокóили (сь)
FUT.	бýду беспокóить (ся) бýдешь беспокóить (ся) бýдет беспокóить (ся) бýдем беспокóить (ся) бýдете беспокóить (ся) бýдут беспокóить (ся)	побеспокóю (сь) побеспокóишь (ся) побеспокóит (ся) побеспокóим (ся) побеспокóите (сь) побеспокóят (ся)
COND.	беспокóил (ся) бы беспокóила (сь) бы беспокóило (сь) бы беспокóили (сь) бы	побеспокóил (ся) бы побеспокóила (сь) бы побеспокóило (сь) бы побеспокóили (сь) бы
IMP.	беспокóй (ся) беспокóйте (сь)	побеспокóй (ся) побеспокóйте (сь)

DEVERBALS

PRES. ACT.	беспокóящий (ся)	
PRES. PASS.	беспокóимый	
PAST ACT.	беспокóивший (ся)	побеспокóивший (ся)
PAST PASS.		побеспокóенный
VERBAL ADVERB	беспокóя (сь)	побеспокóив (шись)

беспокóить когó – что
беспокóиться о ком – о чём

би́ть / поби́ть
to beat, hit, defeat

	IMPERFECTIVE ASPECT	PERFECTIVE ASPECT
INF.	би́ть	поби́ть
PRES.	бью	
	бьёшь	
	бьёт	
	бьём	
	бьёте	
	бьют	
PAST	би́л	поби́л
	би́ла	поби́ла
	би́ло	поби́ло
	би́ли	поби́ли
FUT.	бу́ду би́ть	побью
	бу́дешь би́ть	побьёшь
	бу́дет би́ть	побьёт
	бу́дем би́ть	побьём
	бу́дете би́ть	побьёте
	бу́дут би́ть	побьют
COND.	би́л бы	поби́л бы
	би́ла бы	поби́ла бы
	би́ло бы	поби́ло бы
	би́ли бы	поби́ли бы
IMP.	бе́й	побе́й
	бе́йте	побе́йте

DEVERBALS

PRES. ACT.	бью́щий	
PRES. PASS.		
PAST ACT.	би́вший	поби́вший
PAST PASS.	би́тый	поби́тый
VERBAL ADVERB		поби́в

би́ть кого – что по чему, во что

The pair побива́ть / поби́ть also means *to beat.*

благодари́ть / поблагодари́ть
to thank

	IMPERFECTIVE ASPECT	PERFECTIVE ASPECT
INF.	благодари́ть	поблагодари́ть
PRES.	благодарю́ благодари́шь благодари́т благодари́м благодари́те благодаря́т	
PAST	благодари́л благодари́ла благодари́ло благодари́ли	поблагодари́л поблагодари́ла поблагодари́ло поблагодари́ли
FUT.	бу́ду благодари́ть бу́дешь благодари́ть бу́дет благодари́ть бу́дем благодари́ть бу́дете благодари́ть бу́дут благодари́ть	поблагодарю́ поблагодари́шь поблагодари́т поблагодари́м поблагодари́те поблагодаря́т
COND.	благодари́л бы благодари́ла бы благодари́ло бы благодари́ли бы	поблагодари́л бы поблагодари́ла бы поблагодари́ло бы поблагодари́ли бы
IMP.	благодари́ благодари́те	поблагодари́ поблагодари́те

DEVERBALS

PRES. ACT.	благодаря́щий	
PRES. PASS.		
PAST ACT.	благодари́вший	поблагодари́вший
PAST PASS.		
VERBAL ADVERB	благодаря́	поблагодари́в

благодари́ть кого – что за что

7

бледне́ть / побледне́ть
to become pale, fade

	IMPERFECTIVE ASPECT	PERFECTIVE ASPECT
INF.	бледне́ть	побледне́ть
PRES.	бледне́ю	
	бледне́ешь	
	бледне́ет	
	бледне́ем	
	бледне́ете	
	бледне́ют	
PAST	бледне́л	побледне́л
	бледне́ла	побледне́ла
	бледне́ло	побледне́ло
	бледне́ли	побледне́ли
FUT.	бу́ду бледне́ть	побледне́ю
	бу́дешь бледне́ть	побледне́ешь
	бу́дет бледне́ть	побледне́ет
	бу́дем бледне́ть	побледне́ем
	бу́дете бледне́ть	побледне́ете
	бу́дут бледне́ть	побледне́ют
COND.	бледне́л бы	побледне́л бы
	бледне́ла бы	побледне́ла бы
	бледне́ло бы	побледне́ло бы
	бледне́ли бы	побледне́ли бы
IMP.	бледне́й	побледне́й
	бледне́йте	побледне́йте

DEVERBALS

PRES. ACT.	бледне́ющий	
PRES. PASS.		
PAST ACT.	бледне́вший	побледне́вший
PAST PASS.		
VERBAL ADVERB	бледне́я	побледне́в

8

болéть / заболéть
to be ill, support [a team] / become ill

	IMPERFECTIVE ASPECT	PERFECTIVE ASPECT
INF.	болéть	заболéть
PRES.	болéю болéешь болéет болéем болéете болéют	
PAST	болéл болéла болéло болéли	заболéл заболéла заболéло заболéли
FUT.	бýду болéть бýдешь болéть бýдет болéть бýдем болéть бýдете болéть бýдут болéть	заболéю заболéешь заболéет заболéем заболéете заболéют
COND.	болéл бы болéла бы болéло бы болéли бы	заболéл бы заболéла бы заболéло бы заболéли бы
IMP.	болéй болéйте	заболéй заболéйте

DEVERBALS

PRES. ACT.	болéющий	
PRES. PASS.		
PAST ACT.	болéвший	заболéвший
PAST PASS.		
VERBAL ADVERB	болéя	заболéв

болéть чем, за кого – что

9

болéть / заболéть
to ache / begin to ache

	IMPERFECTIVE ASPECT	PERFECTIVE ASPECT
INF.	болéть	заболéть
PRES.		
	болúт	
	боля́т	
PAST	болéл	заболéл
	болéла	заболéла
	болéло	заболéло
	болéли	заболéли
FUT.		
	бýдет болéть	заболúт
	бýдут болéть	заболя́т
COND.	болéл бы	заболéл бы
	болéла бы	заболéла бы
	болéло бы	заболéло бы
	болéли бы	заболéли бы
IMP.		

DEVERBALS

PRES. ACT.	боля́щий	
PRES. PASS.		
PAST ACT.	болéвший	заболéвший
PAST PASS.		
VERBAL ADVERB		заболéв

10

to struggle, wrestle, fight

	IMPERFECTIVE ASPECT	PERFECTIVE ASPECT
INF.	боро́ться	поборо́ться
PRES.	борю́сь бо́решься бо́рется бо́ремся бо́ретесь бо́рются	
PAST	боро́лся боро́лась боро́лось боро́лись	поборо́лся поборо́лась поборо́лось поборо́лись
FUT.	бу́ду боро́ться бу́дешь боро́ться бу́дет боро́ться бу́дем боро́ться бу́дете боро́ться бу́дут боро́ться	поборю́сь побо́решься побо́рется побо́ремся побо́ретесь побо́рются
COND.	боро́лся бы боро́лась бы боро́лось бы боро́лись бы	поборо́лся бы поборо́лась бы поборо́лось бы поборо́лись бы
IMP.	бори́сь бори́тесь	побори́сь побори́тесь

DEVERBALS

PRES. ACT.	бо́рющийся	
PRES. PASS.		
PAST ACT.	боро́вшийся	поборо́вшийся
PAST PASS.		
VERBAL ADVERB	боря́сь	поборо́вшись

боро́ться с кем – чем, за кого – что, против кого – чего

боя́ться / побоя́ться
to be afraid of

	IMPERFECTIVE ASPECT	PERFECTIVE ASPECT
INF.	боя́ться	побоя́ться
PRES.	бою́сь бои́шься бои́тся бои́мся бои́тесь боя́тся	
PAST	боя́лся боя́лась боя́лось боя́лись	побоя́лся побоя́лась побоя́лось побоя́лись
FUT.	бу́ду боя́ться бу́дешь боя́ться бу́дет боя́ться бу́дем боя́ться бу́дете боя́ться бу́дут боя́ться	побою́сь побои́шься побои́тся побои́мся побои́тесь побоя́тся
COND.	боя́лся бы боя́лась бы боя́лось бы боя́лись бы	побоя́лся бы побоя́лась бы побоя́лось бы побоя́лись бы
IMP.	бо́йся бо́йтесь	побо́йся побо́йтесь

DEVERBALS

PRES. ACT.	боя́щийся	
PRES. PASS.		
PAST ACT.	боя́вшийся	побоя́вшийся
PAST PASS.		
VERBAL ADVERB	боя́сь	побоя́вшись

боя́ться кого – чего, + infinitive

	IMPERFECTIVE ASPECT	PERFECTIVE ASPECT
INF.	брА́ть (ся)	взЯ́ть (ся)
PRES.	берУ́ (сь) берёшь (ся) берёт (ся) берём (ся) берёте (сь) берУ́т (ся)	
PAST	брА́л (ся) бралА́ (сь) брА́ло – бралО́сь брА́ли – бралИ́сь	взЯ́л (ся) взялА́ (сь) взЯ́ло – взялО́сь взЯ́ли – взялИ́сь
FUT.	бУ́ду брА́ть (ся) бУ́дешь брА́ть (ся) бУ́дет брА́ть (ся) бУ́дем брА́ть (ся) бУ́дете брА́ть (ся) бУ́дут брА́ть (ся)	возьмУ́ (сь) возьмёшь (ся) возьмёт (ся) возьмём (ся) возьмёте (сь) возьмУ́т (ся)
COND.	брА́л (ся) бы бралА́ (сь) бы брА́ло – бралО́сь бы брА́ли – бралИ́сь бы	взЯ́л (ся) бы взялА́ (сь) бы взЯ́ло – взялО́сь бы взЯ́ли – взялИ́сь бы
IMP.	берИ́ (сь) берИ́те (сь)	возьмИ́ (сь) возьмИ́те (сь)

DEVERBALS

PRES. ACT.	берУ́щий (ся)	
PRES. PASS.		
PAST ACT.	брА́вший (ся)	взЯ́вший (ся)
PAST PASS.		взЯ́тый взЯ́т, взятА́, взЯ́то
VERBAL ADVERB	берЯ́, брА́вши (сь)	взЯ́в (шись)

брА́ть кого – что
брА́ться за что

бри́ть (ся) / побри́ть (ся)
to shave someone (to get a shave)

	IMPERFECTIVE ASPECT	PERFECTIVE ASPECT
INF.	бри́ть (ся)	побри́ть (ся)
PRES.	бре́ю (сь) бре́ешь (ся) бре́ет (ся) бре́ем (ся) бре́ете (сь) бре́ют (ся)	
PAST	брил (ся) бри́ла (сь) бри́ло (сь) бри́ли (сь)	побри́л (ся) побри́ла (сь) побри́ло (сь) побри́ли (сь)
FUT.	бу́ду бри́ть (ся) бу́дешь бри́ть (ся) бу́дет бри́ть (ся) бу́дем бри́ть (ся) бу́дете бри́ть (ся) бу́дут бри́ть (ся)	побре́ю (сь) побре́ешь (ся) побре́ет (ся) побре́ем (ся) побре́ете (сь) побре́ют (ся)
COND.	брил (ся) бы бри́ла (сь) бы бри́ло (сь) бы бри́ли (сь) бы	побри́л (ся) бы побри́ла (сь) бы побри́ло (сь) бы побри́ли (сь) бы
IMP.	брей (ся) бре́йте (сь)	побре́й (ся) побре́йте (сь)

DEVERBALS

PRES. ACT.	бре́ющий (ся)	
PRES. PASS.		
PAST ACT.	бри́вший (ся)	побри́вший (ся)
PAST PASS.	бри́тый	побри́тый
VERBAL ADVERB	бре́я (сь)	побри́в (шись)

бри́ть кого – что

бродить – брести / побрести
to wander, amble

	MULTIDIRECTIONAL	UNIDIRECTIONAL	PERFECTIVE ASPECT
INF.	бродить	брести	побрести
PRES.	брожу́	бреду́	
	бро́дишь	бредёшь	
	бро́дит	бредёт	
	бро́дим	бредём	
	бро́дите	бредёте	
	бро́дят	бреду́т	
PAST	броди́л	брёл	побрёл
	броди́ла	брела́	побрела́
	броди́ло	брело́	побрело́
	броди́ли	брели́	побрели́
FUT.	бу́ду броди́ть	бу́ду брести́	побреду́
	бу́дешь броди́ть	бу́дешь брести́	побредёшь
	бу́дет броди́ть	бу́дет брести́	побредёт
	бу́дем броди́ть	бу́дем брести́	побредём
	бу́дете броди́ть	бу́дете брести́	побредёте
	бу́дут броди́ть	бу́дут брести́	побреду́т
COND.	броди́л бы	брёл бы	побрёл бы
	броди́ла бы	брела́ бы	побрела́ бы
	броди́ло бы	брело́ бы	побрело́ бы
	броди́ли бы	брели́ бы	побрели́ бы
IMP.	броди́	бреди́	побреди́
	броди́те	бреди́те	побреди́те

DEVERBALS

PRES. ACT.	бродя́щий	бреду́щий	
PRES. PASS.			
PAST ACT.	броди́вший	бре́дший	побре́дший
PAST PASS.			
VERBAL ADVERB	бродя́	бредя́	побредя́ – побре́дши

броса́ть (ся) / бро́сить (ся)
to throw (rush toward)

	IMPERFECTIVE ASPECT	PERFECTIVE ASPECT
INF.	броса́ть (ся)	бро́сить (ся)
PRES.	броса́ю (сь)	
	броса́ешь (ся)	
	броса́ет (ся)	
	броса́ем (ся)	
	броса́ете (сь)	
	броса́ют (ся)	
PAST	броса́л (ся)	бро́сил (ся)
	броса́ла (сь)	бро́сила (сь)
	броса́ло (сь)	бро́сило (сь)
	броса́ли (сь)	бро́сили (сь)
FUT.	бу́ду броса́ть (ся)	бро́шу (сь)
	бу́дешь броса́ть (ся)	бро́сишь (ся)
	бу́дет броса́ть (ся)	бро́сит (ся)
	бу́дем броса́ть (ся)	бро́сим (ся)
	бу́дете броса́ть (ся)	бро́сите (сь)
	бу́дут броса́ть (ся)	бро́сят (ся)
COND.	броса́л (ся) бы	бро́сил (ся) бы
	броса́ла (сь) бы	бро́сила (сь) бы
	броса́ло (сь) бы	бро́сило (сь) бы
	броса́ли (сь) бы	бро́сили (сь) бы
IMP.	броса́й (ся)	брось (ся)
	броса́йте (сь)	бро́сьте (сь)

DEVERBALS

PRES. ACT.	броса́ющий (ся)	
PRES. PASS.	броса́емый	
PAST ACT.	броса́вший (ся)	бро́сивший (ся)
PAST PASS.		бро́шенный
VERBAL ADVERB	бросая́ (сь)	бро́сив (шись)

броса́ть кого – что
броса́ться на кого – что, во что

	IMPERFECTIVE ASPECT	PERFECTIVE ASPECT
INF.	буди́ть	разбуди́ть
PRES.	бужу́ бу́дишь бу́дит бу́дим бу́дите бу́дят	
PAST	буди́л буди́ла буди́ло буди́ли	разбуди́л разбуди́ла разбуди́ло разбуди́ли
FUT.	бу́ду буди́ть бу́дешь буди́ть бу́дет буди́ть бу́дем буди́ть бу́дете буди́ть бу́дут буди́ть	разбужу́ разбу́дишь разбу́дит разбу́дим разбу́дите разбу́дят
COND.	буди́л бы буди́ла бы буди́ло бы буди́ли бы	разбуди́л бы разбуди́ла бы разбуди́ло бы разбуди́ли бы
IMP.	буди́ буди́те	разбуди́ разбуди́те

DEVERBALS

PRES. ACT.	будя́щий	
PRES. PASS.	буди́мый	
PAST ACT.	буди́вший	разбуди́вший
PAST PASS.		разбу́женный
VERBAL ADVERB	будя́	разбуди́в

буди́ть кого – что

бывáть
to occur, happen

	IMPERFECTIVE ASPECT	PERFECTIVE ASPECT
INF.	бывáть	
PRES.	бывáю бывáешь бывáет бывáем бывáете бывáют	
PAST	бывáл бывáла бывáло бывáли	
FUT.	бýду бывáть бýдешь бывáть бýдет бывáть бýдем бывáть бýдете бывáть бýдут бывáть	
COND.	бывáл бы бывáла бы бывáло бы бывáли бы	
IMP.	бывáй бывáйте	

DEVERBALS

PRES. ACT.	бывáющий	
PRES. PASS.		
PAST ACT.	бывáвший	
PAST PASS.		
VERBAL ADVERB	бывáя	

	IMPERFECTIVE ASPECT	PERFECTIVE ASPECT
INF.	бы́ть	
PRES.		
	е́сть	
PAST	бы́л была́ бы́ло бы́ли	
FUT.	бу́ду бу́дешь бу́дет бу́дем бу́дете бу́дут	
COND.	бы́л бы была́ бы бы́ло бы бы́ли бы	
IMP.	бу́дь бу́дьте	

DEVERBALS

PRES. ACT.		
PRES. PASS.		
PAST ACT.	бы́вший	
PAST PASS.		
VERBAL ADVERB	бу́дучи	

Notice the accent on the negated forms: не́ был, не была́, не́ было, не́ были.

вари́ть (ся) / свари́ть (ся)
to boil, cook, digest / cook until done; weld

	IMPERFECTIVE ASPECT	PERFECTIVE ASPECT
INF.	вари́ть (ся)	свари́ть (ся)
PRES.	варю́ ва́ришь ва́рит (ся) ва́рим ва́рите ва́рят (ся)	
PAST	вари́л (ся) вари́ла (сь) вари́ло (сь) вари́ли (сь)	свари́л (ся) свари́ла (сь) свари́ло (сь) свари́ли (сь)
FUT.	бу́ду вари́ть бу́дешь вари́ть бу́дет вари́ть (ся) бу́дем вари́ть бу́дете вари́ть бу́дут вари́ть (ся)	сварю́ сва́ришь сва́рит (ся) сва́рим сва́рите сва́рят (ся)
COND.	вари́л (ся) бы вари́ла (сь) бы вари́ло (сь) бы вари́ли (сь) бы	свари́л (ся) бы свари́ла (сь) бы свари́ло (сь) бы свари́ли (сь) бы
IMP.	вари́ вари́те	свари́ свари́те

DEVERBALS

PRES. ACT.	варя́щий (ся)	
PRES. PASS.	вари́мый	
PAST ACT.	вари́вший (ся)	свари́вший (ся)
PAST PASS.	ва́ренный	сва́ренный
VERBAL ADVERB	варя́	свари́в (шись)

вари́ть что

The pair сва́ривать / свари́ть means *to weld*.

	IMPERFECTIVE ASPECT	PERFECTIVE ASPECT
INF.	вводи́ть	ввести́
PRES.	ввожу́ вво́дишь вво́дит вво́дим вво́дите вво́дят	
PAST	вводи́л вводи́ла вводи́ло вводи́ли	ввёл ввела́ ввело́ ввели́
FUT.	бу́ду вводи́ть бу́дешь вводи́ть бу́дет вводи́ть бу́дем вводи́ть бу́дете вводи́ть бу́дут вводи́ть	введу́ введёшь введёт введём введёте введу́т
COND.	вводи́л бы вводи́ла бы вводи́ло бы вводи́ли бы	ввёл бы ввела́ бы ввело́ бы ввели́ бы
IMP.	вводи́ вводи́те	введи́ введи́те

DEVERBALS

PRES. ACT.	вводя́щий	
PRES. PASS.	вводи́мый	
PAST ACT.	вводи́вший	вве́дший
PAST PASS.		введённый введён, введена́
VERBAL ADVERB	вводя́	введя́

вводи́ть кого – что

ве́рить / пове́рить
to believe, trust

	IMPERFECTIVE ASPECT	PERFECTIVE ASPECT
INF.	ве́рить	пове́рить
PRES.	ве́рю ве́ришь ве́рит ве́рим ве́рите ве́рят	
PAST	ве́рил ве́рила ве́рило ве́рили	пове́рил пове́рила пове́рило пове́рили
FUT.	бу́ду ве́рить бу́дешь ве́рить бу́дет ве́рить бу́дем ве́рить бу́дете ве́рить бу́дут ве́рить	пове́рю пове́ришь пове́рит пове́рим пове́рите пове́рят
COND.	ве́рил бы ве́рила бы ве́рило бы ве́рили бы	пове́рил бы пове́рила бы пове́рило бы пове́рили бы
IMP.	ве́рь ве́рьте	пове́рь пове́рьте

DEVERBALS

PRES. ACT.	ве́рящий	
PRES. PASS.		
PAST ACT.	ве́ривший	пове́ривший
PAST PASS.		пове́ренный
VERBAL ADVERB	ве́ря	пове́рив

ве́рить в кого – что, кому – чему

The pair поверя́ть / пове́рить means *to trust, confide in*.
Мне не верится / верилось. *I cannot / could not believe.*

	IMPERFECTIVE ASPECT	PERFECTIVE ASPECT
INF.	ве́сить	
PRES.	ве́шу ве́сишь ве́сит ве́сим ве́сите ве́сят	
PAST	ве́сил ве́сила ве́сило ве́сили	
FUT.	бу́ду ве́сить бу́дешь ве́сить бу́дет ве́сить бу́дем ве́сить бу́дете ве́сить бу́дут ве́сить	
COND.	ве́сил бы ве́сила бы ве́сило бы ве́сили бы	
IMP.	ве́сь ве́сьте	

DEVERBALS

PRES. ACT.	ве́сящий	
PRES. PASS.		
PAST ACT.	ве́сивший	
PAST PASS.		
VERBAL ADVERB	ве́ся	

ве́шать (ся) / пове́сить (ся)
to hang, weigh out (hang oneself)

	IMPERFECTIVE ASPECT	PERFECTIVE ASPECT
INF.	ве́шать (ся)	пове́сить (ся)
PRES.	ве́шаю (сь) ве́шаешь (ся) ве́шает (ся) ве́шаем (ся) ве́шаете (сь) ве́шают (ся)	
PAST	ве́шал (ся) ве́шала (сь) ве́шало (сь) ве́шали (сь)	пове́сил (ся) пове́сила (сь) пове́сило (сь) пове́сили (сь)
FUT.	бу́ду ве́шать (ся) бу́дешь ве́шать (ся) бу́дет ве́шать (ся) бу́дем ве́шать (ся) бу́дете ве́шать (ся) бу́дут ве́шать (ся)	пове́шу (сь) пове́сишь (ся) пове́сит (ся) пове́сим (ся) пове́сите (ся) пове́сят (ся)
COND.	ве́шал (ся) бы ве́шала (сь) бы ве́шало (сь) бы ве́шали (сь) бы	пове́сил (ся) бы пове́сила (сь) бы пове́сило (сь) бы пове́сили (сь) бы
IMP.	ве́шай (ся) ве́шайте (сь)	пове́сь (ся) пове́сьте (сь)

DEVERBALS

PRES. ACT.	ве́шающий (ся)	
PRES. PASS.	ве́шаемый	
PAST ACT.	ве́шавший (ся)	пове́сивший (ся)
PAST PASS.		пове́шенный
VERBAL ADVERB	ве́шая (сь)	пове́сив (шись)

ве́шать кого – что

The imperfective form can mean either *to hang* or *to weigh [something]*.
The perfective form пове́сить means *to hang*.

	IMPERFECTIVE ASPECT	PERFECTIVE ASPECT
INF.	вздыха́ть	вздохну́ть
PRES.	вздыха́ю вздыха́ешь вздыха́ет вздыха́ем вздыха́ете вздыха́ют	
PAST	вздыха́л вздыха́ла вздыха́ло вздыха́ли	вздохну́л вздохну́ла вздохну́ло вздохну́ли
FUT.	бу́ду вздыха́ть бу́дешь вздыха́ть бу́дет вздыха́ть бу́дем вздыха́ть бу́дете вздыха́ть бу́дут вздыха́ть	вздохну́ вздохнёшь вздохнёт вздохнём вздохнёте вздохну́т
COND.	вздыха́л бы вздыха́ла бы вздыха́ло бы вздыха́ли бы	вздохну́л бы вздохну́ла бы вздохну́ло бы вздохну́ли бы
IMP.	вздыха́й вздыха́йте	вздохни́ вздохни́те

DEVERBALS

PRES. ACT.	вздыха́ющий	
PRES. PASS.		
PAST ACT.	вздыха́вший	вздохну́вший
PAST PASS.		
VERBAL ADVERB	вздыха́я	вздохну́в

вздыха́ть по ком – чём, о ком – чём

ви́деть / уви́деть
to see / catch sight of

	IMPERFECTIVE ASPECT	PERFECTIVE ASPECT
INF.	ви́деть	уви́деть
PRES.	ви́жу ви́дишь ви́дит ви́дим ви́дите ви́дят	
PAST	ви́дел ви́дела ви́дело ви́дели	уви́дел уви́дела уви́дело уви́дели
FUT.	бу́ду ви́деть бу́дешь ви́деть бу́дет ви́деть бу́дем ви́деть бу́дете ви́деть бу́дут ви́деть	уви́жу уви́дишь уви́дит уви́дим уви́дите уви́дят
COND.	ви́дел бы ви́дела бы ви́дело бы ви́дели бы	уви́дел бы уви́дела бы уви́дело бы уви́дели бы
IMP.	смотри́ смотри́те	уви́дь уви́дьте

DEVERBALS

PRES. ACT.	ви́дящий	
PRES. PASS.	ви́димый	
PAST ACT.	ви́девший	уви́девший
PAST PASS.	ви́денный	уви́денный
VERBAL ADVERB	ви́дя	уви́дев

ви́деть кого – что

For the imperative form of **see, look** use the verb смотри́(те).
Уви́димся! means **We'll see each other soon.**

26

	IMPERFECTIVE ASPECT	PERFECTIVE ASPECT
INF.	висе́ть	повисе́ть
PRES.	вишу́ виси́шь виси́т виси́м виси́те вися́т	
PAST	висе́л висе́ла висе́ло висе́ли	повисе́л повисе́ла повисе́ло повисе́ли
FUT.	бу́ду висе́ть бу́дешь висе́ть бу́дет висе́ть бу́дем висе́ть бу́дете висе́ть бу́дут висе́ть	повишу́ повиси́шь повиси́т повиси́м повиси́те повися́т
COND.	висе́л бы висе́ла бы висе́ло бы висе́ли бы	повисе́л бы повисе́ла бы повисе́ло бы повисе́ли бы
IMP.	виси́ виси́те	повиси́ повиси́те

DEVERBALS

PRES. ACT.	вися́щий	
PRES. PASS.		
PAST ACT.	висе́вший	повисе́вший
PAST PASS.		
VERBAL ADVERB	вися́	повисе́в

висе́ть над кем – чем

включа́ть (ся) / включи́ть (ся)
to include, turn on

	IMPERFECTIVE ASPECT	PERFECTIVE ASPECT
INF.	включа́ть (ся)	включи́ть (ся)
PRES.	включа́ю (сь) включа́ешь (ся) включа́ет (ся) включа́ем (ся) включа́ете (сь) включа́ют (ся)	
PAST	включа́л (ся) включа́ла (сь) включа́ло (сь) включа́ли (сь)	включи́л (ся) включи́ла (сь) включи́ло (сь) включи́ли (сь)
FUT.	бу́ду включа́ть (ся) бу́дешь включа́ть (ся) бу́дет включа́ть (ся) бу́дем включа́ть (ся) бу́дете включа́ть (ся) бу́дут включа́ть (ся)	включу́ (сь) включи́шь (ся) включи́т (ся) включи́м (ся) включи́те (сь) включа́т (ся)
COND.	включа́л (ся) бы включа́ла (сь) бы включа́ло (сь) бы включа́ли (сь) бы	включи́л (ся) бы включи́ла (сь) бы включи́ло (сь) бы включи́ли (сь) бы
IMP.	включа́й (ся) включа́йте (сь)	включи́ (сь) включи́те (сь)

DEVERBALS

PRES. ACT.	включа́ющий (ся)	
PRES. PASS.	включа́емый	
PAST ACT.	включа́вший (ся)	включи́вший (ся)
PAST PASS.		включённый включён, включена́
VERBAL ADVERB	включая́ (сь)	включи́в (шись)

включа́ть кого – что во что

to control, own, rule

	IMPERFECTIVE ASPECT	PERFECTIVE ASPECT
INF.	владе́ть	овладе́ть
PRES.	владе́ю владе́ешь владе́ет владе́ем владе́ете владе́ют	
PAST	владе́л владе́ла владе́ло владе́ли	овладе́л овладе́ла овладе́ло овладе́ли
FUT.	бу́ду владе́ть бу́дешь владе́ть бу́дет владе́ть бу́дем владе́ть бу́дете владе́ть бу́дут владе́ть	овладе́ю овладе́ешь овладе́ет овладе́ем овладе́ете овладе́ют
COND.	владе́л бы владе́ла бы владе́ло бы владе́ли бы	овладе́л бы овладе́ла бы овладе́ло бы овладе́ли бы
IMP.	владе́й владе́йте	овладе́й овладе́йте

DEVERBALS

PRES. ACT.	владе́ющий	
PRES. PASS.		
PAST ACT.	владе́вший	овладе́вший
PAST PASS.		
VERBAL ADVERB	владе́я	овладе́в

владе́ть кем – чем

влюбля́ть (ся) / влюби́ть (ся)
to turn one's head (fall in love)

	IMPERFECTIVE ASPECT	PERFECTIVE ASPECT
INF.	влюбля́ть (ся)	влюби́ть (ся)
PRES.	влюбля́ю (сь)	
	влюбля́ешь (ся)	
	влюбля́ет (ся)	
	влюбля́ем (ся)	
	влюбля́ете (сь)	
	влюбля́ют (ся)	
PAST	влюбля́л (ся)	влюби́л (ся)
	влюбля́ла (сь)	влюби́ла (сь)
	влюбля́ло (сь)	влюби́ло (сь)
	влюбля́ли (сь)	влюби́ли (сь)
FUT.	бу́ду влюбля́ть (ся)	влюблю́ (сь)
	бу́дешь влюбля́ть (ся)	влю́бишь (ся)
	бу́дет влюбля́ть (ся)	влю́бит (ся)
	бу́дем влюбля́ть (ся)	влю́бим (ся)
	бу́дете влюбля́ть (ся)	влю́бите (сь)
	бу́дут влюбля́ть (ся)	влю́бят (ся)
COND.	влюбля́л (ся) бы	влюби́л (ся) бы
	влюбля́ла (сь) бы	влюби́ла (сь) бы
	влюбля́ло (сь) бы	влюби́ло (сь) бы
	влюбля́ли (сь) бы	влюби́ли (сь) бы
IMP.	влюбля́й (ся)	влюби́ (сь)
	влюбля́йте (сь)	влюби́те (сь)

DEVERBALS

PRES. ACT.	влюбля́ющий (ся)	
PRES. PASS.	влюбля́емый	
PAST ACT.	влюбля́вший (ся)	влюби́вший (ся)
PAST PASS.		влюблённый
		влюблён, влюблена́
VERBAL ADVERB	влюбля́я (сь)	влюби́в (шись)

влюбля́ть кого – что
влюбля́ться в кого – что

	IMPERFECTIVE ASPECT	PERFECTIVE ASPECT
INF.	вноси́ть	внести́
PRES.	вношу́ вно́сишь вно́сит вно́сим вно́сите вно́сят	
PAST	вноси́л вноси́ла вноси́ло вноси́ли	внёс внесла́ внесло́ внесли́
FUT.	бу́ду вноси́ть бу́дешь вноси́ть бу́дет вноси́ть бу́дем вноси́ть бу́дете вноси́ть бу́дут вноси́ть	внесу́ внесёшь внесёт внесём внесёте внесу́т
COND.	вноси́л бы вноси́ла бы вноси́ло бы вноси́ли бы	внёс бы внесла́ бы внесло́ бы внесли́ бы
IMP.	вноси́ вноси́те	внеси́ внеси́те

DEVERBALS

	IMPERFECTIVE ASPECT	PERFECTIVE ASPECT
PRES. ACT.	внося́щий	
PRES. PASS.	вноси́мый	
PAST ACT.	вноси́вший	внёсший
PAST PASS.		внесённый внесён, внесена́
VERBAL ADVERB	внося́	внеся́

вноси́ть кого – что

31

водить – вести / повести
to lead, conduct, drive

	MULTIDIRECTIONAL	UNIDIRECTIONAL	PERFECTIVE ASPECT
INF.	водить	вести	повести
PRES.	вожу́	веду́	
	во́дишь	ведёшь	
	во́дит	ведёт	
	во́дим	ведём	
	во́дите	ведёте	
	во́дят	веду́т	
PAST	води́л	вёл	повёл
	води́ла	вела́	повела́
	води́ло	вело́	повело́
	води́ли	вели́	повели́
FUT.	бу́ду води́ть	бу́ду вести́	поведу́
	бу́дешь води́ть	бу́дешь вести́	поведёшь
	бу́дет води́ть	бу́дет вести́	поведёт
	бу́дем води́ть	бу́дем вести́	поведём
	бу́дете води́ть	бу́дете вести́	поведёте
	бу́дут води́ть	бу́дут вести́	поведу́т
COND.	води́л бы	вёл бы	повёл бы
	води́ла бы	вела́ бы	повела́ бы
	води́ло бы	вело́ бы	повело́ бы
	води́ли бы	вели́ бы	повели́ бы
IMP.	води́	веди́	поведи́
	води́те	веди́те	поведи́те

DEVERBALS

PRES. ACT.	водя́щий	веду́щий	
PRES. PASS.	води́мый	ведо́мый	
PAST ACT.	води́вший	ве́дший	пове́дший
PAST PASS.			поведённый
			поведён, поведена́
VERBAL ADVERB	водя́	ведя́	поведя́

водить – вести кого – что

	IMPERFECTIVE ASPECT	PERFECTIVE ASPECT
INF.	воева́ть	повоева́ть
PRES.	вою́ю вою́ешь вою́ет вою́ем вою́ете вою́ют	
PAST	воева́л воева́ла воева́ло воева́ли	повоева́л повоева́ла повоева́ло повоева́ли
FUT.	бу́ду воева́ть бу́дешь воева́ть бу́дет воева́ть бу́дем воева́ть бу́дете воева́ть бу́дут воева́ть	повою́ю повою́ешь повою́ет повою́ем повою́ете повою́ют
COND.	воева́л бы воева́ла бы воева́ло бы воева́ли бы	повоева́л бы повоева́ла бы повоева́ло бы повоева́ли бы
IMP.	вою́й вою́йте	повою́й повою́йте

DEVERBALS

PRES. ACT.	вою́ющий	
PRES. PASS.		
PAST ACT.	воева́вший	повоева́вший
PAST PASS.		
VERBAL ADVERB	вою́я	повоева́в

воева́ть с кем – чем

33

возвраща́ть (ся) / возврати́ть (ся)
to return [something] (to return, come back)

	IMPERFECTIVE ASPECT	PERFECTIVE ASPECT
INF.	возвраща́ть (ся)	возврати́ть (ся)
PRES.	возвраща́ю (сь) возвраща́ешь (ся) возвраща́ет (ся) возвраща́ем (ся) возвраща́ете (сь) возвраща́ют (ся)	
PAST	возвраща́л (ся) возвраща́ла (сь) возвраща́ло (сь) возвраща́ли (сь)	возврати́л (ся) возврати́ла (сь) возврати́ло (сь) возврати́ли (сь)
FUT.	бу́ду возвраща́ть (ся) бу́дешь возвраща́ть (ся) бу́дет возвраща́ть (ся) бу́дем возвраща́ть (ся) бу́дете возвраща́ть (ся) бу́дут возвраща́ть (ся)	возвращу́ (сь) возврати́шь (ся) возврати́т (ся) возврати́м (ся) возврати́те (сь) возвратя́т (ся)
COND.	возвраща́л (ся) бы возвраща́ла (сь) бы возвраща́ло (сь) бы возвраща́ли (сь) бы	возврати́л (ся) бы возврати́ла (сь) бы возврати́ло (сь) бы возврати́ли (сь) бы
IMP.	возвраща́й (ся) возвраща́йте (сь)	возврати́ (сь) возврати́те (сь)

DEVERBALS

PRES. ACT.	возвраща́ющий (ся)	
PRES. PASS.	возвраща́емый	
PAST ACT.	возвраща́вший (ся)	возврати́вший (ся)
PAST PASS.		возвращённый возвращён, возвращена́
VERBAL ADVERB	возвраща́я (сь)	возврати́в (шись)

возвраща́ть кого - что

The verb **верну́ть (ся)** is another perfective of this verb.

to carry, take [by vehicle]

	MULTIDIRECTIONAL	UNIDIRECTIONAL	PERFECTIVE ASPECT
INF.	вози́ть	везти́	повезти́
PRES.	вожу́	везу́	
	во́зишь	везёшь	
	во́зит	везёт	
	во́зим	везём	
	во́зите	везёте	
	во́зят	везу́т	
PAST	вози́л	вёз	повёз
	вози́ла	везла́	повезла́
	вози́ло	везло́	повезло́
	вози́ли	везли́	повезли́
FUT.	бу́ду вози́ть	бу́ду везти́	повезу́
	бу́дешь вози́ть	бу́дешь везти́	повезёшь
	бу́дет вози́ть	бу́дет везти́	повезёт
	бу́дем вози́ть	бу́дем везти́	повезём
	бу́дете вози́ть	бу́дете везти́	повезёте
	бу́дут вози́ть	бу́дут везти́	повезу́т
COND.	вози́л бы	вёз бы	повёз бы
	вози́ла бы	везла́ бы	повезла́ бы
	вози́ло бы	везло́ бы	повезло́ бы
	вози́ли бы	везли́ бы	повезли́ бы
IMP.	вози́	вези́	повези́
	вози́те	вези́те	повези́те

DEVERBALS

PRES. ACT.	возя́щий	везу́щий	
PRES. PASS.	вози́мый	везо́мый	
PAST ACT.	вози́вший	вёзший	повёзший
PAST PASS.			повезённый
			повезён, повезена́
VERBAL ADVERB	возя́	везя́	повезя́

вози́ть – везти́ кого – что
Мне везёт / повезло. *I am / was lucky.*

ВОЗНИКА́ТЬ / ВОЗНИ́КНУТЬ
to arise, spring up

	IMPERFECTIVE ASPECT	PERFECTIVE ASPECT
INF.	возника́ть	возни́кнуть
PRES.	возника́ю возника́ешь возника́ет возника́ем возника́ете возника́ют	
PAST	возника́л возника́ла возника́ло возника́ли	возни́к возни́кла возни́кло возни́кли
FUT.	бу́ду возника́ть бу́дешь возника́ть бу́дет возника́ть бу́дем возника́ть бу́дете возника́ть бу́дут возника́ть	возни́кну возни́кнешь возни́кнет возни́кнем возни́кнете возни́кнут
COND.	возника́л бы возника́ла бы возника́ло бы возника́ли бы	возни́к бы возни́кла бы возни́кло бы возни́кли бы
IMP.	возника́й возника́йте	возни́кни возни́кните

DEVERBALS

PRES. ACT.	возника́ющий	
PRES. PASS.		
PAST ACT.	возника́вший	возни́кший – возни́кнувший
PAST PASS.		
VERBAL ADVERB	возника́я	возни́кнув

36

	IMPERFECTIVE ASPECT	PERFECTIVE ASPECT
INF.	возража́ть	возрази́ть
PRES.	возража́ю	
	возража́ешь	
	возража́ет	
	возража́ем	
	возража́ете	
	возража́ют	
PAST	возража́л	возрази́л
	возража́ла	возрази́ла
	возража́ло	возрази́ло
	возража́ли	возрази́ли
FUT.	бу́ду возража́ть	возражу́
	бу́дешь возража́ть	возрази́шь
	бу́дет возража́ть	возрази́т
	бу́дем возража́ть	возрази́м
	бу́дете возража́ть	возрази́те
	бу́дут возража́ть	возразя́т
COND.	возража́л бы	возрази́л бы
	возража́ла бы	возрази́ла бы
	возража́ло бы	возрази́ло бы
	возража́ли бы	возрази́ли бы
IMP.	возража́й	возрази́
	возража́йте	возрази́те

DEVERBALS

PRES. ACT.	возража́ющий	
PRES. PASS.		
PAST ACT.	возража́вший	возрази́вший
PAST PASS.		
VERBAL ADVERB	возража́я	возрази́в

возража́ть кому – чему на что, против кого – чего

37

волнова́ть (ся) / взволнова́ть (ся)
to worry, excite (be agitated, worry about)

	IMPERFECTIVE ASPECT	PERFECTIVE ASPECT
INF.	волнова́ть (ся)	взволнова́ть (ся)
PRES.	волну́ю (сь) волну́ешь (ся) волну́ет (ся) волну́ем (ся) волну́ете (сь) волну́ют (ся)	
PAST	волнова́л (ся) волнова́ла (сь) волнова́ло (сь) волнова́ли (сь)	взволнова́л (ся) взволнова́ла (сь) взволнова́ло (сь) взволнова́ли (сь)
FUT.	бу́ду волнова́ть (ся) бу́дешь волнова́ть (ся) бу́дет волнова́ть (ся) бу́дем волнова́ть (ся) бу́дете волнова́ть (ся) бу́дут волнова́ть (ся)	взволну́ю (сь) взволну́ешь (ся) взволну́ет (ся) взволну́ем (ся) взволну́ете (сь) взволну́ют (ся)
COND.	волнова́л (ся) бы волнова́ла (сь) бы волнова́ло (сь) бы волнова́ли (сь) бы	взволнова́л (ся) бы взволнова́ла (сь) бы взволнова́ло (сь) бы взволнова́ли (сь) бы
IMP.	волну́й (ся) волну́йте (сь)	взволну́й (ся) взволну́йте (сь)

DEVERBALS

PRES. ACT.	волну́ющий (ся)	
PRES. PASS.	волну́емый	
PAST ACT.	волнова́вший (ся)	взволнова́вший (ся)
PAST PASS.		взволно́ванный
VERBAL ADVERB	волну́я (сь)	взволнова́в (шись)

волнова́ть кого – что

воспи́тывать (ся) / воспита́ть (ся)
to educate, bring up (be brought up)

	IMPERFECTIVE ASPECT	PERFECTIVE ASPECT
INF.	воспи́тывать (ся)	воспита́ть (ся)
PRES.	воспи́тываю (сь) воспи́тываешь (ся) воспи́тывает (ся) воспи́тываем (ся) воспи́тываете (сь) воспи́тывают (ся)	
PAST	воспи́тывал (ся) воспи́тывала (сь) воспи́тывало (сь) воспи́тывали (сь)	воспита́л (ся) воспита́ла (сь) воспита́ло (сь) воспита́ли (сь)
FUT.	бу́ду воспи́тывать (ся) бу́дешь воспи́тывать (ся) бу́дет воспи́тывать (ся) бу́дем воспи́тывать (ся) бу́дете воспи́тывать (ся) бу́дут воспи́тывать (ся)	воспита́ю (сь) воспита́ешь (ся) воспита́ет (ся) воспита́ем (ся) воспита́ете (сь) воспита́ют (ся)
COND.	воспи́тывал (ся) бы воспи́тывала (сь) бы воспи́тывало (сь) бы воспи́тывали (сь) бы	воспита́л (ся) бы воспита́ла (сь) бы воспита́ло (сь) бы воспита́ли (сь) бы
IMP.	воспи́тывай (ся) воспи́тывайте (сь)	воспита́й (ся) воспита́йте (сь)

DEVERBALS

PRES. ACT.	воспи́тывающий (ся)	
PRES. PASS.	воспи́тываемый	
PAST ACT.	воспи́тывавший (ся)	воспита́вший (ся)
PAST PASS.		воспи́танный
VERBAL ADVERB	воспи́тывая (сь)	воспита́в (шись)

воспи́тывать кого – что

восхища́ть (ся) / восхити́ть (ся)
to delight, enrapture (admire)

	IMPERFECTIVE ASPECT	PERFECTIVE ASPECT
INF.	восхища́ть (ся)	восхити́ть (ся)
PRES.	восхища́ю (сь)	
	восхища́ешь (ся)	
	восхища́ет (ся)	
	восхища́ем (ся)	
	восхища́ете (сь)	
	восхища́ют (ся)	
PAST	восхища́л (ся)	восхити́л (ся)
	восхища́ла (сь)	восхити́ла (сь)
	восхища́ло (сь)	восхити́ло (сь)
	восхища́ли (сь)	восхити́ли (сь)
FUT.	бу́ду восхища́ть (ся)	восхищу́ (сь)
	бу́дешь восхища́ть (ся)	восхити́шь (ся)
	бу́дет восхища́ть (ся)	восхити́т (ся)
	бу́дем восхища́ть (ся)	восхити́м (ся)
	бу́дете восхища́ть (ся)	восхити́те (сь)
	бу́дут восхища́ть (ся)	восхитя́т (ся)
COND.	восхища́л (ся) бы	восхити́л (ся) бы
	восхища́ла (сь) бы	восхити́ла (сь) бы
	восхища́ло (сь) бы	восхити́ло (сь) бы
	восхища́ли (сь) бы	восхити́ли (сь) бы
IMP.	восхища́й (ся)	восхити́ (сь)
	восхища́йте (сь)	восхити́те (сь)

DEVERBALS

PRES. ACT.	восхища́ющий (ся)	
PRES. PASS.	восхища́емый	
PAST ACT.	восхища́вший (ся)	восхити́вший (ся)
PAST PASS.		восхищённый
		восхищён, восхищена́
VERBAL ADVERB	восхища́я (сь)	восхити́в (шись)

восхища́ть кого – что
восхища́ться кем – чем

	IMPERFECTIVE ASPECT	PERFECTIVE ASPECT
INF.	врать	соврать
PRES.	вру́	
	врёшь	
	врёт	
	врём	
	врёте	
	вру́т	
PAST	вра́л	совра́л
	врала́	соврала́
	вра́ло	совра́ло
	вра́ли	совра́ли
FUT.	бу́ду врать	совру́
	бу́дешь врать	соврёшь
	бу́дет врать	соврёт
	бу́дем врать	соврём
	бу́дете врать	соврёте
	бу́дут врать	совру́т
COND.	вра́л бы	совра́л бы
	врала́ бы	соврала́ бы
	вра́ло бы	совра́ло бы
	вра́ли бы	совра́ли бы
IMP.	ври	соври
	ври́те	соври́те

DEVERBALS

PRES. ACT.	вру́щий	
PRES. PASS.		
PAST ACT.	вра́вший	совра́вший
PAST PASS.		со́вранный
VERBAL ADVERB		совра́в

вспомина́ть (ся) / вспо́мнить (ся)
to remember, recall, recollect

	IMPERFECTIVE ASPECT	PERFECTIVE ASPECT
INF.	вспомина́ть (ся)	вспо́мнить (ся)
PRES.	вспомина́ю вспомина́ешь вспомина́ет (ся) вспомина́ем вспомина́ете вспомина́ют (ся)	
PAST	вспомина́л (ся) вспомина́ла (сь) вспомина́ло (сь) вспомина́ли (сь)	вспо́мнил (ся) вспо́мнила (сь) вспо́мнило (сь) вспо́мнили (сь)
FUT.	бу́ду вспомина́ть бу́дешь вспомина́ть бу́дет вспомина́ть (ся) бу́дем вспомина́ть бу́дете вспомина́ть бу́дут вспомина́ть (ся)	вспо́мню вспо́мнишь вспо́мнит (ся) вспо́мним вспо́мните вспо́мнят (ся)
SUBJ.	вспомина́л (ся) бы вспомина́ла (сь) бы вспомина́ло (сь) бы вспомина́ли (сь) бы	вспо́мнил (ся) бы вспо́мнила (сь) бы вспо́мнило (сь) бы вспо́мнили (сь) бы
IMP.	вспомина́й вспомина́йте	вспо́мни вспо́мните

DEVERBALS

PRES. ACT.	вспомина́ющий (ся)	
PRES. PASS.	вспомина́емый	
PAST ACT.	вспомина́вший (ся)	вспо́мнивший (ся)
PAST PASS.		
VERBAL ADVERB	вспомина́я (сь)	вспо́мнив (шись)

вспомина́ть кого – что

	IMPERFECTIVE ASPECT	PERFECTIVE ASPECT
INF.	встава́ть	вста́ть
PRES.	встаю́	
	встаёшь	
	встаёт	
	встаём	
	встаёте	
	встаю́т	
PAST	встава́л	вста́л
	встава́ла	вста́ла
	встава́ло	вста́ло
	встава́ли	вста́ли
FUT.	бу́ду встава́ть	вста́ну
	бу́дешь встава́ть	вста́нешь
	бу́дет встава́ть	вста́нет
	бу́дем встава́ть	вста́нем
	бу́дете встава́ть	вста́нете
	бу́дут встава́ть	вста́нут
COND.	встава́л бы	вста́л бы
	встава́ла бы	вста́ла бы
	встава́ло бы	вста́ло бы
	встава́ли бы	вста́ли бы
IMP.	встава́й	вста́нь
	встава́йте	вста́ньте

DEVERBALS

PRES. ACT.	встаю́щий	
PRES. PASS.		
PAST ACT.	встава́вший	вста́вший
PAST PASS.		
VERBAL ADVERB	встава́я	вста́в

встреча́ть (ся) / встре́тить (ся)
to meet, encounter

	IMPERFECTIVE ASPECT	PERFECTIVE ASPECT
INF.	встреча́ть (ся)	встре́тить (ся)
PRES.	встреча́ю (сь)	
	встреча́ешь (ся)	
	встреча́ет (ся)	
	встреча́ем (ся)	
	встреча́ете (сь)	
	встреча́ют (ся)	
PAST	встреча́л (ся)	встре́тил (ся)
	встреча́ла (сь)	встре́тила (сь)
	встреча́ло (сь)	встре́тило (сь)
	встреча́ли (сь)	встре́тили (сь)
FUT.	бу́ду встреча́ть (ся)	встре́чу (сь)
	бу́дешь встреча́ть (ся)	встре́тишь (ся)
	бу́дет встреча́ть (ся)	встре́тит (ся)
	бу́дем встреча́ть (ся)	встре́тим (ся)
	бу́дете встреча́ть (ся)	встре́тите (ся)
	бу́дут встреча́ть (ся)	встре́тят (ся)
COND.	встреча́л (ся) бы	встре́тил (ся) бы
	встреча́ла (сь) бы	встре́тила (сь) бы
	встреча́ло (сь) бы	встре́тило (сь) бы
	встреча́ли (сь) бы	встре́тили (сь) бы
IMP.	встреча́й (ся)	встре́ть (ся)
	встреча́йте (сь)	встре́тьте (сь)

DEVERBALS

PRES. ACT.	встреча́ющий (ся)	
PRES. PASS.	встреча́емый	
PAST ACT.	встреча́вший (ся)	встре́тивший (ся)
PAST PASS.		встре́ченный
VERBAL ADVERB	встреча́я (сь)	встре́тив (шись)

встреча́ть кого – что
встреча́ться с кем – чем

	IMPERFECTIVE ASPECT	PERFECTIVE ASPECT
INF.	всходи́ть	взойти́
PRES.	всхожу́ всхо́дишь всхо́дит всхо́дим всхо́дите всхо́дят	
PAST	всходи́л всходи́ла всходи́ло всходи́ли	взошёл взошла́ взошло́ взошли́
FUT.	бу́ду всходи́ть бу́дешь всходи́ть бу́дет всходи́ть бу́дем всходи́ть бу́дете всходи́ть бу́дут всходи́ть	взойду́ взойдёшь взойдёт взойдём взойдёте взойду́т
COND.	всходи́л бы всходи́ла бы всходи́ло бы всходи́ли бы	взошёл бы взошла́ бы взошло́ бы взошли́ бы
IMP.	всходи́ всходи́те	взойди́ взойди́те

DEVERBALS

PRES. ACT.	всходя́щий	
PRES. PASS.		
PAST ACT.	всходи́вший	взоше́дший
PAST PASS.		
VERBAL ADVERB	всходя́	взойдя́

When speaking of the sun, the moon, or the stars **восходи́ть / взойти́** is used.

ВХОДИ́ТЬ / ВОЙТИ́
to enter, go in

	IMPERFECTIVE ASPECT	PERFECTIVE ASPECT
INF.	входи́ть	войти́
PRES.	вхожу́	
	вхо́дишь	
	вхо́дит	
	вхо́дим	
	вхо́дите	
	вхо́дят	
PAST	входи́л	вошёл
	входи́ла	вошла́
	входи́ло	вошло́
	входи́ли	вошли́
FUT.	бу́ду входи́ть	войду́
	бу́дешь входи́ть	войдёшь
	бу́дет входи́ть	войдёт
	бу́дем входи́ть	войдём
	бу́дете входи́ть	войдёте
	бу́дут входи́ть	войду́т
COND.	входи́л бы	вошёл бы
	входи́ла бы	вошла́ бы
	входи́ло бы	вошло́ бы
	входи́ли бы	вошли́ бы
IMP.	входи́	войди́
	входи́те	войди́те

DEVERBALS

PRES. ACT.	входя́щий	
PRES. PASS.		
PAST ACT.	входи́вший	воше́дший
PAST PASS.		
VERBAL ADVERB	входя́	войдя́

ВХОДИ́ТЬ во что

46

to enter, ride in, drive in

	IMPERFECTIVE ASPECT	PERFECTIVE ASPECT
INF.	въезжа́ть	въе́хать
PRES.	въезжа́ю въезжа́ешь въезжа́ет въезжа́ем въезжа́ете въезжа́ют	
PAST	въезжа́л въезжа́ла въезжа́ло въезжа́ли	въе́хал въе́хала въе́хало въе́хали
FUT.	бу́ду въезжа́ть бу́дешь въезжа́ть бу́дет въезжа́ть бу́дем въезжа́ть бу́дете въезжа́ть бу́дут въезжа́ть	въе́ду въе́дешь въе́дет въе́дем въе́дете въе́дут
COND.	въезжа́л бы въезжа́ла бы въезжа́ло бы въезжа́ли бы	въе́хал бы въе́хала бы въе́хало бы въе́хали бы
IMP.	въезжа́й въезжа́йте	

DEVERBALS

PRES. ACT.	въезжа́ющий	
PRES. PASS.		
PAST ACT.	въезжа́вший	въе́хавший
PAST PASS.		
VERBAL ADVERB	въезжа́я	въе́хав

въезжа́ть в / на что

выбега́ть / вы́бежать
to run out, come running out

	IMPERFECTIVE ASPECT	PERFECTIVE ASPECT
INF.	выбега́ть	вы́бежать
PRES.	выбега́ю выбега́ешь выбега́ет выбега́ем выбега́ете выбега́ют	
PAST	выбега́л выбега́ла выбега́ло выбега́ли	вы́бежал вы́бежала вы́бежало вы́бежали
FUT.	бу́ду выбега́ть бу́дешь выбега́ть бу́дет выбега́ть бу́дем выбега́ть бу́дете выбега́ть бу́дут выбега́ть	вы́бегу вы́бежишь вы́бежит вы́бежим вы́бежите вы́бегут
COND.	выбега́л бы выбега́ла бы выбега́ло бы выбега́ли бы	вы́бежал бы вы́бежала бы вы́бежало бы вы́бежали бы
IMP.	выбега́й выбега́йте	вы́беги вы́бегите

DEVERBALS

PRES. ACT.	выбега́ющий	
PRES. PASS.		
PAST ACT.	выбега́вший	вы́бежавший
PAST PASS.		
VERBAL ADVERB	выбега́я	вы́бежав

48

выбира́ть / вы́брать
to choose, select

	IMPERFECTIVE ASPECT	PERFECTIVE ASPECT
INF.	выбира́ть	вы́брать
PRES.	выбира́ю выбира́ешь выбира́ет выбира́ем выбира́ете выбира́ют	
PAST	выбира́л выбира́ла выбира́ло выбира́ли	вы́брал вы́брала вы́брало вы́брали
FUT.	бу́ду выбира́ть бу́дешь выбира́ть бу́дет выбира́ть бу́дем выбира́ть бу́дете выбира́ть бу́дут выбира́ть	вы́беру вы́берешь вы́берет вы́берем вы́берете вы́берут
COND.	выбира́л бы выбира́ла бы выбира́ло бы выбира́ли бы	вы́брал бы вы́брала бы вы́брало бы вы́брали бы
IMP.	выбира́й выбира́йте	вы́бери вы́берите

DEVERBALS

PRES. ACT.	выбира́ющий	
PRES. PASS.	выбира́емый	
PAST ACT.	выбира́вший	вы́бравший
PAST PASS.		вы́бранный
VERBAL ADVERB	выбира́я	вы́брав

выбира́ть кого – что

выводи́ть / вы́вести
to lead out, bring out

	IMPERFECTIVE ASPECT	PERFECTIVE ASPECT
INF.	выводи́ть	вы́вести
PRES.	вывожу́ выво́дишь выво́дит выво́дим выво́дите выво́дят	
PAST	выводи́л выводи́ла выводи́ло выводи́ли	вы́вел вы́вела вы́вело вы́вели
FUT.	бу́ду выводи́ть бу́дешь выводи́ть бу́дет выводи́ть бу́дем выводи́ть бу́дете выводи́ть бу́дут выводи́ть	вы́веду вы́ведешь вы́ведет вы́ведем вы́ведете вы́ведут
COND.	выводи́л бы выводи́ла бы выводи́ло бы выводи́ли бы	вы́вел бы вы́вела бы вы́вело бы вы́вели бы
IMP.	выводи́ выводи́те	вы́веди вы́ведите

DEVERBALS

PRES. ACT.	выводя́щий	
PRES. PASS.	выводи́мый	
PAST ACT.	выводи́вший	вы́ведший
PAST PASS.		вы́веденный
VERBAL ADVERB	выводя́	вы́ведя

выводи́ть кого – что

50

	IMPERFECTIVE ASPECT	PERFECTIVE ASPECT
INF.	вы́глядеть	
PRES.	вы́гляжу	
	вы́глядишь	
	вы́глядит	
	вы́глядим	
	вы́глядите	
	вы́глядят	
PAST	вы́глядел	
	вы́глядела	
	вы́глядело	
	вы́глядели	
FUT.	бу́ду вы́глядеть	
	бу́дешь вы́глядеть	
	бу́дет вы́глядеть	
	бу́дем вы́глядеть	
	бу́дете вы́глядеть	
	бу́дут вы́глядеть	
COND.	вы́глядел бы	
	вы́глядела бы	
	вы́глядело бы	
	вы́глядели бы	
IMP.		

DEVERBALS

PRES. ACT.	вы́глядящий	
PRES. PASS.		
PAST ACT.	вы́глядевший	
PAST PASS.		
VERBAL ADVERB	вы́глядя	

вы́глядеть кем – чем

выезжа́ть / вы́ехать
to leave, depart, ride out

	IMPERFECTIVE ASPECT	PERFECTIVE ASPECT
INF.	выезжа́ть	вы́ехать
PRES.	выезжа́ю	
	выезжа́ешь	
	выезжа́ет	
	выезжа́ем	
	выезжа́ете	
	выезжа́ют	
PAST	выезжа́л	вы́ехал
	выезжа́ла	вы́ехала
	выезжа́ло	вы́ехало
	выезжа́ли	вы́ехали
FUT.	бу́ду выезжа́ть	вы́еду
	бу́дешь выезжа́ть	вы́едешь
	бу́дет выезжа́ть	вы́едет
	бу́дем выезжа́ть	вы́едем
	бу́дете выезжа́ть	вы́едете
	бу́дут выезжа́ть	вы́едут
COND.	выезжа́л бы	вы́ехал бы
	выезжа́ла бы	вы́ехала бы
	выезжа́ло бы	вы́ехало бы
	выезжа́ли бы	вы́ехали бы
IMP.	выезжа́й	
	выезжа́йте	

DEVERBALS

PRES. ACT.	выезжа́ющий	
PRES. PASS.		
PAST ACT.	выезжа́вший	вы́ехавший
PAST PASS.		
VERBAL ADVERB	выезжа́я	вы́ехав

выезжа́ть на ком – чём

52

	IMPERFECTIVE ASPECT	PERFECTIVE ASPECT
INF.	выздора́вливать	вы́здороветь
PRES.	выздора́вливаю выздора́вливаешь выздора́вливает выздора́вливаем выздора́вливаете выздора́вливают	
PAST	выздора́вливал выздора́вливала выздора́вливало выздора́вливали	вы́здоровел вы́здоровела вы́здоровело вы́здоровели
FUT.	бу́ду выздора́вливать бу́дешь выздора́вливать бу́дет выздора́вливать бу́дем выздора́вливать бу́дете выздора́вливать бу́дут выздора́вливать	вы́здоровею вы́здоровеешь вы́здоровеет вы́здоровеем вы́здоровеете вы́здоровеют
COND.	выздора́вливал бы выздора́вливала бы выздора́вливало бы выздора́вливали бы	вы́здоровел бы вы́здоровела бы вы́здоровело бы вы́здоровели бы
IMP.	выздора́вливай выздора́вливайте	вы́здоровей вы́здоровейте

DEVERBALS

PRES. ACT.	выздора́вливающий	
PRES. PASS.		
PAST ACT.	выздора́вливавший	вы́здоровевший
PAST PASS.		
VERBAL ADVERB	выздора́вливая	вы́здоровев

вызыва́ть / вы́звать
to call, send for

	IMPERFECTIVE ASPECT	PERFECTIVE ASPECT
INF.	вызыва́ть	вы́звать
PRES.	вызыва́ю вызыва́ешь вызыва́ет вызыва́ем вызыва́ете вызыва́ют	
PAST	вызыва́л вызыва́ла вызыва́ло вызыва́ли	вы́звал вы́звала вы́звало вы́звали
FUT.	бу́ду вызыва́ть бу́дешь вызыва́ть бу́дет вызыва́ть бу́дем вызыва́ть бу́дете вызыва́ть бу́дут вызыва́ть	вы́зову вы́зовешь вы́зовет вы́зовем вы́зовете вы́зовут
COND.	вызыва́л бы вызыва́ла бы вызыва́ло бы вызыва́ли бы	вы́звал бы вы́звала бы вы́звало бы вы́звали бы
IMP.	вызыва́й вызыва́йте	вы́зови вы́зовите

DEVERBALS

PRES. ACT.	вызыва́ющий	
PRES. PASS.	вызыва́емый	
PAST ACT.	вызыва́вший	вы́звавший
PAST PASS.		вы́званный
VERBAL ADVERB	вызыва́я	вы́звав

вызыва́ть кого – что

54

	IMPERFECTIVE ASPECT	PERFECTIVE ASPECT
INF.	выи́грывать	вы́играть
PRES.	выи́грываю выи́грываешь выи́грывает выи́грываем выи́грываете выи́грывают	
PAST	выи́грывал выи́грывала выи́грывало выи́грывали	вы́играл вы́играла вы́играло вы́играли
FUT.	бу́ду выи́грывать бу́дешь выи́грывать бу́дет выи́грывать бу́дем выи́грывать бу́дете выи́грывать бу́дут выи́грывать	вы́играю вы́играешь вы́играет вы́играем вы́играете вы́играют
COND.	выи́грывал бы выи́грывала бы выи́грывало бы выи́грывали бы	вы́играл бы вы́играла бы вы́играло бы вы́играли бы
IMP.	выи́грывай выи́грывайте	вы́играй вы́играйте

DEVERBALS

PRES. ACT.	выи́грывающий	
PRES. PASS.	выи́грываемый	
PAST ACT.	выи́грывавший	вы́игравший
PAST PASS.		вы́игранный
VERBAL ADVERB	выи́грывая	вы́играв

выи́грывать что у кого в чём, на чём, от чего

выключа́ть / вы́ключить
to turn off, switch off, exclude

	IMPERFECTIVE ASPECT	PERFECTIVE ASPECT
INF.	выключа́ть	вы́ключить
PRES.	выключа́ю	
	выключа́ешь	
	выключа́ет	
	выключа́ем	
	выключа́ете	
	выключа́ют	
PAST	выключа́л	вы́ключил
	выключа́ла	вы́ключила
	выключа́ло	вы́ключило
	выключа́ли	вы́ключили
FUT.	бу́ду выключа́ть	вы́ключу
	бу́дешь выключа́ть	вы́ключишь
	бу́дет выключа́ть	вы́ключит
	бу́дем выключа́ть	вы́ключим
	бу́дете выключа́ть	вы́ключите
	бу́дут выключа́ть	вы́ключат
COND.	выключа́л бы	вы́ключил бы
	выключа́ла бы	вы́ключила бы
	выключа́ло бы	вы́ключило бы
	выключа́ли бы	вы́ключили бы
IMP.	выключа́й	вы́ключи
	выключа́йте	вы́ключите

DEVERBALS

PRES. ACT.	выключа́ющий	
PRES. PASS.	выключа́емый	
PAST ACT.	выключа́вший	вы́ключивший
PAST PASS.		вы́ключенный
VERBAL ADVERB	выключа́я	вы́ключив

выключа́ть кого – что

	IMPERFECTIVE ASPECT	PERFECTIVE ASPECT
INF.	вылета́ть	вы́лететь
PRES.	вылета́ю вылета́ешь вылета́ет вылета́ем вылета́ете вылета́ют	
PAST	вылета́л вылета́ла вылета́ло вылета́ли	вы́летел вы́летела вы́летело вы́летели
FUT.	бу́ду вылета́ть бу́дешь вылета́ть бу́дет вылета́ть бу́дем вылета́ть бу́дете вылета́ть бу́дут вылета́ть	вы́лечу вы́летишь вы́летит вы́летим вы́летите вы́летят
COND.	вылета́л бы вылета́ла бы вылета́ло бы вылета́ли бы	вы́летел бы вы́летела бы вы́летело бы вы́летели бы
IMP.	вылета́й вылета́йте	вы́лети вы́летите

DEVERBALS

PRES. ACT.	вылета́ющий	
PRES. PASS.		
PAST ACT.	вылета́вший	вы́летевший
PAST PASS.		
VERBAL ADVERB	вылета́я	вы́летев

вылета́ть во что

вылéчивать (ся) / вы́лечить (ся)
to cure (be cured, recover)

	IMPERFECTIVE ASPECT	PERFECTIVE ASPECT
INF.	вылéчивать (ся)	вы́лечить (ся)
PRES.	вылéчиваю (сь)	
	вылéчиваешь (ся)	
	вылéчивает (ся)	
	вылéчиваем (ся)	
	вылéчиваете (сь)	
	вылéчивают (ся)	
PAST	вылéчивал (ся)	вы́лечил (ся)
	вылéчивала (сь)	вы́лечила (сь)
	вылéчивало (сь)	вы́лечило (сь)
	вылéчивали (сь)	вы́лечили (сь)
FUT.	бýду вылéчивать (ся)	вы́лечу (сь)
	бýдешь вылéчивать (ся)	вы́лечишь (ся)
	бýдет вылéчивать (ся)	вы́лечит (ся)
	бýдем вылéчивать (ся)	вы́лечим (ся)
	бýдете вылéчивать (ся)	вы́лечите (ся)
	бýдут вылéчивать (ся)	вы́лечат (ся)
COND.	вылéчивал (ся) бы	вы́лечил (ся) бы
	вылéчивала (сь) бы	вы́лечила (сь) бы
	вылéчивало (сь) бы	вы́лечило (сь) бы
	вылéчивали (сь) бы	вы́лечили (сь) бы
IMP.	вылéчивай (ся)	вы́лечи (сь)
	вылéчивайте (сь)	вы́лечите (сь)

DEVERBALS

PRES. ACT.	вылéчивающий (ся)	
PRES. PASS.	вылéчиваемый	
PAST ACT.	вылéчивавший (ся)	вы́лечивший (ся)
PAST PASS.		вы́леченный
VERBAL ADVERB	вылéчивая (сь)	вы́лечив (шись)

вылéчивать кого – что чем от чего

выноси́ть / вы́нести
to carry out, take out, endure

	IMPERFECTIVE ASPECT	PERFECTIVE ASPECT
INF.	выноси́ть	вы́нести
PRES.	выношу́ выно́сишь выно́сит выно́сим выно́сите выно́сят	
PAST	выноси́л выноси́ла выноси́ло выноси́ли	вы́нес вы́несла вы́несло вы́несли
FUT.	бу́ду выноси́ть бу́дешь выноси́ть бу́дет выноси́ть бу́дем выноси́ть бу́дете выноси́ть бу́дут выноси́ть	вы́несу вы́несешь вы́несет вы́несем вы́несете вы́несут
COND.	выноси́л бы выноси́ла бы выноси́ло бы выноси́ли бы	вы́нес бы вы́несла бы вы́несло бы вы́несли бы
IMP.	выноси́ выноси́те	вы́неси вы́несите

DEVERBALS

PRES. ACT.	выноси́щий	
PRES. PASS.	выноси́мый	
PAST ACT.	выноси́вший	вы́несший
PAST PASS.		вы́несенный
VERBAL ADVERB	вынося́	вы́неся

выноси́ть кого – что

выпада́ть / вы́пасть
to fall out, drop out

	IMPERFECTIVE ASPECT	PERFECTIVE ASPECT
INF.	выпада́ть	вы́пасть
PRES.	выпада́ю выпада́ешь выпада́ет выпада́ем выпада́ете выпада́ют	
PAST	выпада́л выпада́ла выпада́ло выпада́ли	вы́пал вы́пала вы́пало вы́пали
FUT.	бу́ду выпада́ть бу́дешь выпада́ть бу́дет выпада́ть бу́дем выпада́ть бу́дете выпада́ть бу́дут выпада́ть	вы́паду вы́падешь вы́падет вы́падем выпадете вы́падут
COND.	выпада́л бы выпада́ла бы выпада́ло бы выпада́ли бы	вы́пал бы вы́пала бы вы́пало бы вы́пали бы
IMP.	выпада́й выпада́йте	вы́пади вы́падите

DEVERBALS

PRES. ACT.	выпада́ющий	
PRES. PASS.		
PAST ACT.	выпада́вший	вы́павший
PAST PASS.		
VERBAL ADVERB	выпада́я	вы́пав

выписывать (ся) / выписать (ся)
to copy out, write out (check out)

	IMPERFECTIVE ASPECT	PERFECTIVE ASPECT
INF.	выписывать (ся)	выписать (ся)
PRES.	выписываю (сь) выписываешь (ся) выписывает (ся) выписываем (ся) выписываете (сь) выписывают (ся)	
PAST	выписывал (ся) выписывала (сь) выписывало (сь) выписывали (сь)	выписал (ся) выписала (сь) выписало (сь) выписали (сь)
FUT.	буду выписывать (ся) будешь выписывать (ся) будет выписывать (ся) будем выписывать (ся) будете выписывать (ся) будут выписывать (ся)	выпишу (сь) выпишешь (ся) выпишет (ся) выпишем (ся) выпишете (сь) выпишут (ся)
COND.	выписывал (ся) бы выписывала (сь) бы выписывало (сь) бы выписывали (сь) бы	выписал (ся) бы выписала (сь) бы выписало (сь) бы выписали (сь) бы
IMP.	выписывай (ся) выписывайте (сь)	выпиши (сь) выпишите (сь)

DEVERBALS

PRES. ACT.	выписывающий (ся)	
PRES. PASS.	выписываемый	
PAST ACT.	выписывавший (ся)	выписавший (ся)
PAST PASS.		выписанный
VERBAL ADVERB	выписывая (сь)	выписав (шись)

выписывать кого – что

ВЫПОЛНЯ́ТЬ / ВЫ́ПОЛНИТЬ
to carry out, fulfil

	IMPERFECTIVE ASPECT	PERFECTIVE ASPECT
INF.	выполня́ть	вы́полнить
PRES.	выполня́ю выполня́ешь выполня́ет выполня́ем выполня́ете выполня́ют	
PAST	выполня́л выполня́ла выполня́ло выполня́ли	вы́полнил вы́полнила вы́полнило вы́полнили
FUT.	бу́ду выполня́ть бу́дешь выполня́ть бу́дет выполня́ть бу́дем выполня́ть бу́дете выполня́ть бу́дут выполня́ть	вы́полню вы́полнишь вы́полнит вы́полним вы́полните вы́полнят
COND.	выполня́л бы выполня́ла бы выполня́ло бы выполня́ли бы	вы́полнил бы вы́полнила бы вы́полнило бы вы́полнили бы
IMP.	выполня́й выполня́йте	вы́полни вы́полните

DEVERBALS

PRES. ACT.	выполня́ющий	
PRES. PASS.	выполня́емый	
PAST ACT.	выполня́вший	вы́полнивший
PAST PASS.		вы́полненный
VERBAL ADVERB	выполня́я	вы́полнив

выполня́ть что

выража́ть (ся) / вы́разить (ся)
to express, convey (express oneself)

	IMPERFECTIVE ASPECT	PERFECTIVE ASPECT
INF.	выража́ть (ся)	вы́разить (ся)
PRES.	выража́ю (сь) выража́ешь (ся) выража́ет (ся) выража́ем (ся) выража́ете (сь) выража́ют (ся)	
PAST	выража́л (ся) выража́ла (сь) выража́ло (сь) выража́ли (сь)	вы́разил (ся) вы́разила (сь) вы́разило (сь) вы́разили (сь)
FUT.	бу́ду выража́ть (ся) бу́дешь выража́ть (ся) бу́дет выража́ть (ся) бу́дем выража́ть (ся) бу́дете выража́ть (ся) бу́дут выража́ть (ся)	вы́ражу (сь) вы́разишь (ся) вы́разит (ся) вы́разим (ся) вы́разите (сь) вы́разят (ся)
COND.	выража́л (ся) бы выража́ла (сь) бы выража́ло (сь) бы выража́ли (сь) бы	вы́разил (ся) бы вы́разила (сь) бы вы́разило (сь) бы вы́разили (сь) бы
IMP.	выража́й (ся) выража́йте (сь)	вы́рази (сь) вы́разите (сь)

DEVERBALS

PRES. ACT.	выража́ющий (ся)	
PRES. PASS.	выража́емый	
PAST ACT.	выража́вший (ся)	вы́разивший (ся)
PAST PASS.		вы́раженный
VERBAL ADVERB	выража́я (сь)	вы́разив (шись)

выража́ть что
выража́ться в чём

63

выра́щивать / вы́растить
to bring up, rear, cultivate

	IMPERFECTIVE ASPECT	PERFECTIVE ASPECT
INF.	выра́щивать	вы́растить
PRES.	выра́щиваю	
	выра́щиваешь	
	выра́щивает	
	выра́щиваем	
	выра́щиваете	
	выра́щивают	
PAST	выра́щивал	вы́растил
	выра́щивала	вы́растила
	выра́щивало	вы́растило
	выра́щивали	вы́растили
FUT.	бу́ду выра́щивать	вы́ращу
	бу́дешь выра́щивать	вы́растишь
	бу́дет выра́щивать	вы́растит
	бу́дем выра́щивать	вы́растим
	бу́дете выра́щивать	вы́растите
	бу́дут выра́щивать	вы́растят
COND.	выра́щивал бы	вы́растил бы
	выра́щивала бы	вы́растила бы
	выра́щивало бы	вы́растило бы
	выра́щивали бы	вы́растили бы
IMP.	выра́щивай	вы́расти
	выра́щивайте	вы́растите
DEVERBALS		
PRES. ACT.	выра́щивающий	
PRES. PASS.	выра́щиваемый	
PAST ACT.	выра́щивавший	вы́растивший
PAST PASS.		вы́ращенный
VERBAL ADVERB	выра́щивая	вы́растив

выра́щивать кого – что

выступа́ть / вы́ступить
to come forward, go forward, appear, speak

	IMPERFECTIVE ASPECT	PERFECTIVE ASPECT
INF.	выступа́ть	вы́ступить
PRES.	выступа́ю выступа́ешь выступа́ет выступа́ем выступа́ете выступа́ют	
PAST	выступа́л выступа́ла выступа́ло выступа́ли	вы́ступил вы́ступила вы́ступило вы́ступили
FUT.	бу́ду выступа́ть бу́дешь выступа́ть бу́дет выступа́ть бу́дем выступа́ть бу́дете выступа́ть бу́дут выступа́ть	вы́ступлю вы́ступишь вы́ступит вы́ступим вы́ступите вы́ступят
COND.	выступа́л бы выступа́ла бы выступа́ло бы выступа́ли бы	вы́ступил бы вы́ступила бы вы́ступило бы вы́ступили бы
IMP.	выступа́й выступа́йте	вы́ступи вы́ступите

DEVERBALS

PRES. ACT.	выступа́ющий	
PRES. PASS.		
PAST ACT.	выступа́вший	вы́ступивший
PAST PASS.		
VERBAL ADVERB	выступа́я	вы́ступив

выступа́ть на чём с чем

вытáскивать (ся) / вы́тащить (ся)
to drag out, pull out, extract (come out with difficulty)

	IMPERFECTIVE ASPECT	PERFECTIVE ASPECT
INF.	вытáскивать (ся)	вы́тащить (ся)
PRES.	вытáскиваю (сь)	
	вытáскиваешь (ся)	
	вытáскивает (ся)	
	вытáскиваем (ся)	
	вытáскиваете (сь)	
	вытáскивают (ся)	
PAST	вытáскивал (ся)	вы́тащил (ся)
	вытáскивала (сь)	вы́тащила (сь)
	вытáскивало (сь)	вы́тащило (сь)
	вытáскивали (сь)	вы́тащили (сь)
FUT.	бýду вытáскивать (ся)	вы́тащу (сь)
	бýдешь вытáскивать (ся)	вы́тащишь (ся)
	бýдет вытáскивать (ся)	вы́тащит (ся)
	бýдем вытáскивать (ся)	вы́тащим (ся)
	бýдете вытáскивать (ся)	вы́тащите (сь)
	бýдут вытáскивать (ся)	вы́тащат (ся)
COND.	вытáскивал (ся) бы	вы́тащил (ся) бы
	вытáскивала (сь) бы	вы́тащила (сь) бы
	вытáскивало (сь) бы	вы́тащило (сь) бы
	вытáскивали (сь) бы	вы́тащили (сь) бы
IMP.	вытáскивай (ся)	вы́тащи (сь)
	вытáскивайте (сь)	вы́тащите (сь)

DEVERBALS

PRES. ACT.	вытáскивающий (ся)	
PRES. PASS.	вытáскиваемый	
PAST ACT.	вытáскивавший (ся)	вы́тащивший (ся)
PAST PASS.		вы́тащенный
VERBAL ADVERB	вытáскивая (сь)	вы́тащив (шись)

вытáскивать кого – что

66

вытира́ть (ся) / вы́тереть (ся)
to wipe, wipe dry, wear out (wipe oneself)

	IMPERFECTIVE ASPECT	PERFECTIVE ASPECT
INF.	вытира́ть (ся)	вы́тереть (ся)
PRES.	вытира́ю (сь) вытира́ешь (ся) вытира́ет (ся) вытира́ем (ся) вытира́ете (сь) вытира́ют (ся)	
PAST	вытира́л (ся) вытира́ла (сь) вытира́ло (сь) вытира́ли (сь)	вы́тер (ся) вы́терла (сь) вы́терло (сь) вы́терли (сь)
FUT.	бу́ду вытира́ть (ся) бу́дешь вытира́ть (ся) бу́дет вытира́ть (ся) бу́дем вытира́ть (ся) бу́дете вытира́ть (ся) бу́дут вытира́ть (ся)	вы́тру (сь) вы́трешь (ся) вы́трет (ся) вы́трем (ся) вы́трете (сь) вы́трут (ся)
COND.	вытира́л (ся) бы вытира́ла (сь) бы вытира́ло (сь) бы вытира́ли (сь) бы	вы́тер (ся) бы вы́терла (сь) бы вы́терло (сь) бы вы́терли (сь) бы
IMP.	вытира́й (ся) вытира́йте (сь)	вы́три (сь) вы́трите (сь)

DEVERBALS

PRES. ACT.	вытира́ющий (ся)	
PRES. PASS.	вытира́емый	
PAST ACT.	вытира́вший (ся)	вы́терший (ся)
PAST PASS.		вы́тертый
VERBAL ADVERB	вытира́я (сь)	вы́терев – вы́терши (сь)

вытира́ть что

ВЫХОДИ́ТЬ / ВЫ́ЙТИ
to go out, exit

	IMPERFECTIVE ASPECT	PERFECTIVE ASPECT
INF.	выходи́ть	вы́йти
PRES.	выхожу́ выхо́дишь выхо́дит выхо́дим выхо́дите выхо́дят	
PAST	выходи́л выходи́ла выходи́ло выходи́ли	вы́шел вы́шла вы́шло вы́шли
FUT.	бу́ду выходи́ть бу́дешь выходи́ть бу́дет выходи́ть бу́дем выходи́ть бу́дете выходи́ть бу́дут выходи́ть	вы́йду вы́йдешь вы́йдет вы́йдем вы́йдете вы́йдут
COND.	выходи́л бы выходи́ла бы выходи́ло бы выходи́ли бы	вы́шел бы вы́шла бы вы́шло бы вы́шли бы
IMP.	выходи́ выходи́те	вы́йди вы́йдите

DEVERBALS

PRES. ACT.	выходя́щий	
PRES. PASS.		
PAST ACT.	выходи́вший	вы́шедший
PAST PASS.		
VERBAL ADVERB	выходя́	вы́йдя

выходи́ть замуж за кого *get married [said of a woman]*

гла́дить / погла́дить
to iron, press; stroke

	IMPERFECTIVE ASPECT	PERFECTIVE ASPECT
INF.	гла́дить	погла́дить
PRES.	гла́жу	
	гла́дишь	
	гла́дит	
	гла́дим	
	гла́дите	
	гла́дят	
PAST	гла́дил	погла́дил
	гла́дила	погла́дила
	гла́дило	погла́дило
	гла́дили	погла́дили
FUT.	бу́ду гла́дить	погла́жу
	бу́дешь гла́дить	погла́дишь
	бу́дет гла́дить	погла́дит
	бу́дем гла́дить	погла́дим
	бу́дете гла́дить	погла́дите
	бу́дут гла́дить	погла́дят
COND.	гла́дил бы	погла́дил бы
	гла́дила бы	погла́дила бы
	гла́дило бы	погла́дило бы
	гла́дили бы	погла́дили бы
IMP.	гла́дь	погла́дь
	гла́дьте	погла́дьте

DEVERBALS

PRES. ACT.	гла́дящий	
PRES. PASS.	гла́димый	
PAST ACT.	гла́дивший	погла́дивший
PAST PASS.	гла́женный	погла́женный
VERBAL ADVERB	гла́дя	погла́див

гла́дить кого – что по кому – чему

глядéть (ся) / поглядéть (ся)
to see, look at (look at oneself)

	IMPERFECTIVE ASPECT	PERFECTIVE ASPECT
INF.	глядéть (ся)	поглядéть (ся)
PRES.	гляжý (сь)	
	глядúшь (ся)	
	глядúт (ся)	
	глядúм (ся)	
	глядúте (сь)	
	глядя́т (ся)	
PAST	глядéл (ся)	поглядéл (ся)
	глядéла (сь)	поглядéла (сь)
	глядéло (сь)	поглядéло (сь)
	глядéли (сь)	поглядéли (сь)
FUT.	бýду глядéть (ся)	погляжý (сь)
	бýдешь глядéть (ся)	поглядúшь (ся)
	бýдет глядéть (ся)	поглядúт (ся)
	бýдем глядéть (ся)	поглядúм (ся)
	бýдете глядéть (ся)	поглядúте (сь)
	бýдут глядéть (ся)	поглядя́т (ся)
COND.	глядéл (ся) бы	поглядéл (ся) бы
	глядéла (сь) бы	поглядéла (сь) бы
	глядéло (сь) бы	поглядéло (сь) бы
	глядéли (сь) бы	поглядéли (сь) бы
IMP.	глядú (сь)	поглядú (сь)
	глядúте (сь)	поглядúте (сь)

DEVERBALS

PRES. ACT.	глядя́щий (ся)	
PRES. PASS.		
PAST ACT.	глядéвший (ся)	поглядéвший (ся)
PAST PASS.		
VERBAL ADVERB	глядя́ (сь)	поглядéв (шись)

глядéть на кого – что, за кем – чем
глядéться во что

говори́ть / сказа́ть – поговори́ть
to speak, say, talk, tell – talk a little

	IMPERFECTIVE ASPECT	PERFECTIVE ASPECT	
INF.	говори́ть	сказа́ть	поговори́ть
PRES.	говорю́		
	говори́шь		
	говори́т		
	говори́м		
	говори́те		
	говоря́т		
PAST	говори́л	сказа́л	поговори́л
	говори́ла	сказа́ла	поговори́ла
	говори́ло	сказа́ло	поговори́ло
	говори́ли	сказа́ли	поговори́ли
FUT.	бу́ду говори́ть	скажу́	поговорю́
	бу́дешь говори́ть	ска́жешь	поговори́шь
	бу́дет говори́ть	ска́жет	поговори́т
	бу́дем говори́ть	ска́жем	поговори́м
	бу́дете говори́ть	ска́жете	поговори́те
	бу́дут говори́ть	ска́жут	поговоря́т
COND.	говори́л бы	сказа́л бы	поговори́л бы
	говори́ла бы	сказа́ла бы	поговори́ла бы
	говори́ло бы	сказа́ло бы	поговори́ло бы
	говори́ли бы	сказа́ли бы	поговори́ли бы
IMP.	говори́	скажи́	поговори́
	говори́те	скажи́те	поговори́те

DEVERBALS

PRES. ACT.	говоря́щий		
PRES. PASS.			
PAST ACT.	говори́вший	сказа́вший	поговори́вший
PAST PASS.	говорённый	ска́занный	
	говорён, говорена́		
VERBAL ADVERB	говоря́	сказа́в	поговори́в

говори́ть что о ком – чём
говори́ть по-русски, на друго́м языке

гоня́ть – гна́ть / погна́ть
to drive, chase, urge on

	MULTIDIRECTIONAL	UNIDIRECTIONAL	PERFECTIVE ASPECT
INF.	гоня́ть	гна́ть	погна́ть
PRES.	гоня́ю	гоню́	
	гоня́ешь	го́нишь	
	гоня́ет	го́нит	
	гоня́ем	го́ним	
	гоня́ете	го́ните	
	гоня́ют	го́нят	
PAST	гоня́л	гна́л	погна́л
	гоня́ла	гнала́	погнала́
	гоня́ло	гна́ло	погна́ло
	гоня́ли	гна́ли	погна́ли
FUT.	бу́ду гоня́ть	бу́ду гна́ть	погоню́
	бу́дешь гоня́ть	бу́дешь гна́ть	пого́нишь
	бу́дет гоня́ть	бу́дет гна́ть	пого́нит
	бу́дем гоня́ть	бу́дем гна́ть	пого́ним
	бу́дете гоня́ть	бу́дете гна́ть	пого́ните
	бу́дут гоня́ть	бу́дут гна́ть	пого́нят
COND.	гоня́л бы	гна́л бы	погна́л бы
	гоня́ла бы	гнала́ бы	погнала́ бы
	гоня́ло бы	гна́ло бы	погна́ло бы
	гоня́ли бы	гна́ли бы	погна́ли бы
IMP.	гоня́й	гони́	погони́
	гоня́йте	гони́те	погони́те

DEVERBALS

PRES. ACT.	гоня́ющий	гоня́щий	
PRES. PASS.	гоня́емый	гони́мый	
PAST ACT.	гоня́вший	гна́вший	погна́вший
PAST PASS.			по́гнанный
VERBAL ADVERB	гоня́я	гоня́	погна́в

гоня́ть – гна́ть кого – что

	IMPERFECTIVE ASPECT	PERFECTIVE ASPECT
INF.	горди́ться	возгорди́ться
PRES.	горжу́сь горди́шься горди́тся горди́мся горди́тесь гордя́тся	
PAST	горди́лся горди́лась горди́лось горди́лись	возгорди́лся возгорди́лась возгорди́лось возгорди́лись
FUT.	бу́ду горди́ться бу́дешь горди́ться бу́дет горди́ться бу́дем горди́ться бу́дете горди́ться бу́дут горди́ться	возгоржу́сь возгорди́шься возгорди́тся возгорди́мся возгорди́тесь возгордя́тся
COND.	горди́лся бы горди́лась бы горди́лось бы горди́лись бы	возгорди́лся бы возгорди́лась бы возгорди́лось бы возгорди́лись бы
IMP.	горди́сь горди́тесь	возгорди́сь возгорди́тесь

DEVERBALS

PRES. ACT.	гордя́щийся	
PRES. PASS.		
PAST ACT.	горди́вшийся	возгорди́вшийся
PAST PASS.		
VERBAL ADVERB	гордя́сь	возгорди́вшись

горди́ться кем – чем

горе́ть / сгоре́ть
to burn, be on fire, glow

	IMPERFECTIVE ASPECT	PERFECTIVE ASPECT
INF.	горе́ть	сгоре́ть
PRES.	горю́ гори́шь гори́т гори́м гори́те горя́т	
PAST	горе́л горе́ла горе́ло горе́ли	сгоре́л сгоре́ла сгоре́ло сгоре́ли
FUT.	бу́ду горе́ть бу́дешь горе́ть бу́дет горе́ть бу́дем горе́ть бу́дете горе́ть бу́дут горе́ть	сгорю́ сгори́шь сгори́т сгори́м сгори́те сгоря́т
COND.	горе́л бы горе́ла бы горе́ло бы горе́ли бы	сгоре́л бы сгоре́ла бы сгоре́ло бы сгоре́ли бы
IMP.	гори́ гори́те	сгори́ сгори́те

DEVERBALS

PRES. ACT.	горя́щий	
PRES. PASS.		
PAST ACT.	горе́вший	сгоре́вший
PAST PASS.		
VERBAL ADVERB	горя́	сгоре́в

Another imperfective for **сгоре́ть** is **сгора́ть**.

to prepare, cook (get oneself ready)

	IMPERFECTIVE ASPECT	PERFECTIVE ASPECT
INF.	готóвить (ся)	приготóвить (ся)
PRES.	готóвлю (сь) готóвишь (ся) готóвит (ся) готóвим (ся) готóвите (сь) готóвят (ся)	
PAST	готóвил (ся) готóвила (сь) готóвило (сь) готóвили (сь)	приготóвил (ся) приготóвила (сь) приготóвило (сь) приготóвили (сь)
FUT.	бýду готóвить (ся) бýдешь готóвить (ся) бýдет готóвить (ся) бýдем готóвить (ся) бýдете готóвить (ся) бýдут готóвить (ся)	приготóвлю (сь) приготóвишь (ся) приготóвит (ся) приготóвим (ся) приготóвите (сь) приготóвят (ся)
COND.	готóвил (ся) бы готóвила (сь) бы готóвило (сь) бы готóвили (сь) бы	приготóвил (ся) бы приготóвила (сь) бы приготóвило (сь) бы приготóвили (сь) бы
IMP.	готóвь (ся) готóвьте (сь)	приготóвь (ся) приготóвьте (сь)

DEVERBALS

PRES. ACT.	готóвящий (ся)	
PRES. PASS.		
PAST ACT.	готóвивший (ся)	приготóвивший (ся)
PAST PASS.		приготóвленный
VERBAL ADVERB	готóвя (сь)	приготóвив (шись)

готóвить кого – что к чему
готóвиться к чему, + infinitive

The pair **приготовля́ться / приготóвиться** also means *to get ready.*

грызть / разгрызть
to gnaw, nibble, nag / crack [with the teeth]

	IMPERFECTIVE ASPECT	PERFECTIVE ASPECT
INF.	грызть	разгрызть
PRES.	грызу́	
	грызёшь	
	грызёт	
	грызём	
	грызёте	
	грызу́т	
PAST	грыз	разгры́з
	грызла	разгры́зла
	грызло	разгры́зло
	грызли	разгры́зли
FUT.	бу́ду грызть	разгрызу́
	бу́дешь грызть	разгрызёшь
	бу́дет грызть	разгрызёт
	бу́дем грызть	разгрызём
	бу́дете грызть	разгрызёте
	бу́дут грызть	разгрызу́т
COND.	грыз бы	разгры́з бы
	грызла бы	разгры́зла бы
	грызло бы	разгры́зло бы
	грызли бы	разгры́зли бы
IMP.	грызи́	разгрызи́
	грызи́те	разгрызи́те

DEVERBALS

PRES. ACT.	грызу́щий	
PRES. PASS.		
PAST ACT.	гры́зший	разгры́зший
PAST PASS.		разгры́зенный
VERBAL ADVERB	грызя́	разгры́зши

грызть кого – что

	IMPERFECTIVE ASPECT	PERFECTIVE ASPECT
INF.	гуля́ть	погуля́ть
PRES.	гуля́ю гуля́ешь гуля́ет гуля́ем гуля́ете гуля́ют	
PAST	гуля́л гуля́ла гуля́ло гуля́ли	погуля́л погуля́ла погуля́ло погуля́ли
FUT.	бу́ду гуля́ть бу́дешь гуля́ть бу́дет гуля́ть бу́дем гуля́ть бу́дете гуля́ть бу́дут гуля́ть	погуля́ю погуля́ешь погуля́ет погуля́ем погуля́ете погуля́ют
COND.	гуля́л бы гуля́ла бы гуля́ло бы гуля́ли бы	погуля́л бы погуля́ла бы погуля́ло бы погуля́ли бы
IMP.	гуля́й гуля́йте	погуля́й погуля́йте

DEVERBALS

PRES. ACT.	гуля́ющий	
PRES. PASS.		
PAST ACT.	гуля́вший	погуля́вший
PAST PASS.		
VERBAL ADVERB	гуля́я	погуля́в

гуля́ть can also mean *to enjoy oneself, fool around.*

дава́ть / да́ть
to give, let, allow

	IMPERFECTIVE ASPECT	PERFECTIVE ASPECT
INF.	дава́ть	да́ть
PRES.	даю́ даёшь даёт даём даёте даю́т	
PAST	дава́л дава́ла дава́ло дава́ли	да́л дала́ да́ло да́ли
FUT.	бу́ду дава́ть бу́дешь дава́ть бу́дет дава́ть бу́дем дава́ть бу́дете дава́ть бу́дут дава́ть	да́м да́шь да́ст дади́м дади́те даду́т
COND.	дава́л бы дава́ла бы дава́ло бы дава́ли бы	да́л бы дала́ бы да́ло бы да́ли бы
IMP.	дава́й дава́йте	да́й да́йте

DEVERBALS

PRES. ACT.	даю́щий	
PRES. PASS.	дава́емый	
PAST ACT.	дава́вший	да́вший
PAST PASS.		да́нный, да́н, дана́
VERBAL ADVERB	дава́я	да́в

дава́ть кому́ – что, + infinitive

The negated forms of the perfective past can shift stress: не́ дал, не дала́, не́ дало, не́ дали.

78

	IMPERFECTIVE ASPECT	PERFECTIVE ASPECT
INF.	дари́ть	подари́ть
PRES.	дарю́ да́ришь да́рит да́рим да́рите да́рят	
PAST	дари́л дари́ла дари́ло дари́ли	подари́л подари́ла подари́ло подари́ли
FUT.	бу́ду дари́ть бу́дешь дари́ть бу́дет дари́ть бу́дем дари́ть бу́дете дари́ть бу́дут дари́ть	подарю́ пода́ришь пода́рит пода́рим пода́рите пода́рят
COND.	дари́л бы дари́ла бы дари́ло бы дари́ли бы	подари́л бы подари́ла бы подари́ло бы подари́ли бы
IMP.	дари́ дари́те	подари́ подари́те

DEVERBALS

PRES. ACT.	даря́щий	
PRES. PASS.	дари́мый	
PAST ACT.	дари́вший	подари́вший
PAST PASS.		пода́ренный
VERBAL ADVERB	даря́	подари́в

дари́ть кого – что кому

дви́гать (ся) / дви́нуть (ся)
to move, advance

	IMPERFECTIVE ASPECT	PERFECTIVE ASPECT
INF.	дви́гать (ся)	дви́нуть (ся)
PRES.	дви́гаю (сь) – дви́жу (сь) дви́гаешь (ся) – дви́жешь (ся) дви́гает (ся) – дви́жет (ся) дви́гаем (ся) – дви́жем (ся) дви́гаете (сь) – дви́жете (сь) дви́гают (ся) – дви́жут (ся)	
PAST	дви́гал (ся) дви́гала (сь) дви́гало (сь) дви́гали (сь)	дви́нул (ся) дви́нула (сь) дви́нуло (сь) дви́нули (сь)
FUT.	бу́ду дви́гать (ся) бу́дешь дви́гать (ся) бу́дет дви́гать (ся) бу́дем дви́гать (ся) бу́дете дви́гать (ся) бу́дут дви́гать (ся)	дви́ну (сь) дви́нешь (ся) дви́нет (ся) дви́нем (ся) дви́нете (сь) дви́нут (ся)
COND.	дви́гал (ся) бы дви́гала (сь) бы дви́гало (сь) бы дви́гали (сь) бы	дви́нул (ся) бы дви́нула (сь) бы дви́нуло (сь) бы дви́нули (сь) бы
IMP.	дви́гай (ся) дви́гайте (сь)	дви́нь (ся) дви́ньте (сь)

DEVERBALS

PRES. ACT.	дви́гающий (ся) – дви́жущий (ся)	
PRES. PASS.	дви́гаемый – дви́жимый	
PAST ACT.	дви́гавший (ся)	дви́нувший (ся)
PAST PASS.		дви́нутый
VERBAL ADVERB	дви́гая (сь)	дви́нув (шись)

дви́гать кого – что, чем

80

дежу́рить
to be on duty

	IMPERFECTIVE ASPECT	PERFECTIVE ASPECT
INF.	дежу́рить	
PRES.	дежу́рю дежу́ришь дежу́рит дежу́рим дежу́рите дежу́рят	
PAST	дежу́рил дежу́рила дежу́рило дежу́рили	
FUT.	бу́ду дежу́рить бу́дешь дежу́рить бу́дет дежу́рить бу́дем дежу́рить бу́дете дежу́рить бу́дут дежу́рить	
COND.	дежу́рил бы дежу́рила бы дежу́рило бы дежу́рили бы	
IMP.	дежу́рь дежу́рьте	

DEVERBALS

PRES. ACT.	дежу́рящий	
PRES. PASS.		
PAST ACT.	дежу́ривший	
PAST PASS.		
VERBAL ADVERB	дежу́ря, дежу́рив	

81

действовать / подействовать
to act, function, effect

	IMPERFECTIVE ASPECT	PERFECTIVE ASPECT
INF.	де́йствовать	поде́йствовать
PRES.	де́йствую	
	де́йствуешь	
	де́йствует	
	де́йствуем	
	де́йствуете	
	де́йствуют	
PAST	де́йствовал	поде́йствовал
	де́йствовала	поде́йствовала
	де́йствовало	поде́йствовало
	де́йствовали	поде́йствовали
FUT.	бу́ду де́йствовать	поде́йствую
	бу́дешь де́йствовать	поде́йствуешь
	бу́дет де́йствовать	поде́йствует
	бу́дем де́йствовать	поде́йствуем
	бу́дете де́йствовать	поде́йствуете
	бу́дут де́йствовать	поде́йствуют
COND.	де́йствовал бы	поде́йствовал бы
	де́йствовала бы	поде́йствовала бы
	де́йствовало бы	поде́йствовало бы
	де́йствовали бы	поде́йствовали бы
IMP.	де́йствуй	поде́йствуй
	де́йствуйте	поде́йствуйте

DEVERBALS

PRES. ACT.	де́йствующий	
PRES. PASS.		
PAST ACT.	де́йствовавший	поде́йствовавший
PAST PASS.		
VERBAL ADVERB	де́йствуя	поде́йствовав

де́йствовать на кого – что

82

	IMPERFECTIVE ASPECT	PERFECTIVE ASPECT
INF.	де́лать (ся)	сде́лать (ся)
PRES.	де́лаю (сь) де́лаешь (ся) де́лает (ся) де́лаем (ся) де́лаете (сь) де́лают (ся)	
PAST	де́лал (ся) де́лала (сь) де́лало (сь) де́лали (сь)	сде́лал (ся) сде́лала (сь) сде́лало (сь) сде́лали (сь)
FUT.	бу́ду де́лать (ся) бу́дешь де́лать (ся) бу́дет де́лать (ся) бу́дем де́лать (ся) бу́дете де́лать ся) бу́дут де́лать (ся)	сде́лаю (сь) сде́лаешь (ся) сде́лает (ся) сде́лаем (ся) сде́лаете (сь) сде́лают (ся)
COND.	де́лал (ся) бы де́лала (сь) бы де́лало (сь) бы де́лали (сь) бы	сде́лал (ся) бы сде́лала (сь) бы сде́лало (сь) бы сде́лали (сь) бы
IMP.	де́лай (ся) де́лайте (сь)	сде́лай (ся) сде́лайте (сь)

DEVERBALS

PRES. ACT.	де́лающий (ся)	
PRES. PASS.	де́лаемый	
PAST ACT.	де́лавший (ся)	сде́лавший (ся)
PAST PASS.		сде́ланный
VERBAL ADVERB	де́лая (сь)	сде́лав (шись)

де́лать что
де́латься чем

дели́ть (ся) / подели́ть (ся)
to divide, share (confide in)

	IMPERFECTIVE ASPECT	PERFECTIVE ASPECT
INF.	дели́ть (ся)	подели́ть (ся)
PRES.	делю́ (сь) де́лишь (ся) де́лит (ся) де́лим (ся) де́лите (сь) де́лят (ся)	
PAST	дели́л (ся) дели́ла (сь) дели́ло (сь) дели́ли (сь)	подели́л (ся) подели́ла (сь) подели́ло (сь) подели́ли (сь)
FUT.	бу́ду дели́ть (ся) бу́дешь дели́ть (ся) бу́дет дели́ть (ся) бу́дем дели́ть (ся) бу́дете дели́ть (ся) бу́дут дели́ть (ся)	поделю́ (сь) поде́лишь (ся) поде́лит (ся) поде́лим (ся) поде́лите (сь) поде́лят (ся)
COND.	дели́л (ся) бы дели́ла (сь) бы дели́ло (сь) бы дели́ли (сь) бы	подели́л (ся) бы подели́ла (сь) бы подели́ло (сь) бы подели́ли (сь) бы
IMP.	дели́ (сь) дели́те (сь)	подели́ (сь) подели́те (сь)

DEVERBALS

PRES. ACT.	деля́щий (ся)	
PRES. PASS.	дели́мый	
PAST ACT.	дели́вший (ся)	подели́вший (ся)
PAST PASS.		поделённый поделён, поделена́
VERBAL ADVERB	деля́ (сь)	подели́в (шись)

дели́ть кого – что с кем на что
дели́ться чем с кем

84

держа́ть (ся) / подержа́ть (ся)
to hold, keep, support

	IMPERFECTIVE ASPECT	PERFECTIVE ASPECT
INF.	держа́ть (ся)	подержа́ть (ся)
PRES.	держу́ (сь) де́ржишь (ся) де́ржит (ся) де́ржим (ся) де́ржите (сь) де́ржат (ся)	
PAST	держа́л (ся) держа́ла (сь) держа́ло (сь) держа́ли (сь)	подержа́л (ся) подержа́ла (сь) подержа́ло (сь) подержа́ли (сь)
FUT.	бу́ду держа́ть (ся) бу́дешь держа́ть (ся) бу́дет держа́ть (ся) бу́дем держа́ть ся) бу́дете держа́ть ся) бу́дут держа́ть (ся)	подержу́ (сь) поде́ржишь (ся) поде́ржит (ся) поде́ржим (ся) поде́ржите (сь) поде́ржат (ся)
COND.	держа́л (ся) бы держа́ла (сь) бы держа́ло (сь) бы держа́ли (сь) бы	подержа́л (ся) бы подержа́ла (сь) бы подержа́ло (сь) бы подержа́ли (сь) бы
IMP.	держи́ (сь) держи́те (сь)	подержи́ (сь) подержи́те (сь)

DEVERBALS

	IMPERFECTIVE ASPECT	PERFECTIVE ASPECT
PRES. ACT.	держа́щий (ся)	
PRES. PASS.		
PAST ACT.	держа́вший (ся)	подержа́вший (ся)
PAST PASS.	де́ржанный	поде́ржанный
VERBAL ADVERB	держа́ (сь)	подержа́в (шись)

держа́ть кого – что
держа́ться за кого – что на чём

добавля́ть (ся) / доба́вить (ся)
to add (be added)

	IMPERFECTIVE ASPECT	PERFECTIVE ASPECT
INF.	добавля́ть (ся)	доба́вить (ся)
PRES.	добавля́ю	
	добавля́ешь	
	добавля́ет (ся)	
	добавля́ем	
	добавля́ете	
	добавля́ют (ся)	
PAST	добавля́л (ся)	доба́вил (ся)
	добавля́ла (сь)	доба́вила (сь)
	добавля́ло (сь)	доба́вило (сь)
	добавля́ли (сь)	доба́вили (сь)
FUT.	бу́ду добавля́ть	доба́влю
	бу́дешь добавля́ть	доба́вишь
	бу́дет добавля́ть (ся)	доба́вит (ся)
	бу́дем добавля́ть	доба́вим
	бу́дете добавля́ть	доба́вите
	бу́дут добавля́ть (ся)	доба́вят (ся)
COND.	добавля́л (ся) бы	доба́вил (ся) бы
	добавля́ла (сь) бы	доба́вила (сь) бы
	добавля́ло (сь) бы	доба́вило (сь) бы
	добавля́ли (сь) бы	доба́вили (сь) бы
IMP.	добавля́й	доба́вь
	добавля́йте	доба́вьте

DEVERBALS

PRES. ACT.	добавля́ющий (ся)	
PRES. PASS.	добавля́емый	
PAST ACT.	добавля́вший (ся)	доба́вивший (ся)
PAST PASS.		доба́вленный
VERBAL ADVERB	добавля́я (сь)	доба́вив (шись)

добавля́ть что, чего

	IMPERFECTIVE ASPECT	PERFECTIVE ASPECT
INF.	добива́ться	доби́ться
PRES.	добива́юсь добива́ешься добива́ется добива́емся добива́етесь добива́ются	
PAST	добива́лся добива́лась добива́лось добива́лись	доби́лся доби́лась доби́лось доби́лись
FUT.	бу́ду добива́ться бу́дешь добива́ться бу́дет добива́ться бу́дем добива́ться бу́дете добива́ться бу́дут добива́ться	добью́сь добьёшься добьётся добьёмся добьётесь добью́тся
COND.	добива́лся бы добива́лась бы добива́лось бы добива́лись бы	доби́лся бы доби́лась бы доби́лось бы доби́лись бы
IMP.	добива́йся добива́йтесь	добе́йся добе́йтесь

PARTICIPLES

PRES. ACT.	добива́ющийся	
PRES. PASS.		
PAST ACT.	добива́вшийся	доби́вшийся
PAST PASS.		
VERBAL ADVERB	добива́ясь	доби́вшись

добива́ться чего

The verbal pair добива́ть / доби́ть кого – что means *to kill, break up something completely.*

доводи́ть / довести́
to lead, conduct up to

	IMPERFECTIVE ASPECT	PERFECTIVE ASPECT
INF.	доводи́ть	довести́
PRES.	довожу́ дово́дишь дово́дит дово́дим дово́дите дово́дят	
PAST	доводи́л доводи́ла доводи́ло доводи́ли	довёл довела́ довело́ довели́
FUT.	бу́ду доводи́ть бу́дешь доводи́ть бу́дет доводи́ть бу́дем доводи́ть бу́дете доводи́ть бу́дут доводи́ть	доведу́ доведёшь доведёт доведём доведёте доведу́т
COND.	доводи́л бы доводи́ла бы доводи́ло бы доводи́ли бы	довёл бы довела́ бы довело́ бы довели́ бы
IMP.	доводи́ доводи́те	доведи́ доведи́те

DEVERBALS

PRES. ACT.	доводя́	
PRES. PASS.	доводи́мый	
PAST ACT.	доводи́вший	дове́дший
PAST PASS.		доведённый доведён, доведена́
VERBAL ADVERB	доводя́	доведя́

доводи́ть кого́ – что до чего́

88

договáривать (ся) / договори́ть (ся)
to finish talking (agree on)

	IMPERFECTIVE ASPECT	PERFECTIVE ASPECT
INF.	договáривать (ся)	договори́ть (ся)
PRES.	договáриваю (сь) договáриваешь (ся) договáривает (ся) договáриваем (ся) договáриваете (сь) договáривают (ся)	
PAST	договáривал (ся) договáривала (сь) договáривало (сь) договáривали (сь)	договори́л (ся) договори́ла (сь) договори́ло (сь) договори́ли (сь)
FUT.	бу́ду договáривать (ся) бу́дешь договáривать (ся) бу́дет договáривать (ся) бу́дем договáривать (ся) бу́дете договáривать (ся) бу́дут договáривать (ся)	договорю́ (сь) договори́шь (ся) договори́т (ся) договори́м (ся) договори́те (сь) договоря́т (ся)
COND.	договáривал (ся) бы договáривала (сь) бы договáривало (сь) бы договáривали (сь) бы	договори́л (ся) бы договори́ла (сь) бы договори́ло (сь) бы договори́ли (сь) бы
IMP.	договáривай (ся) договáривайте (сь)	договори́ (сь) договори́те (сь)

DEVERBALS

PRES. ACT.	договáривающий (ся)	
PRES. PASS.		
PAST ACT.	договáривавший (ся)	договори́вший (ся)
PAST PASS.		договорённый договорён, договоренá
VERBAL ADVERB	договáривая (сь)	договори́в (шись)

договáривать что
договáриваться с кем о чём, до чего

доезжа́ть / дое́хать
to reach by vehicle, ride as far as

	IMPERFECTIVE ASPECT	PERFECTIVE ASPECT
INF.	доезжа́ть	дое́хать
PRES.	доезжа́ю доезжа́ешь доезжа́ет доезжа́ем доезжа́ете доезжа́ют	
PAST	доезжа́л доезжа́ла доезжа́ло доезжа́ли	дое́хал дое́хала дое́хало дое́хали
FUT.	бу́ду доезжа́ть бу́дешь доезжа́ть бу́дет доезжа́ть бу́дем доезжа́ть бу́дете доезжа́ть бу́дут доезжа́ть	дое́ду дое́дешь дое́дет дое́дем дое́дете дое́дут
COND.	доезжа́л бы доезжа́ла бы доезжа́ло бы доезжа́ли бы	дое́хал бы дое́хала бы дое́хало бы дое́хали бы
IMP.	доезжа́й доезжа́йте	

DEVERBALS

PRES. ACT.	доезжа́ющий	
PRES. PASS.		
PAST ACT.	доезжа́вший	дое́хавший
PAST PASS.		
VERBAL ADVERB	доезжа́я	дое́хав

доезжа́ть до чего

	IMPERFECTIVE ASPECT	PERFECTIVE ASPECT
INF.	дожида́ться	дожда́ться
PRES.	дожида́юсь	
	дожида́ешься	
	дожида́ется	
	дожида́емся	
	дожида́етесь	
	дожида́ются	
PAST	дожида́лся	дожда́лся
	дожида́лась	дождала́сь
	дожида́лось	дожда́ло́сь
	дожида́лись	дожда́ли́сь
FUT.	бу́ду дожида́ться	дожду́сь
	бу́дешь дожида́ться	дождёшься
	бу́дет дожида́ться	дождётся
	бу́дем дожида́ться	дождёмся
	бу́дете дожида́ться	дождётесь
	бу́дут дожида́ться	дожду́тся
COND.	дожида́лся бы	дожда́лся бы
	дожида́лась бы	дождала́сь бы
	дожида́лось бы	дожда́ло́сь бы
	дожида́лись бы	дожда́ли́сь бы
IMP.	дожида́йся	дожди́сь
	дожида́йтесь	дожди́тесь

DEVERBALS

PRES. ACT.	дожида́ющийся	
PRES. PASS.		
PAST ACT.	дожида́вшийся	дожда́вшийся
PAST PASS.		
VERBAL ADVERB	дожида́ясь	дожда́вшись

дожида́ться кого – чего

дополня́ть / допо́лнить
to supplement, add, complete

	IMPERFECTIVE ASPECT	PERFECTIVE ASPECT
INF.	дополня́ть	допо́лнить
PRES.	дополня́ю	
	дополня́ешь	
	дополня́ет	
	дополня́ем	
	дополня́ете	
	дополня́ют	
PAST	дополня́л	допо́лнил
	дополня́ла	допо́лнила
	дополня́ло	допо́лнило
	дополня́ли	допо́лнили
FUT.	бу́ду дополня́ть	допо́лню
	бу́дешь дополня́ть	допо́лнишь
	бу́дет дополня́ть	допо́лнит
	бу́дем дополня́ть	допо́лним
	бу́дете дополня́ть	допо́лните
	бу́дут дополня́ть	допо́лнят
COND.	дополня́л бы	допо́лнил бы
	дополня́ла бы	допо́лнила бы
	дополня́ло бы	допо́лнило бы
	дополня́ли бы	допо́лнили бы
IMP.	дополня́й	допо́лни
	дополня́йте	допо́лните

DEVERBALS

PRES. ACT.	дополня́ющий	
PRES. PASS.	дополня́емый	
PAST ACT.	дополня́вший	допо́лнивший
PAST PASS.		допо́лненный
VERBAL ADVERB	дополня́я	допо́лнив

дополня́ть кого – что

	IMPERFECTIVE ASPECT	PERFECTIVE ASPECT
INF.	доставáть (ся)	достáть (ся)
PRES.	достаю́ (сь)	
	достаёшь (ся)	
	достаёт (ся)	
	достаём (ся)	
	достаёте (сь)	
	достаю́т (ся)	
PAST	доставáл (ся)	достáл (ся)
	доставáла (сь)	достáла (сь)
	доставáло (сь)	достáло (сь)
	доставáли (сь)	достáли (сь)
FUT.	бýду доставáть (ся)	достáну (сь)
	бýдешь доставáть (ся)	достáнешь (ся)
	бýдет доставáть (ся)	достáнет (ся)
	бýдем доставáть (ся)	достáнем (ся)
	бýдете доставáть (ся)	достáнете (сь)
	бýдут доставáть (ся)	достáнут (ся)
COND.	доставáл (ся) бы	достáл (ся) бы
	доставáла (сь) бы	достáла (сь) бы
	доставáло (сь) бы	достáло (сь) бы
	доставáли (сь) бы	достáли (сь) бы
IMP.	доставáй (ся)	достáнь (ся)
	доставáйте (сь)	достáньте (сь)

DEVERBALS

PRES. ACT.	достаю́щий (ся)	
PRES. PASS.	доставáемый	
PAST ACT.	доставáвший (ся)	достáвший (ся)
PAST PASS.		
VERBAL ADVERB	доставáя (ся)	достáв (шись)

доставáть что, до чего
доставáться кому – чему

ДОСТИГА́ТЬ / ДОСТИ́ГНУТЬ – ДОСТИ́ЧЬ
to achieve, attain, reach

	IMPERFECTIVE ASPECT	PERFECTIVE ASPECT
INF.	достига́ть	дости́гнуть – дости́чь
PRES.	достига́ю достига́ешь достига́ет достига́ем достига́ете достига́ют	
PAST	достига́л достига́ла достига́ло достига́ли	дости́г дости́гла дости́гло дости́гли
FUT.	бу́ду достига́ть бу́дешь достига́ть бу́дет достига́ть бу́дем достига́ть бу́дете достига́ть бу́дут достига́ть	дости́гну дости́гнешь дости́гнет дости́гнем дости́гнете дости́гнут
COND.	достига́л бы достига́ла бы достига́ло бы достига́ли бы	дости́г бы дости́гла бы дости́гло бы дости́гли бы
IMP.	достига́й достига́йте	дости́гни дости́гните

DEVERBALS

PRES. ACT.	достига́ющий	
PRES. PASS.	достига́емый	
PAST ACT.	достига́вший	дости́гший
PAST PASS.		дости́гнутый
VERBAL ADVERB	достига́я	дости́гнув, дости́гши

достига́ть чего

	IMPERFECTIVE ASPECT	PERFECTIVE ASPECT
INF.	доходи́ть	дойти́
PRES.	дохожу́ дохо́дишь дохо́дит дохо́дим дохо́дите дохо́дят	
PAST	доходи́л доходи́ла доходи́ло доходи́ли	дошёл дошла́ дошло́ дошли́
FUT.	бу́ду доходи́ть бу́дешь доходи́ть бу́дет доходи́ть бу́дем доходи́ть бу́дете доходи́ть бу́дут доходи́ть	дойду́ дойдёшь дойдёт дойдём дойдёте дойду́т
COND.	доходи́л бы доходи́ла бы доходи́ло бы доходи́ли бы	дошёл бы дошла́ бы дошло́ бы дошли́ бы
IMP.	доходи́ доходи́те	дойди́ дойди́те

DEVERBALS

PRES. ACT.	доходя́щий	
PRES. PASS.		
PAST ACT.	доходи́вший	доше́дший
PAST PASS.		
VERBAL ADVERB	доходя́	дойдя́

дойти́ до кого – чего

дра́ться / подра́ться
to fight, struggle

	IMPERFECTIVE ASPECT	PERFECTIVE ASPECT
INF.	дра́ться	подра́ться
PRES.	деру́сь дерёшься дерётся дерёмся дерётесь деру́тся	
PAST	дра́лся драла́сь дра́ло́сь дра́ли́сь	подра́лся подрала́сь подра́ло́сь подра́ли́сь
FUT.	бу́ду дра́ться бу́дешь дра́ться бу́дет дра́ться бу́дем дра́ться бу́дете дра́ться бу́дут дра́ться	подеру́сь подерёшься подерётся подерёмся подерётесь подеру́тся
COND.	дра́лся бы драла́сь бы дра́ло́сь бы дра́ли́сь бы	подра́лся бы подрала́сь бы подра́ло́сь бы подра́ли́сь бы
IMP.	дери́сь дери́тесь	подери́сь подери́тесь

DEVERBALS

PRES. ACT.	деру́щийся	
PRES. PASS.		
PAST ACT.	дра́вшийся	подра́вшийся
PAST PASS.		
VERBAL ADVERB	деря́сь	подра́вшись

дра́ться с кем – чем за что

96

дрожа́ть / дро́гнуть
to tremble, shiver

	IMPERFECTIVE ASPECT	PERFECTIVE ASPECT
INF.	дрожа́ть	дро́гнуть
PRES.	дрожу́	
	дрожи́шь	
	дрожи́т	
	дрожи́м	
	дрожи́те	
	дрожа́т	
PAST	дрожа́л	дро́гнул
	дрожа́ла	дро́гнула
	дрожа́ло	дро́гнуло
	дрожа́ли	дро́гнули
FUT.	бу́ду дрожа́ть	дро́гну
	бу́дешь дрожа́ть	дро́гнешь
	бу́дет дрожа́ть	дро́гнет
	бу́дем дрожа́ть	дро́гнем
	бу́дете дрожа́ть	дро́гнете
	бу́дут дрожа́ть	дро́гнут
COND.	дрожа́л бы	дро́гнул бы
	дрожа́ла бы	дро́гнула бы
	дрожа́ло бы	дро́гнуло бы
	дрожа́ли бы	дро́гнули бы
IMP.	дрожи́	дро́гни
	дрожи́те	дро́гните

DEVERBALS

PRES. ACT.	дрожа́щий	
PRES. PASS.		
PAST ACT.	дрожа́вший	дро́гнувший
PAST PASS.		
VERBAL ADVERB	дрожа́	дро́гнув

дрожа́ть за кого – что

дружи́ть (ся) / подружи́ться
to be friends / make friends

	IMPERFECTIVE ASPECT	PERFECTIVE ASPECT
INF.	дружи́ть (ся)	подружи́ться
PRES.	дружу́ (сь)	
	дру́жишь (ся)	
	дру́жит (ся)	
	дру́жим (ся)	
	дру́жите (сь)	
	дру́жа́т (ся)	
PAST	дружи́л (ся)	подружи́лся
	дружи́ла (сь)	подружи́лась
	дружи́ло (сь)	подружи́лось
	дружи́ли (сь)	подружи́лись
FUT.	бу́ду дружи́ть (ся)	подружу́сь
	бу́дешь дружи́ть (ся)	подружи́шься
	бу́дет дружи́ть (ся)	подружи́тся
	бу́дем дружи́ть (ся)	подружи́мся
	бу́дете дружи́ть (ся)	подружи́тесь
	бу́дут дружи́ть (ся)	подружа́тся
COND.	дружи́л (ся) бы	подружи́лся бы
	дружи́ла (сь) бы	подружи́лась бы
	дружи́ло (сь) бы	подружи́лось бы
	дружи́ли (сь) бы	подружи́лись бы
IMP.	дружи́ (сь)	подружи́сь
	дружи́те (сь)	подружи́тесь

DEVERBALS

PRES. ACT.	дру́жа́щий (ся)	
PRES. PASS.		
PAST ACT.	дружи́вший (ся)	подружи́вшийся
PAST PASS.		
VERBAL ADVERB	дружа́ (сь)	подружи́вшись

дружи́ть с кем

The perfective form is used only with the reflexive **-ся.**

ду́мать / поду́мать
to think, intend

	IMPERFECTIVE ASPECT	PERFECTIVE ASPECT
INF.	ду́мать	поду́мать
PRES.	ду́маю ду́маешь ду́мает ду́маем ду́маете ду́мают	
PAST	ду́мал ду́мала ду́мало ду́мали	поду́мал поду́мала поду́мало поду́мали
FUT.	бу́ду ду́мать бу́дешь ду́мать бу́дет ду́мать бу́дем ду́мать бу́дете ду́мать бу́дут ду́мать	поду́маю поду́маешь поду́мает поду́маем поду́маете поду́мают
COND.	ду́мал бы ду́мала бы ду́мало бы ду́мали бы	поду́мал бы поду́мала бы поду́мало бы поду́мали бы
IMP.	ду́май ду́майте	поду́май поду́майте

DEVERBALS

PRES. ACT.	ду́мающий	
PRES. PASS.		
PAST ACT.	ду́мавший	поду́мавший
PAST PASS.		
VERBAL ADVERB	ду́мая	поду́мав

ду́мать о чём, над чём, + infinitive

ду́ть / ду́нуть
to blow

	IMPERFECTIVE ASPECT	PERFECTIVE ASPECT
INF.	ду́ть	ду́нуть
PRES.	ду́ю ду́ешь ду́ет ду́ем ду́ете ду́ют	
PAST	ду́л ду́ла ду́ло ду́ли	ду́нул ду́нула ду́нуло ду́нули
FUT.	бу́ду ду́ть бу́дешь ду́ть бу́дет ду́ть бу́дем ду́ть бу́дете ду́ть бу́дут ду́ть	ду́ну ду́нешь ду́нет ду́нем ду́нете ду́нут
COND.	ду́л бы ду́ла бы ду́ло бы ду́ли бы	ду́нул бы ду́нула бы ду́нуло бы ду́нули бы
IMP.	ду́й ду́йте	ду́нь ду́ньте

DEVERBALS

PRES. ACT.	ду́ющий	
PRES. PASS.		
PAST ACT.	ду́вший	ду́нувший
PAST PASS.	ду́тый	
VERBAL ADVERB	ду́я	ду́нув

ду́ть что [glass]

100

	IMPERFECTIVE ASPECT	PERFECTIVE ASPECT
INF.	дыша́ть	подыша́ть
PRES.	дышу́	
	ды́шишь	
	ды́шит	
	ды́шим	
	ды́шите	
	ды́шат	
PAST	дыша́л	подыша́л
	дыша́ла	подыша́ла
	дыша́ло	подыша́ло
	дыша́ли	подыша́ли
FUT.	бу́ду дыша́ть	подышу́
	бу́дешь дыша́ть	поды́шишь
	бу́дет дыша́ть	поды́шит
	бу́дем дыша́ть	поды́шим
	бу́дете дыша́ть	поды́шите
	бу́дут дыша́ть	поды́шат
COND.	дыша́л бы	подыша́л бы
	дыша́ла бы	подыша́ла бы
	дыша́ло бы	подыша́ло бы
	дыша́ли бы	подыша́ли бы
IMP.	дыши́	подыши́
	дыши́те	подыши́те

DEVERBALS

PRES. ACT.	ды́шащий	
PRES. PASS.		
PAST ACT.	дыша́вший	подыша́вший
PAST PASS.		
VERBAL ADVERB	дыша́	подыша́в

дыша́ть чем, на кого – что

ездить – éхать / поéхать
to ride, drive, go by vehicle

	MULTIDIRECTIONAL	UNIDIRECTIONAL	PERFECTIVE ASPECT
INF.	éздить	éхать	поéхать
PRES.	éзжу	éду	
	éздишь	éдешь	
	éздит	éдет	
	éздим	éдем	
	éздите	éдете	
	éздят	éдут	
PAST	éздил	éхал	поéхал
	éздила	éхала	поéхала
	éздило	éхало	поéхало
	éздили	éхали	поéхали
FUT.	бýду éздить	бýду éхать	поéду
	бýдешь éздить	бýдешь éхать	поéдешь
	бýдет éздить	бýдет éхать	поéдет
	бýдем éздить	бýдем éхать	поéдем
	бýдете éздить	бýдете éхать	поéдете
	бýдут éздить	бýдут éхать	поéдут
COND.	éздил бы	éхал бы	поéхал бы
	éздила бы	éхала бы	поéхала бы
	éздило бы	éхало бы	поéхало бы
	éздили бы	éхали бы	поéхали бы
IMP.	éзди		поéзжай
	éздите		поéзжайте

DEVERBALS

PRES. ACT.	éздящий	éдущий	
PRES. PASS.			
PAST ACT.	éздивший	éхавший	поéхавший
PAST PASS.			
VERBAL ADVERB	éздя – éздив	éхав	поéхав

	IMPERFECTIVE ASPECT	PERFECTIVE ASPECT
INF.	есть	съесть
PRES.	ем ешь ест едим едите едят	
PAST	ел ела ело ели	съел съела съело съели
FUT.	буду есть будешь есть будет есть будем есть будете есть будут есть	съем съешь съест съедим съедите съедят
COND.	ел бы ела бы ело бы ели бы	съел бы съела бы съело бы съели бы
IMP.	ешь ешьте	съешь съешьте

DEVERBALS

PRES. ACT.	едящий	
PRES. PASS.		
PAST ACT.	евший	съевший
PAST PASS.		съеденный
VERBAL ADVERB	евши	съев

есть кого – что

жалéть / пожалéть
to pity, feel sorry for, spare

	IMPERFECTIVE ASPECT	PERFECTIVE ASPECT
INF.	жалéть	пожалéть
PRES.	жалéю	
	жалéешь	
	жалéет	
	жалéем	
	жалéете	
	жалéют	
PAST	жалéл	пожалéл
	жалéла	пожалéла
	жалéло	пожалéло
	жалéли	пожалéли
FUT.	бýду жалéть	пожалéю
	бýдешь жалéть	пожалéешь
	бýдет жалéть	пожалéет
	бýдем жалéть	пожалéем
	бýдете жалéть	пожалéете
	бýдут жалéть	пожалéют
COND.	жалéл бы	пожалéл бы
	жалéла бы	пожалéла бы
	жалéло бы	пожалéло бы
	жалéли бы	пожалéли бы
IMP.	жалéй	пожалéй
	жалéйте	пожалéйте

DEVERBALS

PRES. ACT.	жалéющий	
PRES. PASS.	жалéемый	
PAST ACT.	жалéвший	пожалéвший
PAST PASS.		
VERBAL ADVERB	жалéя	пожалéв

жалéть кого – что (чего), о ком – чём

жа́ловаться / пожа́ловаться
to complain

	IMPERFECTIVE ASPECT	PERFECTIVE ASPECT
INF.	жа́ловаться	пожа́ловаться
PRES.	жа́луюсь жа́луешься жа́луется жа́луемся жа́луетесь жа́луются	
PAST	жа́ловался жа́ловалась жа́ловалось жа́ловались	пожа́ловался пожа́ловалась пожа́ловалось пожа́ловались
FUT.	бу́ду жа́ловаться бу́дешь жа́ловаться бу́дет жа́ловаться бу́дем жа́ловаться бу́дете жа́ловаться бу́дут жа́ловаться	пожа́луюсь пожа́луешься пожа́луется пожа́луемся пожа́луетесь пожа́луются
COND.	жа́ловался бы жа́ловалась бы жа́ловалось бы жа́ловались бы	пожа́ловался бы пожа́ловалась бы пожа́ловалось бы пожа́ловались бы
IMP.	жа́луйся жа́луйтесь	пожа́луйся пожа́луйтесь

DEVERBALS

PRES. ACT.	жа́лующийся	
PRES. PASS.		
PAST ACT.	жа́ловавшийся	пожа́ловавшийся
PAST PASS.		
VERBAL ADVERB	жа́луясь	пожа́ловавшись

жа́ловаться кому на кого – что

жа́рить / зажа́рить
to roast, fry, cook

	IMPERFECTIVE ASPECT	PERFECTIVE ASPECT
INF.	жа́рить	зажа́рить
PRES.	жа́рю жа́ришь жа́рит жа́рим жа́рите жа́рят	
PAST	жа́рил жа́рила жа́рило жа́рили	зажа́рил зажа́рила зажа́рило зажа́рили
FUT.	бу́ду жа́рить бу́дешь жа́рить бу́дет жа́рить бу́дем жа́рить бу́дете жа́рить бу́дут жа́рить	зажа́рю зажа́ришь зажа́рит зажа́рим зажа́рите зажа́рят
COND.	жа́рил бы жа́рила бы жа́рило бы жа́рили бы	зажа́рил бы зажа́рила бы зажа́рило бы зажа́рили бы
IMP.	жа́рь жа́рьте	зажа́рь зажа́рьте

DEVERBALS

PRES. ACT.	жа́рящий	
PRES. PASS.		
PAST ACT.	жа́ривший	зажа́ривший
PAST PASS.	жа́ренный	зажа́ренный
VERBAL ADVERB	жа́ря	зажа́рив

жа́рить кого – что

	IMPERFECTIVE ASPECT	PERFECTIVE ASPECT
INF.	жа́ть	пожа́ть
PRES.	жму́ жмёшь жмёт жмём жмёте жму́т	
PAST	жа́л жа́ла жа́ло жа́ли	пожа́л пожа́ла пожа́ло пожа́ли
FUT.	бу́ду жа́ть бу́дешь жа́ть бу́дет жа́ть бу́дем жа́ть бу́дете жа́ть бу́дут жа́ть	пожму́ пожмёшь пожмёт пожмём пожмёте пожму́т
COND.	жа́л бы жа́ла бы жа́ло бы жа́ли бы	пожа́л бы пожа́ла бы пожа́ло бы пожа́ли бы
IMP.	жми́ жми́те	пожми́ пожми́те

DEVERBALS

PRES. ACT.	жму́щий	
PRES. PASS.		
PAST ACT.	жа́вший	пожа́вший
PAST PASS.		пожа́тый
VERBAL ADVERB	жа́вши	пожа́в

жа́ть кого – что
жа́ть кому руку *shake someone's hand*

The verbal pair **сжима́ть / сжа́ть** also means *to press, squeeze.*

жа́ть / сжа́ть
to reap, cut

	IMPERFECTIVE ASPECT	PERFECTIVE ASPECT
INF.	жа́ть	сжа́ть
PRES.	жну́ жнёшь жнёт жнём жнёте жну́т	
PAST	жа́л жа́ла жа́ло жа́ли	сжа́л сжа́ла сжа́ло сжа́ли
FUT.	бу́ду жа́ть бу́дешь жа́ть бу́дет жа́ть бу́дем жа́ть бу́дете жа́ть бу́дут жа́ть	сожну́ сожнёшь сожнёт сожнём сожнёте сожну́т
COND.	жа́л бы жа́ла бы жа́ло бы жа́ли бы	сжа́л бы сжа́ла бы сжа́ло бы сжа́ли бы
IMP.	жни́ жни́те	сожни́ сожни́те

DEVERBALS

PRES. ACT.	жну́щий	
PRES. PASS.		
PAST ACT.	жа́вший	сжа́вший
PAST PASS.	жа́тый	сжа́тый
VERBAL ADVERB	жа́вши	сжа́в

жа́ть что

	IMPERFECTIVE ASPECT	PERFECTIVE ASPECT
INF.	ждáть	подождáть
PRES.	ждý ждёшь ждёт ждём ждёте ждýт	
PAST	ждáл ждалá ждáло ждáли	подождáл подождалá подождáло подождáли
FUT.	бýду ждáть бýдешь ждáть бýдет ждáть бýдем ждáть бýдете ждáть бýдут ждáть	подождý подождёшь подождёт подождём подождёте подождýт
COND.	ждáл бы ждалá бы ждáло бы ждáли бы	подождáл бы подождалá бы подождáло бы подождáли бы
IMP.	ждú ждúте	подождú подождúте

DEVERBALS

PRES. ACT.	ждýщий	
PRES. PASS.		
PAST ACT.	ждáвший	подождáвший
PAST PASS.		
VERBAL ADVERB	ждáвши	подождáв

ждáть кого – что, кого – чего

желать / пожелать
to wish for, desire

	IMPERFECTIVE ASPECT	PERFECTIVE ASPECT
INF.	желать	пожелать
PRES.	желаю желаешь желает желаем желаете желают	
PAST	желал желала желало желали	пожелал пожелала пожелало пожелали
FUT.	буду желать будешь желать будет желать будем желать будете желать будут желать	пожелаю пожелаешь пожелает пожелаем пожелаете пожелают
COND.	желал бы желала бы желало бы желали бы	пожелал бы пожелала бы пожелало бы пожелали бы
IMP.	желай желайте	пожелай пожелайте

DEVERBALS

PRES. ACT.	желающий	
PRES. PASS.	желаемый	
PAST ACT.	желавший	пожелавший
PAST PASS.		
VERBAL ADVERB	желая	пожелав

желать кому кого – чего, + infinitive or чтобы

женить (ся) / поженить (ся)
to marry [said of a man] / (said of a couple)

	IMPERFECTIVE ASPECT	PERFECTIVE ASPECT
INF.	женить (ся)	поженить (ся)
PRES.	женю (сь)	
	женишь (ся)	
	женит (ся)	
	женим (ся)	
	жените (сь)	
	женят (ся)	
PAST	женил (ся)	поженил
	женила (сь)	поженила
	женило (сь)	поженило
	женили (сь)	поженили (сь)
FUT.	буду женить (ся)	поженю
	будешь женить (ся)	поженишь
	будет женить (ся)	поженит
	будем женить (ся)	поженим (ся)
	будете женить (ся)	пожените (сь)
	будут женить (ся)	поженят (ся)
COND.	женил (ся) бы	поженил бы
	женила (сь) бы	поженила бы
	женило (сь) бы	поженило бы
	женили (сь) бы	поженили (сь) бы
IMP.	жени (сь)	пожени
	жените (сь)	пожените (сь)

DEVERBALS

PRES. ACT.	женящий (ся)	
PRES. PASS.		
PAST ACT.	женивший (ся)	поженивший (ся)
PAST PASS.		пожененный
VERBAL ADVERB	женя (сь) – женив (шись)	поженив (шись)

женить кого на ком
жениться на ком *to marry [said of a man]*
пожениться *to get married [said of a couple]*

жéчь (ся) / сжéчь (ся)
to burn

	IMPERFECTIVE ASPECT	PERFECTIVE ASPECT
INF.	жéчь (ся)	сжéчь (ся)
PRES.	жгý (сь)	
	жжёшь (ся)	
	жжёт (ся)	
	жжём (ся)	
	жжёте (сь)	
	жгýт (ся)	
PAST	жёг (ся)	сжёг (ся)
	жглá (сь)	сожглá (сь)
	жглó (сь)	сожглó (сь)
	жгли́ (сь)	сожгли́ (сь)
FUT.	бýду жéчь (ся)	сожгý (сь)
	бýдешь жéчь (ся)	сожжёшь (ся)
	бýдет жéчь (ся)	сожжёт (ся)
	бýдем жéчь (ся)	сожжём (ся)
	бýдете жéчь (ся)	сожжёте (сь)
	бýдут жéчь (ся)	сожгýт (ся)
COND.	жёг (ся) бы	сжёг (ся) бы
	жглá (сь) бы	сожглá (сь) бы
	жглó (сь) бы	сожглó (сь) бы
	жгли́ (сь) бы	сожгли́ (сь) бы
IMP.	жги́ (сь)	сожги́ (сь)
	жги́те (сь)	сожги́те (сь)

DEVERBALS

PRES. ACT.	жгýщий (ся)	
PRES. PASS.		
PAST ACT.	жёгший (ся)	сжёгший (ся)
PAST PASS.		сожжённый
		сожжён, сожженá
VERBAL ADVERB		сжёгши (сь)

жéчь кого – что

The pair **сжигáть / сжéчь** also means *to burn*.

	IMPERFECTIVE ASPECT	PERFECTIVE ASPECT
INF.	жи́ть	пожи́ть
PRES.	живу́	
	живёшь	
	живёт	
	живём	
	живёте	
	живу́т	
PAST	жи́л	по́жил
	жила́	пожила́
	жи́ло	по́жило
	жи́ли	по́жили
FUT.	бу́ду жи́ть	поживу́
	бу́дешь жи́ть	поживёшь
	бу́дет жи́ть	поживёт
	бу́дем жи́ть	поживём
	бу́дете жи́ть	поживёте
	бу́дут жи́ть	поживу́т
COND.	жи́л бы	по́жил бы
	жила́ бы	пожила́ бы
	жи́ло бы	по́жило бы
	жи́ли бы	по́жили бы
IMP.	живи́	поживи́
	живи́те	поживи́те

DEVERBALS

PRES. ACT.	живу́щий	
PRES. PASS.		
PAST ACT.	жи́вший	пожи́вший
PAST PASS.		пожи́тый
		по́жит, пожита́, по́жито
VERBAL ADVERB	живя́	пожи́в

жи́ть с кем – чем, кем – чем на что

The negated past tense forms are не́ жил, не жила́, не́ жило, не́ жили.

заболева́ть / заболе́ть
to fall ill

	IMPERFECTIVE ASPECT	PERFECTIVE ASPECT
INF.	заболева́ть	заболе́ть
PRES.	заболева́ю	
	заболева́ешь	
	заболева́ет	
	заболева́ем	
	заболева́ете	
	заболева́ют	
PAST	заболева́л	заболе́л
	заболева́ла	заболе́ла
	заболева́ло	заболе́ло
	заболева́ли	заболе́ли
FUT.	бу́ду заболева́ть	заболе́ю
	бу́дешь заболева́ть	заболе́ешь
	бу́дет заболева́ть	заболе́ет
	бу́дем заболева́ть	заболе́ем
	бу́дете заболева́ть	заболе́ете
	бу́дут заболева́ть	заболе́ют
SUBJ.	заболева́л бы	заболе́л бы
	заболева́ла бы	заболе́ла бы
	заболева́ло бы	заболе́ло бы
	заболева́ли бы	заболе́ли бы
IMP.	заболева́й	
	заболева́йте	

DEVERBALS

PRES. ACT.	заболева́ющий	
PRES. PASS.		
PAST ACT.	заболева́вший	заболе́вший
PAST PASS.		
VERBAL ADVERB	заболева́я	заболе́в

заболева́ть чем

to forget (doze off, lose consciousness, forget oneself)

	IMPERFECTIVE ASPECT	PERFECTIVE ASPECT
INF.	забыва́ть (ся)	забы́ть (ся)
PRES.	забыва́ю (сь)	
	забыва́ешь (ся)	
	забыва́ет (ся)	
	забыва́ем (ся)	
	забыва́ете (сь)	
	забыва́ют (ся)	
PAST	забыва́л (ся)	забы́л (ся)
	забыва́ла (сь)	забы́ла (сь)
	забыва́ло (сь)	забы́ло (сь)
	забыва́ли (сь)	забы́ли (сь)
FUT.	бу́ду забыва́ть (ся)	забу́ду (сь)
	бу́дешь забыва́ть (ся)	забу́дешь (ся)
	бу́дет забыва́ть (ся)	забу́дет (ся)
	бу́дем забыва́ть (ся)	забу́дем (ся)
	бу́дете забыва́ть (ся)	забу́дете (сь)
	бу́дут забыва́ть (ся)	забу́дут (ся)
COND.	забыва́л (ся) бы	забы́л (ся) бы
	забыва́ла (сь) бы	забы́ла (сь) бы
	забыва́ло (сь) бы	забы́ло (сь) бы
	забыва́ли (сь) бы	забы́ли (сь) бы
IMP.	забыва́й (ся)	забу́дь (ся)
	забыва́йте (сь)	забу́дьте (сь)

DEVERBALS

PRES. ACT.	забыва́ющий (ся)	
PRES. PASS.	забыва́емый	
PAST ACT.	забыва́вший (ся)	забы́вший (ся)
PAST PASS.		забы́тый
VERBAL ADVERB	забыва́я	забы́в (шись)

забыва́ть кого – что, о ком – чём

завидовать / позавидовать
to envy

	IMPERFECTIVE ASPECT	PERFECTIVE ASPECT
INF.	завидовать	позавидовать
PRES.	завидую завидуешь завидует завидуем завидуете завидуют	
PAST	завидовал завидовала завидовало завидовали	позавидовал позавидовала позавидовало позавидовали
FUT.	буду завидовать будешь завидовать будет завидовать будем завидовать будете завидовать будут завидовать	позавидую позавидуешь позавидует позавидуем позавидуете позавидуют
COND.	завидовал бы завидовала бы завидовало бы завидовали бы	позавидовал бы позавидовала бы позавидовало бы позавидовали бы
IMP.	завидуй завидуйте	позавидуй позавидуйте

DEVERBALS

PRES. ACT.	завидующий	
PRES. PASS.		
PAST ACT.	завидовавший	позавидовавший
PAST PASS.		
VERBAL ADVERB	завидуя	позавидовав

завидовать кому – чему

	IMPERFECTIVE ASPECT	PERFECTIVE ASPECT
INF.	зави́сеть	
PRES.	зави́шу	
	зави́сишь	
	зави́сит	
	зави́сим	
	зави́сите	
	зави́сят	
PAST	зави́сел	
	зави́села	
	зави́село	
	зави́сели	
FUT.	бу́ду зави́сеть	
	бу́дешь зави́сеть	
	бу́дет зави́сеть	
	бу́дем зави́сеть	
	бу́дете зави́сеть	
	бу́дут зави́сеть	
COND.	зави́сел бы	
	зави́села бы	
	зави́село бы	
	зави́сели бы	
IMP.		

DEVERBALS

PRES. ACT.	зави́сящий	
PRES. PASS.		
PAST ACT.	зави́севший	
PAST PASS.		
VERBAL ADVERB	зави́ся	

зави́сеть от кого – чего

завоёвывать / завоева́ть
to conquer, win, gain

	IMPERFECTIVE ASPECT	PERFECTIVE ASPECT
INF.	завоёвывать	завоева́ть
PRES.	завоёвываю	
	завоёвываешь	
	завоёвывает	
	завоёвываем	
	завоёвываете	
	завоёвывают	
PAST	завоёвывал	завоева́л
	завоёвывала	завоева́ла
	завоёвывало	завоева́ло
	завоёвывали	завоева́ли
FUT.	бу́ду завоёвывать	завою́ю
	бу́дешь завоёвывать	завою́ешь
	бу́дет завоёвывать	завою́ет
	бу́дем завоёвывать	завою́ем
	бу́дете завоёвывать	завою́ете
	бу́дут завоёвывать	завою́ют
COND.	завоёвывал бы	завоева́л бы
	завоёвывала бы	завоева́ла бы
	завоёвывало бы	завоева́ло бы
	завоёвывали бы	завоева́ли бы
IMP.	завоёвывай	завою́й
	завоёвывайте	завою́йте

DEVERBALS

PRES. ACT.	завоёвывающий	
PRES. PASS.	завоёвываемый	
PAST ACT.	завоёвывавший	завоева́вший
PAST PASS.		завоёванный
VERBAL ADVERB	завоёвывая	завоева́в

завоёвывать кого – что

завтракать / позавтракать
to breakfast, have breakfast

	IMPERFECTIVE ASPECT	PERFECTIVE ASPECT
INF.	завтракать	позавтракать
PRES.	завтракаю завтракаешь завтракает завтракаем завтракаете завтракают	
PAST	завтракал завтракала завтракало завтракали	позавтракал позавтракала позавтракало позавтракали
FUT.	буду завтракать будешь завтракать будет завтракать будем завтракать будете завтракать будут завтракать	позавтракаю позавтракаешь позавтракает позавтракаем позавтракаете позавтракают
COND.	завтракал бы завтракала бы завтракало бы завтракали бы	позавтракал бы позавтракала бы позавтракало бы позавтракали бы
IMP.	завтракай завтракайте	позавтракай позавтракайте

DEVERBALS

PRES. ACT.	завтракающий	
PRES. PASS.		
PAST ACT.	завтракавший	позавтракавший
PAST PASS.		
VERBAL ADVERB	завтракая	позавтракав

заговáривать (ся) / заговорúть (ся)
to talk someone else's head off, bewitch (rave on) / begin talking

	IMPERFECTIVE ASPECT	PERFECTIVE ASPECT
INF.	заговáривать (ся)	заговорúть (ся)
PRES.	заговáриваю (сь)	
	заговáриваешь (ся)	
	заговáривает (ся)	
	заговáриваем (ся)	
	заговáриваете (сь)	
	заговáривают (ся)	
PAST	заговáривал (ся)	заговорúл (ся)
	заговáривала (сь)	заговорúла (сь)
	заговáривало (сь)	заговорúло (сь)
	заговáривали (сь)	заговорúли (сь)
FUT.	бýду заговáривать (ся)	заговорю́ (сь)
	бýдешь заговáривать (ся)	заговорúшь (ся)
	бýдет заговáривать (ся)	заговорúт (ся)
	бýдем заговáривать (ся)	заговорúм (ся)
	бýдете заговáривать (ся)	заговорúте (сь)
	бýдут заговáривать (ся)	заговоря́т (ся)
COND.	заговáривал (ся) бы	заговорúл (ся) бы
	заговáривала (сь) бы	заговорúла (сь) бы
	заговáривало (сь) бы	заговорúло (сь) бы
	заговáривали (сь) бы	заговорúли (сь) бы
IMP.	заговáривай (ся)	заговорú (сь)
	заговáривайте (сь)	заговорúте (сь)

DEVERBALS

PRES. ACT.	заговáривающий (ся)	
PRES. PASS.	заговáриваемый	
PAST ACT.	заговáривавший (ся)	заговорúвший (ся)
PAST PASS.		заговорённый
		заговорён, заговоренá
VERBAL ADVERB	заговáривая (ся)	заговорúв (ся)

заговáривать кого – что

загора́ть (ся) / загоре́ть (ся)
to sunburn / get a suntan (catch fire, burn)

	IMPERFECTIVE ASPECT	PERFECTIVE ASPECT
INF.	загора́ть (ся)	загоре́ть (ся)
PRES.	загора́ю (сь) загора́ешь (ся) загора́ет (ся) загора́ем (ся) загора́ете (сь) загора́ют (ся)	
PAST	загора́л (ся) загора́ла (сь) загора́ло (сь) загора́ли (сь)	загоре́л (ся) загоре́ла (сь) загоре́ло (сь) загоре́ли (сь)
FUT.	бу́ду загора́ть (ся) бу́дешь загора́ть (ся) бу́дет загора́ть (ся) бу́дем загора́ть (ся) бу́дете загора́ть (ся) бу́дут загора́ть (ся)	загорю́ (сь) загори́шь (ся) загори́т (ся) загори́м (ся) загори́те (сь) загоря́т (ся)
COND.	загора́л (ся) бы загора́ла (сь) бы загора́ло (сь) бы загора́ли (сь) бы	загоре́л (ся) бы загоре́ла (сь) бы загоре́ло (сь) бы загоре́ли (сь) бы
IMP.	загора́й (ся) загора́йте (сь)	загори́ (сь) загори́те (сь)

DEVERBALS

PRES. ACT.	загора́ющий (ся)	
PRES. PASS.		
PAST ACT.	загора́вший (ся)	загоре́вший (ся)
PAST PASS.		
VERBAL ADVERB	загора́я (сь)	загоре́в (шись)

задава́ть / зада́ть
to assign, give

	IMPERFECTIVE ASPECT	PERFECTIVE ASPECT
INF.	задава́ть	зазада́ть
PRES.	задаю́ задаёшь задаёт задаём задаёте задаю́т	
PAST	задава́л задава́ла задава́ло задава́ли	за́дал задала́ за́дало за́дали
FUT.	бу́ду задава́ть бу́дешь задава́ть бу́дет задава́ть бу́дем задава́ть бу́дете задава́ть бу́дут задава́ть	зада́м зада́шь зада́ст задади́м задади́те зададу́т
COND.	задава́л бы задава́ла бы задава́ло бы задава́ли бы	за́дал бы задала́ бы за́дало бы за́дали бы
IMP.	задава́й задава́йте	зада́й зада́йте

DEVERBALS

PRES. ACT.	задаю́щий	
PRES. PASS.	задава́емый	
PAST ACT.	задава́вший	зада́вший
PAST PASS.		за́данный, за́дан, задана́, за́дано
VERBAL ADVERB	задава́я	зада́в

задава́ть что кому – чему

to drop by [in a vehicle], come by for

	IMPERFECTIVE ASPECT	PERFECTIVE ASPECT
INF.	заезжа́ть	зае́хать
PRES.	заезжа́ю	
	заезжа́ешь	
	заезжа́ет	
	заезжа́ем	
	заезжа́ете	
	заезжа́ют	
PAST	заезжа́л	зае́хал
	заезжа́ла	зае́хала
	заезжа́ло	зае́хало
	заезжа́ли	зае́хали
FUT.	бу́ду заезжа́ть	зае́ду
	бу́дешь заезжа́ть	зае́дешь
	бу́дет заезжа́ть	зае́дет
	бу́дем заезжа́ть	зае́дем
	бу́дете заезжа́ть	зае́дете
	бу́дут заезжа́ть	зае́дут
COND.	заезжа́л бы	зае́хал бы
	заезжа́ла бы	зае́хала бы
	заезжа́ло бы	зае́хало бы
	заезжа́ли бы	зае́хали бы
IMP.	заезжа́й	
	заезжа́йте	

DEVERBALS

PRES. ACT.	заезжа́ющий	
PRES. PASS.		
PAST ACT.	заезжа́вший	зае́хавший
PAST PASS.		
VERBAL ADVERB	заезжа́я	зае́хав

заезжа́ть за кем – чем, к кому, во что

зака́зывать / заказа́ть
to order, reserve

	IMPERFECTIVE ASPECT	PERFECTIVE ASPECT
INF.	зака́зывать	заказа́ть
PRES.	зака́зываю	
	зака́зываешь	
	зака́зывает	
	зака́зываем	
	зака́зываете	
	зака́зывают	
PAST	зака́зывал	заказа́л
	зака́зывала	заказа́ла
	зака́зывало	заказа́ло
	зака́зывали	заказа́ли
FUT.	бу́ду зака́зывать	закажу́
	бу́дешь зака́зывать	зака́жешь
	бу́дет зака́зывать	зака́жет
	бу́дем зака́зывать	зака́жем
	бу́дете зака́зывать	зака́жете
	бу́дут зака́зывать	зака́жут
COND.	зака́зывал бы	заказа́л бы
	зака́зывала бы	заказа́ла бы
	зака́зывало бы	заказа́ло бы
	зака́зывали бы	заказа́ли бы
IMP.	зака́зывай	закажи́
	зака́зывайте	закажи́те

DEVERBALS

PRES. ACT.	зака́зывающий	
PRES. PASS.	зака́зываемый	
PAST ACT.	зака́зывавший	заказа́вший
PAST PASS.		зака́занный
VERBAL ADVERB	зака́зывая	заказа́в

зака́зывать что

заканчивать (ся) / закончить (ся)
to finish (come to an end)

	IMPERFECTIVE ASPECT	PERFECTIVE ASPECT
INF.	заканчивать (ся)	закончить (ся)
PRES.	заканчиваю	
	заканчиваешь	
	заканчивает (ся)	
	заканчиваем	
	заканчиваете	
	заканчивают (ся)	
PAST	заканчивал (ся)	закончил (ся)
	заканчивала (сь)	закончила (сь)
	заканчивало (сь)	закончило (сь)
	заканчивали (сь)	закончили (сь)
FUT.	буду заканчивать	закончу
	будешь заканчивать	закончит
	будет заканчивать (ся)	закончит (ся)
	будем заканчивать	закончим
	будете заканчивать	закончите
	будут заканчивать (ся)	закончат (ся)
COND.	заканчивал (ся) бы	закончил (ся) бы
	заканчивала (сь) бы	закончила (сь) бы
	заканчивало (сь) бы	закончило (сь) бы
	заканчивали (сь) бы	закончили (сь) бы
IMP.	заканчивай	закончи
	заканчивайте	закончите

DEVERBALS

PRES. ACT.	заканчивающий (ся)	
PRES. PASS.	заканчиваемый	
PAST ACT.	заканчивавший (ся)	закончивший (ся)
PAST PASS.		законченный
VERBAL ADVERB	заканчивая (сь)	закончив (шись)

заканчивать что

заключа́ть (ся) / заключи́ть (ся)
to conclude, end, imprison (consist of)

	IMPERFECTIVE ASPECT	PERFECTIVE ASPECT
INF.	заключа́ть(ся)	заключи́ть (ся)
PRES.	заключа́ю (сь)	
	заключа́ешь (ся)	
	заключа́ет (ся)	
	заключа́ем (ся)	
	заключа́ете (сь)	
	заключа́ют (ся)	
PAST	заключа́л (ся)	заключи́л (ся)
	заключа́ла (сь)	заключи́ла (сь)
	заключа́ло (сь)	заключи́ло (сь)
	заключа́ли (сь)	заключи́ли (сь)
FUT.	бу́ду заключа́ть (ся)	заключу́ (сь)
	бу́дешь заключа́ть (ся)	заключи́шь (ся)
	бу́дет заключа́ть (ся)	заключи́т (ся)
	бу́дем заключа́ть (ся)	заключи́м (ся)
	бу́дете заключа́ть (ся)	заключи́те (сь)
	бу́дут заключа́ть (ся)	заключа́т (ся)
COND.	заключа́л (ся) бы	заключи́л (ся) бы
	заключа́ла (сь) бы	заключи́ла (сь) бы
	заключа́ло (сь) бы	заключи́ло (сь) бы
	заключа́ли (сь) бы	заключи́ли (сь) бы
IMP.	заключа́й (ся)	заключи́ (сь)
	заключа́йте (сь)	заключи́те (сь)

DEVERBALS

PRES. ACT.	заключа́ющий (ся)	
PRES. PASS.	заключа́емый	
PAST ACT.	заключа́вший (ся)	заключи́вший (ся)
PAST PASS.		заключённый
VERBAL ADVERB	заключа́я	заключи́в (шись)

заключа́ть что чем, кого – что во что
заключа́ться в чём, чем

126

закрыва́ть (ся) / закры́ть (ся)
to shut, close (be closed)

	IMPERFECTIVE ASPECT	PERFECTIVE ASPECT
INF.	закрыва́ть (ся)	закры́ть (ся)
PRES.	закрыва́ю (сь) закрыва́ешь (ся) закрыва́ет (ся) закрыва́ем (ся) закрыва́ете (сь) закрыва́ют (ся)	
PAST	закрыва́л (ся) закрыва́ла (сь) закрыва́ло (сь) закрыва́ли (сь)	закры́л (ся) закры́ла (сь) закры́ло (сь) закры́ли (сь)
FUT.	бу́ду закрыва́ть (ся) бу́дешь закрыва́ть (ся) бу́дет закрыва́ть (ся) бу́дем закрыва́ть (ся) бу́дете закрыва́ть (ся) бу́дут закрыва́ть (ся)	закро́ю(ся) закроешь (ся) закро́ет (ся) закро́ем (ся) закро́ете (сь) закро́ют (ся)
COND.	закрыва́л (ся) бы закрыва́ла (сь) бы закрыва́ло (сь) бы закрыва́ли (сь) бы	закры́л (ся) бы закры́ла (сь) бы закры́ло (сь) бы закры́ли (сь) бы
IMP.	закрыва́й (ся) закрыва́йте (сь)	закро́й (ся) закро́йте (сь)

DEVERBALS

PRES. ACT.	закрыва́ющий (ся)	
PRES. PASS.	закрыва́емый	
PAST ACT.	закрыва́вший (ся)	закры́вший (ся)
PAST PASS.		закры́тый
VERBAL ADVERB	закрыва́я	закры́в (шись)

закрыва́ть кого – что

заменя́ть / замени́ть
to replace, take the place of

	IMPERFECTIVE ASPECT	PERFECTIVE ASPECT
INF.	заменя́ть	замени́ть
PRES.	заменя́ю	
	заменя́ешь	
	заменя́ет	
	заменя́ем	
	заменя́ете	
	заменя́ют	
PAST	заменя́л	замени́л
	заменя́ла	замени́ла
	заменя́ло	замени́ло
	заменя́ли	замени́ли
FUT.	бу́ду заменя́ть	заменю́
	бу́дешь заменя́ть	заме́нишь
	бу́дет заменя́ть	заме́нит
	бу́дем заменя́ть	заме́ним
	бу́дете заменя́ть	заме́ните
	бу́дут заменя́ть	заме́нят
COND.	заменя́л бы	замени́л бы
	заменя́ла бы	замени́ла бы
	заменя́ло бы	замени́ло бы
	заменя́ли бы	замени́ли бы
IMP.	заменя́й	замени́
	заменя́йте	замени́те

DEVERBALS

PRES. ACT.	заменя́ющий	
PRES. PASS.	заменя́емый	
PAST ACT.	заменя́вший	замени́вший
PAST PASS.		заменённый
		заменён, заменена́
VERBAL ADVERB	заменя́я	замени́в

заменя́ть кого – что кем – чем, кому – чему

	IMPERFECTIVE ASPECT	PERFECTIVE ASPECT
INF.	замерзáть	замёрзнуть
PRES.	замерзáю	
	замерзáешь	
	замерзáет	
	замерзáем	
	замерзáете	
	замерзáют	
PAST	замерзáл	замёрз
	замерзáла	замёрзла
	замерзáло	замёрзло
	замерзáли	замёрзли
FUT.	бýду замерзáть	замёрзну
	бýдешь замерзáть	замёрзнешь
	бýдет замерзáть	замёрзнет
	бýдем замерзáть	замёрзнем
	бýдете замерзáть	замёрзнете
	бýдут замерзáть	замёрзнут
COND.	замерзáл бы	замёрз бы
	замерзáла бы	замёрзла бы
	замерзáло бы	замёрзло бы
	замерзáли бы	замёрзли бы
IMP.	замерзáй	замёрзни
	замерзáйте	замёрзните

DEVERBALS

PRES. ACT.	замерзáющий	
PRES. PASS.		
PAST ACT.	замерзáвший	замёрзший
PAST PASS.		
VERBAL ADVERB	замерзáя	замёрзнув, замёрзши

замеча́ть / заме́тить
to notice, observe, take note of

	IMPERFECTIVE ASPECT	PERFECTIVE ASPECT
INF.	замеча́ть	заме́тить
PRES.	замеча́ю	
	замеча́ешь	
	замеча́ет	
	замеча́ем	
	замеча́ете	
	замеча́ют	
PAST	замеча́л	заме́тил
	замеча́ла	заме́тила
	замеча́ло	заме́тило
	замеча́ли	заме́тили
FUT.	бу́ду замеча́ть	заме́чу
	бу́дешь замеча́ть	заме́тишь
	бу́дет замеча́ть	заме́тит
	бу́дем замеча́ть	заме́тим
	бу́дете замеча́ть	заме́тите
	бу́дут замеча́ть	заме́тят
COND.	замеча́л бы	заме́тил бы
	замеча́ла бы	заме́тила бы
	замеча́ло бы	заме́тило бы
	замеча́ли бы	заме́тили бы
IMP.	замеча́й	заме́ть
	замеча́йте	заме́тьте

DEVERBALS

PRES. ACT.	замеча́ющий	
PRES. PASS.	замеча́емый	
PAST ACT.	замеча́вший	заме́тивший
PAST PASS.		заме́ченный
VERBAL ADVERB	замеча́я	заме́тив

замеча́ть кого – что

130

to occupy, borrow (be occupied, engaged in)

	IMPERFECTIVE ASPECT	PERFECTIVE ASPECT
INF.	занима́ть (ся)	заня́ть (ся)
PRES.	занима́ю (сь)	
	занима́ешь (ся)	
	занима́ет (ся)	
	занима́ем (ся)	
	занима́ете (сь)	
	занима́ют (ся)	
PAST	занима́л (ся)	за́нял – занялся́
	занима́ла (сь)	заняла́ (сь)
	занима́ло (сь)	за́няло – заняло́сь
	занима́ли (сь)	за́няли – заняли́сь
FUT.	бу́ду занима́ть (ся)	займу́ (сь)
	бу́дешь занима́ть (ся)	займёшь (ся)
	бу́дет занима́ть (ся)	займёт (ся)
	бу́дем занима́ть (ся)	займём (ся)
	бу́дете занима́ть (ся)	займёте (сь)
	бу́дут занима́ть (ся)	займу́т (ся)
COND.	занима́л (ся) бы	за́нял – занялся́ бы
	занима́ла (сь) бы	заняла́ (сь) бы
	занима́ло (сь) бы	за́няло – заняло́сь бы
	занима́ли (сь) бы	за́няли – заняли́сь бы
IMP.	занима́й (ся)	займи́ (сь)
	занима́йте (сь)	займи́те (сь)

DEVERBALS

PRES. ACT.	занима́ющий (ся)	
PRES. PASS.	занима́емый	
PAST ACT.	занима́вший (ся)	заня́вший (ся)
PAST PASS.		за́нятый
		за́нят, занята́, за́нято
VERBAL ADVERB	занима́я (сь)	заня́в (шись)

занима́ть что – кого, что у кого
занима́ться чем

записывать (ся) / записа́ть (ся)
to write down, make a note (register, make an appointment)

	IMPERFECTIVE ASPECT	PERFECTIVE ASPECT
INF.	записывать (ся)	записа́ть (ся)
PRES.	записываю (сь)	
	записываешь (ся)	
	записывает (ся)	
	записываем (ся)	
	записываете (сь)	
	записывают (ся)	
PAST	записывал (ся)	записа́л (ся)
	записывала (сь)	записа́ла (сь)
	записывало (сь)	записа́ло (сь)
	записывали (сь)	записа́ли (сь)
FUT.	бу́ду записывать (ся)	запишу́ (сь)
	бу́дешь записывать (ся)	запи́шешь (ся)
	бу́дет записывать (ся)	запи́шет (ся)
	бу́дем записывать (ся)	запи́шем (ся)
	бу́дете записывать (ся)	запи́шете (сь)
	бу́дут записывать (ся)	запи́шут (ся)
COND.	записывал (ся) бы	записа́л (ся) бы
	записывала (сь) бы	записа́ла (сь) бы
	записывало (сь) бы	записа́ло (сь) бы
	записывали (сь) бы	записа́ли (сь) бы
IMP.	записывай (ся)	запиши́ (сь)
	записывайте (сь)	запиши́те (сь)

DEVERBALS

PRES. ACT.	записывающий (ся)	
PRES. PASS.	записываемый	
PAST ACT.	записывавший (ся)	записа́вший (ся)
PAST PASS.		запи́санный
VERBAL ADVERB	записывая (сь)	записа́в (шись)

записывать кого – что, на что

запомина́ть (ся) / запо́мнить (ся)
to remember, keep in mind (remain in someone's memory)

	IMPERFECTIVE ASPECT	PERFECTIVE ASPECT
INF.	запомина́ть (ся)	запо́мнить (ся)
PRES.	запомина́ю (сь)	
	запомина́ешь (ся)	
	запомина́ет (ся)	
	запомина́ем (ся)	
	запомина́ете (сь)	
	запомина́ют (ся)	
PAST	запомина́л (ся)	запо́мнил (ся)
	запомина́ла (сь)	запо́мнила (сь)
	запомина́ло (сь)	запо́мнило (сь)
	запомина́ли (сь)	запо́мнили (сь)
FUT.	бу́ду запомина́ть (ся)	запо́мню (сь)
	бу́дешь запомина́ть (ся)	запо́мнишь (ся)
	бу́дет запомина́ть (ся)	запо́мнит (ся)
	бу́дем запомина́ть (ся)	запо́мним (ся)
	бу́дете запомина́ть (ся)	запо́мните (сь)
	бу́дут запомина́ть (ся)	запо́мнят (ся)
COND.	запомина́л (ся) бы	запо́мнил (ся) бы
	запомина́ла (сь) бы	запо́мнила (сь) бы
	запомина́ло (сь) бы	запо́мнило (сь) бы
	запомина́ли (сь) бы	запо́мнили (сь) бы
IMP.	запомина́й (ся)	запо́мни (сь)
	запомина́йте (сь)	запо́мните (сь)

DEVERBALS

PRES. ACT.	запомина́ющий (ся)	
PRES. PASS.	запомина́емый	
PAST ACT.	запомина́вший (ся)	запо́мнивший (ся)
PAST PASS.		запо́мненный
VERBAL ADVERB	запомина́я (сь)	запо́мнив (шись)

запомина́ть кого – что

133

зараба́тывать / зарабо́тать
to earn / begin to work

	IMPERFECTIVE ASPECT	PERFECTIVE ASPECT
INF.	зараба́тывать	зарабо́тать
PRES.	зараба́тываю	
	зараба́тываешь	
	зараба́тывает	
	зараба́тываем	
	зараба́тываете	
	зараба́тывают	
PAST	зараба́тывал	зарабо́тал
	зараба́тывала	зарабо́тала
	зараба́тывало	зарабо́тало
	зараба́тывали	зарабо́тали
FUT.	бу́ду зараба́тывать	зарабо́таю
	бу́дешь зараба́тывать	зарабо́таешь
	бу́дет зараба́тывать	зарабо́тает
	бу́дем зараба́тывать	зарабо́таем
	бу́дете зараба́тывать	зарабо́таете
	бу́дут зараба́тывать	зарабо́тают
COND.	зараба́тывал бы	зарабо́тал бы
	зараба́тывала бы	зарабо́тала бы
	зараба́тывало бы	зарабо́тало бы
	зараба́тывали бы	зарабо́тали бы
IMP.	зараба́тывай	зарабо́тай
	зараба́тывайте	зарабо́тайте

DEVERBALS

PRES. ACT.	зараба́тывающий	
PRES. PASS.	зараба́тываемый	
PAST ACT.	зараба́тывавший	зарабо́тавший
PAST PASS.		зарабо́танный
VERBAL ADVERB	зараба́тывая	зарабо́тав

зараба́тывать что

	IMPERFECTIVE ASPECT	PERFECTIVE ASPECT
INF.	заставля́ть	заста́вить
PRES.	заставля́ю	
	заставля́ешь	
	заставля́ет	
	заставля́ем	
	заставля́ете	
	заставля́ют	
PAST	заставля́л	заста́вил
	заставля́ла	заста́вила
	заставля́ло	заста́вило
	заставля́ли	заста́вили
FUT.	бу́ду заставля́ть	заста́влю
	бу́дешь заставля́ть	заста́вишь
	бу́дет заставля́ть	заста́вит
	бу́дем заставля́ть	заста́вим
	бу́дете заставля́ть	заста́вите
	бу́дут заставля́ть	заста́вят
COND.	заставля́л бы	заста́вил бы
	заставля́ла бы	заста́вила бы
	заставля́ло бы	заста́вило бы
	заставля́ли бы	заста́вили бы
IMP.	заставля́й	заста́вь
	заставля́йте	заста́вьте

DEVERBALS

PRES. ACT.	заставля́ющий	
PRES. PASS.	заставля́емый	
PAST ACT.	заставля́вший	заста́вивший
PAST PASS.		заста́вленный
VERBAL ADVERB	заставля́я	заста́вив

заставля́ть кого – что

засыпа́ть / засну́ть
to fall asleep

	IMPERFECTIVE ASPECT	PERFECTIVE ASPECT
INF.	засыпа́ть	засну́ть
PRES.	засыпа́ю засыпа́ешь засыпа́ет засыпа́ем засыпа́ете засыпа́ют	
PAST	засыпа́л засыпа́ла засыпа́ло засыпа́ли	засну́л засну́ла засну́ло засну́ли
FUT.	бу́ду засыпа́ть бу́дешь засыпа́ть бу́дет засыпа́ть бу́дем засыпа́ть бу́дете засыпа́ть бу́дут засыпа́ть	засну́ заснёшь заснёт заснём заснёте засну́т
COND.	засыпа́л бы засыпа́ла бы засыпа́ло бы засыпа́ли бы	засну́л бы засну́ла бы засну́ло бы засну́ли бы
IMP.	засыпа́й засыпа́йте	засни́ засни́те

DEVERBALS

PRES. ACT.	засыпа́ющий	
PRES. PASS.		
PAST ACT.	засыпа́вший	засну́вший
PAST PASS.		
VERBAL ADVERB	засыпа́я	засну́в

Do not confuse with засыпа́ть (ся) / засы́пать (ся) meaning *to fill up, cover, strew (be caught or fail)*.

	IMPERFECTIVE ASPECT	PERFECTIVE ASPECT
INF.	захва́тывать	захвати́ть
PRES.	захва́тываю захва́тываешь захва́тывает захва́тываем захва́тываете захва́тывают	
PAST	захва́тывал захва́тывала захва́тывало захва́тывали	захвати́л захвати́ла захвати́ло захвати́ли
FUT.	бу́ду захва́тывать бу́дешь захва́тывать бу́дет захва́тывать бу́дем захва́тывать бу́дете захва́тывать бу́дут захва́тывать	захвачу́ захва́тишь захва́тит захва́тим захва́тите захва́тят
COND.	захва́тывал бы захва́тывала бы захва́тывало бы захва́тывали бы	захвати́л бы захвати́ла бы захвати́ло бы захвати́ли бы
IMP.	захва́тывай захва́тывайте	захвати́ захвати́те

DEVERBALS

PRES. ACT.	захва́тывающий	
PRES. PASS.	захва́тываемый	
PAST ACT.	захва́тывавший	захвати́вший
PAST PASS.		захва́ченный
VERBAL ADVERB	захва́тывая	захвати́в

захва́тывать кого – что

заходи́ть / зайти́
to drop by, call for

	IMPERFECTIVE ASPECT	PERFECTIVE ASPECT
INF.	заходи́ть	зайти́
PRES.	захожу́	
	захо́дишь	
	захо́дит	
	захо́дим	
	захо́дите	
	захо́дят	
PAST	заходи́л	зашёл
	заходи́ла	зашла́
	заходи́ло	зашло́
	заходи́ли	зашли́
FUT.	бу́ду заходи́ть	зайду́
	бу́дешь заходи́ть	зайдёшь
	бу́дет заходи́ть	зайдёт
	бу́дем заходи́ть	зайдём
	бу́дете заходи́ть	зайдёте
	бу́дут заходи́ть	зайду́т
COND.	заходи́л бы	зашёл бы
	заходи́ла бы	зашла́ бы
	заходи́ло бы	зашло́ бы
	заходи́ли бы	зашли́ бы
IMP.	заходи́	зайди́
	заходи́те	зайди́те

DEVERBALS

PRES. ACT.	заходя́щий	
PRES. PASS.		
PAST ACT.	заходи́вший	заше́дший
PAST PASS.		
VERBAL ADVERB	заходя́	зайдя́

зайти́ к кому – чему, за кем – чем

защища́ть (ся) / защити́ть (ся)
to defend, protect (defend oneself)

	IMPERFECTIVE ASPECT	PERFECTIVE ASPECT
INF.	защища́ть (ся)	защити́ть (ся)
PRES.	защища́ю (сь)	
	защища́ешь (ся)	
	защища́ет (ся)	
	защища́ем (ся)	
	защища́ете (сь)	
	защища́ют (ся)	
PAST	защища́л (ся)	защити́л (ся)
	защища́ла (сь)	защити́ла (сь)
	защища́ло (сь)	защити́ло (сь)
	защища́ли (сь)	защити́ли (сь)
FUT.	бу́ду защища́ть (ся)	защищу́ (сь)
	бу́дешь защища́ть (ся)	защити́шь (ся)
	бу́дет защища́ть (ся)	защити́т (ся)
	бу́дем защища́ть (ся)	защити́м (ся)
	бу́дете защища́ть (ся)	защити́те (сь)
	бу́дут защища́ть (ся)	защитя́т (ся)
COND.	защища́л (ся) бы	защити́л (ся) бы
	защища́ла (сь) бы	защити́ла (сь) бы
	защища́ло (сь) бы	защити́ло (сь) бы
	защища́ли (сь) бы	защити́ли (сь) бы
IMP.	защища́й (ся)	защити́ (сь)
	защища́йте (сь)	защити́те (сь)

DEVERBALS

PRES. ACT.	защища́ющий (ся)	
PRES. PASS.	защища́емый	
PAST ACT.	защища́вший (ся)	защити́вший (ся)
PAST PASS.		защищённый
		защищён, защищена́
VERBAL ADVERB	защища́я (сь)	защити́в (шись)

защища́ть кого – что от кого – чего

звáть (ся) / позвáть
to call, ask, invite (be called)

	IMPERFECTIVE ASPECT	PERFECTIVE ASPECT
INF.	звáть (ся)	позвáть
PRES.	зовý (сь)	
	зовёшь (ся)	
	зовёт (ся)	
	зовём (ся)	
	зовёте (сь)	
	зовýт (ся)	
PAST	звáл – звáлся	позвáл
	звалá (сь)	позвалá
	звáло – звáлóсь	позвáло
	звáли – звáлись	позвáли
FUT.	бýду звáть (ся)	позовý
	бýдешь звáть (ся)	позовёшь
	бýдет звáть (ся)	позовёт
	бýдем звáть (ся)	позовём
	бýдете звáть (ся)	позовёте
	бýдут звáть (ся)	позовýт
COND.	звáл – звáлся бы	позвáл бы
	звалá (сь) бы	позвалá бы
	звáло – звáлóсь бы	позвáло бы
	звáли – звáлись бы	позвáли бы
IMP.	зови (сь)	позови
	зовите (сь)	позовите

DEVERBALS

PRES. ACT.	зовýщий (ся)	
PRES. PASS.		
PAST ACT.	звáвший (ся)	позвáвший
PAST PASS.	звáнный	пóзванный
	зван, звана́, звáно	
VERBAL ADVERB	зовя́ (сь)	позвáв

звáть кого – что кем – чем
Как вас зовýт? *What is your name?* Меня зовýт___. *My name is ___.*

	IMPERFECTIVE ASPECT	PERFECTIVE ASPECT
INF.	звони́ть (ся)	позвони́ть (ся)
PRES.	звоню́ (сь)	
	звони́шь (ся)	
	звони́т (ся)	
	звони́м (ся)	
	звони́те (сь)	
	звоня́т (ся)	
PAST	звони́л (ся)	позвони́л (ся)
	звони́ла (сь)	позвони́ла (сь)
	звони́ло (сь)	позвони́ло (сь)
	звони́ли (сь)	позвони́ли (сь)
FUT.	бу́ду звони́ть (ся)	позвоню́ (сь)
	бу́дешь звони́ть (ся)	позвони́шь (ся)
	бу́дет звони́ть (ся)	позвони́т (ся)
	бу́дем звони́ть (ся)	позвони́м (ся)
	бу́дете звони́ть (ся)	позвони́те (сь)
	бу́дут звони́ть (ся)	позвоня́т (ся)
COND.	звони́л (ся) бы	позвони́л (ся) бы
	звони́ла (сь) бы	позвони́ла (сь) бы
	звони́ло (сь) бы	позвони́ло (сь) бы
	звони́ли (сь) бы	позвони́ли (сь) бы
IMP.	звони́ (сь)	позвони́ (сь)
	звони́те (сь)	позвони́те (сь)

DEVERBALS

PRES. ACT.	звоня́щий (ся)	
PRES. PASS.		
PAST ACT.	звони́вший (ся)	позвони́вший (ся)
PAST PASS.		
VERBAL ADVERB	звоня́ (сь)	позвони́в (шись)

звони́ть кому́ во что

звуча́ть / прозвуча́ть
to be heard, sound

	IMPERFECTIVE ASPECT	PERFECTIVE ASPECT
INF.	звуча́ть	прозвуча́ть
PRES.	звучу́ звучи́шь звучи́т звучи́м звучи́те звуча́т	
PAST	звуча́л звуча́ла звуча́ло звуча́ли	прозвуча́л прозвуча́ла прозвуча́ло прозвучали
FUT.	бу́ду звуча́ть бу́дешь звуча́ть бу́дет звуча́ть бу́дем звуча́ть бу́дете звуча́ть бу́дут звуча́ть	прозвучи́т прозвуча́т
COND.	звуча́л бы звуча́ла бы звуча́ло бы звуча́ли бы	прозвуча́л бы прозвуча́ла бы прозвуча́ло бы прозвуча́ли бы
IMP.	звучи́ звучи́те	

DEVERBALS

PRES. ACT.	звуча́щий	
PRES. PASS.		
PAST ACT.	звуча́вший	прозвуча́вший
PAST PASS.		
VERBAL ADVERB	звуча́	прозвуча́в

звуча́ть чем

здоро́ваться / поздоро́ваться
to greet

	IMPERFECTIVE ASPECT	PERFECTIVE ASPECT
INF.	здоро́ваться	поздоро́ваться
PRES.	здоро́ваюсь здоро́ваешься здоро́вается здоро́ваемся здоро́ваетесь здоро́ваются	
PAST	здоро́вался здоро́валась здоро́валось здоро́вались	поздоро́вался поздоро́валась поздоро́валось поздоро́вались
FUT.	бу́ду здоро́ваться бу́дешь здоро́ваться бу́дет здоро́ваться бу́дем здоро́ваться бу́дете здоро́ваться бу́дут здоро́ваться	поздоро́ваюсь поздоро́ваешься поздоро́вается поздоро́ваемся поздоро́ваетесь поздоро́ваются
COND.	здоро́вался бы здоро́валась бы здоро́валось бы здоро́вались бы	поздоро́вался бы поздоро́валась бы поздоро́валось бы поздоро́вались бы
IMP.	здоро́вайся здоро́вайтесь	поздоро́вайся поздоро́вайтесь

DEVERBALS

PRES. ACT.	здоро́вающийся	
PRES. PASS.		
PAST ACT.	здоро́вавшийся	поздоро́вавшийся
PAST PASS.		
VERBAL ADVERB	здоро́ваясь	поздоро́вавшись

здоро́ваться с кем

знако́мить (ся) / познако́мить (ся)
to acquaint, introduce (get acquainted, meet)

	IMPERFECTIVE ASPECT	PERFECTIVE ASPECT
INF.	знако́мить (ся)	познако́мить (ся)
PRES.	знако́млю (сь)	
	знако́мишь (ся)	
	знако́мит (ся)	
	знако́мим (ся)	
	знако́мите (сь)	
	знако́мят (ся)	
PAST	знако́мил (ся)	познако́мил (ся)
	знако́мила (сь)	познако́мила (сь)
	знако́мило (сь)	познако́мило (сь)
	знако́мили (сь)	познако́мили (сь)
FUT.	бу́ду знако́мить (ся)	познако́млю (сь)
	бу́дешь знако́мить (ся)	познако́мишь (ся)
	бу́дет знако́мить (ся)	познако́мит (ся)
	бу́дем знако́мить (ся)	познако́мим (ся)
	бу́дете знако́мить (ся)	познако́мите (сь)
	бу́дут знако́мить (ся)	познако́мят (ся)
COND.	знако́мил (ся) бы	познако́мил (ся) бы
	знако́мила (сь) бы	познако́мила (сь) бы
	знако́мило (сь) бы	познако́мило (сь) бы
	знако́мили (сь) бы	познако́мили (сь) бы
IMP.	знако́мь (ся)	познако́мь (ся)
	знако́мьте (сь)	познако́мьте (сь)

DEVERBALS

PRES. ACT.	знако́мящий (ся)	
PRES. PASS.		
PAST ACT.	знако́мивший (ся)	познако́мивший (ся)
PAST PASS.		познако́мленный
VERBAL ADVERB	знако́мя (сь)	познако́мив (шись)

знако́мить кого – что с кем – чем
знако́миться с кем – чем

144

	IMPERFECTIVE ASPECT	PERFECTIVE ASPECT
INF.	зна́ть	
PRES.	зна́ю зна́ешь зна́ет зна́ем зна́ете зна́ют	
PAST	зна́л зна́ла зна́ло зна́ли	
FUT.	бу́ду зна́ть бу́дешь зна́ть бу́дет зна́ть бу́дем зна́ть бу́дете зна́ть бу́дут зна́ть	
COND.	зна́л бы зна́ла бы зна́ло бы зна́ли бы	
IMP.	зна́й зна́йте	

DEVERBALS

PRES. ACT.	зна́ющий	
PRES. PASS.		
PAST ACT.	зна́вший	
PAST PASS.		
VERBAL ADVERB	зна́я	

зна́ть кого́ – что, о ком – чём

зна́чить
to mean, signify

	IMPERFECTIVE ASPECT	PERFECTIVE ASPECT
INF.	зна́чить	
PRES.	зна́чу	
	зна́чишь	
	зна́чит	
	зна́чим	
	зна́чите	
	зна́чат	
PAST	зна́чил	
	зна́чила	
	зна́чило	
	зна́чили	
FUT.	бу́ду зна́чить	
	бу́дешь зна́чить	
	бу́дет зна́чить	
	бу́дем зна́чить	
	бу́дете зна́чить	
	бу́дут зна́чить	
COND.	зна́чил бы	
	зна́чила бы	
	зна́чило бы	
	зна́чили бы	
IMP.		

DEVERBALS

PRES. ACT.	зна́чащий	
PRES. PASS.		
PAST ACT.	зна́чивший	
PAST PASS.		
VERBAL ADVERB	зна́ча	

зна́чить что

146

игра́ть / сыгра́ть
to play

	IMPERFECTIVE ASPECT	PERFECTIVE ASPECT
INF.	игра́ть	сыгра́ть
PRES.	игра́ю игра́ешь игра́ет игра́ем игра́ете игра́ют	
PAST	игра́л игра́ла игра́ло игра́ли	сыгра́л сыгра́ла сыгра́ло сыгра́ли
FUT.	бу́ду игра́ть бу́дешь игра́ть бу́дет игра́ть бу́дем игра́ть бу́дете игра́ть бу́дут игра́ть	сыгра́ю сыгра́ешь сыгра́ет сыгра́ем сыгра́ете сыгра́ют
COND.	игра́л бы игра́ла бы игра́ло бы игра́ли бы	сыгра́л бы сыгра́ла бы сыгра́ло бы сыгра́ли бы
IMP.	игра́й игра́йте	сыгра́й сыгра́йте

DEVERBALS

PRES. ACT.	игра́ющий	
PRES. PASS.	игра́емый	
PAST ACT.	игра́вший	сыгра́вший
PAST PASS.		сы́гранный
VERBAL ADVERB	игра́я	сыгра́в

игра́ть кого – что, во что, на чём, кем – чем, с кем – чем

избега́ть / избежа́ть
to avoid, escape

	IMPERFECTIVE ASPECT	PERFECTIVE ASPECT
INF.	избега́ть	избежа́ть
PRES.	избега́ю избега́ешь избега́ет избега́ем избега́ете избега́ют	
PAST	избега́л избега́ла избега́ло избега́ли	избежа́л избежа́ла избежа́ло избежа́ли
FUT.	бу́ду избега́ть бу́дешь избега́ть бу́дет избега́ть бу́дем избега́ть бу́дете избега́ть бу́дут избега́ть	избегу́ избежи́шь избежи́т избежи́м избежи́те избегу́т
COND.	избега́л бы избега́ла бы избега́ло бы избега́ли бы	избежа́л бы избежа́ла бы избежа́ло бы избежа́ли бы
IMP.	избега́й избега́йте	избеги́ избеги́те

DEVERBALS

PRES. ACT.	избега́ющий	
PRES. PASS.	избега́емый	
PAST ACT.	избега́вший	избежа́вший
PAST PASS.		
VERBAL ADVERB	избега́я	избежа́в

избега́ть кого – чего

извиня́ть (ся) / извини́ть (ся)
to excuse, pardon (apologize, be excused)

	IMPERFECTIVE ASPECT	PERFECTIVE ASPECT
INF.	извиня́ть (ся)	извини́ть (ся)
PRES.	извиня́ю (сь) извиня́ешь (ся) извиня́ет (ся) извиня́ем (ся) извиня́ете (сь) извиня́ют (ся)	
PAST	извиня́л (ся) извиня́ла (сь) извиня́ло (сь) извиня́ли (сь)	извини́л (ся) извини́ла (сь) извини́ло (сь) извини́ли (сь)
FUT.	бу́ду извиня́ть (ся) бу́дешь извиня́ть (ся) бу́дет извиня́ть (ся) бу́дем извиня́ть (ся) бу́дете извиня́ть (ся) бу́дут извиня́ть (ся)	извиню́ (сь) извини́шь (ся) извини́т (ся) извини́м (ся) извини́те (сь) извиня́т (ся)
COND.	извиня́л (ся) бы извиня́ла (сь) бы извиня́ло (сь) бы извиня́ли (сь) бы	извини́л (ся) бы извини́ла (сь) бы извини́ло (сь) бы извини́ли (сь) бы
IMP.	извиня́й (ся) извиня́йте (сь)	извини́ (сь) извини́те (сь)

DEVERBALS

PRES. ACT.	извиня́ющий (ся)	
PRES. PASS.	извиня́емый	
PAST ACT.	извиня́вший (ся)	извини́вший (ся)
PAST PASS.		извинённый извинён, извинена́
VERBAL ADVERB	извиня́я (сь)	извини́в (шись)

извиня́ть кого – что за что, кому что
извиня́ться перед кем

издава́ть / изда́ть
to issue, publish

	IMPERFECTIVE ASPECT	PERFECTIVE ASPECT
INF.	издава́ть	изда́ть
PRES.	издаю́ издаёшь издаёт издаём издаёте издаю́т	
PAST	издава́л издава́ла издава́ло издава́ли	изда́л издала́ изда́ло изда́ли
FUT.	бу́ду издава́ть бу́дешь издава́ть бу́дет издава́ть бу́дем издава́ть бу́дете издава́ть бу́дут издава́ть	изда́м изда́шь изда́ст издади́м издади́те издаду́т
COND.	издава́л бы издава́ла бы издава́ло бы издава́ли бы	изда́л бы издала́ бы изда́ло бы изда́ли бы
IMP.	издава́й издава́йте	изда́й изда́йте

DEVERBALS

PRES. ACT.	издаю́щий	
PRES. PASS.	издава́емый	
PAST ACT.	издава́вший	изда́вший
PAST PASS.		и́зданный и́здан, издана́, и́здано
VERBAL ADVERB	издава́я	изда́в

издава́ть что

изменя́ть (ся) / измени́ть (ся)
to change, alter, betray (change, vary)

	IMPERFECTIVE ASPECT	PERFECTIVE ASPECT
INF.	изменя́ть (ся)	измени́ть (ся)
PRES.	изменя́ю (сь) изменя́ешь (ся) изменя́ет (ся) изменя́ем (ся) изменя́ете (сь) изменя́ют (ся)	
PAST	изменя́л (ся) изменя́ла (сь) изменя́ло (сь) изменя́ли (сь)	измени́л (ся) измени́ла (сь) измени́ло (сь) измени́ли (сь)
FUT.	бу́ду изменя́ть (ся) бу́дешь изменя́ть (ся) бу́дет изменя́ть (ся) бу́дем изменя́ть (ся) бу́дете изменя́ть (ся) бу́дут изменя́ть (ся)	изменю́ (сь) изме́нишь (ся) изме́нит (ся) изме́ним (ся) изме́ните (сь) изме́нят (ся)
COND.	изменя́л (ся) бы изменя́ла (сь) бы изменя́ло (сь) бы изменя́ли (сь) бы	измени́л (ся) бы измени́ла (сь) бы измени́ло (сь) бы измени́ли (сь) бы
IMP.	изменя́й (ся) изменя́йте (сь)	измени́ (сь) измени́те (сь)

DEVERBALS

PRES. ACT.	изменя́ющий (ся)	
PRES. PASS.	изменя́емый	
PAST ACT.	изменя́вший (ся)	измени́вший (ся)
PAST PASS.		изменённый изменён, изменена́
VERBAL ADVERB	изменя́я (сь)	измени́в (шись)

изменя́ть кого – что, кому – чему

изобретáть / изобрести́
to invent

	IMPERFECTIVE ASPECT	PERFECTIVE ASPECT
INF.	изобретáть	изобрести́
PRES.	изобретáю изобретáешь изобретáет изобретáем изобретáете изобретáют	
PAST	изобретáл изобретáла изобретáло изобретáли	изобрёл изобрелá изобрелó изобрели́
FUT.	бýду изобретáть бýдешь изобретáть бýдет изобретáть бýдем изобретáть бýдете изобретáть бýдут изобретáть	изобретý изобретёшь изобретёт изобретём изобретёте изобретýт
COND.	изобретáл бы изобретáла бы изобретáло бы изобретáли бы	изобрёл бы изобрелá бы изобрелó бы изобрели́ бы
IMP.	изобретáй изобретáйте	изобрети́ изобрети́те

DEVERBALS

PRES. ACT.	изобретáющий	
PRES. PASS.	изобретáемый	
PAST ACT.	изобретáвший	изобрéтший
PAST PASS.		изобретённый изобретён, изобретенá
VERBAL ADVERB	изобретáя	изобретя́

изобретáть что

изуча́ть / изучи́ть
to study, learn, master

	IMPERFECTIVE ASPECT	PERFECTIVE ASPECT
INF.	изуча́ть	изучи́ть
PRES.	изуча́ю изуча́ешь изуча́ет изуча́ем изуча́ете изуча́ют	
PAST	изуча́л изуча́ла изуча́ло изуча́ли	изучи́л изучи́ла изучи́ло изучи́ли
FUT.	бу́ду изуча́ть бу́дешь изуча́ть бу́дет изуча́ть бу́дем изуча́ть бу́дете изуча́ть бу́дут изуча́ть	изучу́ изу́чишь изу́чит изу́чим изу́чите изу́чат
COND.	изуча́л бы изуча́ла бы изуча́ло бы изуча́ли бы	изучи́л бы изучи́ла бы изучи́ло бы изучи́ли бы
IMP.	изуча́й изуча́йте	изучи́ изучи́те

DEVERBALS

PRES. ACT.	изуча́ющий	
PRES. PASS.	изуча́емый	
PAST ACT.	изуча́вший	изучи́вший
PAST. PASS.		изу́ченный
VERBAL ADVERB	изуча́я	изучи́в

изуча́ть кого – что

име́ть (ся)
to have (be present)

	IMPERFECTIVE ASPECT	PERFECTIVE ASPECT
INF.	име́ть	
PRES.	име́ю име́ешь име́ет (ся) име́ем име́ете име́ют (ся)	
PAST	име́л (ся) име́ла (сь) име́ло (сь) име́ли (сь)	
FUT.	бу́ду име́ть бу́дешь име́ть бу́дет име́ть (ся) бу́дем име́ть бу́дете име́ть бу́дут име́ть (ся)	
COND.	име́л (ся) бы име́ла (сь) бы име́ло (сь) бы име́ли (сь) бы	
IMP.	име́й име́йте	

DEVERBALS

PRES. ACT.	име́ющий (ся)	
PRES. PASS.		
PAST ACT.	име́вший (ся)	
PAST PASS.		
VERBAL ADVERB	име́я (сь)	

име́ть кого – что

интересова́ть (ся) / заинтересова́ть (ся)
to interest, excite (be interested in, by)

	IMPERFECTIVE ASPECT	PERFECTIVE ASPECT
INF.	интересова́ть (ся)	заинтересова́ть (ся)
PRES.	интересу́ю (сь) интересу́ешь (ся) интересу́ет (ся) интересу́ем (ся) интересу́ете (сь) интересу́ют (ся)	
PAST	интересова́л (ся) интересова́ла (сь) интересова́ло (сь) интересова́ли (сь)	заинтересова́л (ся) заинтересова́ла (сь) заинтересова́ло (сь) заинтересова́ли (сь)
FUT.	бу́ду интересова́ть (ся) бу́дешь интересова́ть (ся) бу́дет интересова́ть (ся) бу́дем интересова́ть (ся) бу́дете интересова́ть (ся) бу́дут интересова́ть (ся)	заинтересу́ю (сь) заинтересу́ешь (ся) заинтересу́ет (ся) заинтересу́ем (ся) заинтересу́ете (сь) заинтересу́ют (ся)
COND.	интересова́л (ся) бы интересова́ла (сь) бы интересова́ло (сь) бы интересова́ли (сь) бы	заинтересова́л (ся) бы заинтересова́ла (сь) бы заинтересова́ло (сь) бы заинтересова́ли (сь) бы
IMP.	интересу́й (ся) интересу́йте (сь)	заинтересу́й (ся) заинтересу́йте (сь)

DEVERBALS

PRES. ACT.	интересу́ющий (ся)	
PRES. PASS.	интересу́емый	
PAST ACT.	интересова́вший (ся)	заинтересова́вший (ся)
PAST PASS.		заинтересо́ванный
VERBAL ADVERB	интересу́я (сь)	заинтересова́в (шись)

интересова́ть кого – что
интересова́ться кем – чем

155

искáть / поискáть
to search, look for

	IMPERFECTIVE ASPECT	PERFECTIVE ASPECT
INF.	искáть	поискáть
PRES.	ищý и́щешь и́щет и́щем и́щете и́щут	
PAST	искáл искáла искáло искáли	поискáл поискáла поискáло поискáли
FUT.	бýду искáть бýдешь искáть бýдет искáть бýдем искáть бýдете искáть бýдут искáть	поищý пои́щешь пои́щет пои́щем пои́щете пои́щут
COND.	искáл бы искáла бы искáло бы искáли бы	поискáл бы поискáла бы поискáло бы поискáли бы
IMP.	ищи́ ищи́те	поищи́ поищи́те

DEVERBALS

PRES. ACT.	и́щущий	
PRES. PASS.		
PAST ACT.	искáвший	поискáвший
PAST PASS.	и́сканный	пои́сканный
VERBAL ADVERB	ищá	поискáв

искáть кого – что, чего

156

исполня́ть (ся) / испо́лнить (ся)
to carry out, perform, fill with (be fulfilled)

	IMPERFECTIVE ASPECT	PERFECTIVE ASPECT
INF.	исполня́ть (ся)	испо́лнить (ся)
PRES.	исполня́ю исполня́ешь исполня́ет (ся) исполня́ем исполня́ете исполня́ют (ся)	
PAST	исполня́л (ся) исполня́ла (сь) исполня́ло (сь) исполня́ли (сь)	испо́лнил (ся) испо́лнила (сь) испо́лнило (сь) испо́лнили (сь)
FUT.	бу́ду исполня́ть бу́дешь исполня́ть бу́дет исполня́ть (ся) бу́дем исполня́ть бу́дете исполня́ть бу́дут исполня́ть (ся)	изпо́лню испо́лнишь испо́лнит (ся) испо́лним испо́лните испо́лнят (ся)
COND.	исполня́л (ся) бы исполня́ла (сь) бы исполня́ло (сь) бы исполня́ли (сь) бы	испо́лнил (ся) бы испо́лнила (сь) бы испо́лнило (сь) бы испо́лнили (сь) бы
IMP.	исполня́й исполня́йте	испо́лни испо́лните

DEVERBALS

PRES. ACT.	исполня́ющий (ся)	
PRES. PASS.	исполня́емый	
PAST ACT.	исполня́вший (ся)	испо́лнивший (ся)
PAST PASS.		испо́лненный
VERBAL ADVERB	исполня́я (сь)	испо́лнив (шись)

исполня́ть что
Мне исполнилось двадцать лет. *I was (turned) twenty years old.*

испо́льзовать (ся) / испо́льзовать
to make use of, utilize

	IMPERFECTIVE ASPECT	PERFECTIVE ASPECT
INF.	испо́льзовать (ся)	испо́льзовать
PRES.	испо́льзую (сь) испо́льзуешь (ся) испо́льзует (ся) испо́льзуем (ся) испо́льзуете (сь) испо́льзуют (ся)	
PAST	испо́льзовал (ся) испо́льзовала (сь) испо́льзовало (сь) испо́льзовали (сь)	испо́льзовал испо́льзовала испо́льзовало испо́льзовали
FUT.	бу́ду испо́льзовать (ся) бу́дешь испо́льзовать (ся) бу́дет испо́льзовать (ся) бу́дем испо́льзовать (ся) бу́дете испо́льзовать (ся) бу́дут испо́льзовать (ся)	испо́льзую испо́льзуешь испо́льзует испо́льзуем испо́льзуете испо́льзуют
COND.	испо́льзовал (ся) бы испо́льзовала (сь) бы испо́льзовало (сь) бы испо́льзовали (сь) бы	испо́льзовал бы испо́льзовала бы испо́льзовало бы испо́льзовали бы
IMP.	испо́льзуй (ся) испо́льзуйте (сь)	испо́льзуй испо́льзуйте

DEVERBALS

PRES. ACT.	испо́льзующий (ся)	
PRES. PASS.	испо́льзуемый	
PAST ACT.	испо́льзовавший (ся)	испо́льзовавший
PAST PASS.		испо́льзованный
VERBAL ADVERB	испо́льзуя (сь)	испо́льзовав

испо́льзовать кого – что

The imperfective and perfective aspects of this verb are identical. The reflexive forms are not used in the perfective.

158

исправля́ть (ся) / испра́вить (ся)
to correct, reform, revise

	IMPERFECTIVE ASPECT	PERFECTIVE ASPECT
INF.	исправля́ть (ся)	испра́вить (ся)
PRES.	исправля́ю (сь)	
	исправля́ешь (ся)	
	исправля́ет (ся)	
	исправля́ем (ся)	
	исправля́ете (сь)	
	исправля́ют (ся)	
PAST	исправля́л (ся)	испра́вил (ся)
	исправля́ла (сь)	испра́вила (сь)
	исправля́ло (сь)	испра́вило (сь)
	исправля́ли (сь)	испра́вили (сь)
FUT.	бу́ду исправля́ть (ся)	испра́влю (сь)
	бу́дешь исправля́ть (ся)	испра́вишь (ся)
	бу́дет исправля́ть (ся)	испра́вит (ся)
	бу́дем исправля́ть (ся)	испра́вим (ся)
	бу́дете исправля́ть (ся)	испра́вите (сь)
	бу́дут исправля́ть (ся)	испра́вят (ся)
COND.	исправля́л (ся) бы	испра́вил (ся) бы
	исправля́ла (сь) бы	испра́вила (сь) бы
	исправля́ло (сь) бы	испра́вило (сь) бы
	исправля́ли (сь) бы	испра́вили (сь) бы
IMP.	исправля́й (ся)	испра́вь (ся)
	исправля́йте (сь)	испра́вьте (сь)

DEVERBALS

PRES. ACT.	исправля́ющий (ся)	
PRES. PASS.	исправля́емый	
PAST ACT.	исправля́вший (ся)	испра́вивший (ся)
PAST PASS.		испра́вленный
VERBAL ADVERB	исправля́я (сь)	испра́вив (шись)

исправля́ть кого – что

испы́тывать / испыта́ть
to test, try, experience, undergo

	IMPERFECTIVE ASPECT	PERFECTIVE ASPECT
INF.	испы́тывать	испыта́ть
PRES.	испы́тываю	
	испы́тываешь	
	испы́тывает	
	испы́тываем	
	испы́тываете	
	испы́тывают	
PAST	испы́тывал	испыта́л
	испы́тывала	испыта́ла
	испы́тывало	испыта́ло
	испы́тывали	испыта́ли
FUT.	бу́ду испы́тывать	испыта́ю
	бу́дешь испы́тывать	испыта́ешь
	бу́дет испы́тывать	испыта́ет
	бу́дем испы́тывать	испыта́ем
	бу́дете испы́тывать	испыта́ете
	бу́дут испы́тывать	испыта́ют
COND.	испы́тывал бы	испыта́л бы
	испы́тывала бы	испыта́ла бы
	испы́тывало бы	испыта́ло бы
	испы́тывали бы	испыта́ли бы
IMP.	испы́тывай	испыта́й
	испы́тывайте	испыта́йте

DEVERBALS

PRES. ACT.	испы́тывающий	
PRES. PASS.	испы́тываемый	
PAST ACT.	испы́тывавший	испыта́вший
PAST PASS.		испы́танный
VERBAL ADVERB	испы́тывая	испыта́в

испы́тывать кого – что

	IMPERFECTIVE ASPECT	PERFECTIVE ASPECT
INF.	исчеза́ть	исче́знуть
PRES.	исчеза́ю исчеза́ешь исчеза́ет исчеза́ем исчеза́ете исчеза́ют	
PAST	исчеза́л исчеза́ла исчеза́ло исчеза́ли	исче́з исче́зла исче́зло исче́зли
FUT.	бу́ду исчеза́ть бу́дешь исчеза́ть бу́дет исчеза́ть бу́дем исчеза́ть бу́дете исчеза́ть бу́дут исчеза́ть	исче́зну исче́знешь исче́знет исче́знем исче́знете исче́знут
COND.	исчеза́л бы исчеза́ла бы исчеза́ло бы исчеза́ли бы	исче́з бы изсче́зла бы изсче́зло бы изсче́зли бы
IMP.	исчеза́й исчеза́йте	исче́зни исче́зните

DEVERBALS

PRES. ACT.	исчеза́ющий	
PRES. PASS.		
PAST ACT.	исчеза́вший	изсче́знувший
PAST PASS.		
VERBAL ADVERB	исчеза́я	изсче́знув

каза́ться / показа́ться
to seem, appear

	IMPERFECTIVE ASPECT	PERFECTIVE ASPECT
INF.	каза́ться	показа́ться
PRES.	кажу́сь ка́жешься ка́жется ка́жемся ка́жетесь ка́жутся	
PAST	каза́лся каза́лась каза́лось каза́лись	показа́лся показа́лась показа́лось показа́лись
FUT.	бу́ду каза́ться бу́дешь каза́ться бу́дет каза́ться бу́дем каза́ться бу́дете каза́ться бу́дут каза́ться	покажу́сь пока́жешься пока́жется пока́жемся пока́жетесь пока́жутся
COND.	каза́лся бы каза́лась бы каза́лось бы каза́лись бы	показа́лся бы показа́лась бы показа́лось бы показа́лись бы
IMP.	кажи́сь кажи́тесь	покажи́сь покажи́тесь

DEVERBALS

PRES. ACT.	ка́жущийся	
PRES. PASS.		
PAST ACT.	каза́вшийся	показа́вшийся
PAST PASS.		
VERBAL ADVERB	каза́вшись	показа́вшись

каза́ться кому кем – чем

каса́ться / коснуться
to touch, concern, relate to

	IMPERFECTIVE ASPECT	PERFECTIVE ASPECT
INF.	каса́ться	косну́ться
PRES.	каса́юсь каса́ешься каса́ется каса́емся каса́етесь каса́ются	
PAST	каса́лся каса́лась каса́лось каса́лись	косну́лся косну́лась косну́лось косну́лись
FUT.	бу́ду каса́ться бу́дешь каса́ться бу́дет каса́ться бу́дем каса́ться бу́дете каса́ться бу́дут каса́ться	косну́сь коснёшься коснётся коснёмся коснётесь косну́тся
COND.	каса́лся бы каса́лась бы каса́лось бы каса́лись бы	косну́лся бы косну́лась бы косну́лось бы косну́лись бы
IMP.	каса́йся каса́йтесь	косни́сь косни́тесь

DEVERBALS

PRES. ACT.	каса́ющийся	
PRES. PASS.		
PAST ACT.	каса́вшийся	косну́вшийся
PAST PASS.		
VERBAL ADVERB	каса́ясь	косну́вшись

каса́ться кого – чего

163

катáть (ся) – катúть (ся) / покатúть (ся)
to roll, wheel, row, go for a drive (drive, ride, row, go fast)

	MULTIDIRECTIONAL	UNIDIRECTIONAL	PERFECTIVE ASPECT
INF.	катáть (ся)	катúть (ся)	покатúть(ся)
PRES.	катáю (сь)	качý (сь)	
	катáешь (ся)	кáтишь (ся)	
	катáет (ся)	кáтит (ся)	
	катáем (ся)	кáтим (ся)	
	катáете (сь)	кáтите (сь)	
	катáют (ся)	кáтят (ся)	
PAST	катáл (ся)	катúл (ся)	покатúл (ся)
	катáла (сь)	катúла (сь)	покатúла (сь)
	катáло (сь)	катúло (сь)	покатúло (сь)
	катáли (сь)	катúли (сь)	покатúли (сь)
FUT.	бýду катáть (ся)	бýду катúть (ся)	покачý (сь)
	бýдешь катáть (ся)	бýдешь катúть (ся)	покáтишь (ся)
	бýдет катáть (ся)	бýдет катúть (ся)	покáтит (ся)
	бýдем катáть (ся)	бýдем катúть (ся)	покáтим (ся)
	бýдете катáть (ся)	бýдете катúть (ся)	покáтите (ся)
	бýдут катáть (ся)	бýдут катúть (ся)	покáтят (ся)
COND.	катáл (ся) бы	катúл (ся) бы	покатúл (ся) бы
	катáла (сь) бы	катúла (сь) бы	покатúла (сь) бы
	катáло (сь) бы	катúло (сь) бы	покатúло (сь) бы
	катáли (сь) бы	катúли (сь) бы	покатúли (сь) бы
IMP.	катáй (ся)	катú (сь)	покатú (сь)
	катáйте (сь)	катúте (сь)	покатúте (сь)

DEVERBALS

PRES. ACT.	катáющий (ся)	катя́щий (ся)	
PRES. PASS.	катáемый		
PAST ACT.	катáвший (ся)	катúвший(ся)	покатúвший (ся)
PAST PASS.	кáтанный		покáченный
VERBAL ADVERB	катáя(сь)	катя́ (сь)	покатúв (шись)

катáть кого – что
катáться на чём, чем (верхом)

164

	IMPERFECTIVE ASPECT	PERFECTIVE ASPECT
INF.	кáшлять	покáшлять
PRES.	кáшляю	
	кáшляешь	
	кáшляет	
	кáшляем	
	кáшляете	
	кáшляют	
PAST	кáшлял	покáшлял
	кáшляла	покáшляла
	кáшляло	покáшляло
	кáшляли	покáшляли
FUT.	бýду кáшлять	покáшляю
	бýдешь кáшлять	покáшляешь
	бýдет кáшлять	покáшляет
	бýдем кáшлять	покáшляем
	бýдете кáшлять	покáшляете
	бýдут кáшлять	покáшляют
COND.	кáшлял бы	покáшлял бы
	кáшляла бы	покáшляла бы
	кáшляло бы	покáшляло бы
	кáшляли бы	покáшляли бы
IMP.	кáшляй	покáшляй
	кáшляйте	покáшляйте

DEVERBALS

PRES. ACT.	кáшляющий	
PRES. PASS.		
PAST ACT.	кáшлявший	покáшлявший
PAST PASS.		
VERBAL ADVERB	кáшляя	покáшляв

кивáть / кивнýть
to nod [one's head], motion to

	IMPERFECTIVE ASPECT	PERFECTIVE ASPECT
INF.	кивáть	кивнýть
PRES.	кивáю кивáешь кивáет кивáем кивáете кивáют	
PAST	кивáл кивáла кивáло кивáли	кивнýл кивнýла кивнýло кивнýли
FUT.	бýду кивáть бýдешь кивáть бýдет кивáть бýдем кивáть бýдете кивáть бýдут кивáть	кивнý кивнёшь кивнёт кивнём кивнёте кивнýт
COND.	кивáл бы кивáла бы кивáло бы кивáли бы	кивнýл ы кивнýла бы кивнýло бы кивнýли бы
IMP.	кивáй кивáйте	кивни́ кивни́те

DEVERBALS

PRES. ACT.	кивáющий	
PRES. PASS.		
PAST ACT.	кивáвший	кивнýвший
PAST PASS.		
VERBAL ADVERB	кивáя	кивнýв

кивáть кому чем (головой), на кого – что

	IMPERFECTIVE ASPECT	PERFECTIVE ASPECT
INF.	кла́сть	положи́ть
PRES.	кладу́ кладёшь кладёт кладём кладёте кладу́т	
PAST	кла́л кла́ла кла́ло кла́ли	положи́л положи́ла положи́ло положи́ли
FUT.	бу́ду кла́сть бу́дешь кла́сть бу́дет кла́сть бу́дем кла́сть бу́дете кла́сть бу́дут кла́сть	положу́ поло́жишь поло́жит поло́жим поло́жите поло́жат
COND.	кла́л бы кла́ла бы кла́ло бы кла́ли бы	положи́л бы положи́ла бы положи́ло бы положи́ли бы
IMP.	клади́ клади́те	положи́ положи́те

DEVERBALS

PRES. ACT.	кладу́щий	
PRES. PASS.		
PAST ACT.	кла́вший	положи́вший
PAST PASS.		поло́женный
VERBAL ADVERB	кладя́	положи́в

кла́сть кого́ – что на что
Поло́жим. *Let us suppose.*

конча́ть (ся) / ко́нчить (ся)
to finish, complete

	IMPERFECTIVE ASPECT	PERFECTIVE ASPECT
INF.	конча́ть (ся)	ко́нчить (ся)
PRES.	конча́ю конча́ешь конча́ет (ся) конча́ем конча́ете конча́ют (ся)	
PAST	конча́л (ся) конча́ла (сь) конча́ло (сь) конча́ли (сь)	ко́нчил (ся) ко́нчила (сь) ко́нчило (сь) ко́нчили (сь)
FUT.	бу́ду конча́ть бу́дешь конча́ть бу́дет конча́ть (ся) бу́дем конча́ть бу́дете конча́ть бу́дут конча́ть (ся)	ко́нчу ко́нчишь ко́нчит (ся) ко́нчим ко́нчите ко́нчат (ся)
COND.	конча́л (ся) бы конча́ла (сь) бы конча́ло (сь) бы конча́ли (сь) бы	ко́нчил (ся) бы ко́нчила (сь) бы ко́нчило (сь) бы ко́нчили (сь) бы
IMP.	конча́й конча́йте	ко́нчи ко́нчите

DEVERBALS

PRES. ACT.	конча́ющий (ся)	
PRES. PASS.	конча́емый	
PAST ACT.	конча́вший (ся)	ко́нчивший (ся)
PAST PASS.		ко́нченный
VERBAL ADVERB	конча́я (сь)	ко́нчив (шись)

конча́ть что с чем, + infinitive
конча́ться чем

	IMPERFECTIVE ASPECT	PERFECTIVE ASPECT
INF.	копа́ть	копну́ть
PRES.	копа́ю копа́ешь копа́ет копа́ем копа́ете копа́ют	
PAST	копа́л копа́ла копа́ло копа́ли	копну́л копну́ла копну́ло копну́ли
FUT.	бу́ду копа́ть бу́дешь копа́ть бу́дет копа́ть бу́дем копа́ть бу́дете копа́ть бу́дут копа́ть	копну́ копнёшь копнёт копнём копнёте копну́т
COND.	копа́л бы копа́ла бы копа́ло бы копа́ли бы	копну́л бы копну́ла бы копну́ло бы копну́ли бы
IMP.	копа́й копа́йте	копни́ копни́те

DEVERBALS

PRES. ACT.	копа́ющий	
PRES. PASS.	копа́емый	
PAST ACT.	копа́вший	копну́вший
PAST PASS.		
VERBAL ADVERB	копа́я	копну́в

копа́ть что

кормить / накормить
to feed, nurse, support

	IMPERFECTIVE ASPECT	PERFECTIVE ASPECT
INF.	кормить	накормить
PRES.	кормлю́ ко́рмишь ко́рмит ко́рмим ко́рмите ко́рмят	
PAST	кормил кормила кормило кормили	накормил накормила накормило накормили
FUT.	бу́ду кормить бу́дешь кормить бу́дет кормить бу́дем кормить бу́дете кормить бу́дут кормить	накормлю́ нако́рмишь нако́рмит нако́рмим нако́рмите нако́рмят
COND.	кормил бы кормила бы кормило бы кормили бы	накормил бы накормила бы накормило бы накормили бы
IMP.	корми́ ко́рмите	накорми́ накорми́те

DEVERBALS

PRES. ACT.	кормя́щий	
PRES. PASS.		
PAST ACT.	кормивший	накормивший
PAST PASS.	ко́рмленный	нако́рмленный
VERBAL ADVERB	кормя́	накорми́в

кормить кого – что чем

	IMPERFECTIVE ASPECT	PERFECTIVE ASPECT
INF.	красть	украсть
PRES.	краду́ крадёшь крадёт крадём крадёте краду́т	
PAST	крал кра́ла кра́ло кра́ли	укра́л укра́ла укра́ло укра́ли
FUT.	бу́ду красть бу́дешь красть бу́дет красть бу́дем красть бу́дете красть бу́дут красть	украду́ украдёшь украдёт украдём украдёте украду́т
COND.	крал бы кра́ла бы кра́ло бы кра́ли бы	укра́л бы укра́ла бы укра́ло бы укра́ли бы
IMP.	кради́ кради́те	укради́ укради́те

DEVERBALS

PRES. ACT.	краду́щий	
PRES. PASS.		
PAST ACT.	кра́вший	укра́вший
PAST PASS.	кра́денный	укра́денный
VERBAL ADVERB	крадя́	укра́в

красть кого – что у кого

крича́ть / кри́кнуть
to shout, scream

	IMPERFECTIVE ASPECT	PERFECTIVE ASPECT
INF.	крича́ть	кри́кнуть
PRES.	кричу́	
	кричи́шь	
	кричи́т	
	кричи́м	
	кричи́те	
	крича́т	
PAST	крича́л	кри́кнул
	крича́ла	кри́кнула
	крича́ло	кри́кнуло
	крича́ли	кри́кнули
FUT.	бу́ду крича́ть	кри́кну
	бу́дешь крича́ть	кри́кнешь
	бу́дет крича́ть	кри́кнет
	бу́дем крича́ть	кри́кнем
	бу́дете крича́ть	ккри́кнете
	бу́дут крича́ть	кри́кнут
COND.	крича́л бы	кри́кнул бы
	крича́ла бы	кри́кнула бы
	крича́ло бы	кри́кнуло бы
	крича́ли бы	кри́кнули бы
IMP.	кричи́	кри́кни
	кричи́те	кри́кните

DEVERBALS

PRES. ACT.	крича́щий	
PRES. PASS.		
PAST ACT.	крича́вший	кри́кнувший
PAST PASS.		
VERBAL ADVERB	крича́	кри́кнув

крича́ть на кого – что, кому

кружи́ть (ся) / закружи́ть (ся)
to spin, twirl / begin to twirl

	IMPERFECTIVE ASPECT	PERFECTIVE ASPECT
INF.	кружи́ть (ся)	закружи́ть (ся)
PRES.	кружу́ (сь)	
	кру́жишь (ся)	
	кру́жит (ся)	
	кру́жим (ся)	
	кру́жите (сь)	
	кру́жа́т (ся)	
PAST	кружи́л (ся)	закружи́л (ся)
	кружи́ла (сь)	закружи́ла (сь)
	кружи́ло (сь)	закружи́ло (сь)
	кружи́ли (сь)	закружи́ли (сь)
FUT.	бу́ду кружи́ть (ся)	закружу́ (сь)
	бу́дешь кружи́ть (ся)	закру́жишь (ся)
	бу́дет кружи́ть (ся)	закру́жит (ся)
	бу́дем кружи́ть (ся)	закру́жим (ся)
	бу́дете кружи́ть (ся)	закру́жите (сь)
	бу́дут кружи́ть (ся)	закру́жа́т (ся)
COND.	кружи́л (ся) бы	закружи́л (ся) бы
	кружи́ла (сь) бы	закружи́ла (сь) бы
	кружи́ло (сь) бы	закружи́ло (сь) бы
	кружи́ли (сь) бы	закружи́ли (сь) бы
IMP.	кружи́ (сь)	закружи́ (сь)
	кружи́те (сь)	закружи́те (сь)

DEVERBALS

PRES. ACT.	кружа́щий (ся)	
PRES. PASS.	кружи́мый	
PAST ACT.	кружи́вший (ся)	закружи́вший (ся)
PAST PASS.		закру́женный – закружённый
		закру́жен – закружён, закружена́
VERBAL ADVERB	кружа́ (сь)	закружи́в (шись)

кружи́ть кого – что

купа́ть (ся) / вы́купать (ся)
to bathe, give a bath (bathe, go swimming)

	IMPERFECTIVE ASPECT	PERFECTIVE ASPECT
INF.	купа́ть (ся)	вы́купать (ся)
PRES.	купа́ю (сь)	
	купа́ешь (ся)	
	купа́ет (ся)	
	купа́ем (ся)	
	купа́ете (сь)	
	купа́ют (ся)	
PAST	купа́л (ся)	вы́купал (ся)
	купа́ла (сь)	вы́купала (сь)
	купа́ло (сь)	вы́купало (сь)
	купа́ли (сь)	вы́купали (сь)
FUT.	бу́ду купа́ть (ся)	вы́купаю (сь)
	бу́дешь купа́ть (ся)	вы́купаешь (ся)
	бу́дет купа́ть (ся)	вы́купает (ся)
	бу́дем купа́ть (ся)	вы́купаем (ся)
	бу́дете купа́ть (ся)	вы́купаете (сь)
	бу́дут купа́ть (ся)	вы́купают (ся)
COND.	купа́л (ся) бы	вы́купал (ся) бы
	купа́ла (сь) бы	вы́купала (сь) бы
	купа́ло (сь) бы	вы́купало (сь) бы
	купа́ли (сь) бы	вы́купали (сь) бы
IMP.	купа́й (ся)	вы́купай (ся)
	купа́йте (сь)	вы́купайте (сь)

DEVERBALS

PRES. ACT.	купа́ющий (ся)	
PRES. PASS.	купа́емый	
PAST ACT.	купа́вший (ся)	вы́купавший (ся)
PAST PASS.		вы́купанный
VERBAL ADVERB	купа́я (сь)	вы́купав (шись)

купа́ть кого – что

	IMPERFECTIVE ASPECT	PERFECTIVE ASPECT
INF.	кури́ть	покури́ть
PRES.	курю́ ку́ришь ку́рит ку́рим ку́рите ку́рят	
PAST	кури́л кури́ла кури́ло кури́ли	покури́л покури́ла покури́ло покури́ли
FUT.	бу́ду кури́ть бу́дешь кури́ть бу́дет кури́ть бу́дем кури́ть бу́дете кури́ть бу́дут кури́ть	покурю́ поку́ришь поку́рит поку́рим поку́рите поку́рят
COND.	кури́л бы кури́ла бы кури́ло бы кури́ли бы	покури́л бы покури́ла бы покури́ло бы покури́ли бы
IMP.	кури́ кури́те	покури́ покури́те

DEVERBALS

PRES. ACT.	куря́щий	
PRES. PASS.		
PAST ACT.	кури́вший	покури́вший
PAST PASS.		поку́ренный
VERBAL ADVERB	куря́	покури́в

кури́ть что, чем

ла́зить – ле́зть / поле́зть
to climb / start climbing

	MULTIDIRECTIONAL	UNIDIRECTIONAL	PERFECTIVE ASPECT
INF.	ла́зить	ле́зть	поле́зть
PRES.	ла́жу	ле́зу	
	ла́зишь	ле́зешь	
	ла́зит	ле́зет	
	ла́зим	ле́зем	
	ла́зите	ле́зете	
	ла́зят	ле́зут	
PAST	ла́зил	ле́з	поле́з
	ла́зила	ле́зла	поле́зла
	ла́зило	ле́зло	поле́зло
	ла́зили	ле́зли	поле́зли
FUT.	бу́ду ла́зить	бу́ду ле́зть	поле́зу
	бу́дешь ла́зить	бу́дешь ле́зть	поле́зешь
	бу́дет ла́зить	бу́дет ле́зть	поле́зет
	бу́дем ла́зить	бу́дем ле́зть	поле́зем
	бу́дете ла́зить	бу́дете ле́зть	поле́зете
	бу́дут ла́зить	бу́дут ле́зть	поле́зут
COND.	ла́зил бы	ле́з бы	поле́з бы
	ла́зила бы	ле́зла бы	поле́зла бы
	ла́зило бы	ле́зло бы	поле́зло бы
	ла́зили бы	ле́зли бы	поле́зли бы
IMP.	ла́зь	ле́зь	поле́зь – полеза́й
	ла́зьте	ле́зьте	польё́зьте – полеза́йте

DEVERBALS

PRES. ACT.	ла́зящий	ле́зущий	
PRES. PASS.			
PAST ACT.	ла́зивший	ле́зший	поле́зший
PAST PASS.			
VERBAL ADVERB	ла́зя		поле́зши

ла́зить – ле́зть на что, во что, из под чего

	IMPERFECTIVE ASPECT	PERFECTIVE ASPECT
INF.	лежа́ть	полежа́ть
PRES.	лежу́ лежи́шь лежи́т лежи́м лежи́те лежа́т	
PAST	лежа́л лежа́ла лежа́ло лежа́ли	полежа́л полежа́ла полежа́ло полежа́ли
FUT.	бу́ду лежа́ть бу́дешь лежа́ть бу́дет лежа́ть бу́дем лежа́ть бу́дете лежа́ть бу́дут лежа́ть	полежу́ полежи́шь полежи́т полежи́м полежи́те полежа́т
COND.	лежа́л бы лежа́ла бы лежа́ло бы лежа́ли бы	полежа́л бы полежа́ла бы полежа́ло бы полежа́ли бы
IMP.	лежи́ лежи́те	полежи́ полежи́те

DEVERBALS

PRES. ACT.	лежа́щий	
PRES. PASS.		
PAST ACT.	лежа́вший	полежа́вший
PAST PASS.		
VERBAL ADVERB	лёжа	полежа́в

лежа́ть на ком – чём

лета́ть – лете́ть / полете́ть
to fly / start flying, fly off

	MULTIDIRECTIONAL	UNIDIRECTIONAL	PERFECTIVE ASPECT
INF.	лета́ть	лете́ть	полете́ть
PRES.	лета́ю	лечу́	
	лета́ешь	лети́шь	
	лета́ет	лети́т	
	лета́ем	лети́м	
	лета́ете	лети́те	
	лета́ют	летя́т	
PAST	лета́л	лете́л	полете́л
	лета́ла	лете́ла	полете́ла
	лета́ло	лете́ло	полете́ло
	лета́ли	лете́ли	полете́ли
FUT.	бу́ду лета́ть	бу́ду лете́ть	полечу́
	бу́дешь лета́ть	бу́дешь лете́ть	полети́шь
	бу́дет лета́ть	бу́дет лете́ть	полети́т
	бу́дем лета́ть	бу́дем лете́ть	полети́м
	бу́дете лета́ть	бу́дете лете́ть	полети́те
	бу́дут лета́ть	бу́дут лете́ть	полетя́т
COND.	лета́л бы	лете́л бы	полете́л бы
	лета́ла бы	лете́ла бы	полете́ла бы
	лета́ло бы	лете́ло бы	полете́ло бы
	лета́ли бы	лете́ли бы	полете́ли бы
IMP.	лета́й	лети́	полети́
	лета́йте	лети́те	полети́те
DEVERBALS			
PRES. ACT.	лета́ющий	летя́щий	
PRES. PASS.			
PAST ACT.	лета́вший	лете́вший	полете́вший
PAST PASS.			
VERBAL ADVERB	лета́я	летя́	полете́вши

to treat / cure (be under medical care / be cured)

	IMPERFECTIVE ASPECT	PERFECTIVE ASPECT
INF.	лечи́ть (ся)	вы́лечить (ся)
PRES.	лечу́ (сь)	
	ле́чишь (ся)	
	ле́чит (ся)	
	ле́чим (ся)	
	ле́чите (сь)	
	ле́чат (ся)	
PAST	лечи́л (ся)	вы́лечил (ся)
	лечи́ла (сь)	вы́лечила (сь)
	лечи́ло (сь)	вы́лечило (сь)
	лечи́ли (сь)	вы́лечили (сь)
FUT.	бу́ду лечи́ть (ся)	вы́лечу (сь)
	бу́дешь лечи́ть (ся)	вы́лечишь (ся)
	бу́дет лечи́ть (ся)	вы́лечит (ся)
	бу́дем лечи́ть (ся)	вы́лечим (ся)
	бу́дете лечи́ть (ся)	вы́лечите (сь)
	бу́дут лечи́ть (ся)	вы́лечат (ся)
COND.	лечи́л (ся) бы	вы́лечил (ся) бы
	лечи́ла (сь) бы	вы́лечила (сь) бы
	лечи́ло (сь) бы	вы́лечило (сь) бы
	лечи́ли (сь) бы	вы́лечили (сь) бы
IMP.	лечи́ (сь)	вы́лечи (сь)
	лечи́те (сь)	вы́лечите (сь)

DEVERBALS

PRES. ACT.	ле́чащий (ся)	
PRES. PASS.	лечи́мый	
PAST ACT.	лечи́вший (ся)	вы́лечивший (ся)
PAST PASS.	ле́ченный	вы́леченный
VERBAL ADVERB	знача́ (сь)	вы́лечив (шись)

лечи́ть кого – что
лечи́ться у кого

ЛИ́ТЬ (СЯ) / ПОЛИ́ТЬ (СЯ)
to pour, spill, shed (pour on oneself)

	IMPERFECTIVE ASPECT	PERFECTIVE ASPECT
INF.	ли́ть (ся)	поли́ть (ся)
PRES.	лью (сь)	
	льёшь (ся)	
	льёт (ся)	
	льём (ся)	
	льёте (сь)	
	льют (ся)	
PAST	ли́л (ся)	по́ли́л – поли́лся
	лила́ (сь)	полила́ (сь)
	ли́ло (сь)	поли́ло́ – поли́ло́сь
	ли́ли (сь)	поли́ли́ – поли́ли́сь
FUT.	бу́ду ли́ть (ся)	полью́ (сь)
	бу́дешь ли́ть (ся)	польёшь (ся)
	бу́дет ли́ть (ся)	польёт (ся)
	бу́дем ли́ть (ся)	польём (ся)
	бу́дете ли́ть (ся)	польёте (сь)
	бу́дут ли́ть (ся)	польют (ся)
COND.	ли́л (ся) бы	по́ли́л – поли́лся бы
	лила́ (сь) бы	полила́ (сь) бы
	ли́ло (сь) бы	поли́ло́ – поли́ло́сь бы
	ли́ли (сь) бы	поли́ли́ – поли́ли́сь бы
IMP.	лей (ся)	поле́й (ся)
	ле́йте (сь)	поле́йте (сь)

DEVERBALS

PRES. ACT.	лью́щий (ся)	
PRES. PASS.		
PAST ACT.	ли́вший (ся)	поли́вший (ся)
PAST PASS.	ли́тый,	по́ли́тый
	ли́т, лита́, ли́то	по́ли́т, полита́, по́ли́то
VERBAL ADVERB	ли́в (шись)	поли́в (шись)

ли́ть что

ЛОВИ́ТЬ / ПОЙМА́ТЬ
to catch

	IMPERFECTIVE ASPECT	PERFECTIVE ASPECT
INF.	лови́ть	пойма́ть
PRES.	ловлю́ ло́вишь ло́вит ло́вим ло́вите ло́вят	
PAST	лови́л лови́ла лови́ло лови́ли	пойма́л пойма́ла пойма́ло пойма́ли
FUT.	бу́ду лови́ть бу́дешь лови́ть бу́дет лови́ть бу́дем лови́ть бу́дете лови́ть бу́дут лови́ть	пойма́ю пойма́ешь пойма́ет пойма́ем пойма́ете пойма́ет
COND.	лови́л бы лови́ла бы лови́ло бы лови́ли бы	пойма́л бы пойма́ла бы пойма́ло бы пойма́ли бы
IMP.	лови́ лови́те	пойма́й пойма́йте

DEVERBALS

PRES. ACT.	ловя́щий	
PRES. PASS.	лови́мый	
PAST ACT.	лови́вший	пойма́вший
PAST PASS.	ло́вленный	по́йманный
VERBAL ADVERB	ловя́	пойма́в

лови́ть кого – что на чём

ложи́ться / ле́чь
to lie down, go to bed

	IMPERFECTIVE ASPECT	PERFECTIVE ASPECT
INF.	ложи́ться	ле́чь
PRES.	ложу́сь	
	ложи́шься	
	ложи́тся	
	ложи́мся	
	ложи́тесь	
	ложа́тся	
PAST	ложи́лся	лёг
	ложи́лась	легла́
	ложи́лось	легло́
	ложи́лись	легли́
FUT.	бу́ду ложи́ться	ля́гу
	бу́дешь ложи́ться	ля́жешь
	бу́дет ложи́ться	ля́жет
	бу́дем ложи́ться	ля́жем
	бу́дете ложи́ться	ля́жете
	бу́дут ложи́ться	ля́гут
COND.	ложи́лся бы	лёг бы
	ложи́лась бы	легла́ бы
	ложи́лось бы	легло́ бы
	ложи́лись бы	легли́ бы
IMP.	ложи́сь	ляг
	ложи́тесь	ля́гте

DEVERBALS

PRES. ACT.	ложа́щийся	
PRES. PASS.		
PAST ACT.	ложи́вшийся	лёгший
PAST PASS.		
VERBAL ADVERB	ложа́сь	лёгши

ложи́ться на кого – что

ломáть (ся) / сломáть (ся)
to break, fracture, crack

	IMPERFECTIVE ASPECT	PERFECTIVE ASPECT
INF.	ломáть (ся)	сломáть (ся)
PRES.	ломáю (сь) ломáешь (ся) ломáет (ся) ломáем (ся) ломáете (сь) ломáют (ся)	
PAST	ломáл (ся) ломáла (сь) ломáло (сь) ломáли (сь)	сломáл (ся) сломáла (сь) сломáло (сь) сломáли (сь)
FUT.	бýду ломáть (ся) бýдешь ломáть (ся) бýдет ломáть (ся) бýдем ломáть (ся) бýдете ломáть (ся) бýдут ломáть (ся)	сломáю (сь) сломáешь (ся) сломáет (ся) сломáем (ся) сломáете (сь) сломáют (ся)
COND.	ломáл (ся) бы ломáла (сь) бы ломáло (сь) бы ломáли (сь) бы	сломáл (ся) бы сломáла (сь) бы сломáло (сь) бы сломáли (сь) бы
IMP.	ломáй (ся) ломáйте (сь)	сломáй (ся) сломáйте (сь)

DEVERBALS

	IMPERFECTIVE ASPECT	PERFECTIVE ASPECT
PRES. ACT.	ломáющий (ся)	
PRES. PASS.	ломáемый	
PAST ACT.	ломáвший (ся)	сломáвший (ся)
PAST PASS.	лóманный	слóманный
VERBAL ADVERB	ломáя (сь)	сломáв (шись)

ломáть когó – что

183

любить / полюбить
to love, like / fall in love, grow fond of

	IMPERFECTIVE ASPECT	PERFECTIVE ASPECT
INF.	любить	полюбить
PRES.	люблю́ лю́бишь лю́бит лю́бим лю́бите лю́бят	
PAST	люби́л люби́ла люби́ло люби́ли	полюби́л полюби́ла полюби́ло полюби́ли
FUT.	бу́ду люби́ть бу́дешь люби́ть бу́дет люби́ть бу́дем люби́ть бу́дете люби́ть бу́дут люби́ть	полюблю́ полю́бишь полю́бит полю́бим полю́бите полю́бят
COND.	люби́л бы люби́ла бы люби́ло бы люби́ли бы	полюби́л бы полюби́ла бы полюби́ло бы полюби́ли бы
IMP.	люби́ люби́те	полюби́ полюби́те

DEVERBALS

PRES. ACT.	лю́бящий	
PRES. PASS.	люби́мый	
PAST ACT.	люби́вший	полюби́вший
PAST PASS.		
VERBAL ADVERB	любя́	полюби́в

любить кого – что

махáть / махнýть
to wave, flap

	IMPERFECTIVE ASPECT	PERFECTIVE ASPECT
INF.	махáть	махнýть
PRES.	машý	
	мáшешь	
	мáшет	
	мáшем	
	мáшете	
	мáшут	
PAST	махáл	махнýл
	махáла	махнýла
	махáло	махнýло
	махáли	махнýли
FUT.	бýду махáть	махнý
	бýдешь махáть	махнёшь
	бýдет махáть	махнёт
	бýдем махáть	махнём
	бýдете махáть	махнёте
	бýдут махáть	махнýт
COND.	махáл бы	махнýл бы
	махáла бы	махнýла бы
	махáло бы	махнýло бы
	махáли бы	махнýли бы
IMP.	маши́	махни́
	маши́те	махни́те

DEVERBALS

PRES. ACT.	мáшущий	
PRES. PASS.		
PAST ACT.	махáвший	махнýвший
PAST PASS.		
VERBAL ADVERB	машá	махнýв

махáть чем, рукой на что

185

меня́ть (ся) / поменя́ть (ся)
to change, exchange

	IMPERFECTIVE ASPECT	PERFECTIVE ASPECT
INF.	меня́ть (ся)	поменя́ть (ся)
PRES.	меня́ю (сь)	
	меня́ешь (ся)	
	меня́ет (ся)	
	меня́ем (ся)	
	меня́ете (сь)	
	меня́ют (ся)	
PAST	меня́л (ся)	поменя́л (ся)
	меня́ла (сь)	поменя́ла (сь)
	меня́ло (сь)	поменя́ло (сь)
	меня́ли (сь)	поменя́ли (сь)
FUT.	бу́ду меня́ть (ся)	поменя́ю (сь)
	бу́дешь меня́ть (ся)	поменя́ешь (ся)
	бу́дет меня́ть (ся)	поменя́ет (ся)
	бу́дем меня́ть (ся)	поменя́ем (ся)
	бу́дете меня́ть (ся)	поменя́ете (сь)
	бу́дут меня́ть (ся)	поменя́ют (ся)
COND.	меня́л (ся) бы	поменя́л (ся) бы
	меня́ла (сь) бы	поменя́ла (сь) бы
	меня́ло (сь) бы	поменя́ло (сь) бы
	меня́ли (сь) бы	поменя́ли (сь) бы
IMP.	меня́й (ся)	поменя́й (ся)
	меня́йте (сь)	поменя́йте (сь)

DEVERBALS

PRES. ACT.	меня́ющий (ся)	
PRES. PASS.	меня́емый	
PAST ACT.	меня́вший (ся)	поменя́вший (ся)
PAST PASS.		поме́нянный
VERBAL ADVERB	меня́я (сь)	поменя́в (шись)

меня́ть кого – что на что
меня́ться чем с кем – чем

мéрить (ся) / помéрить (ся)
to measure, try on

	IMPERFECTIVE ASPECT	PERFECTIVE ASPECT
INF.	мéрить (ся)	помéрить (ся)
PRES.	мéрю (сь) мéришь (ся) мéрит (ся) мéрим (ся) мéрите (сь) мéрят (ся)	
PAST	мéрил (ся) мéрила (сь) мéрило (сь) мéрили (сь)	помéрил (ся) помéрила (сь) помéрило (сь) помéрили (сь)
FUT.	бýду мéрить (ся) бýдешь мéрить (ся) бýдет мéрить (ся) бýдем мéрить (ся) бýдете мéрить (ся) бýдут мéрить (ся)	помéрю (сь) помéришь (ся) помéрит (ся) помéрим (ся) помéрите (сь) помéрят (ся)
COND.	мéрил (ся) бы мéрила (сь) бы мéрило (сь) бы мéрили (сь) бы	помéрил (ся) бы помéрила (сь) бы помéрило (сь) бы помéрили (сь) бы
IMP.	мéрь (ся) мéрьте (сь)	помéрь (ся) помéрьте (сь)

DEVERBALS

PRES. ACT.	мéрящий (ся)	
PRES. PASS.	мéримый	
PAST ACT.	мéривший (ся)	помéривший (ся)
PAST PASS.	мéренный	помéренный
VERBAL ADVERB	мéря (сь)	помéрив (шись)

мéрить кого – что
мéриться чем с кем – чем

187

мечта́ть / помечта́ть
to daydream, dream

	IMPERFECTIVE ASPECT	PERFECTIVE ASPECT
INF.	мечта́ть	помечта́ть
PRES.	мечта́ю мечта́ешь мечта́ет мечта́ем мечта́ете мечта́ют	
PAST	мечта́л мечта́ла мечта́ло мечта́ли	помечта́л помечта́ла помечта́ло помечта́ли
FUT.	бу́ду мечта́ть бу́дешь мечта́ть бу́дет мечта́ть бу́дем мечта́ть бу́дете мечта́ть бу́дут мечта́ть	помечта́ю помечта́ешь помечта́ет помечта́ем помечта́ете помечта́ют
COND.	мечта́л бы мечта́ла бы мечта́ло бы мечта́ли бы	помечта́л бы помечта́ла бы помечта́ло бы помечта́ли бы
IMP.	мечта́й мечта́йте	помечта́й помечта́йте

DEVERBALS

PRES. ACT.	мечта́ющий	
PRES. PASS.		
PAST ACT.	мечта́вший	помечта́вший
PAST PASS.		
VERBAL ADVERB	мечта́я	помечта́в

мечта́ть о ком – чём

	IMPERFECTIVE ASPECT	PERFECTIVE ASPECT
INF.	мешáть (ся)	помешáть (ся)
PRES.	мешáю (сь) мешáешь (ся) мешáет (ся) мешáем (ся) мешáете (ся) мешáют (ся)	
PAST	мешáл (ся) мешáла (сь) мешáло (сь) мешáли (сь)	помешáл (ся) помешáла (сь) помешáло (сь) помешáли (сь)
FUT.	бýду мешáть (ся) бýдешь мешáть (ся) бýдет мешáть (ся) бýдем мешáть (ся) бýдете мешáть (ся) бýдут мешáть (ся)	помешáю (сь) помешáешь (ся) помешáет (ся) помешáем (ся) помешáете (ся) помешáют (ся)
COND.	мешáл (ся) бы мешáла (сь) бы мешáло (сь) бы мешáли (сь) бы	помешáл (ся) бы помешáла (сь) бы помешáло (сь) бы помешáли (сь) бы
IMP.	мешáй (ся) мешáйте (сь)	помешáй (ся) помешáйте (сь)

DEVERBALS

PRES. ACT.	мешáющий (ся)	
PRES. PASS.	мешáемый	
PAST ACT.	мешáвший (ся)	помешáвший (ся)
PAST PASS.	мéшанный	помéшанный
VERBAL ADVERB	мешáя (сь)	помешáв (шись)

мешáть кому – чему; кого – что
мешáться во что, с чем

189

молча́ть / помолча́ть
to keep silent / be silent for a while

	IMPERFECTIVE ASPECT	PERFECTIVE ASPECT
INF.	молча́ть	помолча́ть
PRES.	молчу́ молчи́шь молчи́т молчи́м молчи́те молча́т	
PAST	молча́л молча́ла молча́ло молча́ли	помолча́л помолча́ла помолча́ло помолча́ли
FUT.	бу́ду молча́ть бу́дешь молча́ть бу́дет молча́ть бу́дем молча́ть бу́дете молча́ть бу́дут молча́ть	помолчу́ помолчи́шь помолчи́т помолчи́м помолчи́те помолча́т
COND.	молча́л бы молча́ла бы молча́ло бы молча́ли бы	помолча́л бы помолча́ла бы помолча́ло бы помолча́ли бы
IMP.	молчи́ молчи́те	помолчи́ помолчи́те

DEVERBALS

PRES. ACT.	молча́щий	
PRES. PASS.		
PAST ACT.	молча́вший	помолча́вший
PAST PASS.		
VERBAL ADVERB	молча́	помолча́в

	IMPERFECTIVE ASPECT	PERFECTIVE ASPECT
INF.	мо́чь	смо́чь
PRES.	могу́ мо́жешь мо́жет мо́жем мо́жете мо́гут	
PAST	мо́г могла́ могло́ могли́	смо́г смогла́ смогло́ смогли́
FUT.		смогу́ смо́жешь смо́жет смо́жем смо́жете смо́гут
COND.	мо́г бы могла́ бы могло́ бы могли́ бы	смо́г бы смогла́ бы смогло́ бы смогли́ бы
IMP.		

DEVERBALS

PRES. ACT.	могу́щий	
PRES. PASS.		
PAST ACT.	мо́гший	смо́гший
PAST PASS.		
VERBAL ADVERB		смо́гши

The simple future of this verb is not used in modern Russian.
The imperative forms are used only with negations: **Не моги́, не моги́те.**

МЫ́ТЬ (СЯ) / ПОМЫ́ТЬ (СЯ)
to wash (wash oneself)

	IMPERFECTIVE ASPECT	PERFECTIVE ASPECT
INF.	мы́ть (ся)	помы́ть (ся)
PRES.	мо́ю (сь)	
	мо́ешь (ся)	
	мо́ет (ся)	
	мо́ем (ся)	
	мо́ете (ся)	
	мо́ют (ся)	
PAST	мы́л (ся)	помы́л (ся)
	мы́ла (сь)	помы́ла (сь)
	мы́ло (сь)	помы́ло (сь)
	мы́ли (сь)	помы́ли (сь)
FUT.	бу́ду мы́ть (ся)	помо́ю (сь)
	бу́дешь мы́ть (ся)	помо́ешь (ся)
	бу́дет мы́ть (ся)	помо́ет (ся)
	бу́дем мы́ть (ся)	помо́ем (ся)
	бу́дете мы́ть (ся)	помо́ете (ся)
	бу́дут мы́ть (ся)	помо́ют (ся)
COND.	мы́л (ся) бы	помы́л (ся) бы
	мы́ла (сь) бы	помы́ла (сь) бы
	мы́ло (сь) бы	помы́ло (сь) бы
	мы́ли (сь) бы	помы́ли (сь) бы
IMP.	мо́й (ся)	помо́й (ся)
	мо́йте (сь)	помо́йте (сь)

DEVERBALS

PRES. ACT.	мо́ющий (ся)	
PRES. PASS.		
PAST ACT.	мы́вший (ся)	помы́вший (ся)
PAST PASS.	мы́тый	помы́тый
VERBAL ADVERB	мо́я (сь)	помы́в (шись)

мы́ть кого – что

	IMPERFECTIVE ASPECT	PERFECTIVE ASPECT
INF.	надева́ть (ся)	наде́ть (ся)
PRES.	надева́ю	
	надева́ешь	
	надева́ет (ся)	
	надева́ем	
	надева́ете	
	надева́ют (ся)	
PAST	надева́л (ся)	наде́л (ся)
	надева́ла (сь)	наде́ла (сь)
	надева́ло (сь)	наде́ло (сь)
	надева́ли (сь)	наде́ли (сь)
FUT.	бу́ду надева́ть	наде́ну
	бу́дешь надева́ть	наде́нешь
	бу́дет надева́ть (ся)	наде́нет (ся)
	бу́дем надева́ть	наде́нем
	бу́дете надева́ть	наде́нете
	бу́дут надева́ть (ся)	наде́нут (ся)
COND.	надева́л (ся) бы	наде́л (ся) бы
	надева́ла (сь) бы	наде́ла (сь) бы
	надева́ло (сь) бы	наде́ло (сь) бы
	надева́ли (сь) бы	наде́ли (сь) бы
IMP.	надева́й	наде́нь
	надева́йте	наде́ньте

DEVERBALS

PRES. ACT.	надева́ющий (ся)	
PRES. PASS.	надева́емый	
PAST ACT.	надева́вший (ся)	наде́вший (ся)
PAST PASS.		наде́тый
VERBAL ADVERB	надева́я (сь)	наде́в (шись)

надева́ть что на кого – что

надёяться / понадёяться
to hope, rely

	IMPERFECTIVE ASPECT	PERFECTIVE ASPECT
INF.	надёяться	понадёяться
PRES.	надёюсь	
	надёешься	
	надёется	
	надёемся	
	надёетесь	
	надёются	
PAST	надёялся	понадёялся
	надёялась	понадёялась
	надёялось	понадёялось
	надёялись	понадёялись
FUT.	бýду надёяться	понадёюсь
	бýдешь надёяться	понадёешься
	бýдет надёяться	понадёется
	бýдем надёяться	понадёемся
	бýдете надёяться	понадёетесь
	бýдут надёяться	понадёются
COND.	надёялся бы	понадёялся бы
	надёялась бы	понадёялась бы
	надёялось бы	понадёялось бы
	надёялись бы	понадёялись бы
IMP.	надёйся	понадёйся
	надёйтесь	понадёйтесь

DEVERBALS

PRES. ACT.	надёющийся	
PRES. PASS.		
PAST ACT.	надёявшийся	понадёявшийся
PAST PASS.		
VERBAL ADVERB	надёясь	понадёявшись

надёяться на что, на кого – что

	IMPERFECTIVE ASPECT	PERFECTIVE ASPECT
INF.	надоеда́ть	надое́сть
PRES.	надоеда́ю надоеда́ешь надоеда́ет надоеда́ем надоеда́ете надоеда́ют	
PAST	надоеда́л надоеда́ла надоеда́ло надоеда́ли	надое́л надое́ла надое́ло надое́ли
FUT.	бу́ду надоеда́ть бу́дешь надоеда́ть бу́дет надоеда́ть бу́дем надоеда́ть бу́дете надоеда́ть бу́дут надоеда́ть	надое́м надое́шь надое́ст надоеди́м надоеди́те надоедя́т
COND.	надоеда́л бы надоеда́ла бы надоеда́ло бы надоеда́ли бы	надое́л бы надое́ла бы надое́ло бы надое́ли бы
IMP.	надоеда́й надоеда́йте	надое́шь надое́шьте

DEVERBALS

PRES. ACT.	надоеда́ющий	
PRES. PASS.		
PAST ACT.	надоеда́вший	надое́вший
PAST PASS.		
VERBAL ADVERB	надоеда́я	надое́в

надоеда́ть кому – чему

назнача́ть / назна́чить
to appoint, nominate, arrange, fix [a date, time]

	IMPERFECTIVE ASPECT	PERFECTIVE ASPECT
INF.	назнача́ть	назна́чить
PRES.	назнача́ю	
	назнача́ешь	
	назнача́ет	
	назнача́ем	
	назнача́ете	
	назнача́ют	
PAST	назнача́л	назна́чил
	назнача́ла	назна́чила
	назнача́ло	назна́чило
	назнача́ли	назна́чили
FUT.	бу́ду назнача́ть	назна́чу
	бу́дешь назнача́ть	назна́чишь
	бу́дет назнача́ть	назна́чит
	бу́дем назнача́ть	назна́чим
	бу́дете назнача́ть	назна́чите
	бу́дут назнача́ть	назна́чат
COND.	назнача́л бы	назна́чил бы
	назнача́ла бы	назна́чила бы
	назнача́ло бы	назна́чило бы
	назнача́ли бы	назна́чили бы
IMP.	назнача́й	назна́чь
	назнача́йте	назна́чьте

DEVERBALS

PRES. ACT.	назнача́ющий	
PRES. PASS.	назнача́емый	
PAST ACT.	назнача́вший	назна́чивший
PAST PASS.		назна́ченный
VERBAL ADVERB	назнача́я	назна́чив

назнача́ть кого – что кем; что кому *to prescribe something for someone*

to call, name (be called, be named)

	IMPERFECTIVE ASPECT	PERFECTIVE ASPECT
INF.	называ́ть (ся)	назва́ть (ся)
PRES.	называ́ю (сь) называ́ешь (ся) называ́ет (ся) называ́ем (ся) называ́ете (сь) называ́ют (ся)	
PAST	называ́л (ся) называ́ла (сь) называ́ло (сь) называ́ли (сь)	назва́л (ся) назвала́ (сь) назва́ло – назва́ло́сь назва́ли – назва́ли́сь
FUT.	бу́ду называ́ть (ся) бу́дешь называ́ть (ся) бу́дет называ́ть (ся) бу́дем называ́ть (ся) бу́дете называ́ть (ся) бу́дут называ́ть (ся)	назову́ (сь) назовёшь (ся) назовёт (ся) назовём (ся) назовёте (сь) назову́т (ся)
COND.	называ́л (ся) бы называ́ла (сь) бы называ́ло (сь) бы называ́ли (сь) бы	назва́л (ся) бы назвала́ (сь) бы назва́ло – назва́ло́сь бы назва́ли – назва́ли́сь бы
IMP.	называ́й (ся) называ́йте (сь)	назови́ (сь) назови́те (сь)

DEVERBALS

PRES. ACT.	называ́ющий (ся)	
PRES. PASS.	называ́емый	
PAST ACT.	называ́вший (ся)	назва́вший (ся)
PAST PASS.		на́званный
VERBAL ADVERB	называ́я (сь)	назва́в (шись)

называ́ть кого – что кем – чем

наливáть (ся) / налúть (ся)
to pour, fill (ripen)

	IMPERFECTIVE ASPECT	PERFECTIVE ASPECT
INF.	наливáть (ся)	налúть (ся)
PRES.	наливáю наливáешь наливáет (ся) наливáем наливáете наливáют (ся)	
PAST	наливáл (ся) наливáла (сь) наливáло (сь) наливáли (сь)	нáлил – налúлся́ налилá (сь) нáлило – налúлóсь нáлили – налúлúсь
FUT.	бýду наливáть бýдешь наливáть бýдет наливáть (ся) бýдем наливáть бýдете наливáть бýдут наливáть (ся)	налью нальёшь нальёт (ся) нальём нальёте нальют (ся)
COND.	наливáл (ся) бы наливáла (сь) бы наливáло (сь) бы наливáли (сь) бы	нáлил – налúлся́ бы налилá (сь) бы нáлило – налúлóсь бы нáлили – налúлúсь бы
IMP.	наливáй наливáйте	налéй налéйте

DEVERBALS

PRES. ACT.	наливáющий (ся)	
PRES. PASS.	наливáемый	
PAST ACT.	наливáвший (ся)	налúвший (ся)
PAST PASS.		нáлúтый нáлúт, налитá, нáлúто
VERBAL ADVERB	наливáя (сь)	налúв (шись)

наливáть что, чего на что, чем
наливáться во что

198

напоминáть / напóмнить
to remind

	IMPERFECTIVE ASPECT	PERFECTIVE ASPECT
INF.	напоминáть	напóмнить
PRES.	напоминáю	
	напоминáешь	
	напоминáет	
	напоминáем	
	напоминáете	
	напоминáют	
PAST	напоминáл	напóмнил
	напоминáла	напóмнила
	напоминáло	напóмнило
	напоминáли	напóмнили
FUT.	бýду напоминáть	напóмню
	бýдешь напоминáть	напóмнишь
	бýдет напоминáть	напóмнит
	бýдем напоминáть	напóмним
	бýдете напоминáть	напóмните
	бýдут напоминáть	напóмнят
COND.	напоминáл бы	напóмнил бы
	напоминáла бы	напóмнила бы
	напоминáло бы	напóмнило бы
	напоминáли бы	напóмнили бы
IMP.	напоминáй	напóмни
	напоминáйте	напóмните

DEVERBALS

PRES. ACT.	напоминáющий	
PRES. PASS.		
PAST ACT.	напоминáвший	напóмнивший
PAST PASS.		
VERBAL ADVERB	напоминáя	напóмнив

напоминáть кому о ком – чём, кого – что

направля́ть (ся) / напра́вить (ся)
to direct, send (make one's way toward)

	IMPERFECTIVE ASPECT	PERFECTIVE ASPECT
INF.	направля́ть (ся)	напра́вить (ся)
PRES.	направля́ю (сь)	
	направля́ешь (ся)	
	направля́ет (ся)	
	направля́ем (ся)	
	направля́ете (сь)	
	направля́ют (ся)	
PAST	направля́л (ся)	напра́вил (ся)
	направля́ла (сь)	напра́вила (сь)
	направля́ло (сь)	напра́вило (сь)
	направля́ли (сь)	напра́вили (сь)
FUT.	бу́ду направля́ть (ся)	напра́влю (сь)
	бу́дешь направля́ть (ся)	напра́вишь (ся)
	бу́дет направля́ть (ся)	напра́вит (ся)
	бу́дем направля́ть (ся)	напра́вим (ся)
	бу́дете направля́ть (ся)	напра́вите (сь)
	бу́дут направля́ть (ся)	напра́вят (ся)
COND.	направля́л (ся) бы	напра́вил (ся) бы
	направля́ла (сь) бы	напра́вила (сь) бы
	направля́ло (сь) бы	напра́вило (сь) бы
	направля́ли (сь) бы	напра́вили (сь) бы
IMP.	направля́й (ся)	напра́вь (ся)
	направля́йте (сь)	напра́вьте (сь)

DEVERBALS

PRES. ACT.	направля́ющий (ся)	
PRES. PASS.	направля́емый	
PAST ACT.	направля́вший (ся)	напра́вивший (ся)
PAST PASS.		напра́вленный
VERBAL ADVERB	направля́я (сь)	напра́вив (шись)

направля́ть кого – что на кого – что
направля́ться к чему, во что

200

	IMPERFECTIVE ASPECT	PERFECTIVE ASPECT
INF.	настáивать	настоя́ть
PRES.	настáиваю	
	настáиваешь	
	настáивает	
	настáиваем	
	настáиваете	
	настáивают	
PAST	настáивал	настоя́л
	настáивала	настоя́ла
	настáивало	настоя́ло
	настáивали	настоя́ли
FUT.	бýду настáивать	настою́
	бýдешь настáивать	настои́шь
	бýдет настáивать	настои́т
	бýдем настáивать	настои́м
	бýдете настáивать	настои́те
	бýдут настáивать	настоя́т
COND.	настáивал бы	настоя́л бы
	настáивала бы	настоя́ла бы
	настáивало бы	настоя́ло бы
	настáивали бы	настоя́ли бы
IMP.	настáивай	настóй
	настáивайте	настóйте

DEVERBALS

PRES. ACT.	настáивающий	
PRES. PASS.		
PAST ACT.	настáивавший	настоя́вший
PAST PASS.		
VERBAL ADVERB	настáивая	настоя́в

настáивать на чём

наступа́ть / наступи́ть
to step on, approach, advance

	IMPERFECTIVE ASPECT	PERFECTIVE ASPECT
INF.	наступа́ть	наступи́ть
PRES.	наступа́ю	
	наступа́ешь	
	наступа́ет	
	наступа́ем	
	наступа́ете	
	наступа́ют	
PAST	наступа́л	наступи́л
	наступа́ла	наступи́ла
	наступа́ло	наступи́ло
	наступа́ли	наступи́ли
FUT.	бу́ду наступа́ть	наступлю́
	бу́дешь наступа́ть	насту́пишь
	бу́дет наступа́ть	насту́пит
	бу́дем наступа́ть	насту́пим
	бу́дете наступа́ть	насту́пите
	бу́дут наступа́ть	насту́пят
COND.	наступа́л бы	наступи́л бы
	наступа́ла бы	наступи́ла бы
	наступа́ло бы	наступи́ло бы
	наступа́ли бы	наступи́ли бы
IMP.	наступа́й	наступи́
	наступа́йте	наступи́те

DEVERBALS

PRES. ACT.	наступа́ющий	
PRES. PASS.		
PAST ACT.	наступа́вший	наступи́вший
PAST PASS.		
VERBAL ADVERB	наступа́я	наступи́в

наступа́ть кому на кого – что

	IMPERFECTIVE ASPECT	PERFECTIVE ASPECT
INF.	находи́ть (ся)	найти́ (сь)
PRES.	нахожу́ (сь) нахо́дишь (ся) нахо́дит (ся) нахо́дим (ся) нахо́дите (сь) нахо́дят (ся)	
PAST	находи́л (ся) находи́ла (сь) находи́ло (сь) находи́ли (сь)	нашёл (ся) нашла́ (сь) нашло́ (сь) нашли́ (сь)
FUT.	бу́ду находи́ть (ся) бу́дешь находи́ть (ся) бу́дет находи́ть (ся) бу́дем находи́ть (ся) бу́дете находи́ть (ся) бу́дут находи́ть (ся)	найду́ (сь) найдёшь (ся) найдёт (ся) найдём (ся) найдёте (сь) найду́т (ся)
COND.	находи́л (ся) бы находи́ла (сь) бы находи́ло (сь) бы находи́ли (сь) бы	нашёл (ся) бы нашла́ (сь) бы нашло́ (сь) бы нашли́ (сь) бы
IMP.	находи́ (сь) находи́те (сь)	найди́ (сь) найди́те (сь)

DEVERBALS

PRES. ACT.	находя́щий (ся)	
PRES. PASS.		
PAST ACT.	находи́вший (ся)	наше́дший (ся)
PAST PASS.		на́йденный
VERBAL ADVERB	находя́ (сь)	найдя́ (сь)

находи́ть кого – что

начина́ть (ся) / нача́ть (ся)
to begin, start

	IMPERFECTIVE ASPECT	PERFECTIVE ASPECT
INF.	начина́ть (ся)	нача́ть (ся)
PRES.	начина́ю начина́ешь начина́ет (ся) начина́ем начина́ете начина́ют (ся)	
PAST	начина́л (ся) начина́ла (сь) начина́ло (сь) начина́ли (сь)	на́чал – начался́ начала́ (сь) на́чало – начало́сь на́чали – начали́сь
FUT.	бу́ду начина́ть бу́дешь начина́ть бу́дет начина́ть (ся) бу́дем начина́ть бу́дете начина́ть бу́дут начина́ть (ся)	начну́ начнёшь начнёт (ся) начнём начнёте начну́т (ся)
COND.	начина́л (ся) бы начина́ла (сь) бы начина́ло (сь) бы начина́ли (сь) бы	на́чал – начался́ бы начала́ (сь) бы на́чало – начало́сь бы на́чали – начали́сь бы
IMP.	начина́й начина́йте	начни́ начни́те

DEVERBALS

PRES. ACT.	начина́ющий (ся)	
PRES. PASS.	начина́емый	
PAST ACT.	начина́вший (ся)	нача́вший (ся)
PAST PASS.		на́чатый на́чат, начата́, на́чато
VERBAL ADVERB	начина́я (сь)	нача́в (шись)

начина́ть что кем – чем с кого – чего, + infinitive

	IMPERFECTIVE ASPECT	PERFECTIVE ASPECT
INF.	ненави́деть	возненави́деть
PRES.	ненави́жу	
	ненави́дишь	
	ненави́дит	
	ненави́дим	
	ненави́дите	
	ненави́дят	
PAST	ненави́дел	возненави́дел
	ненави́дела	возненави́дела
	ненави́дело	возненави́дело
	ненави́дели	возненави́дели
FUT.	бу́ду ненави́деть	возненави́жу
	бу́дешь ненави́деть	возненави́дишь
	бу́дет ненави́деть	возненави́дит
	бу́дем ненави́деть	возненави́дим
	бу́дете ненави́деть	возненави́дите
	бу́дут ненави́деть	возненави́дят
COND.	ненави́дел бы	возненави́дел бы
	ненави́дела бы	возненави́дела бы
	ненави́дело бы	возненави́дело бы
	ненави́дели бы	возненави́дели бы
IMP.	ненави́дь	возненави́дь
	ненави́дьте	возненави́дьте

DEVERBALS

PRES. ACT.	ненави́дящий	
PRES. PASS.	ненави́димый	
PAST ACT.	ненави́девший	возненави́девший
PAST PASS.		возненави́денный
VERBAL ADVERB	ненави́дя	возненави́дев

ненави́деть кого – что

носи́ть (ся) – нести́ (сь) / понести́ (сь)
to carry, bring, take (rush off)

	MULTIDIRECTIONAL	UNIDIRECTIONAL	PERFECTIVE ASPECT
INF.	носи́ть (ся)	нести́ (сь)	понести́ (сь)
PRES.	ношу́ (сь)	несу́ (сь)	
	но́сишь (ся)	несёшь (ся)	
	но́сит (ся)	несёт (ся)	
	но́сим (ся)	несём (ся)	
	но́сите (сь)	несёте (сь)	
	но́сят (ся)	несу́т (ся)	
PAST	носи́л (ся)	нёс (ся)	понёс (ся)
	носи́ла(сь)	несла́ (сь)	понесла́ (сь)
	носи́ло (сь)	несло́ (сь)	понесло́ (сь)
	носи́ли (сь)	несли́ (сь)	понесли́ (сь)
FUT.	бу́ду носи́ть (ся)	бу́ду нести́ (сь)	понесу́ (сь)
	бу́дешь носи́ть (ся)	бу́дешь нести́ (сь)	понесёшь (ся)
	бу́дет носи́ть (ся)	бу́дет нести́ (сь)	понесёт (ся)
	бу́дем носи́ть (ся)	бу́дем нести́ (сь)	понесём (ся)
	бу́дете носи́ть (ся)	бу́дете нести́ (сь)	понесёте (сь)
	бу́дут носи́ть (ся)	бу́дут нести́ (сь)	понесу́т (ся)
COND.	носи́л (ся) бы	нёс (ся) бы	понёс (ся) бы
	носи́ла (сь) бы	несла́ (сь) бы	понесла́ (сь) бы
	носи́ло (сь) бы	несло́ (сь) бы	понесло́ (сь) бы
	носи́ли (сь) бы	несли́ (сь) бы	понесли́ (сь) бы
IMP.	носи́ (сь)	неси́ (сь)	понеси́ (сь)
	носи́те (сь)	неси́те (сь)	понеси́те (сь)

DEVERBALS

PRES. ACT.	нося́щий (ся)	несу́щий (ся)	
PRES. PASS.	носи́мый	несо́мый	
PAST ACT.	носи́вший (ся)	нёсший (ся)	понёсший (ся)
PAST PASS.	но́шенный		понесённый
			понесён, понесена́
VERBAL ADVERB	носи́в (шись)	неся́ (сь)	понеся́ (сь)

нести́ – носи́ть кого – что

206

ночева́ть / переночева́ть
to spend the night

	IMPERFECTIVE ASPECT	PERFECTIVE ASPECT
INF.	ночева́ть	переночева́ть
PRES.	ночу́ю ночу́ешь ночу́ет ночу́ем ночу́ете ночу́ют	
PAST	ночева́л ночева́ла ночева́ло ночева́ли	переночева́л переночева́ла переночева́ло переночева́ли
FUT.	бу́ду ночева́ть бу́дешь ночева́ть бу́дет ночева́ть бу́дем ночева́ть бу́дете ночева́ть бу́дут ночева́ть	переночу́ю переночу́ешь переночу́ет переночу́ем переночу́ете переночу́ет
COND.	ночева́л бы ночева́ла бы ночева́ло бы ночева́ли бы	переночева́л бы переночева́ла бы переночева́ло бы переночева́ли бы
IMP.	ночу́й ночу́йте	переночу́й переночу́йте

DEVERBALS

PRES. ACT.	ночу́ющий	
PRES. PASS.		
PAST ACT.	ночева́вший	переночева́вший
PAST PASS.		
VERBAL ADVERB	ночу́я	переночева́в

нра́виться / понра́виться
to please, like

	IMPERFECTIVE ASPECT	PERFECTIVE ASPECT
INF.	нра́виться	понра́виться
PRES.	нра́влюсь	
	нра́вишься	
	нра́вится	
	нра́вимся	
	нра́витесь	
	нра́вятся	
PAST	нра́вился	понра́вился
	нра́вилась	понра́вилась
	нра́вилось	понра́вилось
	нра́вились	понра́вились
FUT.	бу́ду нра́виться	понра́влюсь
	бу́дешь нра́виться	понра́вишься
	бу́дет нра́виться	понра́вится
	бу́дем нра́виться	понра́вимся
	бу́дете нра́виться	понра́витесь
	бу́дут нра́виться	понра́вятся
COND.	нра́вился бы	понра́вился бы
	нра́вилась бы	понра́вилась бы
	нра́вилось бы	понра́вилось бы
	нра́вились бы	понра́вились бы
IMP.	нра́вься	понра́вься
	нра́вьтесь	понра́вьтесь

DEVERBALS

PRES. ACT.	нра́вящийся	
PRES. PASS.		
PAST ACT.	нра́вившийся	понра́вившийся
PAST PASS.		
VERBAL ADVERB	нра́вясь	понра́вившись

нра́виться кому – чему

	IMPERFECTIVE ASPECT	PERFECTIVE ASPECT
INF.	обéдать	пообéдать
PRES.	обéдаю	
	обéдаешь	
	обéдает	
	обéдаем	
	обéдаете	
	обéдают	
PAST	обéдал	пообéдал
	обéдала	пообéдала
	обéдало	пообéдало
	обéдали	пообéдали
FUT.	бýду обéдать	пообéдаю
	бýдешь обéдать	пообéдаешь
	бýдет обéдать	пообéдает
	бýдем обéдать	пообéдаем
	бýдете обéдать	пообéдаете
	бýдут обéдать	пообéдают
COND.	обéдал бы	пообéдал бы
	обéдала бы	пообéдала бы
	обéдало бы	пообéдало бы
	обéдали бы	пообéдали бы
IMP.	обéдай	пообéдай
	обéдайте	пообéдайте

DEVERBALS

PRES. ACT.	обéдающий	
PRES. PASS.		
PAST ACT.	обéдавший	пообéдавший
PAST PASS.		
VERBAL ADVERB	обéдая	пообéдав

обещать / пообещать
to promise

	IMPERFECTIVE ASPECT	PERFECTIVE ASPECT
INF.	обеща́ть	пообеща́ть
PRES.	обеща́ю обеща́ешь обеща́ет обеща́ем обеща́ете обеща́ют	
PAST	обеща́л обеща́ла обеща́ло обеща́ли	пообеща́л пообеща́ла пообеща́ло пообеща́ли
FUT.	бу́ду обеща́ть бу́дешь обеща́ть бу́дет обеща́ть бу́дем обеща́ть бу́дете обеща́ть бу́дут обеща́ть	пообеща́ю пообеща́ешь пообеща́ет пообеща́ем пообеща́ете пообеща́ют
COND.	обеща́л бы обеща́ла бы обеща́ло бы обеща́ли бы	пообеща́л бы пообеща́ла бы пообеща́ло бы пообеща́ли бы
IMP.	обеща́й обеща́йте	пообеща́й пообеща́йте

DEVERBALS

PRES. ACT.	обеща́ющий	
PRES. PASS.	обеща́емый	
PAST ACT.	обеща́вший	пообеща́вший
PAST PASS.		пообе́щанный
VERBAL ADVERB	обеща́я	пообеща́в

обеща́ть что, кому – чему

обижа́ть (ся) / оби́деть (ся)
to hurt, insult

	IMPERFECTIVE ASPECT	PERFECTIVE ASPECT
INF.	обижа́ть (ся)	оби́деть (ся)
PRES.	обижа́ю (сь) обижа́ешь (ся) обижа́ет (ся) обижа́ем (ся) обижа́ете (сь) обижа́ют (ся)	
PAST	обижа́л (ся) обижа́ла (сь) обижа́ло (сь) обижа́ли (сь)	оби́дел (ся) оби́дела (сь) оби́дело (сь) оби́дели (сь)
FUT.	бу́ду обижа́ть (ся) бу́дешь обижа́ть (ся) бу́дет обижа́ть (ся) бу́дем обижа́ть (ся) бу́дете обижа́ть (ся) бу́дут обижа́ть (ся)	оби́жу (сь) оби́дешь (ся) оби́дет (ся) оби́дем (ся) оби́дете (сь) оби́дят (ся)
COND.	обижа́л (ся) бы обижа́ла (сь) бы обижа́ло (сь) бы обижа́ли (сь) бы	оби́дел (ся) бы оби́дела (сь) бы оби́дело (сь) бы оби́дели (сь) бы
IMP.	обижа́й (ся) обижа́йте (сь)	оби́дь (ся) оби́дьте (ся)

DEVERBALS

PRES. ACT.	обижа́ющий (ся)	
PRES. PASS.	обижа́емый	
PAST ACT.	обижа́вший (ся)	оби́девший (ся)
PAST PASS.		оби́женный
VERBAL ADVERB	обижа́я (сь)	оби́дев (шись)

обижа́ть кого – что

обма́нывать (ся) / обману́ть (ся)
to deceive, cheat, betray (be disappointed)

	IMPERFECTIVE ASPECT	PERFECTIVE ASPECT
INF.	обма́нывать (ся)	обману́ть (ся)
PRES.	обма́нываю (сь)	
	обма́нываешь (ся)	
	обма́нывает (ся)	
	обма́нываем (ся)	
	обма́нываете (сь)	
	обма́нывают (ся)	
PAST	обма́нывал (ся)	обману́л (ся)
	обма́нывала (сь)	обману́ла (сь)
	обма́нывало (сь)	обману́ло (сь)
	обма́нывали (сь)	обману́ли (сь)
FUT.	бу́ду обма́нывать (ся)	обману́ (сь)
	бу́дешь обма́нывать (ся)	обма́нешь (ся)
	бу́дет обма́нывать (ся)	обма́нет (ся)
	бу́дем обма́нывать (ся)	обма́нем (ся)
	бу́дете обма́нывать (ся)	обма́нете (сь)
	бу́дут обма́нывать (ся)	обма́нут (ся)
COND.	обма́нывал (ся) бы	обману́л (ся) бы
	обма́нывала (сь) бы	обману́ла (сь) бы
	обма́нывало (сь) бы	обману́ло (сь) бы
	обма́нывали (сь) бы	обману́ли (сь) бы
IMP.	обма́нывай (ся)	обмани́ (сь)
	обма́нывайте (сь)	обмани́те (сь)

DEVERBALS

PRES. ACT.	обма́нывающий (ся)	
PRES. PASS.	обма́нываемый	
PAST ACT.	обма́нывавший (ся)	обману́вший (ся)
PAST PASS.		обма́нутый
VERBAL ADVERB	обма́нывая (сь)	обману́в (шись)

обма́нывать кого – что

212

	IMPERFECTIVE ASPECT	PERFECTIVE ASPECT
INF.	обнима́ть (ся)	обня́ть (ся)
PRES.	обнима́ю (сь) обнима́ешь (ся) обнима́ет (ся) обнима́ем (ся) обнима́ете (сь) обнима́ют (ся)	
PAST	обнима́л (ся) обнима́ла (сь) обнима́ло (сь) обнима́ли (сь)	о́бнял (ся) обняла́ (сь) о́бняло (сь) о́бняли (сь)
FUT.	бу́ду обнима́ть (ся) бу́дешь обнима́ть (ся) бу́дет обнима́ть (ся) бу́дем обнима́ть (ся) бу́дете обнима́ть (ся) бу́дут обнима́ть (ся)	обниму́ (сь) обни́мешь (ся) обни́мет (ся) обни́мем (ся) обни́мете (сь) обни́мут (ся)
COND.	обнима́л (ся) бы обнима́ла (сь) бы обнима́ло (сь) бы обнима́ли (сь) бы	о́бнял (ся) бы обняла́ (сь) бы о́бняло (сь) бы о́бняли (сь) бы
IMP.	обнима́й (ся) обнима́йте (сь)	обними́ (сь) обними́те (сь)

DEVERBALS

PRES. ACT.	обнима́ющий (ся)	
PRES. PASS.	обнима́емый	
PAST ACT.	обнима́вший (ся)	обня́вший (ся)
PAST PASS.		о́бнятый о́бнят, обнята́, о́бнято
VERBAL ADVERB	обнима́я (сь)	обня́в (шись)

обнима́ть кого – что

обраща́ть (ся) / обрати́ть (ся)
to turn, convert (turn to, address, appeal)

	IMPERFECTIVE ASPECT	PERFECTIVE ASPECT
INF.	обраща́ть (ся)	обрати́ть (ся)
PRES.	обраща́ю (сь) обраща́ешь (ся) обраща́ет (ся) обраща́ем (ся) обраща́ете (сь) обраща́ют (ся)	
PAST	обраща́л (ся) обраща́ла (сь) обраща́ло (сь) обраща́ли (сь)	обрати́л (ся) обрати́ла (сь) обрати́ло (сь) обрати́ли (сь)
FUT.	бу́ду обраща́ть (ся) бу́дешь обраща́ть (ся) бу́дет обраща́ть (ся) бу́дем обраща́ть (ся) бу́дете обраща́ть (ся) бу́дут обраща́ть (ся)	обрашу́ (сь) обрати́шь (ся) обрати́т (ся) обрати́м (ся) обрати́те (сь) обратя́т (ся)
COND.	обраща́л (ся) бы обраща́ла (сь) бы обраща́ло (сь) бы обраща́ли (сь) бы	обрати́л (ся) бы обрати́ла (сь) бы обрати́ло (сь) бы обрати́ли (сь) бы
IMP.	обраща́й (ся) обраща́йте (сь)	обрати́ (сь) обрати́те (сь)

DEVERBALS

PRES. ACT.	обраща́ющий (ся)	
PRES. PASS.	обраща́емый	
PAST ACT.	обраща́вший (ся)	обрати́вший (ся)
PAST PASS.		обращённый обращён, обращена́
VERBAL ADVERB	обраща́я (сь)	обрати́в (шись)

обраща́ть кого – что, в / на кого – что
обраща́ться к кому – чему, в кого – что

	IMPERFECTIVE ASPECT	PERFECTIVE ASPECT
INF.	обслу́живать	обслужи́ть
PRES.	обслу́живаю обслу́живаешь обслу́живает обслу́живаем обслу́живаете обслу́живают	
PAST	обслу́живал обслу́живала обслу́живало обслу́живали	обслужи́л обслужи́ла обслужи́ло обслужи́ли
FUT.	бу́ду обслу́живать бу́дешь обслу́живать бу́дет обслу́живать бу́дем обслу́живать бу́дете обслу́живать бу́дут обслу́живать	обслужу́ обслу́жишь обслу́жит обслу́жим обслу́жите обслу́жат
COND.	обслу́живал бы обслу́живала бы обслу́живало бы обслу́живали бы	обслужи́л бы обслужи́ла бы обслужи́ло бы обслужи́ли бы
IMP.	обслу́живай обслу́живайте	обслужи́ обслужи́те

DEVERBALS

PRES. ACT.	обслу́живающий	
PRES. PASS.	обслу́живаемый	
PAST ACT.	обслу́живавший	обслужи́вший
PAST PASS.		обслу́женный
VERBAL ADVERB	обслу́живая	обслужи́в

обслу́живать кого – что

обсуждать / обсудить
to discuss, consider

	IMPERFECTIVE ASPECT	PERFECTIVE ASPECT
INF.	обсуждать	обсудить
PRES.	обсуждаю	
	обсуждаешь	
	обсуждает	
	обсуждаем	
	обсуждаете	
	обсуждают	
PAST	обсуждал	обсудил
	обсуждала	обсудила
	обсуждало	обсудило
	обсуждали	обсудили
FUT.	буду обсуждать	обсужу
	будешь обсуждать	обсудишь
	будет обсуждать	обсудит
	будем обсуждать	обсудим
	будете обсуждать	обсудите
	будут обсуждать	обсудят
COND.	обсуждал бы	обсудил бы
	обсуждала бы	обсудила бы
	обсуждало бы	обсудило бы
	обсуждали бы	обсудили бы
IMP.	обсуждай	обсуди
	обсуждайте	обсудите

DEVERBALS

PRES. ACT.	обсуждающий	
PRES. PASS.	обсуждаемый	
PAST ACT.	обсуждавший	обсудивший
PAST PASS.		обсуждённый
		обсуждён, обсуждена
VERBAL ADVERB	обсуждая	обсудив

обсуждать что

216

объявля́ть (ся) / объяви́ть (ся)
to declare, announce, proclaim

	IMPERFECTIVE ASPECT	PERFECTIVE ASPECT
INF.	объявля́ть (ся)	объяви́ть (ся)
PRES.	объявля́ю (сь)	
	объявля́ешь (ся)	
	объявля́ет (ся)	
	объявля́ем (ся)	
	объявля́ете (сь)	
	объявля́ют (ся)	
PAST	объявля́л (ся)	объяви́л (ся)
	объявля́ла (сь)	объяви́ла (сь)
	объявля́ло (сь)	объяви́ло (сь)
	объявля́ли (сь)	объяви́ли (сь)
FUT.	бу́ду объявля́ть (ся)	объявлю́ (сь)
	бу́дешь объявля́ть (ся)	объя́вишь (ся)
	бу́дет объявля́ть (ся)	объя́вит (ся)
	бу́дем объявля́ть (ся)	объя́вим (ся)
	бу́дете объявля́ть (ся)	объя́вите (сь)
	бу́дут объявля́ть (ся)	объя́вят (ся)
COND.	объявля́л (ся) бы	объяви́л (ся) бы
	объявля́ла (сь) бы	объяви́ла (сь) бы
	объявля́ло (сь) бы	объяви́ло (сь) бы
	объявля́ли (сь) бы	объяви́ли (сь) бы
IMP.	объявля́й (ся)	объяви́ (сь)
	объявля́йте (сь)	объяви́те (сь)

DEVERBALS

PRES. ACT.	объявля́ющий (ся)	
PRES. PASS.	объявля́емый	
PAST ACT.	объявля́вший (ся)	объяви́вший (ся)
PAST PASS.		объя́вленный
VERBAL ADVERB	объявля́я (сь)	объяви́в (шись)

объявля́ть кому что о чём, кого – что кем – чем

217

объясня́ть (ся) / объясни́ть (ся)
to explain

	IMPERFECTIVE ASPECT	PERFECTIVE ASPECT
INF.	объясня́ть (ся)	объясни́ть (ся)
PRES.	объясня́ю (сь) объясня́ешь (ся) объясня́ет (ся) объясня́ем (ся) объясня́ете (сь) объясня́ют (ся)	
PAST	объясня́л (ся) объясня́ла (сь) объясня́ло (сь) объясня́ли (сь)	объясни́л (ся) объясни́ла (сь) объясни́ло (сь) объясни́ли (сь)
FUT.	бу́ду объясня́ть (ся) бу́дешь объясня́ть (ся) бу́дет объясня́ть (ся) бу́дем объясня́ть (ся) бу́дете объясня́ть (ся) бу́дут объясня́ть (ся)	объясню́ (сь) объясни́шь (ся) объясни́т (ся) объясни́м (ся) объясни́те (сь) объясня́т (ся)
COND.	объясня́л (ся) бы объясня́ла (сь) бы объясня́ло (сь) бы объясня́ли (сь) бы	объясни́л (ся) бы объясни́ла (сь) бы объясни́ло (сь) бы объясни́ли (сь) бы
IMP.	объясня́й (ся) объясня́йте (сь)	объясни́ (сь) объясни́те (сь)

DEVERBALS

PRES. ACT.	объясня́ющий (ся)	
PRES. PASS.	объясня́емый	
PAST ACT.	объясня́вший (ся)	объясни́вший (ся)
PAST PASS.		объяснённый объяснён, объяснена́
VERBAL ADVERB	объясня́я (сь)	объясни́в (шись)

объясня́ть кому что

одева́ть (ся) / оде́ть (ся)
to dress, clothe (dress oneself, get dressed)

	IMPERFECTIVE ASPECT	PERFECTIVE ASPECT
INF.	одева́ть (ся)	оде́ть (ся)
PRES.	одева́ю (сь) одева́ешь (ся) одева́ет (ся) одева́ем (ся) одева́ете (сь) одева́ют (ся)	
PAST	одева́л (ся) одева́ла (сь) одева́ло (сь) одева́ли (сь)	оде́л (ся) оде́ла (сь) оде́ло (сь) оде́ли (сь)
FUT.	бу́ду одева́ть (ся) бу́дешь одева́ть (ся) бу́дет одева́ть (ся) бу́дем одева́ть (ся) бу́дете одева́ть (ся) бу́дут одева́ть (ся)	оде́ну (сь) оде́нешь (ся) оде́нет (ся) оде́нем (ся) оде́нете (сь) оде́нут (ся)
COND.	одева́л (ся) бы одева́ла (сь) бы одева́ло (сь) бы одева́ли (сь) бы	оде́л (ся) бы оде́ла (сь) бы оде́ло (сь) бы оде́ли (сь) бы
IMP.	одева́й (ся) одева́йте (сь)	оде́нь (ся) оде́ньте (сь)

DEVERBALS

PRES. ACT.	одева́ющий (ся)	
PRES. PASS.	одева́емый	
PAST ACT.	одева́вший (ся)	оде́вший (ся)
PAST PASS.		оде́тый
VERBAL ADVERB	одева́я (сь)	оде́в (шись)

одева́ть кого – что во что
одева́ться во что, кем – чем

одéрживать / одержáть
to gain, win

	IMPERFECTIVE ASPECT	PERFECTIVE ASPECT
INF.	одéрживать	одержáть
PRES.	одéрживаю	
	одéрживаешь	
	одéрживает	
	одéрживаем	
	одéрживаете	
	одéрживают	
PAST	одéрживал	одержáл
	одéрживала	одержáла
	одéрживало	одержáло
	одéрживали	одержáли
FUT.	бýду одéрживать	одержý
	бýдешь одéрживать	одéржишь
	бýдет одéрживать	одéржит
	бýдем одéрживать	одéржим
	бýдете одéрживать	одéржите
	бýдут одéрживать	одéржат
COND.	одéрживал бы	одержáл бы
	одéрживала бы	одержáла бы
	одéрживало бы	одержáло бы
	одéрживали бы	одержáли бы
IMP.	одéрживай	одержú
	одéрживайте	одержúте

DEVERBALS

PRES. ACT.	одéрживающий	
PRES. PASS.	одéрживаемый	
PAST ACT.	одéрживавший	одержáвший
PAST PASS.		одéржанный
VERBAL ADVERB	одéрживая	одержáв

одéрживать побéду

окáзывать (ся) / оказáть (ся)
to manifest, show (turn out to be, find oneself)

	IMPERFECTIVE ASPECT	PERFECTIVE ASPECT
INF.	окáзывать (ся)	оказáть (ся)
PRES.	окáзываю (сь)	
	окáзываешь (ся)	
	окáзывает (ся)	
	окáзываем (ся)	
	окáзываете (сь)	
	окáзывают (ся)	
PAST	окáзывал (ся)	оказáл (ся)
	окáзывала (сь)	оказáла (сь)
	окáзывало (сь)	оказáло (сь)
	окáзывали (сь)	оказáли (сь)
FUT.	бýду окáзывать (ся)	окажý (сь)
	бýдешь окáзывать (ся)	окáжешь (ся)
	бýдет окáзывать (ся)	окáжет (ся)
	бýдем окáзывать (ся)	окáжем (ся)
	бýдете окáзывать (ся)	окáжете (сь)
	бýдут окáзывать (ся)	окáжут (ся)
COND.	окáзывал (ся) бы	оказáл (ся) бы
	окáзывала (сь) бы	оказáла (сь) бы
	окáзывало (сь) бы	оказáло (сь) бы
	окáзывали (сь) бы	оказáли (сь) бы
IMP.	окáзывай (ся)	окажи́ (сь)
	окáзывайте (сь)	окажи́те (сь)

DEVERBALS

PRES. ACT.	окáзывающий (ся)	
PRES. PASS.	окáзываемый	
PAST ACT.	окáзывавший (ся)	оказáвший (ся)
PAST PASS.		окáзанный
VERBAL ADVERB	окáзывая (сь)	оказáв (шись)

окáзывать кому что
окáзываться кем – чем

окружа́ть / окружи́ть
to surround, encircle

	IMPERFECTIVE ASPECT	PERFECTIVE ASPECT
INF.	окружа́ть	окружи́ть
PRES.	окружа́ю окружа́ешь окружа́ет окружа́ем окружа́ете окружа́ют	
PAST	окружа́л окружа́ла окружа́ло окружа́ли	окружи́л окружи́ла окружи́ло окружи́ли
FUT.	бу́ду окружа́ть бу́дешь окружа́ть бу́дет окружа́ть бу́дем окружа́ть бу́дете окружа́ть бу́дут окружа́ть	окружу́ окружи́шь окружи́т окружи́м окружи́те окружа́т
COND.	окружа́л бы окружа́ла бы окружа́ло бы окружа́ли бы	окружи́л бы окружи́ла бы окружи́ло бы окружи́ли бы
IMP.	окружа́й окружа́йте	окружи́ окружи́те

DEVERBALS

PRES. ACT.	окружа́ющий	
PRES. PASS.	окружа́емый	
PAST ACT.	окружа́вший	окружи́вший
PAST PASS.		окружённый окружён, окружена́
VERBAL ADVERB	окружа́я	окружи́в

окружа́ть кого – что кем – чем

опа́здывать / опозда́ть
to be late

	IMPERFECTIVE ASPECT	PERFECTIVE ASPECT
INF.	опа́здывать	опозда́ть
PRES.	опа́здываю	
	опа́здываешь	
	опа́здывает	
	опа́здываем	
	опа́здываете	
	опа́здывают	
PAST	опа́здывал	опозда́л
	опа́здывала	опозда́ла
	опа́здывало	опозда́ло
	опа́здывали	опозда́ли
FUT.	бу́ду опа́здывать	опозда́ю
	бу́дешь опа́здывать	опозда́ешь
	бу́дет опа́здывать	опозда́ет
	бу́дем опа́здывать	опозда́ем
	бу́дете опа́здывать	опозда́ете
	бу́дут опа́здывать	опозда́ют
COND.	опа́здывал бы	опозда́л бы
	опа́здывала бы	опозда́ла бы
	опа́здывало бы	опозда́ло бы
	опа́здывали бы	опозда́ли бы
IMP.	опа́здывай	опозда́й
	опа́здывайте	опозда́йте

DEVERBALS

PRES. ACT.	опа́здывающий	
PRES. PASS.		
PAST ACT.	опа́здывавший	опозда́вший
PAST PASS.		
VERBAL ADVERB	опа́здывая	опозда́в

опа́здывать с чем, в / на что

описывать (ся) / описать (ся)
to describe, list (make a mistake)

	IMPERFECTIVE ASPECT	PERFECTIVE ASPECT
INF.	описывать (ся)	описать (ся)
PRES.	описываю (сь)	
	описываешь (ся)	
	описывает (ся)	
	описываем (ся)	
	описываете (сь)	
	описывают (ся)	
PAST	описывал (ся)	описал (ся)
	описывала (сь)	описала (сь)
	описывало (сь)	описало (сь)
	описывали (сь)	описали (сь)
FUT.	буду описывать (ся)	опишу (сь)
	будешь описывать (ся)	опишешь (ся)
	будет описывать (ся)	опишет (ся)
	будем описывать (ся)	опишем (ся)
	будете описывать (ся)	опишете (сь)
	будут описывать (ся)	опишут (ся)
COND.	описывал (ся) бы	описал (ся) бы
	описывала (сь) бы	описала (сь) бы
	описывало (сь) бы	описало (сь) бы
	описывали (сь) бы	описали (сь) бы
IMP.	описывай (ся)	опиши (сь)
	описывайте (сь)	опишите (сь)

DEVERBALS

PRES. ACT.	описывающий (ся)	
PRES. PASS.	описываемый	
PAST ACT.	описывавший (ся)	описавший (ся)
PAST PASS.		описанный
VERBAL ADVERB	описывая (сь)	описав (шись)

описывать кого – что

опра́вдывать (ся) / оправда́ть (ся)
to justify, absolve (vindicate oneself)

	IMPERFECTIVE ASPECT	PERFECTIVE ASPECT
INF.	опра́вдывать (ся)	оправда́ть (ся)
PRES.	опра́вдываю (сь)	
	опра́вдываешь (ся)	
	опра́вдывает (ся)	
	опра́вдываем (ся)	
	опра́вдываете (сь)	
	опра́вдывают (ся)	
PAST	опра́вдывал (ся)	оправда́л (ся)
	опра́вдывала (сь)	оправда́ла (сь)
	опра́вдывало (сь)	оправда́ло (сь)
	опра́вдывали (сь)	оправда́ли (сь)
FUT.	бу́ду опра́вдывать (ся)	оправда́ю (сь)
	бу́дешь опра́вдывать (ся)	оправда́ешь (ся)
	бу́дет опра́вдывать (ся)	оправда́ет (ся)
	бу́дем опра́вдывать (ся)	оправда́ем (ся)
	бу́дете опра́вдывать (ся)	оправда́ете (сь)
	бу́дут опра́вдывать (ся)	оправда́ют (ся)
COND.	опра́вдывал (ся) бы	оправда́л (ся) бы
	опра́вдывала (сь) бы	оправда́ла (сь) бы
	опра́вдывало (сь) бы	оправда́ло (сь) бы
	опра́вдывали (сь) бы	оправда́ли (сь) бы
IMP.	опра́вдывай (ся)	оправда́й (ся)
	опра́вдывайте (сь)	оправда́йте (сь)

DEVERBALS

PRES. ACT.	опра́вдывающий (ся)	
PRES. PASS.	опра́вдываемый	
PAST ACT.	опра́вдывавший (ся)	оправда́вший (ся)
PAST PASS.		опра́вданный
VERBAL ADVERB	опра́вдывая (сь)	оправда́в (шись)

опра́вдывать кого – что

определя́ть (ся) / определи́ть (ся)
to define, determine

	IMPERFECTIVE ASPECT	PERFECTIVE ASPECT
INF.	определя́ть (ся)	определи́ть (ся)
PRES.	определя́ю (сь)	
	определя́ешь (ся)	
	определя́ет (ся)	
	определя́ем (ся)	
	определя́ете (сь)	
	определя́ют (ся)	
PAST	определя́л (ся)	определи́л (ся)
	определя́ла (сь)	определи́ла (сь)
	определя́ло (сь)	определи́ло (сь)
	определя́ли (сь)	определи́ли (сь)
FUT.	бу́ду определя́ть (ся)	определю́ (сь)
	бу́дешь определя́ть (ся)	определи́шь (ся)
	бу́дет определя́ть (ся)	определи́т (ся)
	бу́дем определя́ть (ся)	определи́м (ся)
	бу́дете определя́ть (ся)	определи́те (сь)
	бу́дут определя́ть (ся)	определя́т (ся)
COND.	определя́л (ся) бы	определи́л (ся) бы
	определя́ла (сь) бы	определи́ла (сь) бы
	определя́ло (сь) бы	определи́ло (сь) бы
	определя́ли (сь) бы	определи́ли (сь) бы
IMP.	определя́й (ся)	определи́ (сь)
	определя́йте (сь)	определи́те (сь)

DEVERBALS

PRES. ACT.	определя́ющий (ся)	
PRES. PASS.	определя́емый	
PAST ACT.	определя́вший (ся)	определи́вший (ся)
PAST PASS.		определённый
		определён, определена́
VERBAL ADVERB	определя́я (сь)	определи́в (шись)

определя́ть кого – что

опускáть (ся) / опустѝть (ся)
to lower, let down, drop into (sink, hang down)

	IMPERFECTIVE ASPECT	PERFECTIVE ASPECT
INF.	опускáть (ся)	опустѝть (ся)
PRES.	опускáю (сь)	
	опускáешь (ся)	
	опускáет (ся)	
	опускáем (ся)	
	опускáете (сь)	
	опускáют (ся)	
PAST	опускáл (ся)	опустѝл (ся)
	опускáла (сь)	опустѝла (сь)
	опускáло (сь)	опустѝло (сь)
	опускáли (сь)	опустѝли (сь)
FUT.	бу́ду опускáть (ся)	опущу́ (сь)
	бу́дешь опускáть (ся)	опу́стишь (ся)
	бу́дет опускáть (ся)	опу́стит (ся)
	бу́дем опускáть (ся)	опу́стим (ся)
	бу́дете опускáть (ся)	опу́стите (сь)
	бу́дут опускáть (ся)	опу́стят (ся)
COND.	опускáл (ся) бы	опустѝл (ся) бы
	опускáла (сь) бы	опустѝла (сь) бы
	опускáло (сь) бы	опустѝло (сь) бы
	опускáли (сь) бы	опустѝли (сь) бы
IMP.	опускáй (ся)	опустѝ (сь)
	опускáйте (сь)	опустѝте (сь)

DEVERBALS

PRES. ACT.	опускáющий (ся)	
PRES. PASS.	опускáемый	
PAST ACT.	опускáвший (ся)	опустѝвший (ся)
PAST PASS.		опу́щенный
VERBAL ADVERB	опускáя (сь)	опустѝв (шись)

опускáть кого – что во что

организо́вывать (ся) / организова́ть (ся)
to organize, unite

	IMPERFECTIVE ASPECT	PERFECTIVE ASPECT
INF.	организо́вывать (ся)	организова́ть (ся)
PRES.	организо́вываю (сь) организо́вываешь (ся) организо́вывает (ся) организо́вываем (ся) организо́вываете (сь) организо́вывают (ся)	
PAST	организо́вывал (ся) организо́вывала (сь) организо́вывало (сь) организо́вывали (сь)	организова́л (ся) организова́ла (сь) организова́ло (сь) организова́ли (сь)
FUT.	бу́ду организо́вывать (ся) бу́дешь организо́вывать (ся) бу́дет организо́вывать (ся) бу́дем организо́вывать (ся) бу́дете организо́вывать (ся) бу́дут организо́вывать (ся)	организу́ю (сь) организу́ешь (ся) организу́ет (ся) организу́ем (ся) организу́ете (сь) организу́ют (ся)
COND.	организо́вывал (ся) бы организо́вывала (сь) бы организо́вывало (сь) бы организо́вывали (сь) бы	организова́л (ся) бы организова́ла (сь) бы организова́ло (сь) бы организова́ли (сь) бы
IMP.	организо́вывай (ся) организо́вывайте (сь)	организу́й (ся) организу́йте (сь)

DEVERBALS

PRES. ACT.	организо́вывающий (ся)	
PRES. PASS.	организо́вываемый	
PAST ACT.	организо́вывавший (ся)	организова́вший (ся)
PAST PASS.		организо́ванный
VERBAL ADVERB	организо́вывая (сь)	организова́в (шись)

организо́вывать кого – что

Организова́ть can be used in both the imperfective and the perfective aspects.

освеща́ть (ся) / освети́ть (ся)
to light, illuminate (become bright)

	IMPERFECTIVE ASPECT	PERFECTIVE ASPECT
INF.	освеща́ть (ся)	освети́ть (ся)
PRES.	освеща́ю	
	освеща́ешь	
	освеща́ет (ся)	
	освеща́ем	
	освеща́ете	
	освеща́ют (ся)	
PAST	освеща́л (ся)	освети́л (ся)
	освеща́ла (сь)	освети́ла (сь)
	освеща́ло (сь)	освети́ло (сь)
	освеща́ли (сь)	освети́ли (сь)
FUT.	бу́ду освеща́ть	освещу́
	бу́дешь освеща́ть	освети́шь
	бу́дет освеща́ть (ся)	освети́т (ся)
	бу́дем освеща́ть	освети́м
	бу́дете освеща́ть	освети́те
	бу́дут освеща́ть (ся)	осветя́т (ся)
COND.	освеща́л (ся) бы	освети́л (ся) бы
	освеща́ла (сь) бы	освети́ла (сь) бы
	освеща́ло (сь) бы	освети́ло (сь) бы
	освеща́ли (сь) бы	освети́ли (сь) бы
IMP.	освеща́й	освети́
	освеща́йте	освети́те

DEVERBALS

PRES. ACT.	освеща́ющий (ся)	
PRES. PASS.	освеща́емый	
PAST ACT.	освеща́вший (ся)	освети́вший (ся)
PAST PASS.		освещённый
		освещён, освещена́
VERBAL ADVERB	освеща́я (сь)	освети́в (шись)

освеща́ть кого – что

229

освобождать (ся) / освободить (ся)
to free, liberate, release

	IMPERFECTIVE ASPECT	PERFECTIVE ASPECT
INF.	освобождать (ся)	освободить (ся)
PRES.	освобождаю освобождаешь освобождает (ся) освобождаем освобождаете освобождают (ся)	
PAST	освобождал (ся) освобождала (сь) освобождало (сь) освобождали (сь)	освободил (ся) освободила (сь) освободило (сь) освободили (сь)
FUT.	буду освобождать будешь освобождать будет освобождать (ся) будем освобождать будете освобождать будут освобождать (ся)	освобожу освободишь освободит (ся) освободим освободите освободят (ся)
COND.	освобождал (ся) бы освобождала (сь) бы освобождало (сь) бы освобождали (сь) бы	освободил (ся) бы освободила (сь) бы освободило (сь) бы освободили (сь) бы
IMP.	освобождай освобождайте	освободи освободите

DEVERBALS

PRES. ACT.	освобождающий (ся)	
PRES. PASS.	освобождаемый	
PAST ACT.	освобождавший (ся)	освободивший (ся)
PAST PASS.		освобождённый освобождён, освобождена
VERBAL ADVERB	освобождая (сь)	освободив (шись)

освобождать кого – что от чего

осма́тривать (ся) / осмотре́ть (ся)
to examine, inspect (look around)

	IMPERFECTIVE ASPECT	PERFECTIVE ASPECT
INF.	осма́тривать (ся)	осмотре́ть (ся)
PRES.	осма́триваю (сь) осма́триваешь (ся) осма́тривает (ся) осма́триваем (ся) осма́триваете (сь) осма́тривают (ся)	
PAST	осма́тривал (ся) осма́тривала (сь) осма́тривало (сь) осма́тривали (сь)	осмотре́л (ся) осмотре́ла (сь) осмотре́ло (сь) осмотре́ли (сь)
FUT.	бу́ду осма́тривать (ся) бу́дешь осма́тривать (ся) бу́дет осма́тривать (ся) бу́дем осма́тривать (ся) бу́дете осма́тривать (ся) бу́дут осма́тривать (ся)	осмотрю́ (сь) осмо́тришь (ся) осмо́трит (ся) осмо́трим (ся) осмо́трите (ся) осмо́трят (ся)
COND.	осма́тривал (ся) бы осма́тривала (сь) бы осма́тривало (сь) бы осма́тривали (сь) бы	осмотре́л (ся) бы осмотре́ла (сь) бы осмотре́ло (сь) бы осмотре́ли (сь) бы
IMP.	осма́тривай (ся) осма́тривайте (сь)	осмотри́ (сь) осмотри́те (сь)

DEVERBALS

PRES. ACT.	осма́тривающий (ся)	
PRES. PASS.	осма́триваемый	
PAST ACT.	осма́тривавший (ся)	осмотре́вший (ся)
PAST PASS.		осмо́тренный
VERBAL ADVERB	осма́тривая (сь)	осмотре́в (шись)

осма́тривать кого – что

осно́вывать (ся) / основа́ть (ся)
to found, establish, base something on

	IMPERFECTIVE ASPECT	PERFECTIVE ASPECT
INF.	осно́вывать (ся)	основа́ть (ся)
PRES.	осно́вываю (сь)	
	осно́вываешь (ся)	
	осно́вывает (ся)	
	осно́вываем (ся)	
	осно́вываете (сь)	
	осно́вывают (ся)	
PAST	осно́вывал (ся)	основа́л (ся)
	осно́вывала (сь)	основа́ла (сь)
	осно́вывало (сь)	основа́ло (сь)
	осно́вывали (сь)	основа́ли (сь)
FUT.	бу́ду осно́вывать (ся)	осную́ (сь)
	бу́дешь осно́вывать (ся)	оснуёшь (ся)
	бу́дет осно́вывать (ся)	оснуёт (ся)
	бу́дем осно́вывать (ся)	оснуём (ся)
	бу́дете осно́вывать (ся)	оснуёте (сь)
	бу́дут осно́вывать (ся)	осную́т (ся)
COND.	осно́вывал (ся) бы	основа́л (ся) бы
	осно́вывала (сь) бы	основа́ла (сь) бы
	осно́вывало (сь) бы	основа́ло (сь) бы
	осно́вывали (сь) бы	основа́ли (сь) бы
IMP.	осно́вывай (ся)	
	осно́вывайте (сь)	

DEVERBALS

PRES. ACT.	осно́вывающий (ся)	
PRES. PASS.	осно́вываемый	
PAST ACT.	осно́вывавший (ся)	основа́вший (ся)
PAST PASS.		осно́ванный
VERBAL ADVERB	осно́вывая (сь)	основа́в (шись)

осно́вывать что на чём

The future perfective form of this verb is rarely used.

	IMPERFECTIVE ASPECT	PERFECTIVE ASPECT
INF.	оставáться	остáться
PRES.	остаю́сь	
	остаёшься	
	остаётся	
	остаёмся	
	остаётесь	
	остаю́тся	
PAST	оставáлся	остáлся
	оставáлась	остáлась
	оставáлось	остáлось
	оставáлись	остáлись
FUT.	бýду оставáться	остáнусь
	бýдешь оставáться	остáнешься
	бýдет оставáться	остáнется
	бýдем оставáться	остáнемся
	бýдете оставáться	остáнетесь
	бýдут оставáться	остáнутся
COND.	оставáлся бы	остáлся бы
	оставáлась бы	остáлась бы
	оставáлось бы	остáлось бы
	оставáлись бы	остáлись бы
IMP.	оставáйся	остáнься
	оставáйтесь	остáньтесь

DEVERBALS

PRES. ACT.	остаю́щийся	
PRES. PASS.		
PAST ACT.	оставáвшийся	остáвшийся
PAST PASS.		
VERBAL ADVERB	оставáясь	остáвшись

оставля́ть / оста́вить
to leave, abandon, give up

	IMPERFECTIVE ASPECT	PERFECTIVE ASPECT
INF.	оставля́ть	оста́вить
PRES.	оставля́ю	
	оставля́ешь	
	оставля́ет	
	оставля́ем	
	оставля́ете	
	оставля́ют	
PAST	оставля́л	оста́вил
	оставля́ла	оста́вила
	оставля́ло	оста́вило
	оставля́ли	оста́вили
FUT.	бу́ду оставля́ть	оста́влю
	бу́дешь оставля́ть	оста́вишь
	бу́дет оставля́ть	оста́вит
	бу́дем оставля́ть	оста́вим
	бу́дете оставля́ть	оста́вите
	бу́дут оставля́ть	оста́вят
COND.	оставля́л бы	оста́вил бы
	оставля́ла бы	оста́вила бы
	оставля́ло бы	оста́вило бы
	оставля́ли бы	оста́вили бы
IMP.	оставля́й	оста́вь
	оставля́йте	оста́вьте

DEVERBALS

PRES. ACT.	оставля́ющий	
PRES. PASS.	оставля́емый	
PAST ACT.	оставля́вший	оста́вивший
PAST PASS.		оста́вленный
VERBAL ADVERB	оставля́я	оста́вив

оставля́ть кого – что

останáвливать (ся) / остановúть (ся)
to halt, stop (interrupt oneself)

	IMPERFECTIVE ASPECT	PERFECTIVE ASPECT
INF.	останáвливать (ся)	остановúть (ся)
PRES.	останáвливаю (сь)	
	останáвливаешь (ся)	
	останáвливает (ся)	
	останáвливаем (ся)	
	останáвливаете (сь)	
	останáвливают (ся)	
PAST	останáвливал (ся)	остановúл (ся)
	останáвливала (сь)	остановúла (сь)
	останáвливало (сь)	остановúло (сь)
	останáвливали (сь)	остановúли (сь)
FUT.	бýду останáвливать (ся)	остановлю́ (сь)
	бýдешь останáвливать (ся)	остано́вишь (ся)
	бýдет останáвливать (ся)	остано́вит (ся)
	бýдем останáвливать (ся)	остано́вим (ся)
	бýдете останáвливать (ся)	остано́вите (сь)
	бýдут останáвливать (ся)	остано́вят (ся)
COND.	останáвливал (ся) бы	остановúл (ся) бы
	останáвливала (сь) бы	остановúла (сь) бы
	останáвливало (сь) бы	остановúло (сь) бы
	останáвливали (сь) бы	остановúли (сь) бы
IMP.	останáвливай (ся)	остановú (сь)
	останáвливайте (сь)	остановúте (сь)

DEVERBALS

	IMPERFECTIVE ASPECT	PERFECTIVE ASPECT
PRES. ACT.	останáвливающий (ся)	
PRES. PASS.	останáвливаемый	
PAST ACT.	останáвливавший (ся)	остановúвший (ся)
PAST PASS.		остано́вленный
VERBAL ADVERB	останáвливая (сь)	остановúв (шись)

останáвливать кого – что на ком – чём

235

осужда́ть / осуди́ть
to condemn, sentence, convict

	IMPERFECTIVE ASPECT	PERFECTIVE ASPECT
INF.	осужда́ть	осуди́ть
PRES.	осужда́ю	
	осужда́ешь	
	осужда́ет	
	осужда́ем	
	осужда́ете	
	осужда́ют	
PAST	осужда́л	осуди́л
	осужда́ла	осуди́ла
	осужда́ло	осуди́ло
	осужда́ли	осуди́ли
FUT.	бу́ду осужда́ть	осужу́
	бу́дешь осужда́ть	осу́дишь
	бу́дет осужда́ть	осу́дит
	бу́дем осужда́ть	осу́дим
	бу́дете осужда́ть	осу́дите
	бу́дут осужда́ть	осу́дят
COND.	осужда́л бы	осуди́л бы
	осужда́ла бы	осуди́ла бы
	осужда́ло бы	осуди́ло бы
	осужда́ли бы	осуди́ли бы
IMP.	осужда́й	осуди́
	осужда́йте	осуди́те

DEVERBALS

PRES. ACT.	осужда́ющий	
PRES. PASS.	осужда́емый	
PAST ACT.	осужда́вший	осуди́вший
PAST PASS.		осуждённый
		осуждён, осуждена́
VERBAL ADVERB	осужда́я	осуди́в

осужда́ть кого – что на что, за что

to answer, reply to, assume responsibility

	IMPERFECTIVE ASPECT	PERFECTIVE ASPECT
INF.	отвеча́ть	отве́тить
PRES.	отвеча́ю	
	отвеча́ешь	
	отвеча́ет	
	отвеча́ем	
	отвеча́ете	
	отвеча́ют	
PAST	отвеча́л	отве́тил
	отвеча́ла	отве́тила
	отвеча́ло	отве́тило
	отвеча́ли	отве́тили
FUT.	бу́ду отвеча́ть	отве́чу
	бу́дешь отвеча́ть	отве́тишь
	бу́дет отвеча́ть	отве́тит
	бу́дем отвеча́ть	отве́тим
	бу́дете отвеча́ть	отве́тите
	бу́дут отвеча́ть	отве́тят
COND.	отвеча́л бы	отве́тил бы
	отвеча́ла бы	отве́тила бы
	отвеча́ло бы	отве́тило бы
	отвеча́ли бы	отве́тили бы
IMP.	отвеча́й	отве́ть
	отвеча́йте	отве́тьте

DEVERBALS

PRES. ACT.	отвеча́ющий	
PRES. PASS.		
PAST ACT.	отвеча́вший	отве́тивший
PAST PASS.		
VERBAL ADVERB	отвеча́я	отве́тив

отвеча́ть на что чем, за что

отводи́ть / отвести́
to take somewhere, drop off

	IMPERFECTIVE ASPECT	PERFECTIVE ASPECT
INF.	отводи́ть	отвести́
PRES.	отвожу́ отво́дишь отво́дит отво́дим отво́дите отво́дят	
PAST	отводи́л отводи́ла отводи́ло отводи́ли	отвёл отвела отвело́ отвели́
FUT.	бу́ду отводи́ть бу́дешь отводи́ть бу́дет отводи́ть бу́дем отводи́ть бу́дете отводи́ть бу́дут отводи́ть	отведу́ отведёшь отведёт отведём отведёте отведу́т
COND.	отводи́л бы отводи́ла бы отводи́ло бы отводи́ли бы	отвёл бы отвела́ бы отвело́ бы отвели́ бы
IMP.	отводи́ отводи́те	отведи́ отведи́те

DEVERBALS

PRES. ACT.	отводя́	
PRES. PASS.	отводи́мый	
PAST ACT.	отводи́вший	отве́дший
PAST PASS.		отведённый отведён, отведена́
VERBAL ADVERB	отводя́	отведя́

отводи́ть кого́ – что

отдавать (ся) / отдать (ся)
to give back, give away (entrust, devote oneself, surrender to)

	IMPERFECTIVE ASPECT	PERFECTIVE ASPECT
INF.	отдавать (ся)	отдать (ся)
PRES.	отдаю́ (сь) отдаёшь (ся) отдаёт (ся) отдаём (ся) отдаёте (ся) отдаю́т (ся)	
PAST	отдава́л (ся) отдава́ла (сь) отдава́ло (сь) отдава́ли (сь)	о́тдал – отда́лся отдала́ (сь) о́тдало – отдало́сь о́тдали – отдали́сь
FUT.	бу́ду отдава́ть (ся) бу́дешь отдава́ть (ся) бу́дет отдава́ть (ся) бу́дем отдава́ть (ся) бу́дете отдава́ть (ся) бу́дут отдава́ть (ся)	отда́м (ся) отда́шь (ся) отда́ст (ся) отдади́м (ся) отдади́те (сь) отдаду́т (ся)
COND.	отдава́л (ся) бы отдава́ла (сь) бы отдава́ло (сь) бы отдава́ли (сь) бы	о́тдал – отда́лся бы отдала́ (сь) бы о́тдало – отдало́сь бы о́тдали – отдали́сь бы
IMP.	отдава́й (ся) отдава́йте (сь)	отда́й (ся) отда́йте (сь)

DEVERBALS

PRES. ACT.	отдаю́щий (ся)	
PRES. PASS.	отдава́емый	
PAST ACT.	отдава́вший (ся)	отда́вший (ся)
PAST PASS.		о́тданный, о́тдан, отдана́, о́тдано
VERBAL ADVERB	отдава́я (сь)	отда́в (шись)

отда́ть кого – что кому – чему, во что
отда́ться кому – чему на что

отдыха́ть / отдохну́ть
to rest, vacation, relax

	IMPERFECTIVE ASPECT	PERFECTIVE ASPECT
INF.	отдыха́ть	отдохну́ть
PRES.	отдыха́ю отдыха́ешь отдыха́ет отдыха́ем отдыха́ете отдыха́ют	
PAST	отдыха́л отдыха́ла отдыха́ло отдыха́ли	отдохну́л отдохну́ла отдохну́ло отдохну́ли
FUT.	бу́ду отдыха́ть бу́дешь отдыха́ть бу́дет отдыха́ть бу́дем отдыха́ть бу́дете отдыха́ть бу́дут отдыха́ть	отдохну́ отдохнёшь отдохнёт отдохнём отдохнёте отдохну́т
COND.	отдыха́л бы отдыха́ла бы отдыха́ло бы отдыха́ли бы	отдохну́л бы отдохну́ла бы отдохну́ло бы отдохну́ли бы
IMP.	отдыха́й отдыха́йте	отдохни́ отдохни́те

DEVERBALS

PRES. ACT.	отдыха́ющий	
PRES. PASS.		
PAST ACT.	отдыха́вший	отдохну́вший
PAST PASS.		
VERBAL ADVERB	отдыха́я	отдохну́в

240

отказывать (ся) / отказать (ся)
to refuse, deny

	IMPERFECTIVE ASPECT	PERFECTIVE ASPECT
INF.	отказывать (ся)	отказать (ся)
PRES.	отказываю (сь)	
	отказываешь (ся)	
	отказывает (ся)	
	отказываем (ся)	
	отказываете (сь)	
	отказывают (ся)	
PAST	отказывал (ся)	отказал (ся)
	отказывала (сь)	отказала (сь)
	отказывало (сь)	отказало (сь)
	отказывали (сь)	отказали (сь)
FUT.	буду отказывать (ся)	откажу (сь)
	будешь отказывать (ся)	откажешь (ся)
	будет отказывать (ся)	откажет (ся)
	будем отказывать (ся)	откажем (ся)
	будете отказывать (ся)	откажете (сь)
	будут отказывать (ся)	откажут (ся)
COND.	отказывал (ся) бы	отказал (ся) бы
	отказывала (сь) бы	отказала (сь) бы
	отказывало (сь) бы	отказало (сь) бы
	отказывали (сь) бы	отказали (сь) бы
IMP.	отказывай (ся)	откажи (сь)
	отказывайте (сь)	откажите (сь)

DEVERBALS

PRES. ACT.	отказывающий (ся)	
PRES. PASS.	отказываемый	
PAST ACT.	отказывавший (ся)	отказавший (ся)
PAST PASS.		отказанный
VERBAL ADVERB	отказывая (сь)	отказав (шись)

отказывать кому – чему в чём, от чего
отказываться от чего

открыва́ть (ся) / откры́ть (ся)
to open, discover

	IMPERFECTIVE ASPECT	PERFECTIVE ASPECT
INF.	открыва́ть (ся)	откры́ть (ся)
PRES.	открыва́ю (сь) открыва́ешь (ся) открыва́ет (ся) открыва́ем (ся) открыва́ете (сь) открыва́ют (ся)	
PAST	открыва́л (ся) открыва́ла (сь) открыва́ло (сь) открыва́ли (сь)	откры́л (ся) откры́ла (сь) откры́ло (сь) откры́ли (сь)
FUT.	бу́ду открыва́ть (ся) бу́дешь открыва́ть (ся) бу́дет открыва́ть (ся) бу́дем открыва́ть (ся) бу́дете открыва́ть (ся) бу́дут открыва́ть (ся)	откро́ю (ся) откро́ешь (ся) откро́ет (ся) откро́ем (ся) откро́ете (сь) откро́ют (ся)
COND.	открыва́л (ся) бы открыва́ла (сь) бы открыва́ло (сь) бы открыва́ли (сь) бы	откры́л (ся) бы откры́ла (сь) бы откры́ло (сь) бы откры́ли (сь) бы
IMP.	открыва́й (ся) открыва́йте (сь)	откро́й (ся) откро́йте (сь)

DEVERBALS

PRES. ACT.	открыва́ющий (ся)	
PRES. PASS.	открыва́емый	
PAST ACT.	открыва́вший (ся)	откры́вший (ся)
PAST PASS.		откры́тый
VERBAL ADVERB	открыва́я	откры́в (шись)

открыва́ть кого – что

242

to distinguish between, differentiate

	IMPERFECTIVE ASPECT	PERFECTIVE ASPECT
INF.	отлича́ть (ся)	отличи́ть (ся)
PRES.	отлича́ю (сь)	
	отлича́ешь (ся)	
	отлича́ет (ся)	
	отлича́ем (ся)	
	отлича́ете (сь)	
	отлича́ют (ся)	
PAST	отлича́л (ся)	отличи́л (ся)
	отлича́ла (сь)	отличи́ла (сь)
	отлича́ло (сь)	отличи́ло (сь)
	отлича́ли (сь)	отличи́ли (сь)
FUT.	бу́ду отлича́ть (ся)	отличу́ (сь)
	бу́дешь отлича́ть (ся)	отличи́шь (ся)
	бу́дет отлича́ть (ся)	отличи́т (ся)
	бу́дем отлича́ть (ся)	отличи́м (ся)
	бу́дете отлича́ть (ся)	отличи́те (ся)
	бу́дут отлича́ть (ся)	отлича́т (ся)
COND.	отлича́л (ся) бы	отличи́л (ся) бы
	отлича́ла (сь) бы	отличи́ла (сь) бы
	отлича́ло (сь) бы	отличи́ло (сь) бы
	отлича́ли (сь) бы	отличи́ли (сь) бы
IMP.	отлича́й (ся)	отличи́ (сь)
	отлича́йте (сь)	отличи́те (сь)

DEVERBALS

PRES. ACT.	отлича́ющий (ся)	
PRES. PASS.	отлича́емый	
PAST ACT.	отлича́вший (ся)	отличи́вший (ся)
PAST PASS.		отличённый
		отличён, отличена́
VERBAL ADVERB	отлича́я (сь)	отличи́в (шись)

отлича́ть кого – что
отлича́ться от кого – чего чем

отмеча́ть (ся) / отме́тить (ся)
to mark, note

	IMPERFECTIVE ASPECT	PERFECTIVE ASPECT
INF.	отмеча́ть (ся)	отме́тить (ся)
PRES.	отмеча́ю (сь) отмеча́ешь (ся) отмеча́ет (ся) отмеча́ем (ся) отмеча́ете (сь) отмеча́ют (ся)	
PAST	отмеча́л (ся) отмеча́ла (сь) отмеча́ло (сь) отмеча́ли (сь)	отме́тил (ся) отме́тила (сь) отме́тило (сь) отме́тили (сь)
FUT.	бу́ду отмеча́ть (ся) бу́дешь отмеча́ть (ся) бу́дет отмеча́ть (ся) бу́дем отмеча́ть (ся) бу́дете отмеча́ть (ся) бу́дут отмеча́ть (ся)	отме́чу (сь) отме́тишь (ся) отме́тит (ся) отме́тим (ся) отме́тите (ся) отме́тят (ся)
COND.	отмеча́л (ся) бы отмеча́ла (сь) бы отмеча́ло (сь) бы отмеча́ли (сь) бы	отме́тил (ся) бы отме́тила (сь) бы отме́тило (сь) бы отме́тили (сь) бы
IMP.	отмеча́й (ся) отмеча́йте (сь)	отме́ть (ся) отме́тьте (сь)

DEVERBALS

PRES. ACT.	отмеча́ющий (ся)	
PRES. PASS.	отмеча́емый	
PAST ACT.	отмеча́вший (ся)	отме́тивший (ся)
PAST PASS.		отме́ченный
VERBAL ADVERB	отмеча́я (сь)	отме́тив (шись)

отмеча́ть кого – что

ОТНИМА́ТЬ (ся) / ОТНЯ́ТЬ (ся)
to take away, remove

	IMPERFECTIVE ASPECT	PERFECTIVE ASPECT
INF.	отнима́ть (ся)	отня́ть (ся)
PRES.	отнима́ю отнима́ешь отнима́ет (ся) отнима́ем отнима́ете отнима́ют (ся)	
PAST	отнима́л (ся) отнима́ла (сь) отнима́ло (сь) отнима́ли (сь)	о́тнял – отня́лся отняла́ (сь) о́тняло – отня́ло́сь о́тняли – отня́ли́сь
FUT.	бу́ду отнима́ть (ся) бу́дешь отнима́ть (ся) бу́дет отнима́ть (ся) бу́дем отнима́ть (ся) бу́дете отнима́ть (ся) бу́дут отнима́ть (ся)	отниму́ отни́мешь отни́мет (ся) отни́мем отни́мете отни́мут (ся)
COND.	отнима́л (ся) бы отнима́ла (сь) бы отнима́ло (сь) бы отнима́ли (сь) бы	о́тнял – отня́лся бы отняла́ (сь) бы о́тняло – отня́ло́сь бы о́тняли – отня́ли́сь бы
IMP.	отнима́й отнима́йте	отними́ отними́те

DEVERBALS

PRES. ACT.	отнима́ющий (ся)	
PRES. PASS.	отнима́емый	
PAST ACT.	отнима́вший (ся)	отня́вший (ся)
PAST PASS.		о́тнятый о́тнят, отнята́, о́тнято
VERBAL ADVERB	отнима́я (сь)	отня́в (шись)

отнима́ть кого – что у кого

ОТНОСИ́ТЬ (ся) / ОТНЕСТИ́ (сь)
to carry off, away (treat, regard)

	IMPERFECTIVE ASPECT	PERFECTIVE ASPECT
INF.	относи́ть (ся)	отнести́ (сь)
PRES.	отношу́ (сь) отно́сишь (ся) отно́сит (ся) отно́сим (ся) отно́сите (сь) отно́сят (ся)	
PAST	относи́л (ся) относи́ла (сь) относи́ло (сь) относи́ли (сь)	отнёс (ся) отнесла́ (сь) отнесло́ (сь) отнесли́ (сь)
FUT.	бу́ду относи́ть (ся) бу́дешь относи́ть (ся) бу́дет относи́ть (ся) бу́дем относи́ть (ся) бу́дете относи́ть (ся) бу́дут относи́ть (ся)	отнесу́ (сь) отнесёшь (ся) отнесёт (ся) отнесём (ся) отнесёте (сь) отнесу́т (ся)
COND.	относи́л (ся) бы относи́ла (сь) бы относи́ло (сь) бы относи́ли (сь) бы	отнёс (ся) бы отнесла́ (сь) бы отнесло́ (сь) бы отнесли́ (сь) бы
IMP.	относи́ (сь) относи́те (сь)	отнеси́ (сь) отнеси́те (сь)

DEVERBALS

PRES. ACT.	относя́щий (ся)	
PRES. PASS.	относи́мый	
PAST ACT.	относи́вший (ся)	отнёсший (ся)
PAST PASS.		отнесённый отнесён, отнесена́
VERBAL ADVERB	относя́ (сь)	отнеся́ (сь) – отнёсши (сь)

относи́ть кого – что
относи́ться к кому – чему

отправля́ть (ся) / отпра́вить (ся)
to send, forward (set out, depart)

	IMPERFECTIVE ASPECT	PERFECTIVE ASPECT
INF.	отправля́ть (ся)	отпра́вить (ся)
PRES.	отправля́ю (сь) отправля́ешь (ся) отправля́ет (ся) отправля́ем (ся) отправля́ете (сь) отправля́ют (ся)	
PAST	отправля́л (ся) отправля́ла (сь) отправля́ло (сь) отправля́ли (сь)	отпра́вил (ся) отпра́вила (сь) отпра́вило (сь) отпра́вили (сь)
FUT.	бу́ду отправля́ть (ся) бу́дешь отправля́ть (ся) бу́дет отправля́ть (ся) бу́дем отправля́ть (ся) бу́дете отправля́ть (ся) бу́дут отправля́ть (ся)	отпра́влю (сь) отпра́вишь (ся) отпра́вит (ся) отпра́вим (ся) отпра́вите (сь) отпра́вят (ся)
COND.	отправля́л (ся) бы отправля́ла (сь) бы отправля́ло (сь) бы отправля́ли (сь) бы	отпра́вил (ся) бы отпра́вила (сь) бы отпра́вило (сь) бы отпра́вили (сь) бы
IMP.	отправля́й (ся) отправля́йте (сь)	отпра́вь (ся) отпра́вьте (сь)

DEVERBALS

PRES. ACT.	отправля́ющий (ся)	
PRES. PASS.	отправля́емый	
PAST ACT.	отправля́вший (ся)	отпра́вивший (ся)
PAST PASS.		отпра́вленный
VERBAL ADVERB	отправля́я (сь)	отпра́вив (шись)

отправля́ть кого – что
отправля́ться от чего

отреза́ть / отре́зать
to cut off, divide, apportion

	IMPERFECTIVE ASPECT	PERFECTIVE ASPECT
INF.	отреза́ть	отре́зать
PRES.	отреза́ю отреза́ешь отреза́ет отреза́ем отреза́ете отреза́ют	
PAST	отреза́л отреза́ла отреза́ло отреза́ли	отре́зал отре́зала отре́зало отре́зали
FUT.	бу́ду отреза́ть бу́дешь отреза́ть бу́дет отреза́ть бу́дем отреза́ть бу́дете отреза́ть бу́дут отреза́ть	отре́жу отре́жешь отре́жет отре́жем отре́жете отре́жут
COND.	отреза́л бы отреза́ла бы отреза́ло бы отреза́ли бы	отре́зал бы отре́зала бы отре́зало бы отре́зали бы
IMP.	отреза́й отреза́йте	отре́жь отре́жьте

DEVERBALS

PRES. ACT.	отреза́ющий	
PRES. PASS.	отреза́емый	
PAST ACT.	отреза́вший	отре́завший
PAST PASS.		отре́занный
VERBAL ADVERB	отреза́я	отре́зав

отреза́ть что от кого

Another imperfective form is **отре́зывать**.

отрыва́ть (ся) / оторва́ть (ся)
to rip off, tear away

	IMPERFECTIVE ASPECT	PERFECTIVE ASPECT
INF.	отрыва́ть (ся)	оторва́ть (ся)
PRES.	отрыва́ю (сь) отрыва́ешь (ся) отрыва́ет (ся) отрыва́ем (ся) отрыва́ете (сь) отрыва́ют (ся)	
PAST	отрыва́л (ся) отрыва́ла (сь) отрыва́ло (сь) отрыва́ли (сь)	оторва́л (ся) оторвала́ (сь) оторва́ло – оторва́ло́сь оторва́ли – оторва́ли́сь
FUT.	бу́ду отрыва́ть (ся) бу́дешь отрыва́ть (ся) бу́дет отрыва́ть (ся) бу́дем отрыва́ть (ся) бу́дете отрыва́ть (ся) бу́дут отрыва́ть (ся)	оторву́ (сь) оторвёшь (ся) оторвёт (ся) оторвём (ся) оторвёте (сь) оторву́т (ся)
COND.	отрыва́л (ся) бы отрыва́ла (сь) бы отрыва́ло (сь) бы отрыва́ли (сь) бы	оторва́л (ся) бы оторвала́ (сь) бы оторва́ло – оторва́ло́сь бы оторва́ли – оторва́ли́сь бы
IMP.	отрыва́й (ся) отрыва́йте (сь)	оторви́ (сь) оторви́те (сь)

DEVERBALS

PRES. ACT.	отрыва́ющий (ся)	
PRES. PASS.	отрыва́емый	
PAST ACT.	отрыва́вший (ся)	оторва́вший (ся)
PAST PASS.		ото́рванный
VERBAL ADVERB	отрыва́я (сь)	оторва́в (шись)

отрыва́ть кого – что
отрыва́ться от кого – чего

отставáть / отстáть
to be behind, fall behind, be slow

	IMPERFECTIVE ASPECT	PERFECTIVE ASPECT
INF.	отставáть	отстáть
PRES.	отстаю́ отстаёшь отстаёт отстаём отстаёте отстаю́т	
PAST	отставáл отставáла отставáло отставáли	отстáл отстáла отстáло отстáли
FUT.	бу́ду отставáть бу́дешь отставáть бу́дет отставáть бу́дем отставáть бу́дете отставáть бу́дут отставáть	отстáну отстáнешь отстáнет отстáнем отстáнете отстáнут
COND.	отставáл бы отставáла бы отставáло бы отставáли бы	отстáл бы отстáла бы отстáло бы отстáли бы
IMP.	отставáй отставáйте	отстáнь отстáньте

DEVERBALS

PRES. ACT.	отстаю́щий	
PRES. PASS.		
PAST ACT.	отставáвший	отстáвший
PAST PASS.		
VERBAL ADVERB	отставáя	отстáв

отставáть от кого – чего в чём
Мои часы отстают. *My watch is slow.*

	IMPERFECTIVE ASPECT	PERFECTIVE ASPECT
INF.	отходи́ть	отойти́
PRES.	отхожу́ отхо́дишь отхо́дит отхо́дим отхо́дите отхо́дят	
PAST	отходи́л отходи́ла отходи́ло отходи́ли	отошёл отошла́ отошло́ отошли́
FUT.	бу́ду отходи́ть бу́дешь отходи́ть бу́дет отходи́ть бу́дем отходи́ть бу́дете отходи́ть бу́дут отходи́ть	отойду́ отойдёшь отойдёт отойдём отойдёте отойду́т
COND.	отходи́л бы отходи́ла бы отходи́ло бы отходи́ли бы	отошёл бы отошла́ бы отошло́ бы отошли́ бы
IMP.	отходи́ отходи́те	отойди́ отойди́те

DEVERBALS

PRES. ACT.	отходя́щий	
PRES. PASS.		
PAST ACT.	отходи́вший	отоше́дший
PAST PASS.		
VERBAL ADVERB	отходя́	отойдя́

отходи́ть от кого – чего

оформля́ть (ся) / офо́рмить (ся)
to formalize, shape (be registered)

	IMPERFECTIVE ASPECT	PERFECTIVE ASPECT
INF.	оформля́ть (ся)	офо́рмить (ся)
PRES.	оформля́ю (сь) оформля́ешь (ся) оформля́ет (ся) оформля́ем (ся) оформля́ете (сь) оформля́ют (ся)	
PAST	оформля́л (ся) оформля́ла (сь) оформля́ло (сь) оформля́ли (сь)	офо́рмил (ся) офо́рмила (сь) офо́рмило (сь) офо́рмили (сь)
FUT.	бу́ду оформля́ть (ся) бу́дешь оформля́ть (ся) бу́дет оформля́ть (ся) бу́дем оформля́ть (ся) бу́дете оформля́ть (ся) бу́дут оформля́ть (ся)	офо́рмлю (сь) офо́рмишь (ся) офо́рмит (ся) офо́рмим (ся) офо́рмите (ся) офо́рмят (ся)
COND.	оформля́л (ся) бы оформля́ла (сь) бы оформля́ло (сь) бы оформля́ли (сь) бы	офо́рмил (ся) бы офо́рмила (сь) бы офо́рмило (сь) бы офо́рмили (сь) бы
IMP.	оформля́й (ся) оформля́йте (сь)	офо́рми (сь) офо́рмите (сь)

DEVERBALS

PRES. ACT.	оформля́ющий (ся)	
PRES. PASS.	оформля́емый	
PAST ACT.	оформля́вший (ся)	офо́рмивший (ся)
PAST PASS.		офо́рмленный
VERBAL ADVERB	оформля́я (сь)	офо́рмив (шись)

оформля́ть кого – что

252

ошиба́ться / ошиби́ться
to be mistaken

	IMPERFECTIVE ASPECT	PERFECTIVE ASPECT
INF.	ошиба́ться	ошиби́ться
PRES.	ошиба́юсь	
	ошиба́ешься	
	ошиба́ется	
	ошиба́емся	
	ошиба́етесь	
	ошиба́ются	
PAST	ошиба́лся	оши́бся
	ошиба́лась	оши́блась
	ошиба́лось	оши́блось
	ошиба́лись	оши́блись
FUT.	бу́ду ошиба́ться	ошибу́сь
	бу́дешь ошиба́ться	ошибёшься
	бу́дет ошиба́ться	ошибётся
	бу́дем ошиба́ться	ошибёмся
	бу́дете ошиба́ться	ошибётесь
	бу́дут ошиба́ться	ошибу́тся
COND.	ошиба́лся бы	оши́бся бы
	ошиба́лась бы	оши́блась бы
	ошиба́лось бы	оши́блось бы
	ошиба́лись бы	оши́блись бы
IMP.	ошиба́йся	ошиби́сь
	ошиба́йтесь	ошиби́тесь

DEVERBALS

PRES. ACT.	ошиба́ющийся	
PRES. PASS.		
PAST ACT.	ошиба́вшийся	ошиби́вшийся
PAST PASS.		
VERBAL ADVERB	ошиба́ясь	ошиби́вшись

пáдать / упáсть
to fall, drop

	IMPERFECTIVE ASPECT	PERFECTIVE ASPECT
INF.	пáдать	упáсть
PRES.	пáдаю	
	пáдаешь	
	пáдает	
	пáдаем	
	пáдаете	
	пáдают	
PAST	пáдал	упáл
	пáдала	упáла
	пáдало	упáло
	пáдали	упáли
FUT.	бýду пáдать	упадý
	бýдешь пáдать	упадёшь
	бýдет пáдать	упадёт
	бýдем пáдать	упадём
	бýдете пáдать	упадёте
	бýдут пáдать	упадýт
COND.	пáдал бы	упáл бы
	пáдала бы	упáла бы
	пáдало бы	упáло бы
	пáдали бы	упáли бы
IMP.	пáдай	упади́
	пáдайте	упади́те
DEVERBALS		
PRES. ACT.	пáдающий	
PRES. PASS.		
PAST ACT.	пáдавший	упáвший
PAST PASS.		
VERBAL ADVERB	пáдая	упáв

пáдать на что

254

	IMPERFECTIVE ASPECT	PERFECTIVE ASPECT
INF.	пахáть	вспахáть
PRES.	пашу́ пáшешь пáшет пáшем пáшете пáшут	
PAST	пахáл пахáла пахáло пахáли	вспахáл вспахáла вспахáло вспахáли
FUT.	бу́ду пахáть бу́дешь пахáть бу́дет пахáть бу́дем пахáть бу́дете пахáть бу́дут пахáть	вспашу́ вспáшешь вспáшет вспáшем вспáшете вспáшут
COND.	пахáл бы пахáла бы пахáло бы пахáли бы	вспахáл бы вспахáла бы вспахáло бы вспахáли бы
IMP.	паши́ паши́те	вспаши́ вспаши́те

DEVERBALS

PRES. ACT.	пáшущий	
PRES. PASS.		
PAST ACT.	пахáвший	вспахáвший
PAST PASS.	пáханный	вспáханный
VERBAL ADVERB		вспахáв

пахáть что

перебива́ть (ся) / переби́ть (ся)
to interrupt, slaughter, smash

	IMPERFECTIVE ASPECT	PERFECTIVE ASPECT
INF.	перебива́ть (ся)	переби́ть (ся)
PRES.	перебива́ю (сь)	
	перебива́ешь (ся)	
	перебива́ет (ся)	
	перебива́ем (ся)	
	перебива́ете (сь)	
	перебива́ют (ся)	
PAST	перебива́л (ся)	переби́л (ся)
	перебива́ла (сь)	переби́ла (сь)
	перебива́ло (сь)	переби́ло (сь)
	перебива́ли (сь)	переби́ли (сь)
FUT.	бу́ду перебива́ть (ся)	перебью́ (сь)
	бу́дешь перебива́ть (ся)	перебьёшь (ся)
	бу́дет перебива́ть (ся)	перебьёт (ся)
	бу́дем перебива́ть (ся)	перебьём (ся)
	бу́дете перебива́ть (ся)	перебьёте (сь)
	бу́дут перебива́ть (ся)	перебью́т (ся)
COND.	перебива́л (ся) бы	переби́л (ся) бы
	перебива́ла (сь) бы	переби́ла (сь) бы
	перебива́ло (сь) бы	переби́ло (сь) бы
	перебива́ли (сь) бы	переби́ли (сь) бы
IMP.	перебива́й (ся)	перебе́й (ся)
	перебива́йте (сь)	перебе́йте (сь)

DEVERBALS

PRES. ACT.	перебива́ющий (ся)	
PRES. PASS.	перебива́емый	
PAST ACT.	перебива́вший (ся)	переби́вший (ся)
PAST PASS.		переби́тый
VERBAL ADVERB	перебива́я (сь)	переби́в (шись)

перебива́ть кого – что

переводи́ть (ся) / перевести́ (сь)
to lead across, convey, translate

	IMPERFECTIVE ASPECT	PERFECTIVE ASPECT
INF.	переводи́ть (ся)	перевести́ (сь)
PRES.	перевожу́ (сь)	
	перево́дишь (ся)	
	перево́дит (ся)	
	перево́дим (ся)	
	перево́дите (сь)	
	перево́дят (ся)	
PAST	переводи́л (ся)	перевёл (ся)
	переводи́ла (сь)	перевела́ (сь)
	переводи́ло (сь)	перевело́ (сь)
	переводи́ли (сь)	перевели́ (сь)
FUT.	бу́ду переводи́ть (ся)	переведу́ (сь)
	бу́дешь переводи́ть (ся)	переведёшь (ся)
	бу́дет переводи́ть (ся)	переведёт (ся)
	бу́дем переводи́ть (ся)	переведём (ся)
	бу́дете переводи́ть (ся)	переведёте (сь)
	бу́дут переводи́ть (ся)	переведу́т (ся)
COND.	переводи́л (ся) бы	перевёл (ся) бы
	переводи́ла (сь) бы	перевела́ (сь) бы
	переводи́ло (сь) бы	перевело́ (сь) бы
	переводи́ли (сь) бы	перевели́ (сь) бы
IMP.	переводи́ (сь)	переведи́ (сь)
	переводи́те (сь)	переведи́те (сь)

DEVERBALS

PRES. ACT.	переводя́щий (ся)	
PRES. PASS.	переводи́мый	
PAST ACT.	переводи́вший (ся)	переве́дший (ся)
PAST PASS.		переведённый
		переведён, переведена́
VERBAL ADVERB	переводя́ (сь)	переведя́ (сь)

переводи́ть кого – что во что, с чего на что

перевози́ть / перевезти́
to take across by vehicle, transport

	IMPERFECTIVE ASPECT	PERFECTIVE ASPECT
INF.	перевози́ть	перевезти́
PRES.	перевожу́ перево́зишь перево́зит перево́зим перево́зите перево́зят	
PAST	перевози́л перевози́ла перевози́ло перевози́ли	перевёз перевезла́ перевезло́ перевезли́
FUT.	бу́ду перевози́ть бу́дешь перевози́ть бу́дет перевози́ть бу́дем перевози́ть бу́дете перевози́ть бу́дут перевози́ть	перевезу́ перевезёшь перевезёт перевезём перевезёте перевезу́т
COND.	перевози́л бы перевози́ла бы перевози́ло бы перевози́ли бы	перевёз бы перевезла́ бы перевезло́ бы перевезли́ бы
IMP.	перевози́ перевози́те	перевези́ перевези́те

DEVERBALS

PRES. ACT.	перевозя́	
PRES. PASS.	перевози́мый	
PAST ACT.	перевози́вший	перевёзший
PAST PASS.		перевезённый перевезён, перевезена́
VERBAL ADVERB	перевозя́	перевезя́

перевози́ть кого – что

258

передава́ть (ся) / переда́ть (ся)
to pass on, hand over, broadcast

	IMPERFECTIVE ASPECT	PERFECTIVE ASPECT
INF.	передава́ть (ся)	переда́ть
PRES.	передаю́	
	передаёшь	
	передаёт (ся)	
	передаём	
	передаёте	
	передаю́т (ся)	
PAST	передава́л (ся)	пе́редал – переда́лся
	передава́ла (сь)	передала́ (сь)
	передава́ло (сь)	пе́редало – передало́сь
	передава́ли (сь)	пе́редали – передали́сь
FUT.	бу́ду передава́ть	переда́м
	бу́дешь передава́ть	переда́шь
	бу́дет передава́ть (ся)	переда́ст (ся)
	бу́дем передава́ть	передади́м
	бу́дете передава́ть	передади́те
	бу́дут передава́ть (ся)	передаду́т (ся)
COND.	передава́л (ся) бы	пе́редал – переда́лся бы
	передава́ла (сь) бы	передала́ (сь) бы
	передава́ло (сь) бы	пе́редало - передало́сь бы
	передава́ли (сь) бы	пе́редали - передали́сь бы
IMP.	передава́й	переда́й
	передава́йте	переда́йте

DEVERBALS

PRES. ACT.	передаю́щий (ся)	
PRES. PASS.	передава́емый	
PAST ACT.	передава́вший (ся)	переда́вший (ся)
PAST PASS.		пе́реданный,
		пе́редан, передана́, пе́редано
VERBAL ADVERB	передава́я (сь)	переда́в (шись)

переда́ть кому кого – что
переда́ться кому – чему

переезжа́ть / перее́хать
to cross, move, run over

	IMPERFECTIVE ASPECT	PERFECTIVE ASPECT
INF.	переезжа́ть	перее́хать
PRES.	переезжа́ю	
	переезжа́ешь	
	переезжа́ет	
	переезжа́ем	
	переезжа́ете	
	переезжа́ют	
PAST	переезжа́л	перее́хал
	переезжа́ла	перее́хала
	переезжа́ло	перее́хало
	переезжа́ли	перее́хали
FUT.	бу́ду переезжа́ть	перее́ду
	бу́дешь переезжа́ть	перее́дешь
	бу́дет переезжа́ть	перее́дет
	бу́дем переезжа́ть	перее́дем
	бу́дете переезжа́ть	перее́дете
	бу́дут переезжа́ть	перее́дут
COND.	переезжа́л бы	перее́хал бы
	переезжа́ла бы	перее́хала бы
	переезжа́ло бы	перее́хало бы
	переезжа́ли бы	перее́хали бы
IMP.	переезжа́й	
	переезжа́йте	

DEVERBALS

PRES. ACT.	переезжа́ющий	
PRES. PASS.	переезжа́емый	
PAST ACT.	переезжа́вший	перее́хавший
PAST PASS.		
VERBAL ADVERB	переезжа́я	перее́хав

переезжа́ть кого – что через что

	IMPERFECTIVE ASPECT	PERFECTIVE ASPECT
INF.	переживáть	пережи́ть
PRES.	переживáю переживáешь переживáет переживáем переживáете переживáют	
PAST	переживáл переживáла переживáло переживáли	пе́режи́л пережила́ пе́режи́ло пе́режи́ли
FUT.	бу́ду переживáть бу́дешь переживáть бу́дет переживáть бу́дем переживáть бу́дете переживáть бу́дут переживáть	переживу́ переживёшь переживёт переживём переживёте переживу́т
COND.	переживáл бы переживáла бы переживáло бы переживáли бы	пе́режи́л бы пережила́ бы пе́режи́ло бы пе́режи́ли бы
IMP.	переживáй переживáйте	переживи́ переживи́те

DEVERBALS

PRES. ACT.	переживáющий	
PRES. PASS.	переживáемый	
PAST ACT.	переживáвший	пережи́вший
PAST PASS.		пе́режи́тый пе́режи́т, пережита́, пе́режи́то
VERBAL ADVERB	переживáя	пережи́в

переживáть что

переноси́ть / перенести́
to carry over, transmit, endure

	IMPERFECTIVE ASPECT	PERFECTIVE ASPECT
INF.	переноси́ть	перенести́
PRES.	переношу́	
	перено́сишь	
	перено́сит	
	перено́сим	
	перено́сите	
	перено́сят	
PAST	переноси́л	перенёс
	переноси́ла	перенесла́
	переноси́ло	перенесло́
	переноси́ли	перенесли́
FUT.	бу́ду переноси́ть	перенесу́
	бу́дешь переноси́ть	перенесёшь
	бу́дет переноси́ть	перенесёт
	бу́дем переноси́ть	перенесём
	бу́дете переноси́ть	перенесёте
	бу́дут переноси́ть	перенесу́т
COND.	переноси́л бы	перенёс бы
	переноси́ла бы	перенесла́ бы
	переноси́ло бы	перенесло́ бы
	переноси́ли бы	перенесли́ бы
IMP.	переноси́	перенеси́
	переноси́те	перенеси́те

DEVERBALS

PRES. ACT.	переноси́щий	
PRES. PASS.	переноси́мый	
PAST ACT.	переноси́вший	перенёсший
PAST PASS.		перенесённый
		перенесён, перенесена́
VERBAL ADVERB	перенося́	перенеся́

переноси́ть кого – что

переписывать (ся) / переписа́ть (ся)
to reprint, rewrite, take down (correspond / be registered)

	IMPERFECTIVE ASPECT	PERFECTIVE ASPECT
INF.	переписывать (ся)	переписа́ть (ся)
PRES.	переписываю (сь)	
	переписываешь (ся)	
	переписывает (ся)	
	переписываем (ся)	
	переписываете (сь)	
	переписывают (ся)	
PAST	переписывал (ся)	переписа́л (ся)
	переписывала (сь)	переписа́ла (сь)
	переписывало (сь)	переписа́ло (сь)
	переписывали (сь)	переписа́ли (сь)
FUT.	бу́ду переписывать (ся)	перепишу́ (сь)
	бу́дешь переписывать (ся)	перепи́шешь (ся)
	бу́дет переписывать (ся)	перепи́шет (ся)
	бу́дем переписывать (ся)	перепи́шем (ся)
	бу́дете переписывать (ся)	перепи́шете (сь)
	бу́дут переписывать (ся)	перепи́шут (ся)
COND.	переписывал (ся) бы	переписа́л (ся) бы
	переписывала (сь) бы	переписа́ла (сь) бы
	переписывало (сь) бы	переписа́ло (сь) бы
	переписывали (сь) бы	переписа́ли (сь) бы
IMP.	переписывай (ся)	перепиши́ (сь)
	переписывайте (сь)	перепиши́те (сь)

DEVERBALS

PRES. ACT.	переписывающий (ся)	
PRES. PASS.	переписываемый	
PAST ACT.	переписывавший (ся)	переписа́вший (ся)
PAST PASS.		перепи́санный
VERBAL ADVERB	переписывая (сь)	переписа́в (шись)

переписывать кого – что
переписываться с кем *to correspond with someone* [imperfective form only]

перераба́тывать (ся) / перерабо́тать (ся)
to make into, remake, rework (overwork)

	IMPERFECTIVE ASPECT	PERFECTIVE ASPECT
INF.	перераба́тывать (ся)	перерабо́тать (ся)
PRES.	перераба́тываю (сь)	
	перераба́тываешь (ся)	
	перераба́тывает (ся)	
	перераба́тываем (ся)	
	перераба́тываете (сь)	
	перераба́тывают (ся)	
PAST	перераба́тывал (ся)	перерабо́тал (ся)
	перераба́тывала (сь)	перерабо́тала (сь)
	перераба́тывало (сь)	перерабо́тало (сь)
	перераба́тывали (сь)	перерабо́тали (сь)
FUT.	бу́ду перераба́тывать (ся)	перерабо́таю (сь)
	бу́дешь перераба́тывать (ся)	перерабо́таешь (ся)
	бу́дет перераба́тывать (ся)	перерабо́тает (ся)
	бу́дем перераба́тывать (ся)	перерабо́таем (ся)
	бу́дете перераба́тывать (ся)	перерабо́таете (ся)
	бу́дут перераба́тывать (ся)	перерабо́тают (ся)
COND.	перераба́тывал (ся) бы	перерабо́тал (ся) бы
	перераба́тывала (сь) бы	перерабо́тала (сь) бы
	перераба́тывало (сь) бы	перерабо́тало (сь) бы
	перераба́тывали (сь) бы	перерабо́тали (сь) бы
IMP.	перераба́тывай (ся)	перерабо́тай (ся)
	перераба́тывайте (сь)	перерабо́тайте (сь)

DEVERBALS

PRES. ACT.	перераба́тывающий (ся)	
PRES. PASS.	перераба́тываемый	
PAST ACT.	перераба́тывавший (ся)	перерабо́тавший (ся)
PAST PASS.		перерабо́таннный
VERBAL ADVERB	перераба́тывая (сь)	перерабо́тав (шись)

перераба́тывать что во что, на что

пересáживать / пересади́ть
to transplant, seat anew, force someone to change seats

	IMPERFECTIVE ASPECT	PERFECTIVE ASPECT
INF.	пересáживать	пересади́ть
PRES.	пересáживаю пересáживаешь пересáживает пересáживаем пересáживаете пересáживают	
PAST	пересáживал пересáживала пересáживало пересáживали	пересади́л пересади́ла пересади́ло пересади́ли
FUT.	бýду пересáживать бýдешь пересáживать бýдет пересáживать бýдем пересáживать бýдете пересáживать бýдут пересáживать	пересажý пересáдишь пересáдит пересáдим пересáдите пересáдят
COND.	пересáживал бы пересáживала бы пересáживало бы пересáживали бы	пересади́л бы пересади́ла бы пересади́ло бы пересади́ли бы
IMP.	пересáживай пересáживайте	пересади́ пересади́те

DEVERBALS

PRES. ACT.	пересáживающий	
PRES. PASS.	пересáживаемый	
PAST ACT.	пересáживавший	пересади́вший
PAST PASS.		пересáженнный
VERBAL ADVERB	пересáживая	пересади́в

пересáживать кого – что

пересáживаться / пересéсть
to change [vehicles], change one's seat

	IMPERFECTIVE ASPECT	PERFECTIVE ASPECT
INF.	пересáживаться	пересéсть
PRES.	пересáживаюсь пересáживаешься пересáживается пересáживаемся пересáживаетесь пересáживаются	
PAST	пересáживался пересáживалась пересáживалось пересáживались	пересéл пересéла пересéло пересéли
FUT.	бýду пересáживаться бýдешь пересáживаться бýдет пересáживаться бýдем пересáживаться бýдете пересáживаться бýдут пересáживаться	переся́ду переся́дешь переся́дет переся́дем переся́дете переся́дут
COND.	пересáживался бы пересáживáлась бы пересáживалось бы пересáживались бы	пересéл бы пересéла бы пересéло бы пересéли бы
IMP.	пересáживайся пересáживайтесь	переся́дь переся́дьте

DEVERBALS

PRES. ACT.	пересáживающийся	
PRES. PASS.		
PAST ACT.	пересáживавшийся	пересéвший
PAST PASS.		
VERBAL ADVERB	пересáживаясь	пересéв

пересáживаться на что

	IMPERFECTIVE ASPECT	PERFECTIVE ASPECT
INF.	переставáть	перестáть
PRES.	перестаю́	
	перестаёшь	
	перестаёт	
	перестаём	
	перестаёте	
	перестаю́т	
PAST	переставáл	перестáл
	переставáла	перестáла
	переставáло	перестáло
	переставáли	перестáли
FUT.	бу́ду переставáть	перестáну
	бу́дешь переставáть	перестáнешь
	бу́дет переставáть	перестáнет
	бу́дем переставáть	перестáнем
	бу́дете переставáть	перестáнете
	бу́дут переставáть	перестáнут
COND.	переставáл бы	перестáл бы
	переставáла бы	перестáла бы
	переставáло бы	перестáло бы
	переставáли бы	перестáли бы
IMP.	переставáй	перестáнь
	переставáйте	перестáньте

DEVERBALS

PRES. ACT.	перестаю́щий	
PRES. PASS.		
PAST ACT.	переставáвший	перестáвший
PAST PASS.		
VERBAL ADVERB	переставáя	перестáв

переходи́ть / перейти́
to cross on foot, get over

	IMPERFECTIVE ASPECT	PERFECTIVE ASPECT
INF.	переходи́ть	перейти́
PRES.	перехожу́	
	перехо́дишь	
	перехо́дит	
	перехо́дим	
	перехо́дите	
	перехо́дят	
PAST	переходи́л	перешёл
	переходи́ла	перешла́
	переходи́ло	перешло́
	переходи́ли	перешли́
FUT.	бу́ду переходи́ть	перейду́
	бу́дешь переходи́ть	перейдёшь
	бу́дет переходи́ть	перейдёт
	бу́дем переходи́ть	перейдём
	бу́дете переходи́ть	перейдёте
	бу́дут переходи́ть	перейду́т
COND.	переходи́л бы	перешёл бы
	переходи́ла бы	перешла́ бы
	переходи́ло бы	перешло́ бы
	переходи́ли бы	перешли́ бы
IMP.	переходи́	перейди́
	переходи́те	перейди́те

DEVERBALS

PRES. ACT.	переходя́щий	
PRES. PASS.	переходи́мый	
PAST ACT.	переходи́вший	переше́дший
PAST PASS.		перейдённый
		перейдён, перейдена́
VERBAL ADVERB	переходя́	перейдя́

переходи́ть что, через что, на что

	IMPERFECTIVE ASPECT	PERFECTIVE ASPECT
INF.	пе́ть	спе́ть
PRES.	пою́	
	поёшь	
	поёт	
	поём	
	поёте	
	пою́т	
PAST	пе́л	спе́л
	пе́ла	спе́ла
	пе́ло	спе́ло
	пе́ли	спе́ли
FUT.	бу́ду пе́ть	спою́
	бу́дешь пе́ть	споёшь
	бу́дет пе́ть	споёт
	бу́дем пе́ть	споём
	бу́дете пе́ть	споёте
	бу́дут пе́ть	спою́т
COND.	пе́л бы	спе́л бы
	пе́ла бы	спе́ла бы
	пе́ло бы	спе́ло бы
	пе́ли бы	спе́ли бы
IMP.	по́й	спо́й
	по́йте	спо́йте

DEVERBALS

PRES. ACT.	пою́щий	
PRES. PASS.		
PAST ACT.	пе́вший	спе́вший
PAST PASS.	пе́тый	спе́тый
VERBAL ADVERB		спе́в

пе́ть что

печа́тать (ся) / напеча́тать (ся)
to print, type (be published)

	IMPERFECTIVE ASPECT	PERFECTIVE ASPECT
INF.	печа́тать (ся)	напеча́тать (ся)
PRES.	печа́таю (сь)	
	печа́таешь (ся)	
	печа́тает (ся)	
	печа́таем (ся)	
	печа́таете (сь)	
	печа́тают (ся)	
PAST	печа́тал (ся)	напеча́тал (ся)
	печа́тала (сь)	напеча́тала (сь)
	печа́тало (сь)	напеча́тало (сь)
	печа́тали (сь)	напеча́тали (сь)
FUT.	бу́ду печа́тать (ся)	напеча́таю (сь)
	бу́дешь печа́тать (ся)	напеча́таешь (ся)
	бу́дет печа́тать (ся)	напеча́тает (ся)
	бу́дем печа́тать (ся)	напеча́таем (ся)
	бу́дете печа́тать (ся)	напеча́таете (сь)
	бу́дут печа́тать (ся)	напеча́тают (ся)
COND.	печа́тал (ся) бы	напеча́тал (ся) бы
	печа́тала (сь) бы	напеча́тала (сь) бы
	печа́тало (сь) бы	напеча́тало (сь) бы
	печа́тали (сь) бы	напеча́тали (сь) бы
IMP.	печа́тай (ся)	напеча́тай (ся)
	печа́тайте (сь)	напеча́тайте (сь)

DEVERBALS

PRES. ACT.	печа́тающий (ся)	
PRES. PASS.	печа́таемый	
PAST ACT.	печа́тавший (ся)	напеча́тавший (ся)
PAST PASS.		напеча́танный
VERBAL ADVERB	печа́тая (сь)	напеча́тав (шись)

печа́тать что

270

	IMPERFECTIVE ASPECT	PERFECTIVE ASPECT
INF.	пе́чь (ся)	испе́чь (ся)
PRES.	пеку́ (сь) печёшь (ся) печёт (ся) печём (ся) печёте (сь) пеку́т (ся)	
PAST	пёк (ся) пекла́ (сь) пекло́ (сь) пекли́ (сь)	испёк (ся) испекла́ (сь) испекло́ (сь) испекли́ (сь)
FUT.	бу́ду пе́чь (ся) бу́дешь пе́чь (ся) бу́дет пе́чь (ся) бу́дем пе́чь (ся) бу́дете пе́чь (ся) бу́дут пе́чь (ся)	испеку́ (сь) испечёшь (ся) испечёт (ся) испечём (ся) испечёте (ся) испеку́т (ся)
COND.	пёк (ся) бы пекла́ (сь) бы пекло́ (сь) бы пекли́ (сь) бы	испёк (ся) бы испекла́ (сь) бы испекло́ (сь) бы испекли́ (сь) бы
IMP.	пеки́ (сь) пеки́те (сь)	испеки́ (сь) испеки́те (сь)

DEVERBALS

PRES. ACT.	пеку́щий (ся)	
PRES. PASS.		
PAST ACT.	пёкший (ся)	испёкший (ся)
PAST PASS.	печённый печён, печена́	испечённый испечён, испечена́
VERBAL ADVERB	пёкши (сь)	испёкши (сь)

пе́чь что

писа́ть (ся) / написа́ть
to write, paint (be in mood for writing)

	IMPERFECTIVE ASPECT	PERFECTIVE ASPECT
INF.	писа́ть (ся)	написа́ть
PRES.	пишу́ пи́шешь пи́шет (ся) пи́шем пи́шете пи́шут (ся)	
PAST	писа́л (ся) писа́ла (сь) писа́ло (сь) писа́ли (сь)	написа́л написа́ла написа́ло написа́ли
FUT.	бу́ду писа́ть бу́дешь писа́ть бу́дет писа́ть (ся) бу́дем писа́ть бу́дете писа́ть бу́дут писа́ть (ся)	напишу́ напи́шешь напи́шет напи́шем напи́шете напи́шут
COND.	писа́л (ся) бы писа́ла (сь) бы писа́ло (сь) бы писа́ли (сь) бы	написа́л бы написа́ла бы написа́ло бы написа́ли бы
IMP.	пиши́ пиши́те	напиши́ напиши́те

DEVERBALS

PRES. ACT.	пи́шущий (ся)	
PRES. PASS.		
PAST ACT.	писа́вший (ся)	написа́вший
PAST PASS.	пи́санный	напи́санный
VERBAL ADVERB	писа́в (шись)	написа́в

писа́ть что

The reflexive form is used only in the imperfective aspect.

272

пить / вы́пить
to drink

	IMPERFECTIVE ASPECT	PERFECTIVE ASPECT
INF.	пить	вы́пить
PRES.	пью пьёшь пьёт пьём пьёте пьют	
PAST	пи́л пила́ пи́ло пи́ли	вы́пил вы́пила вы́пило вы́пили
FUT.	бу́ду пить бу́дешь пить бу́дет пить бу́дем пить бу́дете пить бу́дут пить	вы́пью вы́пешь вы́пет вы́пьем вы́пете вы́пьют
COND.	пи́л бы пила́ бы пи́ло бы пи́ли бы	вы́пил бы вы́пила бы вы́пило бы выпили бы
IMP.	пе́й пе́йте	вы́пей вы́пейте

DEVERBALS

PRES. ACT.	пью́щий	
PRES. PASS.		
PAST ACT.	пи́вший	вы́пивший
PAST PASS.	пи́тый	вы́питый
VERBAL ADVERB	пи́в	вы́пив

пить что, чего

пла́вать – плы́ть / поплы́ть
to swim, sail, boat / begin swimming

	MULTIDIRECTIONAL	UNIDIRECTIONAL	PERFECTIVE ASPECT
INF.	пла́вать	плы́ть	поплы́ть
PRES.	пла́ваю	плыву́	
	пла́ваешь	плывёшь	
	пла́вает	плывёт	
	пла́ваем	плывём	
	пла́ваете	плывёте	
	пла́вают	плыву́т	
PAST	пла́вал	плы́л	поплы́л
	пла́вала	плыла́	поплыла́
	пла́вало	плы́ло	поплы́ло
	пла́вали	плы́ли	поплы́ли
FUT.	бу́ду пла́вать	бу́ду плы́ть	поплыву́
	бу́дешь пла́вать	бу́дешь плы́ть	поплывёшь
	бу́дет пла́вать	бу́дет плы́ть	поплывёт
	бу́дем пла́вать	бу́дем плы́ть	поплывём
	бу́дете пла́вать	бу́дете плы́ть	поплывёте
	бу́дут пла́вать	бу́дут плы́ть	поплыву́т
COND.	пла́вал бы	плы́л бы	поплы́л бы
	пла́вала бы	плыла́ бы	поплыла́ бы
	пла́вало бы	плы́ло бы	поплы́ло бы
	пла́вали бы	плы́ли бы	поплы́ли бы
IMP.	пла́вай	плыви́	поплыви́
	пла́вайте	плыви́те	поплыви́те

DEVERBALS

PRES. ACT.	пла́вающий	плыву́щий	
PRES. PASS.			
PAST ACT.	пла́вавший	плы́вший	поплы́вший
PAST PASS.			
VERBAL ADVERB	пла́вая	плывя́	поплы́в

плакать / заплакать
to cry, weep / begin to cry

	IMPERFECTIVE ASPECT	PERFECTIVE ASPECT
INF.	плакать	заплакать
PRES.	плачу плачешь плачет плачем плачете плачут	
PAST	плакал плакала плакало плакали	заплакал заплакала заплакало заплакали
FUT.	буду плакать будешь плакать будет плакать будем плакать будете плакать будут плакать	заплачу заплачешь заплачет заплачем заплачете заплачут
COND.	плакал бы плакала бы плакало бы плакали бы	заплакал бы заплакала бы заплакало бы заплакали бы
IMP.	плачь плачьте	заплачь заплачьте

DEVERBALS

PRES. ACT.	плачущий	
PRES. PASS.		
PAST ACT.	плакавший	заплакавший
PAST PASS.		
VERBAL ADVERB	плача	заплакав

плати́ть / заплати́ть
to pay, pay for

	IMPERFECTIVE ASPECT	PERFECTIVE ASPECT
INF.	плати́ть	заплати́ть
PRES.	плачу́ пла́тишь пла́тит пла́тим пла́тите пла́тят	
PAST	плати́л плати́ла плати́ло плати́ли	заплати́л заплати́ла заплати́ло заплати́ли
FUT.	бу́ду плати́ть бу́дешь плати́ть бу́дет плати́ть бу́дем плати́ть бу́дете плати́ть бу́дут плати́ть	заплачу́ запла́тишь запла́тит запла́тим запла́тите запла́тят
COND.	плати́л бы плати́ла бы плати́ло бы плати́ли бы	заплати́л бы заплати́ла бы заплати́ло бы заплати́ли бы
IMP.	плати́ плати́те	заплати́ заплати́те

DEVERBALS

PRES. ACT.	платя́щий	
PRES. PASS.	плати́мый	
PAST ACT.	плати́вший	заплати́вший
PAST PASS.	пла́ченный	запла́ченный
VERBAL ADVERB	платя́	заплати́в

плати́ть что за что, чем

	IMPERFECTIVE ASPECT	PERFECTIVE ASPECT
INF.	побежда́ть	победи́ть
PRES.	побежда́ю побежда́ешь побежда́ет побежда́ем побежда́ете побежда́ют	
PAST	побежда́л побежда́ла побежда́ло побежда́ли	победи́л победи́ла победи́ло победи́ли
FUT.	бу́ду побежда́ть бу́дешь побежда́ть бу́дет побежда́ть бу́дем побежда́ть бу́дете побежда́ть бу́дут побежда́ть	 победи́шь победи́т победи́м победи́те победя́т
COND.	побежда́л бы побежда́ла бы побежда́ло бы побежда́ли бы	победи́л бы победи́ла бы победи́ло бы победи́ли бы
IMP.	побежда́й побежда́йте	победи́ победи́те

DEVERBALS

PRES. ACT.	побежда́ющий	
PRES. PASS.	побежда́емый	
PAST ACT.	побежда́вший	победи́вший
PAST PASS.		побеждённый побеждён, побеждена́
VERBAL ADVERB	побежда́я	победи́в

побежда́ть кого – что

The first person singular form is not used in the perfective future.

повторя́ть (ся) / повтори́ть (ся)
to repeat

	IMPERFECTIVE ASPECT	PERFECTIVE ASPECT
INF.	повторя́ть (ся)	повтори́ть (ся)
PRES.	повторя́ю повторя́ешь повторя́ет (ся) повторя́ем повторя́ете повторя́ют (ся)	
PAST	повторя́л (ся) повторя́ла (сь) повторя́ло (сь) повторя́ли (сь)	повтори́л (ся) повтори́ла (сь) повтори́ло (сь) повтори́ли (сь)
FUT.	бу́ду повторя́ть бу́дешь повторя́ть бу́дет повторя́ть (ся) бу́дем повторя́ть бу́дете повторя́ть бу́дут повторя́ть (ся)	повторю́ повтори́шь повтори́т (ся) повтори́м повтори́те повторя́т (ся)
COND.	повторя́л (ся) бы повторя́ла (сь) бы повторя́ло (сь) бы повторя́ли (сь) бы	повтори́л (ся) бы повтори́ла (сь) бы повтори́ло (сь) бы повтори́ли (сь) бы
IMP.	повторя́й повторя́йте	повтори́ повтори́те

DEVERBALS

PRES. ACT.	повторя́ющий (ся)	
PRES. PASS.	повторя́емый	
PAST ACT.	повторя́вший (ся)	повтори́вший (ся)
PAST PASS.		повторённый повторён, повторена́
VERBAL ADVERB	повторя́я (сь)	повтори́в (шись)

повторя́ть что

	IMPERFECTIVE ASPECT	PERFECTIVE ASPECT
INF.	погиба́ть	поги́бнуть
PRES.	погиба́ю	
	погиба́ешь	
	погиба́ет	
	погиба́ем	
	погиба́ете	
	погиба́ют	
PAST	погиба́л	поги́б
	погиба́ла	поги́бла
	погиба́ло	поги́бло
	погиба́ли	поги́бли
FUT.	бу́ду погиба́ть	поги́бну
	бу́дешь погиба́ть	поги́бнешь
	бу́дет погиба́ть	поги́бнет
	бу́дем погиба́ть	поги́бнем
	бу́дете погиба́ть	поги́бнете
	бу́дут погиба́ть	поги́бнут
COND.	погиба́л бы	поги́б бы
	погиба́ла бы	поги́бла бы
	погиба́ло бы	поги́бло бы
	погиба́ли бы	поги́бли бы
IMP.	погиба́й	поги́бни
	погиба́йте	поги́бните

DEVERBALS

PRES. ACT.	погиба́ющий	
PRES. PASS.		
PAST ACT.	погиба́вший	поги́бший
PAST PASS.		
VERBAL ADVERB	погиба́я	погибну́в – поги́бши

подава́ть (ся) / пода́ть (ся)
to serve, present, give away (yield)

	IMPERFECTIVE ASPECT	PERFECTIVE ASPECT
INF.	подава́ть (ся)	пода́ть (ся)
PRES.	подаю́ (сь)	
	подаёшь (ся)	
	подаёт (ся)	
	подаём (ся)	
	подаёте (ся)	
	подаю́т (ся)	
PAST	подава́л (ся)	по́дал – пода́лся
	подава́ла (сь)	подала́ (сь)
	подава́ло (сь)	по́дало – подало́сь
	подава́ли (сь)	по́дали – подали́сь
FUT.	бу́ду подава́ть (ся)	пода́м (ся)
	бу́дешь подава́ть (ся)	пода́шь (ся)
	бу́дет подава́ть (ся)	пода́ст (ся)
	бу́дем подава́ть (ся)	подади́м (ся)
	бу́дете подава́ть (ся)	подади́те (сь)
	бу́дут подава́ть (ся)	подаду́т (ся)
COND.	подава́л (ся) бы	по́дал – пода́лся бы
	подава́ла (сь) бы	подала́ (сь) бы
	подава́ло (сь) бы	по́дало – подало́сь бы
	подава́ли (сь) бы	по́дали – подали́сь бы
IMP.	подава́й (ся)	пода́й (ся)
	подава́йте (сь)	пода́йте (сь)

DEVERBALS

PRES. ACT.	подаю́щий (ся)	
PRES. PASS.	подава́емый	
PAST ACT.	подава́вший (ся)	пода́вший (ся)
PAST PASS.		по́данный
		по́дан, подана́, по́дано
VERBAL ADVERB	подава́я (сь)	пода́в (шись)

подава́ть что

	IMPERFECTIVE ASPECT	PERFECTIVE ASPECT
INF.	подводи́ть	подвести́
PRES.	подвожу́ подво́дишь подво́дит подво́дим подво́дите подво́дят	
PAST	подводи́л подводи́ла подводи́ло подводи́ли	подвёл подвела́ подвело́ подвели́
FUT.	бу́ду подводи́ть бу́дешь подводи́ть бу́дет подводи́ть бу́дем подводи́ть бу́дете подводи́ть бу́дут подводи́ть	подведу́ подведёшь подведёт подведём подведёте подведу́т
COND.	подводи́л бы подводи́ла бы подводи́ло бы подводи́ли бы	подвёл бы подвела́ бы подвело́ бы подвели́ бы
IMP.	подводи́ подводи́те	подведи́ подведи́те

DEVERBALS

PRES. ACT.	подводя́щий	
PRES. PASS.	подводи́мый	
PAST ACT.	подводи́вший	подве́дший
PAST PASS.		подведённый подведён, подведена́
VERBAL ADVERB	подводя́	подведя́

подводи́ть кого – что

подготáвливать (ся) / подготóвить (ся)
to prepare, get ready

	IMPERFECTIVE ASPECT	PERFECTIVE ASPECT
INF.	подготáвливать (ся)	подготóвить (ся)
PRES.	подготáвливаю (сь)	
	подготáвливаешь (ся)	
	подготáвливает (ся)	
	подготáвливаем (ся)	
	подготáвливаете (сь)	
	подготáвливают (ся)	
PAST	подготáвливал (ся)	подготóвил (ся)
	подготáвливала (сь)	подготóвила (сь)
	подготáвливало (сь)	подготóвило (сь)
	подготáвливали (сь)	подготóвили (сь)
FUT.	бýду подготáвливать (ся)	подготóвлю (сь)
	бýдешь подготáвливать (ся)	подготóвишь (ся)
	бýдет подготáвливать (ся)	подготóвит (ся)
	бýдем подготáвливать (ся)	подготóвим (ся)
	бýдете подготáвливать (ся)	подготóвите (сь)
	бýдут подготáвливать (ся)	подготóвят (ся)
COND.	подготáвливал (ся) бы	подготóвил (ся) бы
	подготáвливала (сь) бы	подготóвила (сь) бы
	подготáвливало (сь) бы	подготóвило (сь) бы
	подготáвливали (сь) бы	подготóвили (сь) бы
IMP.	подготáвливай (ся)	подготóвь (ся)
	подготáвливайте (сь)	подготóвьте (сь)

DEVERBALS

PRES. ACT.	подготáвливающий (ся)	
PRES. PASS.	подготáвливаемый	
PAST ACT.	подготáвливавший (ся)	подготóвивший (ся)
PAST PASS.		подготóвленный
VERBAL ADVERB	подготáвливая (сь)	подготóвив (шись)

подготáвливать кого – что к чему
подготáвливаться к чему
Another verbal pair meaning **to prepare, get ready** is подготовля́ть (ся) /
подготóвить (ся)

поднима́ть (ся) / подня́ть (ся)
to lift, raise (ascend, rise, climb up)

	IMPERFECTIVE ASPECT	PERFECTIVE ASPECT
INF.	поднима́ть (ся)	подня́ть (ся)
PRES.	поднима́ю (сь) поднима́ешь (ся) поднима́ет (ся) поднима́ем (ся) поднима́ете (сь) поднима́ют (ся)	
PAST	поднима́л (ся) поднима́ла (сь) поднима́ло (сь) поднима́ли (сь)	по́днял – подня́лся подняла́ (сь) по́дняло – подняло́сь по́дняли – подняли́сь
FUT.	бу́ду поднима́ть (ся) бу́дешь поднима́ть (ся) бу́дет поднима́ть (ся) бу́дем поднима́ть (ся) бу́дете поднима́ть (ся) бу́дут поднима́ть (ся)	подниму́ (сь) подни́мешь (ся) подни́мет (ся) подни́мем (ся) подни́мете (сь) подни́мут (ся)
COND.	поднима́л (ся) бы поднима́ла (сь) бы поднима́ло (сь) бы поднима́ли (сь) бы	по́днял – подня́лся бы подняла́ (сь) бы по́дняло – подняло́сь бы по́дняли – подняли́сь бы
IMP.	поднима́й (ся) поднима́йте (сь)	подними́ (сь) подними́те (сь)

DEVERBALS

PRES. ACT.	поднима́ющий (ся)	
PRES. PASS.	поднима́емый	
PAST ACT.	поднима́вший (ся)	подня́вший (ся)
PAST PASS.		по́днятый по́днят, поднята́, по́днято
VERBAL ADVERB	поднима́я (сь)	подня́в (шись)

поднима́ть кого – что
поднима́ться на кого – что, против кого – чего

283

подпи́сывать (ся) / подписа́ть (ся)
to sign, subscribe, write beneath

	IMPERFECTIVE ASPECT	PERFECTIVE ASPECT
INF.	подпи́сывать (ся)	подписа́ть (ся)
PRES.	подпи́сываю (сь)	
	подпи́сываешь (ся)	
	подпи́сывает (ся)	
	подпи́сываем (ся)	
	подпи́сываете (сь)	
	подпи́сывают (ся)	
PAST	подпи́сывал (ся)	подписа́л (ся)
	подпи́сывала (сь)	подписа́ла (сь)
	подпи́сывало (сь)	подписа́ло (сь)
	подпи́сывали (сь)	подписа́ли (сь)
FUT.	бу́ду подпи́сывать (ся)	подпишу́ (сь)
	бу́дешь подпи́сывать (ся)	подпи́шешь (ся)
	бу́дет подпи́сывать (ся)	подпи́шет (ся)
	бу́дем подпи́сывать (ся)	подпи́шем (ся)
	бу́дете подпи́сывать (ся)	подпи́шете (сь)
	бу́дут подпи́сывать (ся)	подпи́шут (ся)
COND.	подпи́сывал (ся) бы	подписа́л (ся) бы
	подпи́сывала (сь) бы	подписа́ла (сь) бы
	подпи́сывало (сь) бы	подписа́ло (сь) бы
	подпи́сывали (сь) бы	подписа́ли (сь) бы
IMP.	подпи́сывай (ся)	подпиши́ (сь)
	подпи́сывайте (сь)	подпиши́те (сь)

DEVERBALS

PRES. ACT.	подпи́сывающий (ся)	
PRES. PASS.	подпи́сываемый	
PAST ACT.	подпи́сывавший (ся)	подписа́вший (ся)
PAST PASS.		подпи́санный
VERBAL ADVERB	подпи́сывая (сь)	подписа́в (шись)

подпи́сывать что
подпи́сываться на что

	IMPERFECTIVE ASPECT	PERFECTIVE ASPECT
INF.	подходи́ть	подойти́
PRES.	подхожу́ подхо́дишь подхо́дит подхо́дим подхо́дите подхо́дят	
PAST	подходи́л подходи́ла подходи́ло подходи́ли	подошёл подошла́ подошло́ подошли́
FUT.	бу́ду подходи́ть бу́дешь подходи́ть бу́дет подходи́ть бу́дем подходи́ть бу́дете подходи́ть бу́дут подходи́ть	подойду́ подойдёшь подойдёт подойдём подойдёте подойду́т
COND.	подходи́л бы подходи́ла бы подходи́ло бы подходи́ли бы	подошёл бы подошла́ бы подошло́ бы подошли́ бы
IMP.	подходи́ подходи́те	подойди́ подойди́те

DEVERBALS

PRES. ACT.	подходя́щий	
PRES. PASS.		
PAST ACT.	подходи́вший	подоше́дший
PAST PASS.		
VERBAL ADVERB	подходя́	подойдя́

подходи́ть к кому – чему

подчёркивать / подчеркнуть
to underline, underscore, stress

	IMPERFECTIVE ASPECT	PERFECTIVE ASPECT
INF.	подчёркивать	подчеркнуть
PRES.	подчёркиваю	
	подчёркиваешь	
	подчёркивает	
	подчёркиваем	
	подчёркиваете	
	подчёркивают	
PAST	подчёркивал	подчеркнул
	подчёркивала	подчеркнула
	подчёркивало	подчеркнуло
	подчёркивали	подчеркнули
FUT.	буду подчёркивать	подчеркну
	будешь подчёркивать	подчеркнёшь
	будет подчёркивать	подчеркнёт
	будем подчёркивать	подчеркнём
	будете подчёркивать	подчеркнёте
	будут подчёркивать	подчеркнут
COND.	подчёркивал бы	подчеркнул бы
	подчёркивала бы	подчеркнула бы
	подчёркивало бы	подчеркнуло бы
	подчёркивали бы	подчеркнули бы
IMP.	подчёркивай	подчеркни
	подчёркивайте	подчеркните

DEVERBALS

PRES. ACT.	подчёркивающий	
PRES. PASS.	подчёркиваемый	
PAST ACT.	подчёркивавший	подчеркнуший
PAST PASS.		подчёркнутый
VERBAL ADVERB	подчёркивая	подчеркнув

подчёркивать что

подъезжа́ть / подъе́хать
to drive up to

	IMPERFECTIVE ASPECT	PERFECTIVE ASPECT
INF.	подъезжа́ть	подъе́хать
PRES.	подъезжа́ю	
	подъезжа́ешь	
	подъезжа́ет	
	подъезжа́ем	
	подъезжа́ете	
	подъезжа́ют	
PAST	подъезжа́л	подъе́хал
	подъезжа́ла	подъе́хала
	подъезжа́ло	подъе́хало
	подъезжа́ли	подъе́хали
FUT.	бу́ду подъезжа́ть	подъе́ду
	бу́дешь подъезжа́ть	подъе́дешь
	бу́дет подъезжа́ть	подъе́дет
	бу́дем подъезжа́ть	подъе́дем
	бу́дете подъезжа́ть	подъе́дете
	бу́дут подъезжа́ть	подъе́дут
COND.	подъезжа́л бы	подъе́хал бы
	подъезжа́ла бы	подъе́хала бы
	подъезжа́ло бы	подъе́хало бы
	подъезжа́ли бы	подъе́хали бы
IMP.	подъезжа́й	
	подъезжа́йте	

DEVERBALS

PRES. ACT.	подъезжа́ющий	
PRES. PASS.		
PAST ACT.	подъезжа́вший	подъе́хавший
PAST PASS.		
VERBAL ADVERB	подъезжа́я	подъе́хав

подъезжа́ть ко кому – чему

поеда́ть / пое́сть
to have a meal, eat up

	IMPERFECTIVE ASPECT	PERFECTIVE ASPECT
INF.	поеда́ть	пое́сть
PRES.	поеда́ю	
	поеда́ешь	
	поеда́ет	
	поеда́ем	
	поеда́ете	
	поеда́ют	
PAST	поеда́л	пое́л
	поеда́ла	пое́ла
	поеда́ло	пое́ло
	поеда́ли	пое́ли
FUT.	бу́ду поеда́ть	пое́м
	бу́дешь поеда́ть	пое́шь
	бу́дет поеда́ть	пое́ст
	бу́дем поеда́ть	поеди́м
	бу́дете поеда́ть	поеди́те
	бу́дут поеда́ть	поедя́т
COND.	поеда́л бы	пое́л бы
	поеда́ла бы	пое́ла бы
	поеда́ло бы	пое́ло бы
	поеда́ли бы	пое́ли бы
IMP.	поеда́й	пое́шь
	поеда́йте	пое́шьте

DEVERBALS

PRES. ACT.	поеда́ющий	
PRES. PASS.	поеда́емый	
PAST ACT.	поеда́вший	пое́вший
PAST PASS.		пое́денный
VERBAL ADVERB	поеда́я	пое́в

поеда́ть что, чего

	IMPERFECTIVE ASPECT	PERFECTIVE ASPECT
INF.	позволя́ть	позво́лить
PRES.	позволя́ю позволя́ешь позволя́ет позволя́ем позволя́ете позволя́ют	
PAST	позволя́л позволя́ла позволя́ло позволя́ли	позво́лил позво́лила позво́лило позво́лили
FUT.	бу́ду позволя́ть бу́дешь позволя́ть бу́дет позволя́ть бу́дем позволя́ть бу́дете позволя́ть бу́дут позволя́ть	позво́лю позво́лишь позво́лит позво́лим позво́лите позво́лят
COND.	позволя́л бы позволя́ла бы позволя́ло бы позволя́ли бы	позво́лил бы позво́ли́ла бы позво́лило бы позво́лили бы
IMP.	позволя́й позволя́йте	позво́ль позво́льте

DEVERBALS

PRES. ACT.	позволя́ющий	
PRES. PASS.	позволя́емый	
PAST ACT.	позволя́вший	позво́ливший
PAST PASS.		позво́ленный
VERBAL ADVERB	позволя́я	позво́лив

позволя́ть кому – чему что

поздравля́ть / поздра́вить
to congratulate

	IMPERFECTIVE ASPECT	PERFECTIVE ASPECT
INF.	поздравля́ть	поздра́вить
PRES.	поздравля́ю	
	поздравля́ешь	
	поздравля́ет	
	поздравля́ем	
	поздравля́ете	
	поздравля́ют	
PAST	поздравля́л	поздра́вил
	поздравля́ла	поздра́вила
	поздравля́ло	поздра́вило
	поздравля́ли	поздра́вили
FUT.	бу́ду поздравля́ть	поздра́влю
	бу́дешь поздравля́ть	поздра́вишь
	бу́дет поздравля́ть	поздра́вит
	бу́дем поздравля́ть	поздра́вим
	бу́дете поздравля́ть	поздра́вите
	бу́дут поздравля́ть	поздра́вят
COND.	поздравля́л бы	поздра́вил бы
	поздравля́ла бы	поздра́вила бы
	поздравля́ло бы	поздра́вило бы
	поздравля́ли бы	поздра́вили бы
IMP.	поздравля́й	поздра́вь
	поздравля́йте	поздра́вьте

DEVERBALS

PRES. ACT.	поздравля́ющий	
PRES. PASS.	поздравля́емый	
PAST ACT.	поздравля́вший	поздра́виший
PAST PASS.		поздра́вленный
VERBAL ADVERB	поздравля́я	поздра́вив

поздравля́ть кого - что с чем

пока́зывать (ся) / показа́ть (ся)

to show

	IMPERFECTIVE ASPECT	PERFECTIVE ASPECT
INF.	пока́зывать (ся)	показа́ть (ся)
PRES.	пока́зываю (сь) пока́зываешь (ся) пока́зывает (ся) пока́зываем (ся) пока́зываете (сь) пока́зывают (ся)	
PAST	пока́зывал (ся) пока́зывала (сь) пока́зывало (сь) пока́зывали (сь)	показа́л (ся) показа́ла (сь) показа́ло (сь) показа́ли (сь)
ЈТ.	бу́ду пока́зывать (ся) бу́дешь пока́зывать (ся) бу́дет пока́зывать (ся) бу́дем пока́зывать (ся) бу́дете пока́зывать (ся) бу́дут пока́зывать (ся)	покажу́ (сь) пока́жешь (ся) пока́жет (ся) пока́жем (ся) пока́жете (сь) пока́жут (ся)
CONL	пока́зывал (ся) бы пока́зывала (сь) бы пока́зывало (сь) бы пока́зывали (сь) бы	показа́л (ся) бы показа́ла (сь) бы показа́ло (сь) бы показа́ли (сь) бы
IMP.	пока́зывай (ся) пока́зывайте (сь)	покажи́ (сь) покажи́те (сь)

DEVERBALS

PRES. ACT.	пока́зывающий (ся)	
PRES. PASS.	пока́зываемый	
PAST ACT.	пока́зывавший (ся)	показа́вший (ся)
PAST PASS.		пока́занный
VERBAL ADVERB	пока́зывая (сь)	показа́в (шись)

пока́зывать кому – чему кого – что, на кого – что

The form **показа́ться** is also the perfective of **каза́ться**.

покупа́ть / купи́ть
to buy, purchase

	IMPERFECTIVE ASPECT	PERFECTIVE ASPECT
INF.	покупа́ть	купи́ть
PRES.	покупа́ю	
	покупа́ешь	
	покупа́ет	
	покупа́ем	
	покупа́ете	
	покупа́ют	
PAST	покупа́л	купи́л
	покупа́ла	купи́ла
	покупа́ло	купи́ло
	покупа́ли	купи́ли
FUT.	бу́ду покупа́ть	куплю́
	бу́дешь покупа́ть	ку́пишь
	бу́дет покупа́ть	ку́пит
	бу́дем покупа́ть	ку́пим
	бу́дете покупа́ть	ку́пите
	бу́дут покупа́ть	ку́пят
COND.	покупа́л бы	купи́л бы
	покупа́ла бы	купи́ла бы
	покупа́ло бы	купи́ло бы
	покупа́ли бы	купи́ли бы
IMP.	покупа́й	купи́
	покупа́йте	купи́те

DEVERBALS

PRES. ACT.	покупа́ющий	
PRES. PASS.	покупа́емый	
PAST ACT.	покупа́вший	купи́вший
PAST PASS.		ку́пленный
VERBAL ADVERB	покупа́я	купи́в

покупа́ть кого - что у кого за что

Do not confuse **покупа́ть** with **покупа́ться,** the perfective form of **купа́ться.**

	MULTIDIRECTIONAL	UNIDIRECTIONAL	PERFECTIVE ASPECT
INF.	по́лзать	ползти́	поползти́
PRES.	по́лзаю	ползу́	
	по́лзаешь	ползёшь	
	по́лзает	ползёт	
	по́лзаем	ползём	
	по́лзаете	ползёте	
	по́лзают	ползу́т	
PAST	по́лзал	по́лз	попо́лз
	по́лзала	ползла́	поползла́
	по́лзало	ползло́	поползло́
	по́лзали	ползли́	поползли́
FUT.	бу́ду по́лзать	бу́ду ползти́	поползу́
	бу́дешь по́лзать	бу́дешь ползти́	поползёшь
	бу́дет по́лзать	бу́дет ползти́	поползёт
	бу́дем по́лзать	бу́дем ползти́	поползём
	бу́дете по́лзать	бу́дете ползти́	поползёте
	бу́дут по́лзать	бу́дут ползти́	поползу́т
COND.	по́лзал бы	по́лз бы	попо́лз бы
	по́лзала бы	ползла́ бы	поползла́ бы
	по́лзало бы	ползло́ бы	поползло́ бы
	по́лзали бы	ползли́ бы	поползли́ бы
IMP.	по́лзай	ползи́	поползи́
	по́лзайте	ползи́те	поползи́те

DEVERBALS

PRES. ACT.	по́лзающий	ползу́щий	
PRES. PASS.			
PAST ACT.	по́лзавший	по́лзший	попо́лзший
PAST PASS.			
VERBAL ADVERB	по́лзая	ползя́	попо́лзши

поливáть (ся) / полúть (ся)
to pour on, sprinkle

	IMPERFECTIVE ASPECT	PERFECTIVE ASPECT
INF.	поливáть (ся)	полúть (ся)
PRES.	поливáю (ся)	
	поливáешь (ся)	
	поливáет (ся)	
	поливáем (ся)	
	поливáете (ся)	
	поливáют (ся)	
PAST	поливáл (ся)	пóлил – полúлся
	поливáла (сь)	полилá (сь)
	поливáло (сь)	пóлило – полúлóсь
	поливáли (сь)	пóлили – полúлись
FUT.	бýду поливáть (ся)	полью́ (сь)
	бýдешь поливáть (ся)	польёшь (ся)
	бýдет поливáть (ся)	польёт (ся)
	бýдем поливáть (ся)	польём (ся)
	бýдете поливáть (ся)	польёте (сь)
	бýдут поливáть (ся)	полью́т (ся)
COND.	поливáл (ся) бы	пóлил – полúлся бы
	поливáла (сь) бы	полилá (сь) бы
	поливáло (сь) бы	пóлило – полúлóсь бы
	поливáли (сь) бы	пóлили – полúлись бы
IMP.	поливáй (ся)	полéй (ся)
	поливáйте (сь)	полéйте (сь)

DEVERBALS

PRES. ACT.	поливáющий (ся)	
PRES. PASS.	поливáемый	
PAST ACT.	поливáвший (ся)	полúвший (ся)
PAST PASS.		пóлитый
		пóлит, политá, пóлито
VERBAL ADVERB	поливáя (сь)	полúв (шись)

поливáть кого – что чем

получа́ть (ся) / получи́ть (ся)
to receive, get, obtain (result from, occur)

	IMPERFECTIVE ASPECT	PERFECTIVE ASPECT
INF.	получа́ть (ся)	получи́ть (ся)
PRES.	получа́ю получа́ешь получа́ет (ся) получа́ем получа́ете получа́ют (ся)	
PAST	получа́л (ся) получа́ла (сь) получа́ло (сь) получа́ли (сь)	получи́л (ся) получи́ла (сь) получи́ло (сь) получи́ли (сь)
FUT.	бу́ду получа́ть бу́дешь получа́ть бу́дет получа́ть (ся) бу́дем получа́ть бу́дете получа́ть бу́дут получа́ть (ся)	получу́ полу́чишь полу́чит (ся) полу́чим полу́чите полу́чат (ся)
COND.	получа́л (ся) бы получа́ла (сь) бы получа́ло (сь) бы получа́ли (сь) бы	получи́л (ся) бы получи́ла (сь) бы получи́ло (сь) бы получи́ли (сь) бы
IMP.	получа́й получа́йте	получи́ получи́те

DEVERBALS

PRES. ACT.	получа́ющий (ся)	
PRES. PASS.	получа́емый	
PAST ACT.	получа́вший (ся)	получи́вший (ся)
PAST PASS.		полу́ченный
VERBAL ADVERB	получа́я (сь)	получи́в (шись)

получа́ть что

пóльзоваться / воспóльзоваться
to employ, use, take advantage of

	IMPERFECTIVE ASPECT	PERFECTIVE ASPECT
INF.	пóльзоваться	воспóльзоваться
PRES.	пóльзуюсь пóльзуешься пóльзуется пóльзуемся пóльзуетесь пóльзуются	
PAST	пóльзовался пóльзовалась пóльзовалось пóльзовались	воспóльзовался воспóльзовалась воспóльзовалось воспóльзовались
FUT.	бýду пóльзоваться бýдешь пóльзоваться бýдет пóльзоваться бýдем пóльзоваться бýдете пóльзоваться бýдут пóльзоваться	воспóльзуюсь воспóльзуешься воспóльзуется воспóльзуемся воспóльзуетесь воспóльзуются
COND.	пóльзовался бы пóльзовалась бы пóльзовалось бы пóльзовались бы	воспóльзовался бы воспóльзовалась бы воспóльзовалось бы воспóльзовались бы
IMP.	пóльзуйся пóльзуйтесь	воспóльзуйся воспóльзуйтесь

DEVERBALS

PRES. ACT.	пóльзующийся	
PRES. PASS.		
PAST ACT.	пóльзовавшийся	воспóльзовавшийся
PAST PASS.		
VERBAL ADVERB	пóльзуясь	воспóльзовавшись

пóльзоваться чем

	IMPERFECTIVE ASPECT	PERFECTIVE ASPECT
INF.	по́мнить	
PRES.	по́мню	
	по́мнишь	
	по́мнит	
	по́мним	
	по́мните	
	по́мнят	
PAST	по́мнил	
	по́мнила	
	по́мнило	
	по́мнили	
FUT.	бу́ду по́мнить	
	бу́дешь по́мнить	
	бу́дет по́мнить	
	бу́дем по́мнить	
	бу́дете по́мнить	
	бу́дут по́мнить	
COND.	по́мнил бы	
	по́мнила бы	
	по́мнило бы	
	по́мнили бы	
IMP.	по́мни	
	по́мните	

DEVERBALS

PRES. ACT.	по́мнящий	
PRES. PASS.		
PAST ACT.	по́мнивший	
PAST PASS.		
VERBAL ADVERB	по́мня	

по́мнить кого – что, о ком – чём, про кого – что

A reflexive form of the verb occurs in impersonal constructions: по́мнится.

помога́ть / помо́чь
to aid, help, assist

	IMPERFECTIVE ASPECT	PERFECTIVE ASPECT
INF.	помога́ть	помо́чь
PRES.	помога́ю	
	помога́ешь	
	помога́ет	
	помога́ем	
	помога́ете	
	помога́ют	
PAST	помога́л	помо́г
	помога́ла	помогла́
	помога́ло	помогло́
	помога́ли	помогли́
FUT.	бу́ду помога́ть	помогу́
	бу́дешь помога́ть	помо́жешь
	бу́дет помога́ть	помо́жет
	бу́дем помога́ть	помо́жем
	бу́дете помога́ть	помо́жете
	бу́дут помога́ть	помо́гут
COND.	помога́л бы	помо́г бы
	помога́ла бы	помогла́ бы
	помога́ло бы	помогло́ бы
	помога́ли бы	помогли́ бы
IMP.	помога́й	помоги́
	помога́йте	помоги́те

DEVERBALS

PRES. ACT.	помога́ющий	
PRES. PASS.		
PAST ACT.	помога́вший	помо́гший
PAST PASS.		
VERBAL ADVERB	помога́я	помо́гши

помога́ть кому – чему

понижа́ть (ся) / пони́зить (ся)
to lower, reduce (sink down, deteriorate)

	IMPERFECTIVE ASPECT	PERFECTIVE ASPECT
INF.	понижа́ть (ся)	пони́зить (ся)
PRES.	понижа́ю понижа́ешь понижа́ет (ся) понижа́ем понижа́ете понижа́ют (ся)	
PAST	понижа́л (ся) понижа́ла (сь) понижа́ло (сь) понижа́ли (сь)	пони́зил (ся) пони́зила (сь) пони́зило (сь) пони́зили (сь)
FUT.	бу́ду понижа́ть бу́дешь понижа́ть бу́дет понижа́ть (ся) бу́дем понижа́ть бу́дете понижа́ть бу́дут понижа́ть (ся)	пони́жу пони́зишь пони́зит (ся) пони́зим пони́зите пони́зят (ся)
COND.	понижа́л (ся) бы понижа́ла (сь) бы понижа́ло (сь) бы понижа́ли (сь) бы	пони́зил (ся) бы пони́зила (сь) бы пони́зило (сь) бы пони́зили (сь) бы
IMP.	понижа́й понижа́йте	пони́зь пони́зьте

DEVERBALS

PRES. ACT.	понижа́ющий (ся)	
PRES. PASS.	понижа́емый	
PAST ACT.	понижа́вший (ся)	пони́зивший (ся)
PAST PASS.		пони́женный
VERBAL ADVERB	понижа́я (сь)	пони́зив (шись)

понижа́ть кого – что

понима́ть / поня́ть
to understand, comprehend

	IMPERFECTIVE ASPECT	PERFECTIVE ASPECT
INF.	понима́ть	поня́ть
PRES.	понима́ю	
	понима́ешь	
	понима́ет	
	понима́ем	
	понима́ете	
	понима́ют	
PAST	понима́л	по́нял
	понима́ла	поняла́
	понима́ло	по́няло
	понима́ли	по́няли
FUT.	бу́ду понима́ть	пойму́
	бу́дешь понима́ть	поймёшь
	бу́дет понима́ть	поймёт
	бу́дем понима́ть	поймём
	бу́дете понима́ть	поймёте
	бу́дут понима́ть	пойму́т
COND.	понима́л бы	по́нял бы
	понима́ла бы	поняла́ бы
	понима́ло бы	по́няло бы
	понима́ли бы	по́няли бы
IMP.	понима́й	пойми́
	понима́йте	пойми́те

DEVERBALS

PRES. ACT.	понима́ющий	
PRES. PASS.	понима́емый	
PAST ACT.	понима́вший	поня́вший
PAST PASS.		по́нятый
		по́нят, понята́, по́нято
VERBAL ADVERB	понима́я	поня́в

понима́ть кого – что, о ком – чём, в чём

	IMPERFECTIVE ASPECT	PERFECTIVE ASPECT
INF.	поощря́ть	поощри́ть
PRES.	поощря́ю	
	поощря́ешь	
	поощря́ет	
	поощря́ем	
	поощря́ете	
	поощря́ют	
PAST	поощря́л	поощри́л
	поощря́ла	поощри́ла
	поощря́ло	поощри́ло
	поощря́ли	поощри́ли
FUT.	бу́ду поощря́ть	поощрю́
	бу́дешь поощря́ть	поощри́шь
	бу́дет поощря́ть	поощри́т
	бу́дем поощря́ть	поощри́м
	бу́дете поощря́ть	поощри́те
	бу́дут поощря́ть	поощря́т
COND.	поощря́л бы	поощри́л бы
	поощря́ла бы	поощри́ла бы
	поощря́ло бы	поощри́ло бы
	поощря́ли бы	поощри́ли бы
IMP.	поощря́й	поощри́
	поощря́йте	поощри́те

DEVERBALS

PRES. ACT.	поощря́ющий	
PRES. PASS.	поощря́емый	
PAST ACT.	поощря́вший	поощри́вший
PAST PASS.		поощрённый
		поощрён, поощрена́
VERBAL ADVERB	поощря́я	поощри́в

поощря́ть кого – что

попада́ть (ся) / попа́сть (ся)
to hit, get to, find oneself (be caught, find oneself, turn up)

	IMPERFECTIVE ASPECT	PERFECTIVE ASPECT
INF.	попада́ть (ся)	попа́сть (ся)
PRES.	попада́ю (сь) попада́ешь (ся) попада́ет (ся) попада́ем (ся) попада́ете (сь) попада́ют (ся)	
PAST	попада́л (ся) попада́ла (сь) попада́ло (сь) попада́ли (сь)	попа́л (ся) попа́ла (сь) попа́ло (сь) попа́ли (сь)
FUT.	бу́ду попада́ть (ся) бу́дешь попада́ть (ся) бу́дет попада́ть (ся) бу́дем попада́ть (ся) бу́дете попада́ть (ся) бу́дут попада́ть (ся)	попаду́ (сь) попадёшь (ся) попадёт (ся) попадём (ся) попадёте (сь) попадут (ся)
COND.	попада́л (ся) бы попада́ла (сь) бы попада́ло (сь) бы попада́ли (сь) бы	попа́л (ся) бы попа́ла (сь) бы попа́ло (сь) бы попа́ли (сь) бы
IMP.	попада́й (ся) попада́йте (сь)	попади́ (сь) попади́те (сь)

DEVERBALS

PRES. ACT.	попада́ющий (ся)	
PRES. PASS.		
PAST ACT.	попада́вший (ся)	попа́вший (ся)
PAST PASS.		
VERBAL ADVERB	попада́я (сь)	попа́в (шись)

попада́ть в / на кого - что чем

поправля́ть (ся) / попра́вить (ся)
to mend, repair, correct (get, better, improve)

	IMPERFECTIVE ASPECT	PERFECTIVE ASPECT
INF.	поправля́ть (ся)	попра́вить (ся)
PRES.	поправля́ю (сь)	
	поправля́ешь (ся)	
	поправля́ет (ся)	
	поправля́ем (ся)	
	поправля́ете (сь)	
	поправля́ют (ся)	
PAST	поправля́л (ся)	попра́вил (ся)
	поправля́ла (сь)	попра́вила (сь)
	поправля́ло (сь)	попра́вило (сь)
	поправля́ли (сь)	попра́вили (сь)
FUT.	бу́ду поправля́ть (ся)	попра́влю (сь)
	бу́дешь поправля́ть (ся)	попра́вишь (ся)
	бу́дет поправля́ть (ся)	попра́вит (ся)
	бу́дем поправля́ть (ся)	попра́вим (ся)
	бу́дете поправля́ть (ся)	попра́вите (сь)
	бу́дут поправля́ть (ся)	попра́вят (ся)
COND.	поправля́л (ся) бы	попра́вил (ся) бы
	поправля́ла (сь) бы	попра́вила (сь) бы
	поправля́ло (сь) бы	попра́вило (сь) бы
	поправля́ли (сь) бы	попра́вили (сь) бы
IMP.	поправля́й (ся)	попра́вь (ся)
	поправля́йте (сь)	попра́вьте (сь)

DEVERBALS

PRES. ACT.	поправля́ющий (ся)	
PRES. PASS.	поправля́емый	
PAST ACT.	поправля́вший (ся)	попра́вивший (ся)
PAST PASS.		попра́вленный
VERBAL ADVERB	поправля́я (сь)	попра́вив (шись)

поправля́ть кого – что

по́ртить (ся) / испо́ртить (ся)
to spoil, damage, corrupt

	IMPERFECTIVE ASPECT	PERFECTIVE ASPECT
INF.	по́ртить (ся)	испо́ртить (ся)
PRES.	по́рчу (сь)	
	по́ртишь (ся)	
	по́ртит (ся)	
	по́ртим (ся)	
	по́ртите (сь)	
	по́ртят (ся)	
PAST	по́ртил (ся)	испо́ртил (ся)
	по́ртила (сь)	испо́ртила (сь)
	по́ртило (сь)	испо́ртило (сь)
	по́ртили (сь)	испо́ртили (сь)
FUT.	бу́ду по́ртить (ся)	испо́рчу (сь)
	бу́дешь по́ртить (ся)	испо́ртишь (ся)
	бу́дет по́ртить (ся)	испо́ртит (ся)
	бу́дем по́ртить (ся)	испо́ртим (ся)
	бу́дете по́ртить (ся)	испо́ртите (сь)
	бу́дут по́ртить (ся)	испо́ртят (ся)
COND.	по́ртил (ся) бы	испо́ртил (ся) бы
	по́ртила (сь) бы	испо́ртила (сь) бы
	по́ртило (сь) бы	испо́ртило (сь) бы
	по́ртили (сь) бы	испо́ртили (сь) бы
IMP.	по́рти (сь) – по́рть (ся)	испо́рти (сь)
	по́ртите (сь)	испо́ртьте (сь)

DEVERBALS

PRES. ACT.	по́ртящий (ся)	
PRES. PASS.		
PAST ACT.	по́ртивший (ся)	испо́ртивший (ся)
PAST PASS.	по́рченный	испо́рченный
VERBAL ADVERB	по́ртя (сь)	испо́ртив (шись)

по́ртить кого – что

	IMPERFECTIVE ASPECT	PERFECTIVE ASPECT
INF.	порыва́ть (ся)	порва́ть (ся)
PRES.	порыва́ю порыва́ешь порыва́ет (ся) порыва́ем порыва́ете порыва́ют (ся)	
PAST	порыва́л (ся) порыва́ла (сь) порыва́ло (сь) порыва́ли (сь)	порва́л (ся) порвала́ (сь) порва́ло – порва́ло́сь порва́ли – порва́ли́сь
FUT.	бу́ду порыва́ть бу́дешь порыва́ть бу́дет порыва́ть (ся) бу́дем порыва́ть бу́дете порыва́ть бу́дут порыва́ть (ся)	порву́ порвёшь порвёт (ся) порвём порвёте порву́т (ся)
COND.	порыва́л (ся) бы порыва́ла (сь) бы порыва́ло (сь) бы порыва́ли (сь) бы	порва́л (ся) бы порвала́ (сь) бы порва́ло – порва́ло́сь бы порва́ли – порва́ли́сь бы
IMP.	порыва́й порыва́йте	порви́ порви́те

DEVERBALS

PRES. ACT.	порыва́ющий (ся)	
PRES. PASS.	порыва́емый	
PAST ACT.	порыва́вший (ся)	порва́вший (ся)
PAST PASS.		по́рваннный
VERBAL ADVERB	порыва́я (сь)	порва́в (шись)

порыва́ть что, с кем – чем

посещáть / посети́ть
to visit, call on

	IMPERFECTIVE ASPECT	PERFECTIVE ASPECT
INF.	посещáть	посети́ть
PRES.	посещáю	
	посещáешь	
	посещáет	
	посещáем	
	посещáете	
	посещáют	
PAST	посещáл	посети́л
	посещáла	посети́ла
	посещáло	посети́ло
	посещáли	посети́ли
FUT.	бýду посещáть	посещý
	бýдешь посещáть	посети́шь
	бýдет посещáть	посети́т
	бýдем посещáть	посети́м
	бýдете посещáть	посети́те
	бýдут посещáть	посетя́т
COND.	посещáл бы	посети́л бы
	посещáла бы	посети́ла бы
	посещáло бы	посети́ло бы
	посещáли бы	посети́ли бы
IMP.	посещáй	посети́
	посещáйте	посети́те

DEVERBALS

PRES. ACT.	посещáющий	
PRES. PASS.	посещáемый	
PAST ACT.	посещáвший	посети́вший
PAST PASS.		посещённый
		посещён, посещенá
VERBAL ADVERB	посещáя	посети́в (шись)

посещáть кого – что

поступа́ть / поступи́ть
to act, enter, join [university, etc.]

	IMPERFECTIVE ASPECT	PERFECTIVE ASPECT
INF.	поступа́ть	поступи́ть
PRES.	поступа́ю поступа́ешь поступа́ет поступа́ем поступа́ете поступа́ют	
PAST	поступа́л поступа́ла поступа́ло поступа́ли	поступи́л поступи́ла поступи́ло поступи́ли
FUT.	бу́ду поступа́ть бу́дешь поступа́ть бу́дет поступа́ть бу́дем поступа́ть бу́дете поступа́ть бу́дут поступа́ть	поступлю́ посту́пишь посту́пит посту́пим посту́пите посту́пят
COND.	поступа́л бы поступа́ла бы поступа́ло бы поступа́ли бы	поступи́л бы поступи́ла бы поступи́ло бы поступи́ли бы
IMP.	поступа́й поступа́йте	поступи́ поступи́те

DEVERBALS

PRES. ACT.	поступа́ющий	
PRES. PASS.		
PAST ACT.	поступа́вший	поступи́вший
PAST PASS.		
VERBAL ADVERB	поступа́я	поступи́в

поступа́ть с кем, во / на что

посыла́ть / посла́ть
to send, dispatch, mail

	IMPERFECTIVE ASPECT	PERFECTIVE ASPECT
INF.	посыла́ть	посла́ть
PRES.	посыла́ю	
	посыла́ешь	
	посыла́ет	
	посыла́ем	
	посыла́ете	
	посыла́ют	
PAST	посыла́л	посла́л
	посыла́ла	посла́ла
	посыла́ло	посла́ло
	посыла́ли	посла́ли
FUT.	бу́ду посыла́ть	пошлю́
	бу́дешь посыла́ть	пошлёшь
	бу́дет посыла́ть	пошлёт
	бу́дем посыла́ть	пошлём
	бу́дете посыла́ть	пошлёте
	бу́дут посыла́ть	пошлю́т
COND.	посыла́л бы	посла́л бы
	посыла́ла бы	посла́ла бы
	посыла́ло бы	посла́ло бы
	посыла́ли бы	посла́ли бы
IMP.	посыла́й	пошли́
	посыла́йте	пошли́те

DEVERBALS

PRES. ACT.	посыла́ющий	
PRES. PASS.	посыла́емый	
PAST ACT.	посыла́вший	посла́вший
PAST PASS.		по́сланный
VERBAL ADVERB	посыла́я	посла́в

посыла́ть кого – что за кем – чем, по почте *by mail*

	IMPERFECTIVE ASPECT	PERFECTIVE ASPECT
INF.	появля́ться	появи́ться
PRES.	появля́юсь	
	появля́ешься	
	появля́ется	
	появля́емся	
	появля́етесь	
	появля́ются	
PAST	появля́лся	появи́лся
	появля́лась	появи́лась
	появля́лось	появи́лось
	появля́лись	появи́лись
FUT.	бу́ду появля́ться	появлю́сь
	бу́дешь появля́ться	появишься
	бу́дет появля́ться	поя́вится
	бу́дем появля́ться	поя́вимся
	бу́дете появля́ться	поя́витесь
	бу́дут появля́ться	поя́вятся
COND.	появля́лся бы	появи́лся бы
	появля́лась бы	появи́лась бы
	появля́лось бы	появи́лось бы
	появля́лись бы	появи́лись бы
IMP.	появля́йся	появи́сь
	появля́йтесь	появи́тесь

DEVERBALS

PRES. ACT.	появля́ющийся	
PRES. PASS.		
PAST ACT.	появля́вшийся	появи́вшийся
PAST PASS.		
VERBAL ADVERB	появля́ясь	появи́вшись

пра́вить
to rule, govern, drive; correct

	IMPERFECTIVE ASPECT	PERFECTIVE ASPECT
INF.	пра́вить	
PRES.	пра́влю	
	пра́вишь	
	пра́вит	
	пра́вим	
	пра́вите	
	пра́вят	
PAST	пра́вил	
	пра́вила	
	пра́вило	
	пра́вили	
FUT.	бу́ду пра́вить	
	бу́дешь пра́вить	
	бу́дет пра́вить	
	бу́дем пра́вить	
	бу́дете пра́вить	
	бу́дут пра́вить	
COND.	пра́вил бы	
	пра́вила бы	
	пра́вило бы	
	пра́вили бы	
IMP.	пра́вь	
	пра́вьте	

DEVERBALS

PRES. ACT.	пра́вящий	
PRES. PASS.	пра́вленный	
PAST ACT.	пра́вивший	
PAST PASS.		
VERBAL ADVERB	пра́вя	

пра́вить кем – чем
пра́вить что *to correct*

праздновать / отпраздновать
to celebrate

	IMPERFECTIVE ASPECT	PERFECTIVE ASPECT
INF.	праздновать	отпраздновать
PRES.	праздную празднуешь празднует празднуем празднуете празднуют	
PAST	праздновал праздновала праздновало праздновали	отпраздновал отпраздновала отпраздновало отпраздновали
FUT.	буду праздновать будешь праздновать будет праздновать будем праздновать будете праздновать будут праздновать	отпраздную отпразднуешь отпразднует отпразднуем отпразднуете отпразднуют
COND.	праздновал бы праздновала бы праздновало бы праздновали бы	отпраздновал бы отпраздновала бы отпраздновало бы отпраздновали бы
IMP.	празднуй празднуйте	отпразднуй отпразднуйте

DEVERBALS

PRES. ACT.	празднующий	
PRES. PASS.	празднуемый	
PAST ACT.	праздновавший	отпраздновавший
PAST PASS.		отпразднованный
VERBAL ADVERB	празднуя	отпраздновавши

праздновать что

предлага́ть / предложи́ть
to offer, propose, suggest

	IMPERFECTIVE ASPECT	PERFECTIVE ASPECT
INF.	предлага́ть	предложи́ть
PRES.	предлага́ю предлага́ешь предлага́ет предлага́ем предлага́ете предлага́ют	
PAST	предлага́л предлага́ла предлага́ло предлага́ли	предложи́л предложи́ла предложи́ло предложи́ли
FUT.	бу́ду предлага́ть бу́дешь предлага́ть бу́дет предлага́ть бу́дем предлага́ть бу́дете предлага́ть бу́дут предлага́ть	предложу́ предло́жишь предло́жит предло́жим предло́жите предло́жат
COND.	предлага́л бы предлага́ла бы предлага́ло бы предлага́ли бы	предложи́л бы предложи́ла бы предложи́ло бы предложи́ли бы
IMP.	предлага́й предлага́йте	предложи́ предложи́те

DEVERBALS

PRES. ACT.	предлага́ющий	
PRES. PASS.	предлага́емый	
PAST ACT.	предлага́вший	предложи́вший
PAST PASS.		предло́женный
VERBAL ADVERB	предлага́я	предложи́в (шись)

предлага́ть кого – что кому – чему, + infinitive.

312

	IMPERFECTIVE ASPECT	PERFECTIVE ASPECT
INF.	предпочита́ть	предпоче́сть
PRES.	предпочита́ю	
	предпочита́ешь	
	предпочита́ет	
	предпочита́ем	
	предпочита́ете	
	предпочита́ют	
PAST	предпочита́л	предпочёл
	предпочита́ла	предпочла́
	предпочита́ло	предпочло́
	предпочита́ли	предпочли́
FUT.	бу́ду предпочита́ть	предпочту́
	бу́дешь предпочита́ть	предпочтёшь
	бу́дет предпочита́ть	предпочтёт
	бу́дем предпочита́ть	предпочтём
	бу́дете предпочита́ть	предпочтёте
	бу́дут предпочита́ть	предпочту́т
COND.	предпочита́л бы	предпочёл бы
	предпочита́ла бы	предпочла́ бы
	предпочита́ло бы	предпочло́ бы
	предпочита́ли бы	предпочли́ бы
IMP.	предпочита́й	предпочти́
	предпочита́йте	предпочти́те

DEVERBALS

PRES. ACT.	предпочита́ющий	
PRES. PASS.	предпочита́емый	
PAST ACT.	предпочита́вший	
PAST PASS.		предпочтённый
		предпочтён, предпочтена́
VERBAL ADVERB	предпочита́я	предпочтя́

предпочита́ть кого – что кому – чему, + infinitive

представля́ть (ся) / предста́вить (ся)
to present, submit, introduce

	IMPERFECTIVE ASPECT	PERFECTIVE ASPECT
INF.	представля́ть	предста́вить
PRES.	представля́ю	
	представля́ешь	
	представля́ет	
	представля́ем	
	представля́ете	
	представля́ют	
PAST	представля́л	предста́вил (ся)
	представля́ла	предста́вила (сь)
	представля́ло	предста́вило (сь)
	представля́ли	предста́вили (сь)
FUT.	бу́ду представля́ть (ся)	предста́влю (сь)
	бу́дешь представля́ть (ся)	предста́вишь (ся)
	бу́дет представля́ть (ся)	предста́вит (ся)
	бу́дем представля́ть (ся)	предста́вим (ся)
	бу́дете представля́ть (ся)	предста́вите (сь)
	бу́дут представля́ть (ся)	предста́вят (ся)
COND.	представля́л (ся) бы	предста́вил (ся) бы
	представля́ла (сь) бы	предста́вила (сь) бы
	представля́ло (сь) бы	предста́вило (сь) бы
	представля́ли (сь) бы	предста́вили (сь) бы
IMP.	представля́й (ся)	предста́вь (ся)
	представля́йте (сь)	предста́вьте (сь)

DEVERBALS

PRES. ACT.	представля́ющий (ся)	
PRES. PASS.	представля́емый	
PAST ACT.	представля́вший (ся)	предста́вивший (ся)
PAST PASS.		предста́вленный
VERBAL ADVERB	представля́я (сь)	предста́вив (шись)

представля́ть кого – что, кому – чему, к кому – чему
Предста́вьте себе! *Imagine!*

	IMPERFECTIVE ASPECT	PERFECTIVE ASPECT
INF.	предупрежда́ть	предупреди́ть
PRES.	предупрежда́ю	
	предупрежда́ешь	
	предупрежда́ет	
	предупрежда́ем	
	предупрежда́ете	
	предупрежда́ют	
PAST	предупрежда́л	предупреди́л
	предупрежда́ла	предупреди́ла
	предупрежда́ло	предупреди́ло
	предупрежда́ли	предупреди́ли
FUT.	бу́ду предупрежда́ть	предупрежу́
	бу́дешь предупрежда́ть	предупреди́шь
	бу́дет предупрежда́ть	предупреди́т
	бу́дем предупрежда́ть	предупреди́м
	бу́дете предупрежда́ть	предупреди́те
	бу́дут предупрежда́ть	предупредя́т
COND.	предупрежда́л бы	предупреди́л бы
	предупрежда́ла бы	предупреди́ла бы
	предупрежда́ло бы	предупреди́ло бы
	предупрежда́ли бы	предупреди́ли бы
IMP.	предупрежда́й	предупреди́
	предупрежда́йте	предупреди́те

DEVERBALS

PRES. ACT.	предупрежда́ющий	
PRES. PASS.	предупрежда́емый	
PAST ACT.	предупрежда́вший	предупреди́вший
PAST PASS.		предупреждённый
		предупреждён, предупреждена́
VERBAL ADVERB	предупрежда́я	предупреди́в (шись)

предупрежда́ть кого – что о ком – чём

315

преподава́ть
to teach

	IMPERFECTIVE ASPECT	PERFECTIVE ASPECT
INF.	преподава́ть	
PRES.	преподаю́ преподаёшь преподаёт преподаём преподаёте преподаю́т	
PAST	преподава́л преподава́ла преподава́ло преподава́ли	
FUT.	бу́ду преподава́ть бу́дешь преподава́ть бу́дет преподава́ть бу́дем преподава́ть бу́дете преподава́ть бу́дут преподава́ть	
COND.	преподава́л бы преподава́ла бы преподава́ло бы преподава́ли бы	
IMP.	преподава́й преподава́йте	

DEVERBALS

PRES. ACT.	преподаю́щий	
PRES. PASS.	преподава́емый	
PAST ACT.	преподава́вший	
PAST PASS.		
VERBAL ADVERB	преподава́я	

преподава́ть что кому

прибавля́ть (ся) / приба́вить (ся)
to add, increase

	IMPERFECTIVE ASPECT	PERFECTIVE ASPECT
INF.	прибавля́ть (ся)	приба́вить (ся)
PRES.	прибавля́ю (сь) прибавля́ешь (ся) прибавля́ет (ся) прибавля́ем (ся) прибавля́ете (сь) прибавля́ют (ся)	
PAST	прибавля́л (ся) прибавля́ла (сь) прибавля́ло (сь) прибавля́ли (сь)	приба́вил (ся) приба́вила (сь) приба́вило (сь) приба́вили (сь)
FUT.	бу́ду прибавля́ть (ся) бу́дешь прибавля́ть (ся) бу́дет прибавля́ть (ся) бу́дем прибавля́ть (ся) бу́дете прибавля́ть (ся) бу́дут прибавля́ть (ся)	приба́влю (сь) приба́вишь (ся) приба́вит (ся) приба́вим (ся) приба́вите (сь) приба́вят (ся)
COND.	прибавля́л (ся) бы прибавля́ла (сь) бы прибавля́ло (сь) бы прибавля́ли (сь) бы	приба́вил (ся) бы приба́вила (сь) бы приба́вило (сь) бы приба́вили (сь) бы
IMP.	прибавля́й (ся) прибавля́йте (сь)	приба́вь (ся) приба́вьте (сь)

DEVERBALS

PRES. ACT.	прибавля́ющий (ся)	
PRES. PASS.	прибавля́емый	
PAST ACT.	прибавля́вший (ся)	приба́вивший (ся)
PAST PASS.		приба́вленный
VERBAL ADVERB	прибавля́я (сь)	приба́вив (шись)

прибавля́ть что, чего, в чём

прибега́ть / прибежа́ть
to come running

	IMPERFECTIVE ASPECT	PERFECTIVE ASPECT
INF.	прибега́ть	прибежа́ть
PRES.	прибега́ю	
	прибега́ешь	
	прибега́ет	
	прибега́ем	
	прибега́ете	
	прибега́ют	
PAST	прибега́л	прибежа́л
	прибега́ла	прибежа́ла
	прибега́ло	прибежа́ло
	прибега́ли	прибежа́ли
FUT.	бу́ду прибега́ть	прибегу́
	бу́дешь прибега́ть	прибежи́шь
	бу́дет прибега́ть	прибежи́т
	бу́дем прибега́ть	прибежи́м
	бу́дете прибега́ть	прибежи́те
	бу́дут прибега́ть	прибегу́т
COND.	прибега́л бы	прибежа́л бы
	прибега́ла бы	прибежа́ла бы
	прибега́ло бы	прибежа́ло бы
	прибега́ли бы	прибежа́ли бы
IMP.	прибега́й	прибеги́
	прибега́йте	прибеги́те

DEVERBALS

PRES. ACT.	прибега́ющий	
PRES. PASS.		
PAST ACT.	прибега́вший	прибежа́вший
PAST PASS.		
VERBAL ADVERB	прибега́я	прибежа́в

приближа́ть (ся) / прибли́зить (ся)
to move closer, hasten

	IMPERFECTIVE ASPECT	PERFECTIVE ASPECT
INF.	приближа́ть (ся)	прибли́зить (ся)
PRES.	приближа́ю (сь) приближа́ешь (ся) приближа́ет (ся) приближа́ем (ся) приближа́ете (сь) приближа́ют (ся)	
PAST	приближа́л (ся) приближа́ла (сь) приближа́ло (сь) приближа́ли (сь)	прибли́зил (ся) прибли́зила (сь) прибли́зило (сь) прибли́зили (сь)
FUT.	бу́ду приближа́ть (ся) бу́дешь приближа́ть (ся) бу́дет приближа́ть (ся) бу́дем приближа́ть (ся) бу́дете приближа́ть (ся) бу́дут приближа́ть (ся)	прибли́жу (сь) прибли́зишь (ся) прибли́зит (ся) прибли́зим (ся) прибли́зите (сь) прибли́зят (ся)
COND.	приближа́л (ся) бы приближа́ла (сь) бы приближа́ло (сь) бы приближа́ли (сь) бы	прибли́зил (ся) бы прибли́зила (сь) бы прибли́зило (сь) бы прибли́зили (сь) бы
IMP.	приближа́й (ся) приближа́йте (сь)	прибли́зь (ся) прибли́зьте (сь)

DEVERBALS

PRES. ACT.	приближа́ющий (ся)	
PRES. PASS.	приближа́емый	
PAST ACT.	приближа́вший (ся)	прибли́зивший (ся)
PAST PASS.		прибли́женный
VERBAL ADVERB	приближа́я (сь)	прибли́зив (шись)

приближа́ть кого – что к кому – чему

привлека́ть / привле́чь
to attract, draw into

	IMPERFECTIVE ASPECT	PERFECTIVE ASPECT
INF.	привлека́ть	привле́чь
PRES.	привлека́ю	
	привлека́ешь	
	привлека́ет	
	привлека́ем	
	привлека́ете	
	привлека́ют	
PAST	привлека́л	привлёк
	привлека́ла	привлекла́
	привлека́ло	привлекло́
	привлека́ли	привлекли́
FUT.	бу́ду привлека́ть	привлеку́
	бу́дешь привлека́ть	привлечёшь
	бу́дет привлека́ть	привлечёт
	бу́дем привлека́ть	привлечём
	бу́дете привлека́ть	привлечёте
	бу́дут привлека́ть	привлеку́т
COND.	привлека́л бы	привлёк бы
	привлека́ла бы	привлекла́ бы
	привлека́ло бы	привлекло́ бы
	привлека́ли бы	привлекли́ бы
IMP.	привлека́й	привлеки́
	привлека́йте	привлеки́те

DEVERBALS

PRES. ACT.	привлека́ющий	
PRES. PASS.	привлека́емый	
PAST ACT.	привлека́вший	привлёкший
PAST PASS.		привлечённый
		привлечён, привлечена́
VERBAL ADVERB	привлека́я	привлёкши

привлека́ть кого – что к чему

320

	IMPERFECTIVE ASPECT	PERFECTIVE ASPECT
INF.	приводи́ть	привести́
PRES.	привожу́	
	приво́дишь	
	приво́дит	
	приво́дим	
	приво́дите	
	приво́дят	
PAST	приводи́л	привёл
	приводи́ла	привела́
	приводи́ло	привело́
	приводи́ли	привели́
FUT.	бу́ду приводи́ть	приведу́
	бу́дешь приводи́ть	приведёшь
	бу́дет приводи́ть	приведёт
	бу́дем приводи́ть	приведём
	бу́дете приводи́ть	приведёте
	бу́дут приводи́ть	приведу́т
COND.	приводи́л бы	привёл бы
	приводи́ла бы	привела́ бы
	приводи́ло бы	привело́ бы
	приводи́ли бы	привели́ бы
IMP.	приводи́	приведи́
	приводи́те	приведи́те

DEVERBALS

PRES. ACT.	приводя́щий	
PRES. PASS.	приводи́мый	
PAST ACT.	приводи́вший	приве́дший
PAST PASS.		приведённый
		приведён, приведена́
VERBAL ADVERB	приводя́	приведя́

приводи́ть кого – что во что, к чему

привози́ть / привезти́
to bring by vehicle

	IMPERFECTIVE ASPECT	PERFECTIVE ASPECT
INF.	привози́ть	привезти́
PRES.	привожу́	
	приво́зишь	
	приво́зит	
	приво́зим	
	приво́зите	
	приво́зят	
PAST	привози́л	привёз
	привози́ла	привезла́
	привози́ло	привезло́
	привози́ли	привезли́
FUT.	бу́ду привози́ть	привезу́
	бу́дешь привози́ть	привезёшь
	бу́дет привози́ть	привезёт
	бу́дем привози́ть	привезём
	бу́дете привози́ть	привезёте
	бу́дут привози́ть	привезу́т
COND.	привози́л бы	привёз бы
	привози́ла бы	привезла́ бы
	привози́ло бы	привезло́ бы
	привози́ли бы	привезли́ бы
IMP.	привози́	привези́
	привози́те	привези́те

DEVERBALS

PRES. ACT.	привозя́щий	
PRES. PASS.	привози́мый	
PAST ACT.	привози́вший	привёзший
PAST PASS.		привезённый
		привезён, привезена́
VERBAL ADVERB	привозя́	привезя́

привози́ть что

322

	IMPERFECTIVE ASPECT	PERFECTIVE ASPECT
INF.	привыка́ть	привы́кнуть
PRES.	привыка́ю	
	привыка́ешь	
	привыка́ет	
	привыка́ем	
	привыка́ете	
	привыка́ют	
PAST	привыка́л	привы́к
	привыка́ла	привы́кла
	привыка́ло	привы́кло
	привыка́ли	привы́кли
FUT.	бу́ду привыка́ть	привы́кну
	бу́дешь привыка́ть	привы́кнешь
	бу́дет привыка́ть	привы́кнет
	бу́дем привыка́ть	привы́кнем
	бу́дете привыка́ть	привы́кнете
	бу́дут привыка́ть	привы́кнут
COND.	привыка́л бы	привы́к бы
	привыка́ла бы	привы́кла бы
	привыка́ло бы	привы́кло бы
	привыка́ли бы	привы́кли бы
IMP.	привыка́й	привы́кни
	привыка́йте	привы́кните

DEVERBALS

PRES. ACT.	привыка́ющий	
PRES. PASS.		
PAST ACT.	привыка́вший	привы́кший
PAST PASS.		
VERBAL ADVERB	привыка́я	привы́кнув

привыка́ть к кому – чему, + infinitive

приглаша́ть / пригласи́ть
to invite

	IMPERFECTIVE ASPECT	PERFECTIVE ASPECT
INF.	приглаша́ть	пригласи́ть
PRES.	приглаша́ю	
	приглаша́ешь	
	приглаша́ет	
	приглаша́ем	
	приглаша́ете	
	приглаша́ют	
PAST	приглаша́л	пригласи́л
	приглаша́ла	пригласи́ла
	приглаша́ло	пригласи́ло
	приглаша́ли	пригласи́ли
FUT.	бу́ду приглаша́ть	приглашу́
	бу́дешь приглаша́ть	пригласи́шь
	бу́дет приглаша́ть	пригласи́т
	бу́дем приглаша́ть	пригласи́м
	бу́дете приглаша́ть	пригласи́те
	бу́дут приглаша́ть	приглася́т
COND.	приглаша́л бы	пригласи́л бы
	приглаша́ла бы	пригласи́ла бы
	приглаша́ло бы	пригласи́ло бы
	приглаша́ли бы	пригласи́ли бы
IMP.	приглаша́й	пригласи́
	приглаша́йте	пригласи́те

DEVERBALS

PRES. ACT.	приглаша́ющий	
PRES. PASS.	приглаша́емый	
PAST ACT.	приглаша́вший	пригласи́вший
PAST PASS.		приглашённый
		приглашён, приглашена́
VERBAL ADVERB	приглаша́я	пригласи́в

приглаша́ть кого – что на что

приговáривать / приговори́ть
to sentence, condemn

	IMPERFECTIVE ASPECT	PERFECTIVE ASPECT
INF.	приговáривать	приговори́ть
PRES.	приговáриваю	
	приговáриваешь	
	приговáривает	
	приговáриваем	
	приговáриваете	
	приговáривают	
PAST	приговáривал	приговори́л
	приговáривала	приговори́ла
	приговáривало	приговори́ло
	приговáривали	приговори́ли
FUT.	бýду приговáривать	приговорю́
	бýдешь приговáривать	приговори́шь
	бýдет приговáривать	приговори́т
	бýдем приговáривать	приговори́м
	бýдете приговáривать	приговори́те
	бýдут приговáривать	приговоря́т
COND.	приговáривал бы	приговори́л бы
	приговáривала бы	приговори́ла бы
	приговáривало бы	приговори́ло бы
	приговáривали бы	приговори́ли бы
IMP.	приговáривай	приговори́
	приговáривайте	приговори́те

DEVERBALS

PRES. ACT.	приговáривающий	
PRES. PASS.	приговáриваемый	
PAST ACT.	приговáривавший	приговори́вший
PAST PASS.		приговорённый
		приговорён, приговоренá
VERBAL ADVERB	приговáривая	приговори́в

приговáривать кого – что к чему

приготовля́ть (ся) / пригото́вить (ся)
to prepare, make ready, cook (prepare oneself)

	IMPERFECTIVE ASPECT	PERFECTIVE ASPECT
INF.	приготовля́ть (ся)	пригото́вить (ся)
PRES.	приготовля́ю (сь)	
	приготовля́ешь (ся)	
	приготовля́ет (ся)	
	приготовля́ем (ся)	
	приготовля́ете (сь)	
	приготовля́ют (ся)	
PAST	приготовля́л (ся)	пригото́вил (ся)
	приготовля́ла (сь)	пригото́вила (сь)
	приготовля́ло (сь)	пригото́вило (сь)
	приготовля́ли (сь)	пригото́вили (сь)
FUT.	бу́ду приготовля́ть (ся)	пригото́влю (сь)
	бу́дешь приготовля́ть (ся)	пригото́вишь (ся)
	бу́дет приготовля́ть (ся)	пригото́вит (ся)
	бу́дем приготовля́ть (ся)	пригото́вим (ся)
	бу́дете приготовля́ть (ся)	пригото́вите (сь)
	бу́дут приготовля́ть (ся)	пригото́вят (ся)
COND.	приготовля́л (ся) бы	пригото́вил (ся) бы
	приготовля́ла (сь) бы	пригото́вила (сь) бы
	приготовля́ло (сь) бы	пригото́вило (сь) бы
	приготовля́ли (сь) бы	пригото́вили (сь) бы
IMP.	приготовля́й (ся)	пригото́вь (ся)
	приготовля́йте (сь)	пригото́вьте (сь)

DEVERBALS

PRES. ACT.	приготовля́ющий (ся)	
PRES. PASS.	приготовля́емый	
PAST ACT.	приготовля́вший (ся)	пригото́вивший (ся)
PAST PASS.		пригото́вленный
VERBAL ADVERB	приготовля́я (сь)	пригото́вив (шись)

приготовля́ть что

придумывать (ся) / придумать (ся)
to think up, invent

	IMPERFECTIVE ASPECT	PERFECTIVE ASPECT
INF.	придумывать (ся)	придумать (ся)
PRES.	придумываю	
	придумываешь	
	придумывает (ся)	
	придумываем	
	придумываете	
	придумывают (ся)	
PAST	придумывал (ся)	придумал (ся)
	придумывала (сь)	придумала (сь)
	придумывало (сь)	придумало (сь)
	придумывали (сь)	придумали (сь)
FUT.	буду придумывать	придумаю
	будешь придумывать	придумаешь
	будет придумывать (ся)	придумает (ся)
	будем придумывать	придумаем
	будете придумывать	придумаете
	будут придумывать (ся)	придумают (ся)
COND.	придумывал (ся) бы	придумал (ся) бы
	придумывала (сь) бы	придумала (сь) бы
	придумывало (сь) бы	придумало (сь) бы
	придумывали (сь) бы	придумали (сь) бы
IMP.	придумывай	придумай
	придумывайте	придумайте

DEVERBALS

PRES. ACT.	придумывающий (ся)	
PRES. PASS.	придумываемый	
PAST ACT.	придумывавший (ся)	придумавший (ся)
PAST PASS.		придуманный
VERBAL ADVERB	придумывая (сь)	придумав (шись)

придумывать что

приезжа́ть / прие́хать
to arrive by vehicle, come

	IMPERFECTIVE ASPECT	PERFECTIVE ASPECT
INF.	приезжа́ть	прие́хать
PRES.	приезжа́ю	
	приезжа́ешь	
	приезжа́ет	
	приезжа́ем	
	приезжа́ете	
	приезжа́ют	
PAST	приезжа́л	прие́хал
	приезжа́ла	прие́хала
	приезжа́ло	прие́хало
	приезжа́ли	прие́хали
FUT.	бу́ду приезжа́ть	прие́ду
	бу́дешь приезжа́ть	прие́дешь
	бу́дет приезжа́ть	прие́дет
	бу́дем приезжа́ть	прие́дем
	бу́дете приезжа́ть	прие́дете
	бу́дут приезжа́ть	прие́дут
COND.	приезжа́л бы	прие́хал бы
	приезжа́ла бы	прие́хала бы
	приезжа́ло бы	прие́хало бы
	приезжа́ли бы	прие́хали бы
IMP.	приезжа́й	
	приезжа́йте	

DEVERBALS

PRES. ACT.	приезжа́ющий	
PRES. PASS.		
PAST ACT.	приезжа́вший	прие́хавший
PAST PASS.		
VERBAL ADVERB	приезжа́я	прие́хав

приземля́ть (ся) / приземли́ть (ся)
to land (come in for landing, touch down)

	IMPERFECTIVE ASPECT	PERFECTIVE ASPECT
INF.	приземля́ть (ся)	приземли́ть (ся)
PRES.	приземля́ю (сь)	
	приземля́ешь (ся)	
	приземля́ет (ся)	
	приземля́ем (ся)	
	приземля́ете (сь)	
	приземля́ют (ся)	
PAST	приземля́л (ся)	приземли́л (ся)
	приземля́ла (сь)	приземли́ла (сь)
	приземля́ло (сь)	приземли́ло (сь)
	приземля́ли (сь)	приземли́ли (сь)
FUT.	бу́ду приземля́ть (ся)	приземлю́ (сь)
	бу́дешь приземля́ть (ся)	приземли́шь (ся)
	бу́дет приземля́ть (ся)	приземли́т (ся)
	бу́дем приземля́ть (ся)	приземли́м (ся)
	бу́дете приземля́ть (ся)	приземли́те (сь)
	бу́дут приземля́ть (ся)	приземля́т (ся)
COND.	приземля́л (ся) бы	приземли́л (ся) бы
	приземля́ла (сь) бы	приземли́ла (сь) бы
	приземля́ло (сь) бы	приземли́ло (сь) бы
	приземля́ли (сь) бы	приземли́ли (сь) бы
IMP.	приземля́й (ся)	приземли́ (сь)
	приземля́йте (сь)	приземли́те (сь)

DEVERBALS

PRES. ACT.	приземля́ющий (ся)	
PRES. PASS.	приземля́емый	
PAST ACT.	приземля́вший (ся)	приземли́вший (ся)
PAST PASS.		приземлённый
		приземлён, приземлена́
VERBAL ADVERB	приземля́я (сь)	приземли́в (шись)

приземля́ть что

329

признава́ть (ся) / призна́ть (ся)
to recognize, admit (confess)

	IMPERFECTIVE ASPECT	PERFECTIVE ASPECT
INF.	признава́ть (ся)	призна́ть (ся)
PRES.	признаю́ (сь)	
	признаёшь (ся)	
	признаёт (ся)	
	признаём (ся)	
	признаёте (сь)	
	признаю́т (ся)	
PAST	признава́л (ся)	призна́л (ся)
	признава́ла (сь)	призна́ла (сь)
	признава́ло (сь)	призна́ло (сь)
	признава́ли (сь)	призна́ли (сь)
FUT.	бу́ду признава́ть (ся)	призна́ю
	бу́дешь признава́ть (ся)	призна́ешь
	бу́дет признава́ть (ся)	призна́ет (ся)
	бу́дем признава́ть (ся)	призна́ем
	бу́дете признава́ть (ся)	призна́ете
	бу́дут признава́ть (ся)	призна́ют (ся)
COND.	признава́л (ся) бы	призна́л (ся) бы
	признава́ла (сь) бы	призна́ла (сь) бы
	признава́ло (сь) бы	призна́ло (сь) бы
	признава́ли (сь) бы	призна́ли (сь) бы
IMP.	признава́й (ся)	призна́й (ся)
	признава́йте (сь)	призна́йте(сь)

DEVERBALS

PRES. ACT.	признаю́щий (ся)	
PRES. PASS.	признава́емый	
PAST ACT.	признава́вший (ся)	призна́вший (ся)
PAST PASS.		при́знанный
VERBAL ADVERB	признава́я (сь)	призна́в (шись)

признава́ть кого – что кем – чем, в ком – чём
признава́ться кому – чему в чём

330

	IMPERFECTIVE ASPECT	PERFECTIVE ASPECT
INF.	приказывать	приказать
PRES.	приказываю приказываешь приказывает приказываем приказываете приказывают	
PAST	приказывал приказывала приказывало приказывали	приказал приказала приказало приказали
FUT.	буду приказывать будешь приказывать будет приказывать будем приказывать будете приказывать будут приказывать	прикажу прикажешь прикажет прикажем прикажете прикажут
COND.	приказывал бы приказывала бы приказывало бы приказывали бы	приказал бы приказала бы приказало бы приказали бы
IMP.	приказывай приказывайте	прикажи прикажите

DEVERBALS

PRES. ACT.	приказывающий	
PRES. PASS.	приказываемый	
PAST ACT.	приказывавший	приказавший
PAST PASS.		приказанный
VERBAL ADVERB	приказывая	приказав

приказывать кому – чему, + infinitive

прилета́ть / прилете́ть
to fly in, arrive by air

	IMPERFECTIVE ASPECT	PERFECTIVE ASPECT
INF.	прилета́ть	прилете́ть
PRES.	прилета́ю	
	прилета́ешь	
	прилета́ет	
	прилета́ем	
	прилета́ете	
	прилета́ют	
PAST	прилета́л	прилете́л
	прилета́ла	прилете́ла
	прилета́ло	прилете́ло
	прилета́ли	прилете́ли
FUT.	бу́ду прилета́ть	прилечу́
	бу́дешь прилета́ть	прилети́шь
	бу́дет прилета́ть	прилети́т
	бу́дем прилета́ть	прилети́м
	бу́дете прилета́ть	прилети́те
	бу́дут прилета́ть	прилетя́т
COND.	прилета́л бы	прилете́л бы
	прилета́ла бы	прилете́ла бы
	прилета́ло бы	прилете́ло бы
	прилета́ли бы	прилете́ли бы
IMP.	прилета́й	прилети́
	прилета́йте	прилети́те

DEVERBALS

PRES. ACT.	прилета́ющий	
PRES. PASS.		
PAST ACT.	прилета́вший	прилете́вший
PAST PASS.		
VERBAL ADVERB	прилета́я	прилете́в

	IMPERFECTIVE ASPECT	PERFECTIVE ASPECT
INF.	принадлежа́ть	
PRES.	принадлежу́ принадлежи́шь принадлежи́т принадлежи́м принадлежи́те принадлежа́т	
PAST	принадлежа́л принадлежа́ла принадлежа́ло принадлежа́ли	
FUT.	бу́ду принадлежа́ть бу́дешь принадлежа́ть бу́дет принадлежа́ть бу́дем принадлежа́ть бу́дете принадлежа́ть бу́дут принадлежа́ть	
COND.	принадлежа́л бы принадлежа́ла бы принадлежа́ло бы принадлежа́ли бы	
IMP.	принадлежи́ принадлежи́те	

DEVERBALS

PRES. ACT.	принадлежа́щий	
PRES. PASS.		
PAST ACT.	принадлежа́вший	
PAST PASS.		
VERBAL ADVERB	принадлежа́	

принадлежа́ть кому – чему, к чему

принима́ть (ся) / приня́ть (ся)
to take, accept, receive, admit

	IMPERFECTIVE ASPECT	PERFECTIVE ASPECT
INF.	принима́ть (ся)	приня́ть (ся)
PRES.	принима́ю (сь)	
	принима́ешь (ся)	
	принима́ет (ся)	
	принима́ем (ся)	
	принима́ете (сь)	
	принима́ют (ся)	
PAST	принима́л (ся)	при́нял – принялся́
	принима́ла (сь)	приняла́ (сь)
	принима́ло (сь)	при́няло – приняло́сь
	принима́ли (сь)	при́няли – приняли́сь
FUT.	бу́ду принима́ть (ся)	приму́ (сь)
	бу́дешь принима́ть (ся)	при́мешь (ся)
	бу́дет принима́ть (ся)	при́мет (ся)
	бу́дем принима́ть (ся)	при́мем (ся)
	бу́дете принима́ть (ся)	при́мете (сь)
	бу́дут принима́ть (ся)	при́мут (ся)
COND.	принима́л (ся) бы	при́нял – принялся́ бы
	принима́ла (сь) бы	приняла́ (сь) бы
	принима́ло (сь) бы	при́няло - приняло́сь бы
	принима́ли (сь) бы	при́няли – приняли́сь бы
IMP.	принима́й (ся)	прими́ (сь)
	принима́йте (сь)	прими́те (сь)

DEVERBALS

PRES. ACT.	принима́ющий (ся)	
PRES. PASS.	принима́емый	
PAST ACT.	принима́вший (ся)	приня́вший (ся)
PAST PASS.		при́нятый
		при́нят, принята́, при́нято
VERBAL ADVERB	принима́я (сь)	приня́в (шись)

принима́ть кого - что во что
принима́ться за что, за кого

334

приноси́ть / принести́
to bring, carry to

	IMPERFECTIVE ASPECT	PERFECTIVE ASPECT
INF.	приноси́ть	принести́
PRES.	приношу́	
	прино́сишь	
	прино́сит	
	прино́сим	
	прино́сите	
	прино́сят	
PAST	приноси́л	принёс
	приноси́ла	принесла́
	приноси́ло	принесло́
	приноси́ли	принесли́
FUT.	бу́ду приноси́ть	принесу́
	бу́дешь приноси́ть	принесёшь
	бу́дет приноси́ть	принесёт
	бу́дем приноси́ть	принесём
	бу́дете приноси́ть	принесёте
	бу́дут приноси́ть	принесу́т
COND.	приноси́л бы	принёс бы
	приноси́ла бы	принесла́ бы
	приноси́ло бы	принесло́ бы
	приноси́ли бы	принесли́ бы
IMP.	приноси́	принеси́
	приноси́те	принеси́те

DEVERBALS

PRES. ACT.	принося́щий	
PRES. PASS.	приноси́мый	
PAST ACT.	приноси́вший	принёсший
PAST PASS.		принесённый
		принесён, принесена́
VERBAL ADVERB	принося́	принеся́

приноси́ть кого – что

присыла́ть / присла́ть
to send, dispatch

	IMPERFECTIVE ASPECT	PERFECTIVE ASPECT
INF.	присыла́ть	присла́ть
PRES.	присыла́ю	
	присыла́ешь	
	присыла́ет	
	присыла́ем	
	присыла́ете	
	присыла́ют	
PAST	присыла́л	присла́л
	присыла́ла	присла́ла
	присыла́ло	присла́ло
	присыла́ли	присла́ли
FUT.	бу́ду присыла́ть	пришлю́
	бу́дешь присыла́ть	пришлёшь
	бу́дет присыла́ть	пришлёт
	бу́дем присыла́ть	пришлём
	бу́дете присыла́ть	пришлёте
	бу́дут присыла́ть	пришлю́т
COND.	присыла́л бы	присла́л бы
	присыла́ла бы	присла́ла бы
	присыла́ло бы	присла́ло бы
	присыла́ли бы	присла́ли бы
IMP.	присыла́й	пришли́
	присыла́йте	пришли́те

DEVERBALS

PRES. ACT.	присыла́ющий	
PRES. PASS.	присыла́емый	
PAST ACT.	присыла́вший	присла́вший
PAST PASS.		при́сланный
VERBAL ADVERB	присыла́я	присла́в

присыла́ть кого – что

to arrive on foot, come to (fit, suit, have to)

	IMPERFECTIVE ASPECT	PERFECTIVE ASPECT
INF.	приходи́ть (ся)	прийти́ (сь)
PRES.	прихожу́ (сь)	
	прихо́дишь (ся)	
	прихо́дит (ся)	
	прихо́дим (ся)	
	прихо́дите (сь)	
	прихо́дят (ся)	
PAST	приходи́л (ся)	пришёл (ся)
	приходи́ла (сь)	пришла́ (сь)
	приходи́ло (сь)	пришло́ (сь)
	приходи́ли (сь)	пришли́ (сь)
FUT.	бу́ду приходи́ть (ся)	приду́ (сь)
	бу́дешь приходи́ть (ся)	придёшь (ся)
	бу́дет приходи́ть (ся)	придёт (ся)
	бу́дем приходи́ть (ся)	придём (ся)
	бу́дете приходи́ть (ся)	придёте (сь)
	бу́дут приходи́ть (ся)	приду́т (ся)
COND.	приходи́л (ся) бы	пришёл (ся) бы
	приходи́ла (сь) бы	пришла́ (сь) бы
	приходи́ло (сь) бы	пришло́ (сь) бы
	приходи́ли (сь) бы	пришли́ (сь) бы
IMP.	приходи́ (сь)	приди́ (сь)
	приходи́те (сь)	приди́те (сь)

DEVERBALS

PRES. ACT.	приходя́щий (ся)	
PRES. PASS.		
PAST ACT.	приходи́вший (ся)	прише́дший (ся)
PAST PASS.		
VERBAL ADVERB	приходя́ (сь)	придя́ (сь)

приходи́ть во / на что
приходи́ться по чему, кому, во / на что

пробегáть / пробежáть
to run across, through

	IMPERFECTIVE ASPECT	PERFECTIVE ASPECT
INF.	пробегáть	пробежáть
PRES.	пробегáю	
	пробегáешь	
	пробегáет	
	пробегáем	
	пробегáете	
	пробегáют	
PAST	пробегáл	пробежáл
	пробегáла	пробежáла
	пробегáло	пробежáло
	пробегáли	пробежáли
FUT.	бýду пробегáть	пробегý
	бýдешь пробегáть	пробежúшь
	бýдет пробегáть	пробежúт
	бýдем пробегáть	пробежúм
	бýдете пробегáть	пробежúте
	бýдут пробегáть	пробегýт
COND.	пробегáл бы	пробежáл бы
	пробегáла бы	пробежáла бы
	пробегáло бы	пробежáло бы
	пробегáли бы	пробежáли бы
IMP.	пробегáй	пробегú
	пробегáйте	пробегúте

DEVERBALS

PRES. ACT.	пробегáющий	
PRES. PASS.		
PAST ACT.	пробегáвший	пробежáвший
PAST PASS.		
VERBAL ADVERB	пробегáя	пробежáв

пробовать / попробовать
to try, taste, sample

	IMPERFECTIVE ASPECT	PERFECTIVE ASPECT
INF.	пробовать	попробовать
PRES.	пробую	
	пробуешь	
	пробует	
	пробуем	
	пробуете	
	пробуют	
PAST	пробовал	попробовал
	пробовала	попробовала
	пробовало	попробовало
	пробовали	попробовали
FUT.	буду пробовать	попробую
	будешь пробовать	попробуешь
	будет пробовать	попробует
	будем пробовать	попробуем
	будете пробовать	попробуете
	будут пробовать	попробуют
COND.	пробовал бы	попробовал бы
	пробовала бы	попробовала бы
	пробовало бы	попробовало бы
	пробовали бы	попробовали бы
IMP.	пробуй	попробуй
	пробуйте	попробуйте

DEVERBALS

PRES. ACT.	пробующий	
PRES. PASS.	пробуемый	
PAST ACT.	пробовавший	попробовавший
PAST PASS.		попробованный
VERBAL ADVERB	пробуя	попробовав

пробовать что

проверя́ть / прове́рить
to check, verify

	IMPERFECTIVE ASPECT	PERFECTIVE ASPECT
INF.	проверя́ть	прове́рить
PRES.	проверя́ю	
	проверя́ешь	
	проверя́ет	
	проверя́ем	
	проверя́ете	
	проверя́ют	
PAST	проверя́л	прове́рил
	проверя́ла	прове́рила
	проверя́ло	прове́рило
	проверя́ли	прове́рили
FUT.	бу́ду проверя́ть	прове́рю
	бу́дешь проверя́ть	прове́ришь
	бу́дет проверя́ть	прове́рит
	бу́дем проверя́ть	прове́рим
	бу́дете проверя́ть	прове́рите
	бу́дут проверя́ть	прове́рят
COND.	проверя́л бы	прове́рил бы
	проверя́ла бы	прове́рила бы
	проверя́ло бы	прове́рило бы
	проверя́ли бы	прове́рили бы
IMP.	проверя́й	прове́рь
	проверя́йте	прове́рьте

DEVERBALS

PRES. ACT.	проверя́ющий	
PRES. PASS.	проверя́емый	
PAST ACT.	проверя́вший	прове́ривший
PAST PASS.		прове́ренный
VERBAL ADVERB	проверя́я	прове́рив

проверя́ть кого – что

проводи́ть / провести́
to conduct, guide, lead past, spend time

	IMPERFECTIVE ASPECT	PERFECTIVE ASPECT
INF.	проводи́ть	провести́
PRES.	провожу́ прово́дишь прово́дит прово́дим прово́дите прово́дят	
PAST	проводи́л проводи́ла проводи́ло проводи́ли	провёл провела́ провело́ провели́
FUT.	бу́ду проводи́ть бу́дешь проводи́ть бу́дет проводи́ть бу́дем проводи́ть бу́дете проводи́ть бу́дут проводи́ть	проведу́ проведёшь проведёт проведём проведёте проведу́т
COND.	проводи́л бы проводи́ла бы проводи́ло бы проводи́ли бы	провёл бы провела́ бы провело́ бы провели́ бы
IMP.	проводи́ проводи́те	проведи́ проведи́те

DEVERBALS

PRES. ACT.	проводя́щий	
PRES. PASS.	проводи́мый	
PAST ACT.	проводи́вший	прове́дший
PAST PASS.		проведённый проведён, проведена́
VERBAL ADVERB	проводя́	проведя́

проводи́ть кого – что ми́мо кого – чего

провожа́ть / проводи́ть
to see off, accompany

	IMPERFECTIVE ASPECT	PERFECTIVE ASPECT
INF.	провожа́ть	проводи́ть
PRES.	провожа́ю	
	провожа́ешь	
	провожа́ет	
	провожа́ем	
	провожа́ете	
	провожа́ют	
PAST	провожа́л	проводи́л
	провожа́ла	проводи́ла
	провожа́ло	проводи́ло
	провожа́ли	проводи́ли
FUT.	бу́ду провожа́ть	провожу́
	бу́дешь провожа́ть	прово́дишь
	бу́дет провожа́ть	прово́дит
	бу́дем провожа́ть	прово́дим
	бу́дете провожа́ть	прово́дите
	бу́дут провожа́ть	прово́дят
COND.	провожа́л бы	проводи́л бы
	провожа́ла бы	проводи́ла бы
	провожа́ло бы	проводи́ло бы
	провожа́ли бы	проводи́ли бы
IMP.	провожа́й	проводи́
	провожа́йте	проводи́те

DEVERBALS

PRES. ACT.	провожа́ющий	
PRES. PASS.	провожа́емый	
PAST ACT.	провожа́вший	проводи́вший
PAST PASS.		
VERBAL ADVERB	провожа́я	проводи́в

провожа́ть кого – что

продава́ть (ся) / прода́ть (ся)
to sell, sell off (betray, defect)

	IMPERFECTIVE ASPECT	PERFECTIVE ASPECT
INF.	продава́ть (ся)	прода́ть
PRES.	продаю́ (сь) продаёшь (ся) продаёт (ся) продаём (ся) продаёте (ся) продаю́т (ся)	
PAST	продава́л (ся) продава́ла (сь) продава́ло (сь) продава́ли (сь)	про́дал – прода́лся продала́ (сь) про́дало – продало́сь про́дали – продали́сь
FUT.	бу́ду продава́ть (ся) бу́дешь продава́ть (ся) бу́дет продава́ть (ся) бу́дем продава́ть (ся) бу́дете продава́ть (ся) бу́дут продава́ть (ся)	прода́м (ся) прода́шь (ся) прода́ст (ся) продади́м (ся) продади́те (ся) продаду́т (ся)
COND.	продава́л (ся) бы продава́ла (сь) бы продава́ло (сь) бы продава́ли (сь) бы	про́дал – прода́лся бы продала́ (сь) бы про́дало – продало́сь бы про́дали – продали́сь бы
IMP.	продава́й (ся) продава́йте (сь)	прода́й (ся) прода́йте (сь)

DEVERBALS

PRES. ACT.	продаю́щий (ся)	
PRES. PASS.	продава́емый	
PAST ACT.	продава́вший (ся)	прода́вший (ся)
PAST PASS.		про́данный, про́дан, продана́, про́дано
VERBAL ADVERB	продава́я (сь)	прода́в (шись)

продава́ть кого – что
продава́ться кому – чему

343

продолжа́ть (ся) / продо́лжить (ся)
to continue, extend

	IMPERFECTIVE ASPECT	PERFECTIVE ASPECT
INF.	продолжа́ть (ся)	продо́лжить (ся)
PRES.	продолжа́ю продолжа́ешь продолжа́ет (ся) продолжа́ем продолжа́ете продолжа́ют (ся)	
PAST	продолжа́л (ся) продолжа́ла (сь) продолжа́ло (сь) продолжа́ли (сь)	продо́лжил (ся) продо́лжила (сь) продо́лжило (сь) продо́лжили (сь)
FUT.	бу́ду продолжа́ть бу́дешь продолжа́ть бу́дет продолжа́ть (ся) бу́дем продолжа́ть бу́дете продолжа́ть бу́дут продолжа́ть (ся)	продолжу́ продо́лжишь продо́лжит (ся) продо́лжим продо́лжите продо́лжат (ся)
COND.	продолжа́л (ся) бы продолжа́ла (сь) бы продолжа́ло (сь) бы продолжа́ли (сь) бы	продо́лжил (ся) бы продо́лжила (сь) бы продо́лжило (сь) бы продо́лжили (сь) бы
IMP.	продолжа́й продолжа́йте	продо́лжи продо́лжите

DEVERBALS

PRES. ACT.	продолжа́ющий (ся)	
PRES. PASS.	продолжа́емый	
PAST ACT.	продолжа́вший (ся)	продо́лживший (ся)
PAST PASS.		продо́лженный
VERBAL ADVERB	продолжа́я (сь)	продо́лжив (шись)

продолжа́ть что

344

	IMPERFECTIVE ASPECT	PERFECTIVE ASPECT
INF.	проезжа́ть	прое́хать
PRES.	проезжа́ю	
	проезжа́ешь	
	проезжа́ет	
	проезжа́ем	
	проезжа́ете	
	проезжа́ют	
PAST	проезжа́л	прое́хал
	проезжа́ла	прое́хала
	проезжа́ло	прое́хало
	проезжа́ли	прое́хали
FUT.	бу́ду проезжа́ть	прое́ду
	бу́дешь проезжа́ть	прое́дешь
	бу́дет проезжа́ть	прое́дет
	бу́дем проезжа́ть	прое́дем
	бу́дете проезжа́ть	прое́дете
	бу́дут проезжа́ть	прое́дут
COND.	проезжа́л бы	прое́хал бы
	проезжа́ла бы	прое́хала бы
	проезжа́ло бы	прое́хало бы
	проезжа́ли бы	прое́хали бы
IMP.	проезжа́й	
	проезжа́йте	

DEVERBALS

PRES. ACT.	проезжа́ющий	
PRES. PASS.	проезжа́емый	
PAST ACT.	проезжа́вший	прое́хавший
PAST PASS.		
VERBAL ADVERB	проезжа́я	прое́хав

проезжа́ть что, мимо кого – чего

проживáть / прожúть
to live, live through

	IMPERFECTIVE ASPECT	PERFECTIVE ASPECT
INF.	проживáть	прожúть
PRES.	проживáю	
	проживáешь	
	проживáет	
	проживáем	
	проживáете	
	проживáют	
PAST	проживáл	прóжил
	проживáла	прожúла
	проживáло	прóжило
	проживáли	прóжили
FUT.	бýду проживáть	проживý
	бýдешь проживáть	проживёшь
	бýдет проживáть	проживёт
	бýдем проживáть	проживём
	бýдете проживáть	проживёте
	бýдут проживáть	проживýт
COND.	проживáл бы	прóжил бы
	проживáла бы	прожúла бы
	проживáло бы	прóжило бы
	проживáли бы	прóжили бы
IMP.	проживáй	проживú
	проживáйте	проживúте

DEVERBALS

PRES. ACT.	проживáющий	
PRES. PASS.	проживáемый	
PAST ACT.	проживáвший	прожúвший
PAST PASS.		прóжúтый
		прóжúт, прожитá, прóжúто
VERBAL ADVERB	проживáя	прожúв

проживáть что

	IMPERFECTIVE ASPECT	PERFECTIVE ASPECT
INF.	пройгрывать	проигра́ть
PRES.	пройгрываю	
	пройгрываешь	
	пройгрывает	
	пройгрываем	
	пройгрываете	
	пройгрывают	
PAST	пройгрывал	проигра́л
	пройгрывала	проигра́ла
	пройгрывало	проигра́ло
	пройгрывали	проигра́ли
FUT.	бу́ду пройгрывать	проигра́ю
	бу́дешь пройгрывать	проигра́ешь
	бу́дет пройгрывать	проигра́ет
	бу́дем пройгрывать	проигра́ем
	бу́дете пройгрывать	проигра́ете
	бу́дут пройгрывать	проигра́ют
COND.	пройгрывал бы	проигра́л бы
	пройгрывала бы	проигра́ла бы
	пройгрывало бы	проигра́ло бы
	пройгрывали бы	проигра́ли бы
IMP.	пройгрывай	проигра́й
	пройгрывайте	проигра́йте

DEVERBALS

PRES. ACT.	пройгрывающий	
PRES. PASS.	пройгрываемый	
PAST ACT.	пройгрывавший	проигра́вший
PAST PASS.		пройгранный
VERBAL ADVERB	пройгрывая	проигра́в

пройгрывать кому что
пройгрываться *to gamble away all one's money*

производи́ть / произвести́
to produce, make, carry out, execute

	IMPERFECTIVE ASPECT	PERFECTIVE ASPECT
INF.	производи́ть	произвести́
PRES.	произвожу́	
	произво́дишь	
	произво́дит	
	произво́дим	
	произво́дите	
	произво́дят	
PAST	производи́л	произвёл
	производи́ла	произвела́
	производи́ло	произвело́
	производи́ли	произвели́
FUT.	бу́ду производи́ть	произведу́
	бу́дешь производи́ть	произведёшь
	бу́дет производи́ть	произведёт
	бу́дем производи́ть	произведём
	бу́дете производи́ть	произведёте
	бу́дут производи́ть	произведу́т
COND.	производи́л бы	произвёл бы
	производи́ла бы	произвела́ бы
	производи́ло бы	произвело́ бы
	производи́ли бы	произвели́ бы
IMP.	производи́	произведи́
	производи́те	произведи́те

DEVERBALS

PRES. ACT.	производя́щий	
PRES. PASS.	производи́мый	
PAST ACT.	производи́вший	произве́дший
PAST PASS.		произведённый
		произведён, произведена́
VERBAL ADVERB	производя́	произведя́

производи́ть кого - что
производи́ть кого во кто *to promote to the rank of*

348

произноси́ть / произнести́
to pronounce, utter

	IMPERFECTIVE ASPECT	PERFECTIVE ASPECT
INF.	произноси́ть	произнести́
PRES.	произношу́ произно́сишь произно́сит произно́сим произно́сите произно́сят	
PAST	произноси́л произноси́ла произноси́ло произноси́ли	произнёс произнесла́ произнесло́ произнесли́
FUT.	бу́ду произноси́ть бу́дешь произноси́ть бу́дет произноси́ть бу́дем произноси́ть бу́дете произноси́ть бу́дут произноси́ть	произнесу́ произнесёшь произнесёт произнесём произнесёте произнесу́т
COND.	произноси́л бы произноси́ла бы произноси́ло бы произноси́ли бы	произнёс бы произнесла́ бы произнесло́ бы произнесли́ бы
IMP.	произноси́ произноси́те	произнеси́ произнеси́те

DEVERBALS

PRES. ACT.	произнося́щий	
PRES. PASS.	произноси́мый	
PAST ACT.	произноси́вший	произнёсший
PAST PASS.		произнесённый произнесён, произнесена́
VERBAL ADVERB	произнося́	произнеся́

произноси́ть что
Как произно́сится? *How is it pronounced?*

происходи́ть / произойти́
to happen, take place

	IMPERFECTIVE ASPECT	PERFECTIVE ASPECT
INF.	происходи́ть	произойти́
PRES.	происхо́дит	
	происхо́дят	
PAST	происходи́л	произошёл
	происходи́ла	произошла́
	происходи́ло	произошло́
	происходи́ли	произошли́
FUT.	бу́дет происходи́ть	произойдёт
	бу́дут происходи́ть	произойду́т
COND.	происходи́л бы	произошёл бы
	происходи́ла бы	произошла́ бы
	происходи́ло бы	произошло́ бы
	происходи́ли бы	произошли́ бы
IMP.		

DEVERBALS

PRES. ACT.	происходя́щий	
PRES. PASS.		
PAST ACT.	происходи́вший	происше́дший
PAST PASS.		
VERBAL ADVERB	происходя́	произойдя́

происходи́ть от кого – чего

350

	IMPERFECTIVE ASPECT	PERFECTIVE ASPECT
INF.	пропада́ть	пропа́сть
PRES.	пропада́ю пропада́ешь пропада́ет пропада́ем пропада́ете пропада́ют	
PAST	пропада́л пропада́ла пропада́ло пропада́ли	пропа́л пропа́ла пропа́ло пропа́ли
FUT.	бу́ду пропада́ть бу́дешь пропада́ть бу́дет пропада́ть бу́дем пропада́ть бу́дете пропада́ть бу́дут пропада́ть	пропаду́ пропадёшь пропадёт пропадём пропадёте пропаду́т
COND.	пропада́л бы пропада́ла бы пропада́ло бы пропада́ли бы	пропа́л бы пропа́ла бы пропа́ло бы пропа́ли бы
IMP.	пропада́й пропада́йте	пропади́ пропади́те

DEVERBALS

PRES. ACT.	пропада́ющий	
PRES. PASS.		
PAST ACT.	пропада́вший	пропа́вший
PAST PASS.		
VERBAL ADVERB	пропада́я	пропа́в

пропуска́ть / пропусти́ть
to let pass, omit, skip over

	IMPERFECTIVE ASPECT	PERFECTIVE ASPECT
INF.	пропуска́ть	пропусти́ть
PRES.	пропуска́ю	
	пропуска́ешь	
	пропуска́ет	
	пропуска́ем	
	пропуска́ете	
	пропуска́ют	
PAST	пропуска́л	пропусти́л
	пропуска́ла	пропусти́ла
	пропуска́ло	пропусти́ло
	пропуска́ли	пропусти́ли
FUT.	бу́ду пропуска́ть	пропущу́
	бу́дешь пропуска́ть	пропу́стишь
	бу́дет пропуска́ть	пропу́стит
	бу́дем пропуска́ть	пропу́стим
	бу́дете пропуска́ть	пропу́стите
	бу́дут пропуска́ть	пропу́стят
COND.	пропуска́л бы	пропусти́л бы
	пропуска́ла бы	пропусти́ла бы
	пропуска́ло бы	пропусти́ло бы
	пропуска́ли бы	пропусти́ли бы
IMP.	пропуска́й	пропусти́
	пропуска́йте	пропусти́те

DEVERBALS

PRES. ACT.	пропуска́ющий	
PRES. PASS.	пропуска́емый	
PAST ACT.	пропуска́вший	пропусти́вший
PAST PASS.		пропу́щенный
VERBAL ADVERB	пропуска́я	пропусти́в

пропуска́ть кого – что

	IMPERFECTIVE ASPECT	PERFECTIVE ASPECT
INF.	проси́ть (ся)	попроси́ть (ся)
PRES.	прошу́ (сь)	
	про́сишь (ся)	
	про́сит (ся)	
	про́сим (ся)	
	про́сите (сь)	
	про́сят (ся)	
PAST	проси́л (ся)	попроси́л (ся)
	проси́ла (сь)	попроси́ла (сь)
	проси́ло (сь)	попроси́ло (сь)
	проси́ли (сь)	попроси́ли (сь)
FUT.	бу́ду проси́ть (ся)	попрошу́ (сь)
	бу́дешь проси́ть (ся)	попро́сишь (ся)
	бу́дет проси́ть (ся)	попро́сит (ся)
	бу́дем проси́ть (ся)	попро́сим (ся)
	бу́дете проси́ть (ся)	попро́сите (сь)
	бу́дут проси́ть (ся)	попро́сят (ся)
COND.	проси́л (ся) бы	попроси́л (ся) бы
	проси́ла (сь) бы	попроси́ла (сь) бы
	проси́ло (сь) бы	попроси́ло (сь) бы
	проси́ли (сь) бы	попроси́ли (сь) бы
IMP.	проси́ (сь)	попроси́ (сь)
	проси́те (сь)	попроси́те (сь)

DEVERBALS

PRES. ACT.	прося́щий (ся)	
PRES. PASS.	проси́мый	
PAST ACT.	проси́вший (ся)	попроси́вший (ся)
PAST PASS.	про́шенный	попро́шенный
VERBAL ADVERB	прося́ (сь)	попроси́в (шись)

проси́ть кого – что о ком – чём, на что, + infinitive
к столу *to the table*

простужа́ть (ся) / простуди́ть (ся)
to let catch a cold, get cold, let cool (catch a cold)

	IMPERFECTIVE ASPECT	PERFECTIVE ASPECT
INF.	простужа́ть (ся)	простуди́ть (ся)
PRES.	простужа́ю (сь)	
	простужа́ешь (ся)	
	простужа́ет (ся)	
	простужа́ем (ся)	
	простужа́ете (сь)	
	простужа́ют (ся)	
PAST	простужа́л (ся)	простуди́л (ся)
	простужа́ла (сь)	простуди́ла (сь)
	простужа́ло (сь)	простуди́ло (сь)
	простужа́ли (сь)	простуди́ли (сь)
FUT.	бу́ду простужа́ть (ся)	простужу́ (сь)
	бу́дешь простужа́ть (ся)	просту́дишь (ся)
	бу́дет простужа́ть (ся)	просту́дит (ся)
	бу́дем простужа́ть (ся)	просту́дим (ся)
	бу́дете простужа́ть (ся)	просту́дите (сь)
	бу́дут простужа́ть (ся)	просту́дят (ся)
COND.	простужа́л (ся) бы	простуди́л (ся) бы
	простужа́ла (сь) бы	простуди́ла (сь) бы
	простужа́ло (сь) бы	простуди́ло (сь) бы
	простужа́ли (сь) бы	простуди́ли (сь) бы
IMP.	простужа́й (ся)	простуди́ (сь)
	простужа́йте (сь)	простуди́те (сь)

DEVERBALS

PRES. ACT.	простужа́ющий (ся)	
PRES. PASS.	простужа́емый	
PAST ACT.	простужа́вший (ся)	простуди́вший (ся)
PAST PASS.		просту́женный
VERBAL ADVERB	простужа́я (сь)	простуди́в (шись)

простужа́ть кого – что

просыпа́ться / просну́ться
to wake up, awake

	IMPERFECTIVE ASPECT	PERFECTIVE ASPECT
INF.	просыпа́ться	просну́ться
PRES.	просыпа́юсь	
	просыпа́ешься	
	просыпа́ется	
	просыпа́емся	
	просыпа́етесь	
	просыпа́ются	
PAST	просыпа́лся	просну́лся
	просыпа́лась	просну́лась
	просыпа́лось	просну́лось
	просыпа́лись	просну́лись
FUT.	бу́ду просыпа́ться	просну́сь
	бу́дешь просыпа́ться	проснёшься
	бу́дет просыпа́ться	проснётся
	бу́дем просыпа́ться	проснёмся
	бу́дете просыпа́ться	проснётесь
	бу́дут просыпа́ться	просну́тся
COND.	просыпа́лся бы	просну́лся бы
	просыпа́лась бы	просну́лась бы
	просыпа́лось бы	просну́лось бы
	просыпа́лись бы	просну́лись бы
IMP.	просыпа́йся	просни́сь
	просыпа́йтесь	просни́тесь

DEVERBALS

PRES. ACT.	просыпа́ющийся	
PRES. PASS.		
PAST ACT.	просыпа́вшийся	просну́вший (ся)
PAST. PASS.		
VERBAL ADVERB	просыпа́ясь	просну́в (шись)

просыпа́ть / проспа́ть что *to sleep through something*
просы́пать (ся) / просыпа́ть (ся) *to spill*

355

проходи́ть / пройти́
to pass by, walk through

	IMPERFECTIVE ASPECT	PERFECTIVE ASPECT
INF.	проходи́ть	пройти́
PRES.	прохожу́	
	прохо́дишь	
	прохо́дит	
	прохо́дим	
	прохо́дите	
	прохо́дят	
PAST	проходи́л	прошёл
	проходи́ла	прошла́
	проходи́ло	прошло́
	проходи́ли	прошли́
FUT.	бу́ду проходи́ть	пройду́
	бу́дешь проходи́ть	пройдёшь
	бу́дет проходи́ть	пройдёт
	бу́дем проходи́ть	пройдём
	бу́дете проходи́ть	пройдёте
	бу́дут проходи́ть	пройду́т
COND.	проходи́л бы	прошёл бы
	проходи́ла бы	прошла́ бы
	проходи́ло бы	прошло́ бы
	проходи́ли бы	прошли́ бы
IMP.	проходи́	пройди́
	проходи́те	пройди́те

DEVERBALS

PRES. ACT.	проходя́щий	
PRES. PASS.	проходи́мый	
PAST ACT.	проходи́вший	проше́дший
PAST PASS.		про́йденный
VERBAL ADVERB	проходя́	пройдя́

проходи́ть ми́мо кого́ – чего́, что

to forgive, pardon (say good-bye, bid farewell)

	IMPERFECTIVE ASPECT	PERFECTIVE ASPECT
INF.	прощáть (ся)	простúть (ся)
PRES.	прощáю (сь) прощáешь (ся) прощáет (ся) прощáем (ся) прощáете (сь) прощáют (ся)	
PAST	прощáл (ся) прощáла (сь) прощáло (сь) прощáли (сь)	простúл (ся) простúла (сь) простúло (сь) простúли (сь)
FUT.	бýду прощáть (ся) бýдешь прощáть (ся) бýдет прощáть (ся) бýдем прощáть (ся) бýдете прощáть (ся) бýдут прощáть (ся)	прощý (сь) простúшь (ся) простúт (ся) простúм (ся) простúте (сь) простя́т (ся)
COND.	прощáл (ся) бы прощáла (сь) бы прощáло (сь) бы прощáли (сь) бы	простúл (ся) бы простúла (сь) бы простúло (сь) бы простúли (сь) бы
IMP.	прощáй (ся) прощáйте (сь)	простú (сь) простúте (сь)

DEVERBALS

PRES. ACT.	прощáющий (ся)	
PRES. PASS.	прощáемый	
PAST ACT.	прощáвший (ся)	простúвший (ся)
PAST PASS.		прощённый прощён, прощенá
VERBAL ADVERB	прощáя (сь)	простúв (шись)

прощáть кого – что кому
прощáться с кем – чем

прыгать / прыгнуть
to jump, leap

	IMPERFECTIVE ASPECT	PERFECTIVE ASPECT
INF.	прыгать	прыгнуть
PRES.	прыгаю	
	прыгаешь	
	прыгает	
	прыгаем	
	прыгаете	
	прыгают	
PAST	прыгал	прыгнул
	прыгала	прыгнула
	прыгало	прыгнуло
	прыгали	прыгнули
FUT.	буду прыгать	прыгну
	будешь прыгать	прыгнешь
	будет прыгать	прыгнет
	будем прыгать	прыгнем
	будете прыгать	прыгнете
	будут прыгать	прыгнут
COND.	прыгал бы	прыгнул бы
	прыгала бы	прыгнула бы
	прыгало бы	прыгнуло бы
	прыгали бы	прыгнули бы
IMP.	прыгай	прыгни
	прыгайте	прыгните

DEVERBALS

PRES. ACT.	прыгающий	
PRES. PASS.		
PAST ACT.	прыгавший	прыгнувший
PAST PASS.		
VERBAL ADVERB	прыгая	прыгнув

	IMPERFECTIVE ASPECT	PERFECTIVE ASPECT
INF.	пря́тать (ся)	спря́тать (ся)
PRES.	пря́чу (сь) пря́чешь (ся) пря́чет (ся) пря́чем (ся) пря́чете (сь) пря́чут (ся)	
PAST	пря́тал (ся) пря́тала (сь) пря́тало (сь) пря́тали (сь)	спря́тал (ся) спря́тала (сь) спря́тало (сь) спря́тали (сь)
FUT.	бу́ду пря́тать (ся) бу́дешь пря́тать (ся) бу́дет пря́тать (ся) бу́дем пря́тать (ся) бу́дете пря́тать (ся) бу́дут пря́тать (ся)	спя́чу сь) спря́чешь (ся) спря́чет (ся) спря́чем (ся) спря́чете (сь) спря́чут (ся)
COND.	пря́тал (ся) бы пря́тала (сь) бы пря́тало (сь) бы пря́тали (сь) бы	спря́тал (ся) бы спря́тала (сь) бы спря́тало (сь) бы спря́тали (сь) бы
IMP.	пря́чь (ся) пря́чьте (сь)	спря́чь (ся) спря́чьте (сь)

DEVERBALS

PRES. ACT.	пря́чущий (ся)	
PRES. PASS.		
PAST ACT.	пря́тавший (ся)	спря́тавший (ся)
PAST PASS.		спря́танный
VERBAL ADVERB	пря́ча (сь)	спря́тав (шись)

пря́тать кого – что

пугáть (ся) / испугáть (ся)
to frighten, scare (be frightened, scared)

	IMPERFECTIVE ASPECT	PERFECTIVE ASPECT
INF.	пугáть (ся)	испугáть (ся)
PRES.	пугáю (сь) пугáешь (ся) пугáет (ся) пугáем (ся) пугáете (сь) пугáют (ся)	
PAST	пугáл (ся) пугáла (сь) пугáло (сь) пугáли (сь)	испугáл (ся) испугáла (сь) испугáло (сь) испугáли (сь)
FUT.	бýду пугáть (ся) бýдешь пугáть (ся) бýдет пугáть (ся) бýдем пугáть (ся) бýдете пугáть (ся) бýдут пугáть (ся)	испугáю (сь) испугáешь (ся) испугáет (ся) испугáем (ся) испугáете (сь) испугáют (ся)
COND.	пугáл (ся) бы пугáла (сь) бы пугáло (сь) бы пугáли (сь) бы	испугáл (ся) бы испугáла (сь) бы испугáло (сь) бы испугáли (сь) бы
IMP.	пугáй (ся) пугáйте (сь)	испугáй (ся) испугáйте (сь)

DEVERBALS

PRES. ACT.	пугáющий (ся)	
PRES. PASS.	пугáемый	
PAST ACT.	пугáвший (ся)	испугáвший (ся)
PAST PASS.	пýганный	испýганный
VERBAL ADVERB	пугáя (сь)	испугáв (шись)

пугáть кого – что

360

путеше́ствовать / попутеше́ствовать
to travel, journey

	IMPERFECTIVE ASPECT	PERFECTIVE ASPECT
INF.	путеше́ствовать	попутеше́ствовать
PRES.	путеше́ствую путеше́ствуешь путеше́ствует путеше́ствуем путеше́ствуете путеше́ствуют	
PAST	путеше́ствовал путеше́ствовала путеше́ствовало путеше́ствовали	попутеше́ствовал попутеше́ствовала попутеше́ствовало попутеше́ствовали
FUT.	бу́ду путеше́ствовать бу́дешь путеше́ствовать бу́дет путеше́ствовать бу́дем путеше́ствовать бу́дете путеше́ствовать бу́дут путеше́ствовать	попутеше́ствую попутеше́ствуешь попутеше́ствует попутеше́ствуем попутеше́ствуете попутеше́ствуют
COND.	путеше́ствовал бы путеше́ствовала бы путеше́ствовало бы путеше́ствовали бы	попутеше́ствовал бы попутеше́ствовала бы попутеше́ствовало бы попутеше́ствовали бы
IMP.	путеше́ствуй путеше́ствуйте	попутеше́ствуй попутеше́ствуйте

DEVERBALS

PRES. ACT.	путеше́ствующий	
PRES. PASS.		
PAST ACT.	путеше́ствовавший	попутеше́ствовавший
PAST PASS.		
VERBAL ADVERB	путеше́ствуя	попутеше́ствовав

рабо́тать / порабо́тать
to work, run, function

	IMPERFECTIVE ASPECT	PERFECTIVE ASPECT
INF.	рабо́тать	порабо́тать
PRES.	рабо́таю рабо́таешь рабо́тает рабо́таем рабо́таете рабо́тают	
PAST	рабо́тал рабо́тала рабо́тало рабо́тали	порабо́тал порабо́тала порабо́тало порабо́тали
FUT.	бу́ду рабо́тать бу́дешь рабо́тать бу́дет рабо́тать бу́дем рабо́тать бу́дете рабо́тать бу́дут рабо́тать	порабо́таю порабо́таешь порабо́тает порабо́таем порабо́таете порабо́тают
COND.	рабо́тал бы рабо́тала бы рабо́тало бы рабо́тали бы	порабо́тал бы порабо́тала бы порабо́тало бы порабо́тали бы
IMP.	рабо́тай рабо́тайте	порабо́тай порабо́тайте

DEVERBALS

PRES. ACT.	рабо́тающий	
PRES. PASS.		
PAST ACT.	рабо́тавший	порабо́тавший
PAST PASS.		
VERBAL ADVERB	рабо́тая	порабо́тав

to gladden, make happy (rejoice)

	IMPERFECTIVE ASPECT	PERFECTIVE ASPECT
INF.	рáдовать (ся)	обрáдовать (ся)
PRES.	рáдую (сь) рáдуешь (ся) рáдует (ся) рáдуем (ся) рáдуете (сь) рáдуют (ся)	
PAST	рáдовал (ся) рáдовала (сь) рáдовало (сь) рáдовали (сь)	обрáдовал (ся) обрáдовала (сь) обрáдовало (сь) обрáдовали (сь)
FUT.	бýду рáдовать (ся) бýдешь рáдовать (ся) бýдет рáдовать (ся) бýдем рáдовать (ся) бýдете рáдовать (ся) бýдут рáдовать (ся)	обрáдую (сь) обрáдуешь (ся) обрáдует (ся) обрáдуем (ся) обрáдуете(сь) обрáдуют (ся)
COND.	рáдовал (ся) бы рáдовала (сь) бы рáдовало (сь) бы рáдовали (сь) бы	обрáдовал (ся) бы обрáдовала (сь) бы обрáдовало (сь) бы обрáдовали (сь) бы
IMP.	рáдуй (ся) рáдуйте (сь)	обрáдуй (ся) обрáдуйте (сь)

DEVERBALS

PRES. ACT.	рáдующий (ся)	
PRES. PASS.	рáдуемый	
PAST ACT.	рáдовавший (ся)	обрáдовавший (ся)
PAST PASS.		обрáдованный
VERBAL ADVERB	рáдуя (сь)	обрáдовав (шись)

рáдовать кого – что
рáдоваться кому – чему

разбива́ть (ся) / разби́ть (ся)
to break, smash, break up

	IMPERFECTIVE ASPECT	PERFECTIVE ASPECT
INF.	разбива́ть (ся)	разби́ть (ся)
PRES.	разбива́ю (сь) разбива́ешь (ся) разбива́ет (ся) разбива́ем (ся) разбива́ете (сь) разбива́ют (ся)	
PAST	разбива́л (ся) разбива́ла (сь) разбива́ло (сь) разбива́ли (сь)	разби́л (ся) разби́ла (сь) разби́ло (сь) разби́ли (сь)
FUT.	бу́ду разбива́ть (ся) бу́дешь разбива́ть (ся) бу́дет разбива́ть (ся) бу́дем разбива́ть (ся) бу́дете разбива́ть (ся) бу́дут разбива́ть (ся)	разобью́ (сь) разобьёшь (ся) разобьёт (ся) разобьём (ся) разобьёте (сь) разобью́т (ся)
COND.	разбива́л (ся) бы разбива́ла (сь) бы разбива́ло (сь) бы разбива́ли (сь) бы	разби́л (ся) бы разби́ла (сь) бы разби́ло (сь) бы разби́ли (сь) бы
IMP.	разбива́й (ся) разбива́йте (сь)	разбе́й (ся) разбе́йте (сь)

DEVERBALS

PRES. ACT.	разбива́ющий (ся)	
PRES. PASS.	разбива́емый	
PAST ACT.	разбива́вший (ся)	разби́вший (ся)
PAST PASS.		разби́тый
VERBAL ADVERB	разбива́я	разби́в (шись)

разбива́ть кого – что
разбива́ться обо что

	IMPERFECTIVE ASPECT	PERFECTIVE ASPECT
INF.	разводи́ть	развести́
PRES.	развожу́ разво́дишь разво́дит разво́дим разво́дите разво́дят	
PAST	разводи́л разводи́ла разводи́ло разводи́ли	развёл развела́ развело́ развели́
FUT.	бу́ду разводи́ть бу́дешь разводи́ть бу́дет разводи́ть бу́дем разводи́ть бу́дете разводи́ть бу́дут разводи́ть	разведу́ разведёшь разведёт разведём разведёте разведу́т
COND.	разводи́л бы разводи́ла бы разводи́ло бы разводи́ли бы	развёл бы развела́ бы развело́ бы развели́ бы
IMP.	разводи́ разводи́те	разведи́ разведи́те

DEVERBALS

PRES. ACT.	разводя́	
PRES. PASS.	разводи́мый	
PAST ACT.	разводи́вший	разве́дший
PAST PASS.		разведённый разведён, разведена́
VERBAL ADVERB	разводя́	разведя́

разводи́ть кого́ – что

разводи́ться / развести́сь
to get a divorce; breed, multiply

	IMPERFECTIVE ASPECT	PERFECTIVE ASPECT
INF.	разводи́ться	развести́сь
PRES.	развожу́сь разво́дишься разво́дится разво́димся разво́дитесь разво́дятся	
PAST	разводи́лся разводи́лась разводи́лось разводи́лись	развёлся развела́сь развело́сь развели́сь
FUT.	бу́ду разводи́ться бу́дешь разводи́ться бу́дет разводи́ться бу́дем разводи́ться бу́дете разводи́ться бу́дут разводи́ться	разведу́сь разведёшься разведётся разведёмся разведётесь разведу́тся
COND.	разводи́лся бы разводи́лась бы разводи́лось бы разводи́лись бы	развёлся бы развела́сь бы развело́сь бы развели́сь бы
IMP.	разводи́сь разводи́тесь	разведи́сь разведи́тесь

DEVERBALS

PRES. ACT.	разводя́щийся	
PRES. PASS.		
PAST ACT.	разводи́вшийся	разве́дшийся
PAST PASS.		
VERBAL ADVERB	разводя́сь	разведя́сь

разводи́ться с кем

	IMPERFECTIVE ASPECT	PERFECTIVE ASPECT
INF.	разгова́ривать	
PRES.	разгова́риваю	
	разгова́риваешь	
	разгова́ривает	
	разгова́риваем	
	разгова́риваете	
	разгова́ривают	
PAST	разгова́ривал	
	разгова́ривала	
	разгова́ривало	
	разгова́ривали	
FUT.	бу́ду разгова́ривать	
	бу́дешь разгова́ривать	
	бу́дет разгова́ривать	
	бу́дем разгова́ривать	
	бу́дете разгова́ривать	
	бу́дут разгова́ривать	
COND.	разгова́ривал бы	
	разгова́ривала бы	
	разгова́ривало бы	
	разгова́ривали бы	
IMP.	разгова́ривай	
	разгова́ривайте	

DEVERBALS

PRES. ACT.	разгова́ривающий	
PRES. PASS.		
PAST ACT.	разгова́ривавший	
PAST PASS.		
VERBAL ADVERB	разгова́ривав	

раздава́ть (ся) / разда́ть (ся)
to distribute, hand out (resound, be heard)

	IMPERFECTIVE ASPECT	PERFECTIVE ASPECT
INF.	раздава́ть (ся)	разда́ть
PRES.	раздаю́	
	раздаёшь	
	раздаёт (ся)	
	раздаём	
	раздаёте	
	раздаю́т (ся)	
PAST	раздава́л (ся)	разда́л (ся)
	раздава́ла (сь)	раздала́ (сь)
	раздава́ло (сь)	разда́ло – раздало́сь
	раздава́ли (сь)	разда́ли – разда́лись
FUT.	бу́ду раздава́ть	разда́м
	бу́дешь раздава́ть	разда́шь
	бу́дет раздава́ть (ся)	разда́ст (ся)
	бу́дем раздава́ть	раздади́м
	бу́дете раздава́ть	раздади́те
	бу́дут раздава́ть (ся)	раздаду́т (ся)
COND.	раздава́л (ся) бы	разда́л (ся) бы
	раздава́ла (сь) бы	раздала́ (сь) бы
	раздава́ло (сь) бы	разда́ло – раздало́сь бы
	раздава́ли (сь) бы	разда́ли – разда́лись бы
IMP.	раздава́й	разда́й
	раздава́йте	разда́йте

DEVERBALS

PRES. ACT.	раздаю́щий (ся)	
PRES. PASS.	раздава́емый	
PAST ACT.	раздава́вший (ся)	разда́вший(ся)
PAST PASS.		ро́зданный
		ро́здан, раздана́, ро́здано
VERBAL ADVERB	раздава́я (сь)	разда́в (шись)

раздава́ть кого – что кому – чему

Note the spelling of the past passive participial forms.

	IMPERFECTIVE ASPECT	PERFECTIVE ASPECT
INF.	раздева́ть (ся)	разде́ть (ся)
PRES.	раздева́ю (сь)	
	раздева́ешь (ся)	
	раздева́ет (ся)	
	раздева́ем (ся)	
	раздева́ете (сь)	
	раздева́ют (ся)	
PAST	раздева́л (ся)	разде́л (ся)
	раздева́ла (сь)	разде́ла́ (сь)
	раздева́ло (сь)	разде́ло (сь)
	раздева́ли (сь)	разде́ли (сь)
FUT.	бу́ду раздева́ть (ся)	разде́ну (сь)
	бу́дешь раздева́ть (ся)	разде́нешь (ся)
	бу́дет раздева́ть (ся)	разде́нет (ся)
	бу́дем раздева́ть (ся)	разде́нем (ся)
	бу́дете раздева́ть (ся)	разде́нете (сь)
	бу́дут раздева́ть (ся)	разде́нут (ся)
COND.	раздева́л (ся) бы	разде́л (ся) бы
	раздева́ла (сь) бы	разде́ла (сь) бы
	раздева́ло (сь) бы	разде́ло (сь) бы
	раздева́ли (сь) бы	разде́ли (сь) бы
IMP.	раздева́й (ся)	разде́нь (ся)
	раздева́йте (сь)	разде́ньте (сь)

DEVERBALS

PRES. ACT.	раздева́ющий (ся)	
PRES. PASS.	раздева́емый	
PAST ACT.	раздева́вший (ся)	разде́вший (ся)
PAST PASS.		разде́тый
VERBAL ADVERB	раздева́я (сь)	разде́в (шись)

раздева́ть кого – что

разделя́ть (ся) / раздели́ть (ся)
to divide, separate, share (be divisible)

	IMPERFECTIVE ASPECT	PERFECTIVE ASPECT
INF.	разделя́ть (ся)	раздели́ть (ся)
PRES.	разделя́ю (сь)	
	разделя́ешь (ся)	
	разделя́ет (ся)	
	разделя́ем (ся)	
	разделя́ете (сь)	
	разделя́ют (ся)	
PAST	разделя́л (ся)	раздели́л (ся)
	разделя́ла (сь)	раздели́ла (сь)
	разделя́ло (сь)	раздели́ло (сь)
	разделя́ли (сь)	раздели́ли (сь)
FUT.	бу́ду разделя́ть (ся)	разделю́ (сь)
	бу́дешь разделя́ть (ся)	разде́лишь (ся)
	бу́дет разделя́ть (ся)	разде́лит (ся)
	бу́дем разделя́ть (ся)	разде́лим (ся)
	бу́дете разделя́ть (ся)	разде́лите (сь)
	бу́дут разделя́ть (ся)	разде́лят (ся)
COND.	разделя́л (ся) бы	раздели́л (ся) бы
	разделя́ла (сь) бы	раздели́ла (сь) бы
	разделя́ло (сь) бы	раздели́ло (сь) бы
	разделя́ли (сь) бы	раздели́ли (сь) бы
IMP.	разделя́й (ся)	раздели́ (сь)
	разделя́йте (сь)	раздели́те (сь)

DEVERBALS

PRES. ACT.	разделя́ющий (ся)	
PRES. PASS.	разделя́емый	
PAST ACT.	разделя́вший (ся)	раздели́вший (ся)
PAST PASS.		разделённый
		разделён, разделена́
VERBAL ADVERB	разделя́я (сь)	раздели́в (шись)

разделя́ть кого – что

370

	IMPERFECTIVE ASPECT	PERFECTIVE ASPECT
INF.	разраба́тывать	разрабо́тать
PRES.	разраба́тываю разраба́тываешь разраба́тывает разраба́тываем разраба́тываете разраба́тывают	
PAST	разраба́тывал разраба́тывала разраба́тывало разраба́тывали	разрабо́тал разрабо́тала разрабо́тало разрабо́тали
FUT.	бу́ду разраба́тывать бу́дешь разраба́тывать бу́дет разраба́тывать бу́дем разраба́тывать бу́дете разраба́тывать бу́дут разраба́тывать	разрабо́таю разрабо́таешь разрабо́тает разрабо́таем разрабо́таете разрабо́тают
COND.	разраба́тывал бы разраба́тывала бы разраба́тывало бы разраба́тывали бы	разрабо́тал бы разрабо́тала бы разрабо́тало бы разрабо́тали бы
IMP.	разраба́тывай разраба́тывайте	разрабо́тай разрабо́тайте

DEVERBALS

PRES. ACT.	разраба́тывающий	
PRES. PASS.	разраба́тываемый	
PAST ACT.	разраба́тывавший	разрабо́тавший
PAST PASS.		разрабо́танный
VERBAL ADVERB	разраба́тывая	разрабо́тав

разраба́тывать что

разреша́ть (ся) / разреши́ть (ся)
to allow, permit (be solved)

	IMPERFECTIVE ASPECT	PERFECTIVE ASPECT
INF.	разреша́ть (ся)	разреши́ть (ся)
PRES.	разреша́ю	
	разреша́ешь	
	разреша́ет (ся)	
	разреша́ем	
	разреша́ете	
	разреша́ют (ся)	
PAST	разреша́л (ся)	разреши́л (ся)
	разреша́ла (сь)	разреши́ла (сь)
	разреша́ло (сь)	разреши́ло (сь)
	разреша́ли (сь)	разреши́ли (сь)
FUT.	бу́ду разреша́ть	разрешу́
	бу́дешь разреша́ть	разреши́шь
	бу́дет разреша́ть (ся)	разреши́т (ся)
	бу́дем разреша́ть	разреши́м
	бу́дете разреша́ть	разреши́те
	бу́дут разреша́ть (ся)	разреша́т (ся)
COND.	разреша́л (ся) бы	разреши́л (ся) бы
	разреша́ла (сь) бы	разреши́ла (сь) бы
	разреша́ло (сь) бы	разреши́ло (сь) бы
	разреша́ли (сь) бы	разреши́ли (сь) бы
IMP.	разреша́й (ся)	разреши́ (сь)
	разреша́йте (сь)	разреши́те (сь)

DEVERBALS

PRES. ACT.	разреша́ющий (ся)	
PRES. PASS.	разреша́емый	
PAST ACT.	разреша́вший (ся)	разреши́вший (ся)
PAST PASS.		разрешённый
		разрешён, разрешена́
VERBAL ADVERB	разреша́я (сь)	разреши́в (шись)

разреша́ть что

разрушáть (ся) / разрýшить (ся)
to destroy, ruin, frustrate

	IMPERFECTIVE ASPECT	PERFECTIVE ASPECT
INF.	разрушáть (ся)	разрýшить (ся)
PRES.	разрушáю разрушáешь разрушáет (ся) разрушáем разрушáете разрушáют (ся)	
PAST	разрушáл (ся) разрушáла (сь) разрушáло (сь) разрушáли (сь)	разрýшил (ся) разрýшила (сь) разрýшило (сь) разрýшили (сь)
FUT.	бýду разрушáть бýдешь разрушáть бýдет разрушáть (ся) бýдем разрушáть бýдете разрушáть бýдут разрушáть (ся)	разрýшу разрýшишь разрýшит (ся) разрýшим разрýшите разрýшат (ся)
COND.	разрушáл (ся) бы разрушáла (сь) бы разрушáло (сь) бы разрушáли (сь) бы	разрýшил (ся) бы разрýшила (сь) бы разрýшило (сь) бы разрýшили (сь) бы
IMP.	разрушáй разрушáйте	разрýшь разрýшьте

DEVERBALS

PRES. ACT.	разрушáющий (ся)	
PRES. PASS.	разрушáемый	
PAST ACT.	разрушáвший (ся)	разрýшивший (ся)
PAST PASS.		разрýшенный
VERBAL ADVERB	разрушáя (сь)	разрýшив (шись)

разрушáть что

разрыва́ть (ся) / разорва́ть (ся)
to tear up, explode

	IMPERFECTIVE ASPECT	PERFECTIVE ASPECT
INF.	разрыва́ть (ся)	разорва́ть (ся)
PRES.	разрыва́ю	
	разрыва́ешь	
	разрыва́ет (ся)	
	разрыва́ем	
	разрыва́ете	
	разрыва́ют (ся)	
PAST	разрыва́л (ся)	разорва́л (ся)
	разрыва́ла (сь)	разорвала́ (сь)
	разрыва́ло (сь)	разорва́ло – разорва́ло́сь
	разрыва́ли (сь)	разорва́ли – разорва́ли́сь
FUT.	бу́ду разрыва́ть	разорву́
	бу́дешь разрыва́ть	разорвёшь
	бу́дет разрыва́ть (ся)	разорвёт (ся)
	бу́дем разрыва́ть	разорвём
	бу́дете разрыва́ть	разорвёте
	бу́дут разрыва́ть (ся)	разорву́т (ся)
COND.	разрыва́л (ся) бы	разорва́л (ся) бы
	разрыва́ла (сь) бы	разорвала́ (сь) бы
	разрыва́ло (сь) бы	разорва́ло – разорва́ло́сь бы
	разрыва́ли (сь) бы	разорва́ли – разорва́ли́сь бы
IMP.	разрыва́й	разорви́
	разрыва́йте	разорви́те

DEVERBALS

PRES. ACT.	разрыва́ющий (ся)	
PRES. PASS.	разрыва́емый	
PAST ACT.	разрыва́вший (ся)	разорва́вший (ся)
PAST PASS.		разо́рванный
VERBAL ADVERB	разрыва́я (сь)	разорва́в (шись)

разрыва́ть кого – что

ранить / ранить
to wound, injure

	IMPERFECTIVE ASPECT	PERFECTIVE ASPECT
INF.	ранить	ранить
PRES.	раню ранишь ранит раним раните ранят	
PAST	ранил ранила ранило ранили	ранил ранила ранило ранили
FUT.	буду ранить будешь ранить будет ранить будем ранить будете ранить будут ранить	раню ранишь ранит раним раните ранят
COND.	ранил бы ранила бы ранило бы ранили бы	ранил бы ранила бы ранило бы ранили бы
IMP.	рань раньте	рань раньте

DEVERBALS

PRES. ACT.	ранящий	
PRES. PASS.	ранимый	
PAST ACT.	ранивший	ранивший
PAST PASS.		раненный
VERBAL ADVERB	раня	ранив

ранить кого – что

Ранить can be used in both the imperfective and the perfective aspects.
Another perfective form is поранить.

рассказывать / рассказа́ть
to recount, tell, narrate

	IMPERFECTIVE ASPECT	PERFECTIVE ASPECT
INF.	рассказывать	рассказа́ть
PRES.	расска́зываю	
	расска́зываешь	
	расска́зывает	
	расска́зываем	
	расска́зываете	
	расска́зывают	
PAST	расска́зывал	рассказа́л
	расска́зывала	рассказа́ла
	расска́зывало	рассказа́ло
	расска́зывали	рассказа́ли
FUT.	бу́ду расска́зывать	расскажу́
	бу́дешь расска́зывать	расска́жешь
	бу́дет расска́зывать	расска́жет
	бу́дем расска́зывать	расска́жем
	бу́дете расска́зывать	расска́жете
	бу́дут расска́зывать	расска́жут
COND.	расска́зывал бы	рассказа́л бы
	расска́зывала бы	рассказа́ла бы
	расска́зывало бы	рассказа́ло бы
	расска́зывали бы	рассказа́ли бы
IMP.	расска́зывай	расскажи́
	расска́зывайте	расскажи́те

DEVERBALS

PRES. ACT.	расска́зывающий	
PRES. PASS.	расска́зываемый	
PAST ACT.	расска́зывавший	рассказа́вший
PAST PASS.		расска́занный
VERBAL ADVERB	расска́зывая	рассказа́в

рассказывать что

рассма́тривать / рассмотре́ть
to examine, consider

	IMPERFECTIVE ASPECT	PERFECTIVE ASPECT
INF.	рассма́тривать	рассмотре́ть
PRES.	рассма́триваю	
	рассма́триваешь	
	рассма́тривает	
	рассма́триваем	
	рассма́триваете	
	рассма́тривают	
PAST	рассма́тривал	рассмотре́л
	рассма́тривала	рассмотре́ла
	рассма́тривало	рассмотре́ло
	рассма́тривали	рассмотре́ли
FUT.	бу́ду рассма́тривать	рассмотрю́
	бу́дешь рассма́тривать	рассмо́тришь
	бу́дет рассма́тривать	рассмо́трит
	бу́дем рассма́тривать	рассмо́трим
	бу́дете рассма́тривать	рассмо́трите
	бу́дут рассма́тривать	рассмо́трят
COND.	рассма́тривал бы	рассмотре́л бы
	рассма́тривал бы	рассмотре́ла бы
	рассма́тривало бы	рассмотре́ло бы
	рассма́тривали бы	рассмотре́ли бы
IMP.	рассма́тривай	рассмотри́
	рассма́тривайте	рассмотри́те

DEVERBALS

PRES. ACT.	рассма́тривающий	
PRES. PASS.	рассма́триваемый	
PAST ACT.	рассма́тривавший	рассмотре́вший
PAST PASS.		рассмо́тренный
VERBAL ADVERB	рассма́тривая	рассмотре́в

рассма́тривать кого – что

расспрáшивать / расспросúть
to examine, question

	IMPERFECTIVE ASPECT	PERFECTIVE ASPECT
INF.	расспрáшивать	расспросúть
PRES.	расспрáшиваю расспрáшиваешь расспрáшивает расспрáшиваем расспрáшиваете расспрáшивают	
PAST	расспрáшивал расспрáшивала расспрáшивало расспрáшивали	расспросúл расспросúла расспросúло расспросúли
FUT.	бýду расспрáшивать бýдешь расспрáшивать бýдет расспрáшивать бýдем расспрáшивать бýдете расспрáшивать бýдут расспрáшивать	расспрошý расспрóсишь расспрóсит расспрóсим расспрóсите расспрóсят
COND.	расспрáшивал бы расспрáшивала бы расспрáшивало бы расспрáшивали бы	расспросúл бы расспросúла бы расспросúло бы расспросúли бы
IMP.	расспрáшивай расспрáшивайте	расспросú расспросúте

DEVERBALS

PRES. ACT.	расспрáшивающий	
PRES. PASS.	расспрáшиваемый	
PAST ACT.	расспрáшивавший	расспросúвший
PAST PASS.		расспрóшенный
VERBAL ADVERB	расспрáшивая	расспросúв

расспрáшивать кого – что о ком – чём

	IMPERFECTIVE ASPECT	PERFECTIVE ASPECT
INF.	рассужда́ть	порассужда́ть
PRES.	рассужда́ю рассужда́ешь рассужда́ет рассужда́ем рассужда́ете рассужда́ют	
PAST	рассужда́л рассужда́ла рассужда́ло рассужда́ли	порассужда́л порассуждала порассужда́ло порассужда́ли
FUT.	бу́ду рассужда́ть бу́дешь рассужда́ть бу́дет рассужда́ть бу́дем рассужда́ть бу́дете рассужда́ть бу́дут рассужда́ть	порассужда́ю порассужда́ешь порассужда́ет порассужда́ем порассужда́ете порассужда́ют
COND.	рассужда́л бы рассужда́ла бы рассужда́ло бы рассужда́ли бы	порассужда́л бы порассужда́ла бы порассуждало бы порассужда́ли бы
IMP.	рассужда́й рассужда́йте	порассужда́й порассужда́йте

DEVERBALS

PRES. ACT.	рассужда́ющий	
PRES. PASS.		
PAST ACT.	рассужда́вший	порассужда́вший
PAST PASS.		
VERBAL ADVERB	рассужда́я	порассужда́в

рассужда́ть о ком – чём

расти / вырасти
to grow up, increase, develop into

	IMPERFECTIVE ASPECT	PERFECTIVE ASPECT
INF.	расти́	вы́расти
PRES.	расту́ растёшь растёт растём растёте расту́т	
PAST	ро́с росла́ росло́ росли́	вы́рос вы́росла вы́росло вы́росли
FUT.	бу́ду расти́ бу́дешь расти́ бу́дет расти́ бу́дем расти́ бу́дете расти́ бу́дут расти́	вы́расту вы́растешь вы́растет вы́растем вы́растете вы́растут
COND.	ро́с бы росла́ бы росло́ бы росли́ бы	вы́рос бы вы́росла бы вы́росло бы вы́росли бы
IMP.	расти́ расти́те	вы́расти вы́растите

DEVERBALS

PRES. ACT.	расту́щий	
PRES. PASS.		
PAST ACT.	ро́сший	вы́росший
PAST PASS.		
VERBAL ADVERB	растя́	вы́росши

расти́ в кого – что из чего

	IMPERFECTIVE ASPECT	PERFECTIVE ASPECT
INF.	расходи́ться	разойти́сь
PRES.	расхожу́сь расхо́дишься расхо́дится расхо́димся расхо́дитесь расхо́дятся	
PAST	расходи́лся расходи́лась расходи́лось расходи́лись	разошёлся разошла́сь разошло́сь разошли́сь
FUT.	бу́ду расходи́ться бу́дешь расходи́ться бу́дет расходи́ться бу́дем расходи́ться бу́дете расходи́ться бу́дут расходи́ться	разойду́сь разойдёшься разойдётся разойдёмся разойдётесь разойду́тся
COND.	расходи́лся бы расходи́лась бы расходи́лось бы расходи́лись бы	разошёлся бы разошла́сь бы разошло́сь бы разошли́сь бы
IMP.	расходи́сь расходи́тесь	разойди́сь разойди́тесь

DEVERBALS

PRES. ACT.	расходя́щийся	
PRES. PASS.		
PAST ACT.	расходи́вшийся	разоше́дшийся
PAST PASS.		
VERBAL ADVERB	расходя́сь	разойдя́сь

расходи́ться с кем – чем

381

рва́ть (ся) / порва́ть (ся)
to pull, tear out, break off

	IMPERFECTIVE ASPECT	PERFECTIVE ASPECT
INF.	рва́ть	порва́ть (ся)
PRES.	рву́ рвёшь рвёт (ся) рвём рвёте рву́т (ся)	
PAST	рва́л (ся) рвала́ (сь) рва́ло (сь) рва́ли (сь)	порва́л (ся) порвала́ (сь) порва́ло – порва́ло́сь порва́ли – порва́ли́сь
FUT.	бу́ду рва́ть бу́дешь рва́ть бу́дет рва́ть бу́дем рва́ть бу́дете рва́ть бу́дут рва́ть	порву́ порвёшь порвёт (ся) порвём порвёте порву́т (ся)
COND.	рва́л (ся) бы рвала́ (сь) бы рва́ло (сь) бы рва́ли (сь) бы	порва́л бы порвала́ бы порва́ло – порва́ло́сь бы порва́ли – порва́ли́сь бы
IMP.	рви́ рви́те	порви́ порви́те

DEVERBALS

PRES. ACT.	рву́щий (ся)	
PRES. PASS.		
PAST ACT.	рва́вший (ся)	порва́вший (ся)
PAST PASS.		по́рванный
VERBAL ADVERB	рва́в (шись)	порва́в (шись)

рва́ть что у кого, с кем – чем

Another imperfective verb with the identical meaning is **порыва́ть (ся)**.

	IMPERFECTIVE ASPECT	PERFECTIVE ASPECT
INF.	ре́зать	заре́зать
PRES.	ре́жу	
	ре́жешь	
	ре́жет	
	ре́жем	
	ре́жете	
	ре́жут	
PAST	ре́зал	заре́зал
	ре́зала	заре́зала
	ре́зало	заре́зало
	ре́зали	заре́зали
FUT.	бу́ду ре́зать	заре́жу
	бу́дешь ре́зать	заре́жешь
	бу́дет ре́зать	заре́жет
	бу́дем ре́зать	заре́жем
	бу́дете ре́зать	заре́жете
	бу́дут ре́зать	заре́жут
COND.	ре́зал бы	заре́зал бы
	ре́зала бы	заре́зала бы
	ре́зало бы	заре́зало бы
	ре́зали бы	заре́зали бы
IMP.	ре́жь	заре́жь
	ре́жьте	заре́жьте

DEVERBALS

PRES. ACT.	ре́жущий	
PRES. PASS.		
PAST ACT.	ре́завший	заре́завший
PAST PASS.	ре́занный	заре́занный
VERBAL ADVERB	ре́зав	заре́завши

ре́зать кого – что

реша́ть (ся) / реши́ть (ся)
to decide, determine, solve (make up one's mind)

	IMPERFECTIVE ASPECT	PERFECTIVE ASPECT
INF.	реша́ть (ся)	реши́ть (ся)
PRES.	реша́ю (сь) реша́ешь (ся) реша́ет (ся) реша́ем (ся) реша́ете (сь) реша́ют (ся)	
PAST	реша́л (ся) реша́ла (сь) реша́ло (сь) реша́ли (сь)	реши́л (ся) реши́ла (сь) реши́ло (сь) реши́ли (сь)
FUT.	бу́ду реша́ть (ся) бу́дешь реша́ть (ся) бу́дет реша́ть (ся) бу́дем реша́ть (ся) бу́дете реша́ть (ся) бу́дут реша́ть (ся)	решу́ (сь) реши́шь (ся) реши́т (ся) реши́м (ся) реши́те (сь) реша́т (ся)
COND.	реша́л (ся) бы реша́ла (сь) бы реша́ло (сь) бы реша́ли (сь) бы	реши́л (ся) бы реши́ла (сь) бы реши́ло (сь) бы реши́ли (сь) бы
IMP.	реша́й (ся) реша́йте (сь)	реши́ (сь) реши́те (сь)

DEVERBALS

PRES. ACT.	реша́ющий (ся)	
PRES. PASS.	реша́емый	
PAST ACT.	реша́вший (ся)	реши́вший (ся)
PAST PASS.		решённый решён, решена́
VERBAL ADVERB	реша́я (сь)	реши́в (шись)

реша́ть что, + infinitive
реша́ться на что, + infinitive

384

рисова́ть / нарисова́ть
to paint, draw

	IMPERFECTIVE ASPECT	PERFECTIVE ASPECT
INF.	рисова́ть	нарисова́ть
PRES.	рису́ю	
	рису́ешь	
	рису́ет	
	рису́ем	
	рису́ете	
	рису́ют	
PAST	рисова́л	нарисова́л
	рисова́ла	нарисова́ла
	рисова́ло	нарисова́ло
	рисова́ли	нарисова́ли
FUT.	бу́ду рисова́ть	нарису́ю
	бу́дешь рисова́ть	нарису́ешь
	бу́дет рисова́ть	нарису́ет
	бу́дем рисова́ть	нарису́ем
	бу́дете рисова́ть	нарису́ете
	бу́дут рисова́ть	нарису́ют
COND.	рисова́л бы	нарисова́л бы
	рисова́ла бы	нарисова́ла бы
	рисова́ло бы	нарисова́ло бы
	рисова́ли бы	нарисова́ли бы
IMP.	рису́й	нарису́й
	рису́йте	нарису́йте

DEVERBALS

PRES. ACT.	рису́ющий	
PRES. PASS.	рису́емый	
PAST ACT.	рисова́вший	нарисова́вший
PAST PASS.	рисо́ванный	нарисо́ванный
VERBAL ADVERB	рису́я	нарисова́в

рисова́ть кого́ – что

385

рожда́ть (ся) / роди́ть (ся)
to give birth to (be born, spring up)

	IMPERFECTIVE ASPECT	PERFECTIVE ASPECT
INF.	рожда́ть (ся)	роди́ть (ся)
PRES.	рожда́ю (сь)	
	рожда́ешь (ся)	
	рожда́ет (ся)	
	рожда́ем (ся)	
	рожда́ете (сь)	
	рожда́ют (ся)	
PAST	рожда́л (ся)	роди́л – роди́лся́
	рожда́ла (сь)	родила́ (сь)
	рожда́ло (сь)	роди́ло – родило́сь
	рожда́ли (сь)	роди́ли – роди́ли́сь
FUT.	бу́ду рожда́ть (ся)	рожу́ (сь)
	бу́дешь рожда́ть (ся)	роди́шь (ся)
	бу́дет рожда́ть (ся)	роди́т (ся)
	бу́дем рожда́ть (ся)	роди́м (ся)
	бу́дете рожда́ть (ся)	роди́те (сь)
	бу́дут рожда́ть (ся)	родя́т (ся)
COND.	рожда́л (ся) бы	роди́л – роди́лся́ бы
	рожда́ла (сь) бы	родила́ (сь) бы
	рожда́ло (сь) бы	роди́ло – родило́сь бы
	рожда́ли (сь) бы	роди́ли – роди́ли́сь бы
IMP.	рожда́й (ся)	роди́ (сь)
	рожда́йте (сь)	роди́те (сь)

DEVERBALS

PRES. ACT.	рожда́ющий (ся)	
PRES. PASS.	рожда́емый	
PAST ACT.	рожда́вший (ся)	роди́вший (ся)
PAST PASS.		рождённый
		рождён, рождена́
VERBAL ADVERB	рожда́я (сь)	роди́в (шись)

рожда́ть кого – что

Роди́ть (ся) can also be used in the imperfective aspect with the past tense forms:
роди́л (ся), роди́ла (сь), роди́ло (сь), роди́ли (сь).

ронять / уронить
to drop, let fall, shed, injure, discredit

	IMPERFECTIVE ASPECT	PERFECTIVE ASPECT
INF.	ронять	уронить
PRES.	роняю роняешь роняет роняем роняете роняют	
PAST	ронял роняла роняло роняли	уронил уронила уронило уронили
FUT.	буду ронять будешь ронять будет ронять будем ронять будете ронять будут ронять	уроню уронишь уронит уроним уроните уронят
COND.	ронял бы роняла бы роняло бы роняли бы	уронил бы уронила бы уронило бы уронили бы
IMP.	роняй роняйте	урони уроните

DEVERBALS

PRES. ACT.	роняющий	
PRES. PASS.	роняемый	
PAST ACT.	ронявший	уронивший
PAST PASS.		уроненный
VERBAL ADVERB	роняя	уронив

ронять кого – что

рубить / срубить
to fell, chop up, hack

	IMPERFECTIVE ASPECT	PERFECTIVE ASPECT
INF.	рубить	срубить
PRES.	рублю	
	рубишь	
	рубит	
	рубим	
	рубите	
	рубят	
PAST	рубил	срубил
	рубила	срубила
	рубило	срубило
	рубили	срубили
FUT.	буду рубить	срублю
	будешь рубить	срубишь
	будет рубить	срубит
	будем рубить	срубим
	будете рубить	срубите
	будут рубить	срубят
COND.	рубил бы	срубил бы
	рубила бы	срубила бы
	рубило бы	срубило бы
	рубили бы	срубили бы
IMP.	руби	сруби
	рубите	срубите

DEVERBALS

PRES. ACT.	рубящий	
PRES. PASS.		
PAST ACT.	рубивший	срубивший
PAST PASS.	рубленный	срубленный
VERBAL ADVERB	рубя	срубив

рубить кого – что

ругáть (ся) / вы́ругать (ся)
to swear at, criticize

	IMPERFECTIVE ASPECT	PERFECTIVE ASPECT
INF.	ругáть (ся)	вы́ругать (ся)
PRES.	ругáю (сь) ругáешь (ся) ругáет (ся) ругáем (ся) ругáете (сь) ругáют (ся)	
PAST	ругáл (ся) ругáла (сь) ругáло (сь) ругáли (сь)	вы́ругал (ся) вы́ругала (сь) вы́ругало (сь) вы́ругали (сь)
FUT.	бýду ругáть (ся) бýдешь ругáть (ся) бýдет ругáть (ся) бýдем ругáть (ся) бýдете ругáть (ся) бýдут ругáть (ся)	вы́ругаю (сь) вы́ругаешь (ся) вы́ругает (ся) вы́ругаем (ся) вы́ругаете (сь) вы́ругают (ся)
COND.	ругáл (ся) бы ругáла (сь) бы ругáло (сь) бы ругáли (сь) бы	вы́ругал (ся) бы вы́ругала (сь) бы вы́ругало (сь) бы вы́ругали (сь) бы
IMP.	ругáй (ся) ругáйте (сь)	вы́ругай (ся) вы́ругайте (сь)

DEVERBALS

PRES. ACT.	ругáющий (ся)	
PRES. PASS.	ругáемый	
PAST ACT.	ругáвший (ся)	вы́ругавший (ся)
PAST PASS.	рýганный	вы́руганный
VERBAL ADVERB	ругáя (сь)	вы́ругав (шись)

ругáть кого – что
ругáться с кем

садиться / сесть
to sit down, take a seat

	IMPERFECTIVE ASPECT	PERFECTIVE ASPECT
INF.	садиться	се́сть
PRES.	сажу́сь сади́шься сади́тся сади́мся сади́тесь садя́тся	
PAST	сади́лся сади́лась сади́лось сади́лись	се́л се́ла се́ло се́ли
FUT.	бу́ду садиться бу́дешь садиться бу́дет садиться бу́дем садиться бу́дете садиться бу́дут садиться	ся́ду ся́дешь ся́дет ся́дем ся́дете ся́дут
COND.	сади́лся бы сади́лась бы сади́лось бы сади́лись бы	се́л бы се́ла бы се́ло бы се́ли бы
IMP.	сади́сь сади́тесь	ся́дь ся́дьте

DEVERBALS

PRES. ACT.	садя́щийся	
PRES. PASS.		
PAST ACT.	сади́вшийся	се́вший
PAST PASS.		
VERBAL ADVERB	садя́сь	се́в

садиться во / на что

сажа́ть / посади́ть
to plant, seat, imprison

	IMPERFECTIVE ASPECT	PERFECTIVE ASPECT
INF.	сажа́ть	посади́ть
PRES.	сажа́ю	
	сажа́ешь	
	сажа́ет	
	сажа́ем	
	сажа́ете	
	сажа́ют	
PAST	сажа́л	посади́л
	сажа́ла	посади́ла
	сажа́ло	посади́ло
	сажа́ли	посади́ли
FUT.	бу́ду сажа́ть	посажу́
	бу́дешь сажа́ть	поса́дишь
	бу́дет сажа́ть	поса́дит
	бу́дем сажа́ть	поса́дим
	бу́дете сажа́ть	поса́дите
	бу́дут сажа́ть	поса́дят
COND.	сажа́л бы	посади́л бы
	сажа́ла бы	посади́ла бы
	сажа́ло бы	посади́ло бы
	сажа́ли бы	посади́ли бы
IMP.	сажа́й	посади́
	сажа́йте	посади́те

DEVERBALS

PRES. ACT.	сажа́ющий	
PRES. PASS.	сажа́емый	
PAST ACT.	сажа́вший	посади́вший
PAST PASS.		поса́женный
VERBAL ADVERB	сажа́я	посади́в

сажа́ть кого – что в / на что

391

свети́ть / посвети́ть
to shine

	IMPERFECTIVE ASPECT	PERFECTIVE ASPECT
INF.	светить	посвети́ть
PRES.	свечу́ све́тишь све́тит све́тим све́тите све́тят	
PAST	свети́л свети́ла свети́ло свети́ли	посвети́л посвети́ла посвети́ло посвети́ли
FUT.	бу́ду свети́ть бу́дешь свети́ть бу́дет свети́ть бу́дем свети́ть бу́дете свети́ть бу́дут свети́ть	посвечу́ посве́тишь посве́тит посве́тим посве́тите посве́тят
COND.	свети́л бы свети́ла бы свети́ло бы свети́ли бы	посвети́л бы посвети́ла бы посвети́ло бы посвети́ли бы
IMP.	свети́ свети́те	посвети́ посвети́те

DEVERBALS

PRES. ACT.	све́тящий	
PRES. PASS.		
PAST ACT.	свети́вший	посвети́вший
PAST PASS.		
VERBAL ADVERB	светя́	посвети́в

светить кому – чему

392

сдава́ть (ся) / сда́ть (ся)
to hand over, rent, pass (surrender, yield)

	IMPERFECTIVE ASPECT	PERFECTIVE ASPECT
INF.	сдава́ть (ся)	сда́ть
PRES.	сдаю́ (сь)	
	сдаёшь (ся)	
	сдаёт (ся)	
	сдаём (ся)	
	сдаёте (сь)	
	сдаю́т (ся)	
PAST	сдава́л (ся)	сда́л (ся)
	сдава́ла (сь)	сдала́ (сь)
	сдава́ло (сь)	сда́ло – сда́ло́сь
	сдава́ли (сь)	сда́ли – сдали́сь
FUT.	бу́ду сдава́ть (ся)	сда́м (ся)
	бу́дешь сдава́ть (ся)	сда́шь (ся)
	бу́дет сдава́ть (ся)	сда́ст (ся)
	бу́дем сдава́ть (ся)	сдади́м (ся)
	бу́дете сдава́ть (ся)	сдади́те (сь)
	бу́дут сдава́ть (ся)	сдаду́т (ся)
COND.	сдава́л (ся) бы	сда́л (ся) бы
	сдава́ла (сь) бы	сдала́ (сь) бы
	сдава́ло (сь) бы	сда́ло – сда́ло́сь бы
	сдава́ли (сь) бы	сда́ли – сда́ли́сь бы
IMP.	сдава́й (ся)	сда́й (ся)
	сдава́йте (сь)	сда́йте (сь)

DEVERBALS

PRES. ACT.	сдаю́щий (ся)	
PRES. PASS.	сдава́емый	
PAST ACT.	сдава́вший (ся)	сда́вший (ся)
PAST PASS.		сда́нный, сда́н, сдана́
VERBAL ADVERB	сдава́я (сь)	сда́в (шись)

сдава́ть что

сердить (ся) / рассердить (ся)
to annoy, anger (get angry)

	IMPERFECTIVE ASPECT	PERFECTIVE ASPECT
INF.	сердить (ся)	рассердить (ся)
PRES.	сержу́ (сь)	
	се́рдишь (ся)	
	се́рдит (ся)	
	се́рдим (ся)	
	се́рдите (сь)	
	се́рдят (ся)	
PAST	сердил (ся)	рассердил (ся)
	сердила (сь)	рассердила (сь)
	сердило (сь)	рассердило (сь)
	сердили (сь)	рассердили (сь)
FUT.	бу́ду сердить (ся)	рассержу́ (сь)
	бу́дешь сердить (ся)	рассе́рдишь (ся)
	бу́дет сердить (ся)	рассе́рдит (ся)
	бу́дем сердить (ся)	рассе́рдим (ся)
	бу́дете сердить (ся)	рассе́рдите (сь)
	бу́дут сердить (ся)	рассе́рдят (ся)
COND.	сердил (ся) бы	рассердил (ся) бы
	сердила (сь) бы	рассердила (сь) бы
	сердило (сь) бы	рассердило (сь) бы
	сердили (сь) бы	рассердили (сь) бы
IMP.	серди́ (сь)	рассерди́ (сь)
	серди́те (сь)	рассерди́те (сь)

DEVERBALS

PRES. ACT.	сердя́щий (ся)	
PRES. PASS.		
PAST ACT.	сердивший (ся)	рассердивший (ся)
PAST PASS.		рассе́рженный
VERBAL ADVERB	сердя́ (сь)	рассердив (шись)

сердить кого – что
сердиться на кого – что

394

	IMPERFECTIVE ASPECT	PERFECTIVE ASPECT
INF.	сиде́ть	посиде́ть
PRES.	сижу́	
	сиди́шь	
	сиди́т	
	сиди́м	
	сиди́те	
	сидя́т	
PAST	сиде́л	посиде́л
	сиде́ла	посиде́ла
	сиде́ло	посиде́ло
	сиде́ли	посиде́ли
FUT.	бу́ду сиде́ть	посижу́
	бу́дешь сиде́ть	посиди́шь
	бу́дет сиде́ть	посиди́т
	бу́дем сиде́ть	посиди́м
	бу́дете сиде́ть	посиди́те
	бу́дут сиде́ть	посидя́т
COND.	сиде́л бы	посиде́л бы
	сиде́ла бы	посиде́ла бы
	сиде́ло бы	посиде́ло бы
	сиде́ли бы	посиде́ли бы
IMP.	сиди́	посиди́
	сиди́те	посиди́те

DEVERBALS

PRES. ACT.	сидя́щий	
PRES. PASS.		
PAST ACT.	сиде́вший	посиде́вший
PAST PASS.		
VERBAL ADVERB	си́дя	посиде́в

сиде́ть за чем, на чём, с чем

слѐдовать / послѐдовать
to follow, comply with, ought, should

	IMPERFECTIVE ASPECT	PERFECTIVE ASPECT
INF.	слѐдовать	послѐдовать
PRES.	слѐдую	
	слѐдуешь	
	слѐдует	
	слѐдуем	
	слѐдуете	
	слѐдуют	
PAST	слѐдовал	послѐдовал
	слѐдовала	послѐдовала
	слѐдовало	послѐдовало
	слѐдовали	послѐдовали
FUT.	бу́ду слѐдовать	послѐдую
	бу́дешь слѐдовать	послѐдуешь
	бу́дет слѐдовать	послѐдует
	бу́дем слѐдовать	послѐдуем
	бу́дете слѐдовать	послѐдуете
	бу́дут слѐдовать	послѐдует
COND.	слѐдовал бы	послѐдовал бы
	слѐдовала бы	послѐдовала бы
	слѐдовало бы	послѐдовало бы
	слѐдовали бы	послѐдовали бы
IMP.	слѐдуй	послѐдуй
	слѐдуйте	послѐдуйте

DEVERBALS

PRES. ACT.	слѐдующий	
PRES. PASS.		
PAST ACT.	слѐдовавший	послѐдовавший
PAST PASS.		
VERBAL ADVERB	слѐдуя	послѐдовав

слѐдовать за кем – чем, кому

This verb can mean *ought, should* in the imperfective aspect only.

to serve, work as, conduct a religious service

	IMPERFECTIVE ASPECT	PERFECTIVE ASPECT
INF.	служи́ть	послужи́ть
PRES.	служу́ слу́жишь слу́жит слу́жим слу́жите слу́жат	
PAST	служи́л служи́ла служи́ло служи́ли	послужи́л послужи́ла послужи́ло послужи́ли
FUT.	бу́ду служи́ть бу́дешь служи́ть бу́дет служи́ть бу́дем служи́ть бу́дете служи́ть бу́дут служи́ть	послужу́ послу́жишь послу́жит послу́жим послу́жите послу́жат
COND.	служи́л бы служи́ла бы служи́ло бы служи́ли бы	послужи́л бы послужи́ла бы послужи́ло бы послужи́ли бы
IMP.	служи́ служи́те	послужи́ послужи́те

DEVERBALS

PRES. ACT.	слу́жащий	
PRES. PASS.		
PAST ACT.	служи́вший	послужи́вший
PAST PASS.		
VERBAL ADVERB	служа́	послужи́в

служи́ть кому – чему, кем в чём, что

случáться / случи́ться
to happen, occur

	IMPERFECTIVE ASPECT	PERFECTIVE ASPECT
INF.	случáться	случи́ться
PRES.	случáется	
	случáются	
PAST	случáлся	случи́лся
	случáлась	случи́лась
	случáлось	случи́лось
	случáлись	случи́лись
FUT.	бýдет случáться	случи́тся
	бýдут случáться	случáтся
COND.	случáлся бы	случи́лся бы
	случáлась бы	случи́лась бы
	случáлось бы	случи́лось бы
	случáлись бы	случи́лись бы
IMP.		

DEVERBALS

PRES. ACT.	случáющийся	
PRES. PASS.		
PAST ACT.	случáвшийся	случи́вшийся
PAST PASS.		
VERBAL ADVERB	случáясь	случи́вшись

	IMPERFECTIVE ASPECT	PERFECTIVE ASPECT
INF.	слу́шать (ся)	послу́шать (ся)
PRES.	слу́шаю (сь)	
	слу́шаешь (ся)	
	слу́шает (ся)	
	слу́шаем (ся)	
	слу́шаете (ся)	
	слу́шают (ся)	
PAST	слу́шал (ся)	послу́шал (ся)
	слу́шала (сь)	послу́шала (сь)
	слу́шало (сь)	послу́шало (сь)
	слу́шали (сь)	послу́шали (сь)
FUT.	бу́ду слу́шать (ся)	послу́шаю (сь)
	бу́дешь слу́шать (ся)	послу́шаешь (ся)
	бу́дет слу́шать (ся)	послу́шает (ся)
	бу́дем слу́шать (ся)	послу́шаем (ся)
	бу́дете слу́шать (ся)	послу́шаете (ся)
	бу́дут слу́шать (ся)	послу́шают (ся)
COND.	слу́шал (ся) бы	послу́шал (ся) бы
	слу́шала (сь) бы	послу́шала (сь) бы
	слу́шало (сь) бы	послу́шало (сь) бы
	слу́шали (сь) бы	послу́шали (сь) бы
IMP.	слу́шай (ся)	послу́шай (ся)
	слу́шайте (сь)	послу́шайте (сь)

DEVERBALS

PRES. ACT.	слу́шающий (ся)	
PRES. PASS.	слу́шаемый	
PAST ACT.	слу́шавший (ся)	послу́шавший (ся)
PAST PASS.		послу́шанный
VERBAL ADVERB	слу́шая (сь)	послу́шав (шись)

слу́шать кого – что
слу́шаться кого – чего

слы́шать (ся) / услы́шать (ся)
to hear, notice, feel, sense

	IMPERFECTIVE ASPECT	PERFECTIVE ASPECT
INF.	слы́шать (ся)	услы́шать (ся)
PRES.	слы́шу слы́шишь слы́шит (ся) слы́шим слы́шите слы́шат (ся)	
PAST	слы́шал (ся) слы́шала (сь) слы́шало (сь) слы́шали (сь)	услы́шал (ся) услы́шала (сь) услы́шало (сь) услы́шали (сь)
FUT.	бу́ду слы́шать бу́дешь слы́шать бу́дет слы́шать (ся) бу́дем слы́шать бу́дете слы́шать бу́дут слы́шать (ся)	услы́шу услы́шишь услы́шит (ся) услы́шим услы́шите услы́шат (ся)
COND.	слы́шал (ся) бы слы́шала (сь) бы слы́шало (сь) бы слы́шали (сь) бы	услы́шал (ся) бы услы́шала (сь) бы услы́шало (сь) бы услы́шали (сь) бы
IMP.		услы́шь услы́шьте

DEVERBALS

PRES. ACT.	слы́шащий (ся)	
PRES. PASS.	слы́шимый	
PAST ACT.	слы́шавший (ся)	услы́шавший (ся)
PAST PASS.	слы́шанный	услы́шанный
VERBAL ADVERB	слы́ша (сь)	услы́шав (шись)

слы́шать кого – что, о ком – чём, про кого – что

400

	IMPERFECTIVE ASPECT	PERFECTIVE ASPECT
INF.	сметь	посметь
PRES.	смею	
	смеешь	
	смеет	
	смеем	
	смеете	
	смеют	
PAST	смел	посмел
	смела	посмела
	смело	посмело
	смели	посмели
FUT.	буду сметь	посмею
	будешь сметь	посмеешь
	будет сметь	посмеет
	будем сметь	посмеем
	будете сметь	посмеете
	будут сметь	посмеют
COND.	смел бы	посмел бы
	смела бы	посмела бы
	смело бы	посмело бы
	смели бы	посмели бы
IMP.	смей	посмей
	смейте	посмейте

DEVERBALS

PRES. ACT.	смеющий	
PRES. PASS.		
PAST ACT.	смевший	посмевший
PAST PASS.		
VERBAL ADVERB	смея	посмев

сметь + infinitive

смея́ться / засмея́ться
to laugh

	IMPERFECTIVE ASPECT	PERFECTIVE ASPECT
INF.	смея́ться	засмея́ться
PRES.	смею́сь	
	смеёшься	
	смеётся	
	смеёмся	
	смеётеся	
	смею́тся	
PAST	смея́лся	засмея́лся
	смея́лась	засмея́лась
	смея́лось	засмея́лось
	смея́лись	засмея́лись
FUT.	бу́ду смея́ться	засмею́сь
	бу́дешь смея́ться	засмеёшься
	бу́дет смея́ться	засмеётся
	бу́дем смея́ться	засмеёмся
	бу́дете смея́ться	засмеётесь
	бу́дут смея́ться	засмею́тся
COND.	смея́лся бы	засмея́лся бы
	смея́лась бы	засмея́лась бы
	смея́лось бы	засмея́лось бы
	смея́лись бы	засмея́лись бы
IMP.	сме́йся	засме́йся
	сме́йтесь	засме́йтесь

DEVERBALS

PRES. ACT.	смею́щийся	
PRES. PASS.		
PAST ACT.	смея́вшийся	засмея́вшийся
PAST PASS.		
VERBAL ADVERB	смея́сь	засмея́вшись

смея́ться над кем – чем

смотре́ть (ся) / посмотре́ть (ся)
to look, see, watch

	IMPERFECTIVE ASPECT	PERFECTIVE ASPECT
INF.	смотре́ть (ся)	посмотре́ть (ся)
PRES.	смотрю́ (сь)	
	смо́тришь (ся)	
	смо́трит (ся)	
	смо́трим (ся)	
	смо́трите (сь)	
	смо́трят (ся)	
PAST	смотре́л (ся)	посмотре́л (ся)
	смотре́ла (сь)	посмотре́ла (сь)
	смотре́ло (сь)	посмотре́ло (сь)
	смотре́ли (сь)	посмотре́ли (сь)
FUT.	бу́ду смотре́ть (ся)	посмотрю́ (сь)
	бу́дешь смотре́ть (ся)	посмо́тришь (ся)
	бу́дет смотре́ть (ся)	посмо́трит (ся)
	бу́дем смотре́ть (ся)	посмо́трим (ся)
	бу́дете смотре́ть (ся)	посмо́трите (ся)
	бу́дут смотре́ть (ся)	посмо́трят (ся)
COND.	смотре́л (ся) бы	посмотре́л (ся) бы
	смотре́ла (сь) бы	посмотре́ла (сь) бы
	смотре́ло (сь) бы	посмотре́ло (сь) бы
	смотре́ли (сь) бы	посмотре́ли (сь) бы
IMP.	смотри́ (сь)	посмотри́ (сь)
	смотри́те (сь)	посмотри́те (сь)

DEVERBALS

PRES. ACT.	смотря́щий (ся)	
PRES. PASS.		
PAST ACT.	смотре́вший (ся)	посмотре́вший (ся)
PAST PASS.	смо́тренный	посмо́тренный
VERBAL ADVERB	смотря́ (сь)	посмотре́в (шись)

смотре́ть кого – что, в / на кого – что

смуща́ть (ся) / смути́ть (ся)
to confuse, embarass

	IMPERFECTIVE ASPECT	PERFECTIVE ASPECT
INF.	смуща́ть (ся)	смути́ть (ся)
PRES.	смуща́ю (сь)	
	смуща́ешь (ся)	
	смуща́ет (ся)	
	смуща́ем (ся)	
	смуща́ете (ся)	
	смуща́ют (ся)	
PAST	смуща́л (ся)	смути́л (ся)
	смуща́ла (сь)	смути́ла (сь)
	смуща́ло (сь)	смути́ло (сь)
	смуща́ли (сь)	смути́ли (сь)
FUT.	бу́ду смуща́ть (ся)	смущу́ (сь)
	бу́дешь смуща́ть (ся)	смути́шь (ся)
	бу́дет смуща́ть (ся)	смути́т (ся)
	бу́дем смуща́ть (ся)	смути́м (ся)
	бу́дете смуща́ть (ся)	смути́те (ся)
	бу́дут смуща́ть (ся)	смутя́т (ся)
COND.	смуща́л (ся) бы	смути́л (ся) бы
	смуща́ла (сь) бы	смути́ла (сь) бы
	смуща́ло (сь) бы	смути́ло (сь) бы
	смуща́ли (сь) бы	смути́ли (сь) бы
IMP.	смуща́й (ся)	смути́ (сь)
	смуща́йте (сь)	смути́те (сь)

DEVERBALS

PRES. ACT.	смуща́ющий (ся)	
PRES. PASS.	смуща́емый	
PAST ACT.	смуща́вший (ся)	смути́вший (ся)
PAST PASS.		смущённый
		смущён, смущена́
VERBAL ADVERB	смуща́я (сь)	смути́в (шись)

смуща́ть кого – что

to take off, remove, rent

	IMPERFECTIVE ASPECT	PERFECTIVE ASPECT
INF.	снима́ть (ся)	сня́ть (ся)
PRES.	снима́ю (сь)	
	снима́ешь (ся)	
	снима́ет (ся)	
	снима́ем (ся)	
	снима́ете (сь)	
	снима́ют (ся)	
PAST	снима́л (ся)	сня́л (ся)
	снима́ла (сь)	сняла́ (сь)
	снима́ло (сь)	сня́ло – сняло́сь
	снима́ли (сь)	сня́ли – сняли́сь
FUT.	бу́ду снима́ть (ся)	сниму́ (сь)
	бу́дешь снима́ть (ся)	сни́мешь (ся)
	бу́дет снима́ть (ся)	сни́мет (ся)
	бу́дем снима́ть (ся)	сни́мем (ся)
	бу́дете снима́ть (ся)	сни́мете (сь)
	бу́дут снима́ть (ся)	сни́мут (ся)
COND.	снима́л (ся) бы	сня́л (ся) бы
	снима́ла (сь) бы	сняла́ (сь) бы
	снима́ло (сь) бы	сня́ло – сняло́сь бы
	снима́ли (сь) бы	сня́ли – сняли́сь бы
IMP.	снима́й (ся)	сними́ (сь)
	снима́йте (сь)	сними́те (сь)

DEVERBALS

PRES. ACT.	снима́ющий (ся)	
PRES. PASS.	снима́емый	
PAST ACT.	снима́вший (ся)	сня́вший (ся)
PAST PASS.		сня́тый
		снят, снята́, сня́то
VERBAL ADVERB	снима́я (сь)	сня́в (шись)

снима́ть кого – что с кого – чего

собира́ть (ся) / собра́ть (ся)
to collect, gather, pick (gather, assemble, get ready to)

	IMPERFECTIVE ASPECT	PERFECTIVE ASPECT
INF.	собира́ть (ся)	собра́ть (ся)
PRES.	собира́ю (ся)	
	собира́ешь (ся)	
	собира́ет (ся)	
	собира́ем (ся)	
	собира́ете (ся)	
	собира́ют (ся)	
PAST	собира́л (ся)	собра́л (ся)
	собира́ла (сь)	собрала́ (сь)
	собира́ло (сь)	собра́ло – собра́ло́сь
	собира́ли (сь)	собра́ли – собра́ли́сь
FUT.	бу́ду собира́ть (ся)	соберу́ (сь)
	бу́дешь собира́ть (ся)	соберёшь (ся)
	бу́дет собира́ть (ся)	соберёт (ся)
	бу́дем собира́ть (ся)	соберём (ся)
	бу́дете собира́ть (ся)	соберёте (сь)
	бу́дут собира́ть (ся)	соберу́т (ся)
COND.	собира́л (ся) бы	собра́л (ся) бы
	собира́ла (сь) бы	собрала́ (сь) бы
	собира́ло (сь) бы	собра́ло – собра́ло́сь бы
	собира́ли (сь) бы	собра́ли – собра́ли́сь бы
IMP.	собира́й (ся)	собери́ (сь)
	собира́йте (сь)	собери́те (сь)

DEVERBALS

PRES. ACT.	собира́ющий (ся)	
PRES. PASS.	собира́емый	
PAST ACT.	собира́вший (ся)	собра́вший (ся)
PAST PASS.		со́бранный
VERBAL ADVERB	собира́я (сь)	собра́в (шись)

собира́ть кого – что
собира́ться + infinitive

совáть (ся) / сýнуть (ся)
to thrust, shove

	IMPERFECTIVE ASPECT	PERFECTIVE ASPECT
INF.	совáть (ся)	сýнуть (ся)
PRES.	сую́ (сь) суёшь (ся) суёт (ся) суём (ся) суёте (сь) сую́т (ся)	
PAST	совáл (ся) совáла (сь) совáло (сь) совáли (сь)	сýнул (ся) сýнула (сь) сýнуло (сь) сýнули (сь)
FUT.	бýду совáть (ся) бýдешь совáть (ся) бýдет совáть (ся) бýдем совáть (ся) бýдете совáть (ся) бýдут совáть (ся)	сýну (сь) сýнешь (ся) сýнет (ся) сýнем (ся) сýнете (сь) сýнут (ся)
COND.	совáл (ся) бы совáла (сь) бы совáло (сь) бы совáли (сь) бы	сýнул (ся) бы сýнула (сь) бы сýнуло (сь) бы сýнули (сь) бы
IMP.	сýй (ся) сýйте (сь)	сýнь (ся) сýньте (сь)

DEVERBALS

PRES. ACT.	сую́щий (ся)	
PRES. PASS.		
PAST ACT.	совáвший (ся)	сýнувший (ся)
PAST PASS.	сóванный	сýнутый
VERBAL ADVERB	суя́ (сь)	сýнув (шись)

совáть что кому, в / на что

407

сове́товать (ся) / посове́товать (ся)
to advise, counsel, give advice (consult)

	IMPERFECTIVE ASPECT	PERFECTIVE ASPECT
INF.	сове́товать (ся)	посове́товать (ся)
PRES.	сове́тую (сь) сове́туешь (ся) сове́тует (ся) сове́туем (ся) сове́туете (сь) сове́туют (ся)	
PAST	сове́товал (ся) сове́товала (сь) сове́товало (сь) сове́товали (сь)	посове́товал (ся) посове́товала (сь) посове́товало (сь) посове́товали (сь)
FUT.	бу́ду сове́товать (ся) бу́дешь сове́товать (ся) бу́дет сове́товать (ся) бу́дем сове́товать (ся) бу́дете сове́товать (ся) бу́дут сове́товать (ся)	посове́тую (сь) посове́туешь (ся) посове́тует (ся) посове́туем (ся) посове́туете (сь) посове́туют (ся)
COND.	сове́товал (ся) бы сове́товала (сь) бы сове́товало (сь) бы сове́товали (сь) бы	посове́товал (ся) бы посове́товала (сь) бы посове́товало (сь) бы посове́товали (сь) бы
IMP.	сове́туй (ся) сове́туйте (сь)	посове́туй (ся) посове́туйте (сь)

DEVERBALS

PRES. ACT.	сове́тующий (ся)	
PRES. PASS.		
PAST ACT.	сове́товавший (ся)	посове́товавший (ся)
PAST PASS.		
VERBAL ADVERB	сове́туя (сь)	посове́товав (шись)

сове́товать кому – чему что
сове́товаться с кем – чем

408

	IMPERFECTIVE ASPECT	PERFECTIVE ASPECT
INF.	соглаша́ться	согласи́ться
PRES.	соглаша́юсь	
	соглаша́ешься	
	соглаша́ется	
	соглаша́емся	
	соглаша́етесь	
	соглаша́ются	
PAST	соглаша́лся	согласи́лся
	соглаша́лась	согласи́лась
	соглаша́лось	согласи́лось
	соглаша́лись	согласи́лись
FUT.	бу́ду соглаша́ться	соглашу́сь
	бу́дешь соглаша́ться	согласи́шься
	бу́дет соглаша́ться	согласи́тся
	бу́дем соглаша́ться	согласи́мся
	бу́дете соглаша́ться	согласи́теся
	бу́дут соглаша́ться	соглася́тся
COND.	соглаша́лся бы	согласи́лся бы
	соглаша́лась бы	согласи́лась бы
	соглаша́лось бы	согласи́лось бы
	соглаша́лись бы	согласи́лись бы
IMP.	соглаша́йся	согласи́сь
	соглаша́йтесь	согласи́тесь

DEVERBALS

PRES. ACT.	соглаша́ющийся	
PRES. PASS.		
PAST ACT.	соглаша́вшийся	согласи́вшийся
PAST PASS.		
VERBAL ADVERB	соглаша́ясь	согласи́вшись

соглаша́ться на что, с кем – чем

соединя́ть (ся) / соедини́ть (ся)
to unite, join together

	IMPERFECTIVE ASPECT	PERFECTIVE ASPECT
INF.	соединя́ть (ся)	соедини́ть (ся)
PRES.	соединя́ю (сь)	
	соединя́ешь (ся)	
	соединя́ет (ся)	
	соединя́ем (ся)	
	соединя́ете (сь)	
	соединя́ют (ся)	
PAST	соединя́л (ся)	соедини́л (ся)
	соединя́ла (сь)	соедини́ла (сь)
	соединя́ло (сь)	соедини́ло (сь)
	соединя́ли (сь)	соедини́ли (сь)
FUT.	бу́ду соединя́ть (ся)	соединю́ (сь)
	бу́дешь соединя́ть (ся)	соедини́шь (ся)
	бу́дет соединя́ть (ся)	соедини́т (ся)
	бу́дем соединя́ть (ся)	соедини́м (ся)
	бу́дете соединя́ть (ся)	соедини́те (сь)
	бу́дут соединя́ть (ся)	соединя́т (ся)
COND.	соединя́л (ся) бы	соедини́л (ся) бы
	соединя́ла (сь) бы	соедини́ла (сь) бы
	соединя́ло (сь) бы	соедини́ло (сь) бы
	соединя́ли (сь) бы	соедини́ли (сь) бы
IMP.	соединя́й (ся)	соедини́ (сь)
	соединя́йте (сь)	соедини́те (сь)

DEVERBALS

PRES. ACT.	соединя́ющий (ся)	
PRES. PASS.	соединя́емый	
PAST ACT.	соединя́вший (ся)	соедини́вший (ся)
PAST PASS.		соединённый
		соединён, соединена́
VERBAL ADVERB	соединя́я (сь)	соедини́в (шись)

соединя́ть кого – что

создава́ть (ся) / созда́ть (ся)
to create, found

	IMPERFECTIVE ASPECT	PERFECTIVE ASPECT
INF.	создава́ть (ся)	созда́ть (ся)
PRES.	создаю́ создаёшь создаёт (ся) создаём создаёте создаю́т (ся)	
PAST	создава́л (ся) создава́ла (сь) создава́ло (сь) создава́ли (сь)	со́здал – созда́лся создала́ (сь) со́здало – созда́ло́сь со́здали – созда́ли́сь
FUT.	бу́ду создава́ть бу́дешь создава́ть бу́дет создава́ть (ся) бу́дем создава́ть бу́дете создава́ть бу́дут создава́ть (ся)	созда́м созда́шь созда́ст (ся) создади́м создади́те создаду́т (ся)
COND.	создава́л (ся) бы создава́ла (сь) бы создава́ло (сь) бы создава́ли (сь) бы	со́здал – созда́лся бы создала́ (сь) бы со́здало – созда́ло́сь бы со́здали – созда́ли́сь бы
IMP.	создава́й создава́йте	созда́й созда́йте

DEVERBALS

PRES. ACT.	создаю́щий (ся)	
PRES. PASS.	создава́емый	
PAST ACT.	создава́вший(ся)	созда́вший(ся)
PAST PASS.		со́зданный, со́здан, создана́, со́здано
VERBAL ADVERB	создава́я (сь)	созда́в (шись)

создава́ть кого – что

сомнева́ться
to doubt

	IMPERFECTIVE ASPECT	PERFECTIVE ASPECT
INF.	сомнева́ться	
PRES.	сомнева́юсь	
	сомнева́ешься	
	сомнева́ется	
	сомнева́емся	
	сомнева́етесь	
	сомнева́ются	
PAST	сомнева́лся	
	сомнева́лась	
	сомнева́лось	
	сомнева́лись	
FUT.	бу́ду сомнева́ться	
	бу́дешь сомнева́ться	
	бу́дет сомнева́ться	
	бу́дем сомнева́ться	
	бу́дете сомнева́ться	
	бу́дут сомнева́ться	
COND.	сомнева́лся бы	
	сомнева́лась бы	
	сомнева́лось бы	
	сомнева́лись бы	
IMP.	сомнева́йся	
	сомнева́йтесь	

DEVERBALS

PRES. ACT.	сомнева́ющийся	
PRES. PASS.		
PAST ACT.	сомнева́вшийся	
PAST PASS.		
VERBAL ADVERB	сомнева́ясь	

сомнева́ться в ком – чём

сообща́ть (ся) / сообщи́ть (ся)
to inform, communicate

	IMPERFECTIVE ASPECT	PERFECTIVE ASPECT
INF.	сообща́ть (ся)	сообщи́ть (ся)
PRES.	сообща́ю сообща́ешь сообща́ет (ся) сообща́ем сообща́ете сообща́ют (ся)	
PAST	сообща́л (ся) сообща́ла (сь) сообща́ло (сь) сообща́ли (сь)	сообщи́л (ся) сообщи́ла (сь) сообщи́ло (сь) сообщи́ли (сь)
FUT.	бу́ду сообща́ть бу́дешь сообща́ть бу́дет сообща́ть (ся) бу́дем сообща́ть бу́дете сообща́ть бу́дут сообща́ть (ся)	сообщу́ сообщи́шь сообщи́т (ся) сообщи́м сообщи́те сообща́т (ся)
COND.	сообща́л (ся) бы сообща́ла (сь) бы сообща́ло (сь) бы сообща́ли (сь) бы	сообщи́л (ся) бы сообщи́ла (сь) бы сообщи́ло (сь) бы сообщи́ли (сь) бы
IMP.	сообща́й сообща́йте	сообщи́ сообщи́те

DEVERBALS

PRES. ACT.	сообща́ющий (ся)	
PRES. PASS.	сообща́емый	
PAST ACT.	сообща́вший (ся)	сообщи́вший (ся)
PAST PASS.		сообщённый сообщён, сообщена́
VERBAL ADVERB	сообща́я (сь)	сообщи́в (шись)

сообща́ть что о чём

сосáть / пососáть
to suck

	IMPERFECTIVE ASPECT	PERFECTIVE ASPECT
INF.	сосáть	пососáть
PRES.	сосу́ сосёшь сосёт сосём сосёте сосу́т	
PAST	сосáл сосáла сосáло сосáли	пососáл пососáла пососáло пососáли
FUT.	бу́ду сосáть бу́дешь сосáть бу́дет сосáть бу́дем сосáть бу́дете сосáть бу́дут сосáть	пососу́ пососёшь пососёт пососём пососёте пососу́т
COND.	сосáл бы сосáла бы сосáло бы сосáли бы	пососáл бы пососáла бы пососáло бы пососáли бы
IMP.	соси́ соси́те	пососи́ пососи́те

DEVERBALS

PRES. ACT.	сосу́щий	
PRES. PASS.		
PAST ACT.	сосáвший	пососáвший
PAST PASS.	сóсанный	посóсанный
VERBAL ADVERB	сося́	пососáв

to put together, compose (consist of)

	IMPERFECTIVE ASPECT	PERFECTIVE ASPECT
INF.	составля́ть (ся)	соста́вить (ся)
PRES.	составля́ю	
	составля́ешь	
	составля́ет (ся)	
	составля́ем	
	составля́ете	
	составля́ют (ся)	
PAST	составля́л (ся)	соста́вил (ся)
	составля́ла (сь)	соста́вила (сь)
	составля́ло (сь)	соста́вило (сь)
	составля́ли (сь)	соста́вили (сь)
FUT.	бу́ду составля́ть	соста́влю
	бу́дешь составля́ть	соста́вишь
	бу́дет составля́ть (ся)	соста́вит (ся)
	бу́дем составля́ть	соста́вим
	бу́дете составля́ть	соста́вите
	бу́дут составля́ть (ся)	соста́вят (ся)
COND.	составля́л (ся) бы	соста́вил (ся) бы
	составля́ла (сь) бы	соста́вила (сь) бы
	составля́ло (сь) бы	соста́вило (сь) бы
	составля́ли (сь) бы	соста́вили (сь) бы
IMP.	составля́й	соста́вь
	составля́йте	соста́вьте

DEVERBALS

PRES. ACT.	составля́ющий (ся)	
PRES. PASS.	составля́емый	
PAST ACT.	составля́вший (ся)	соста́вивший (ся)
PAST PASS.		соста́вленный
VERBAL ADVERB	составля́я (сь)	соста́вив (шись)

составля́ть что

состоя́ть (ся)
to consist of, be composed of (take place)

	IMPERFECTIVE ASPECT	PERFECTIVE ASPECT
INF.	состоя́ть (ся)	
PRES.	состою́ (сь) состои́шь (ся) состои́т (ся) состои́м (ся) состои́те (сь) состоя́т (ся)	
PAST	состоя́л (ся) состоя́ла (сь) состоя́ло (сь) состоя́ли (сь)	
FUT.	бу́ду состоя́ть (ся) бу́дешь состоя́ть (ся) бу́дет состоя́ть (ся) бу́дем состоя́ть (ся) бу́дете состоя́ть (ся) бу́дут состоя́ть (ся)	
COND.	состоя́л (ся) бы состоя́ла (сь) бы состоя́ло (сь) бы состоя́ли (сь) бы	
IMP.		

DEVERBALS

PRES. ACT.	состоя́щий (ся)	
PRES. PASS.		
PAST ACT.	состоя́вший (ся)	
PAST PASS.		
VERBAL ADVERB	состоя́ (сь)	

состоя́ть из кого – чего, в чём, кем – чем, при ком – чём

сохраня́ть (ся) / сохрани́ть (ся)
to protect, preserve

	IMPERFECTIVE ASPECT	PERFECTIVE ASPECT
INF.	сохраня́ть (ся)	сохрани́ть (ся)
PRES.	сохраня́ю (сь)	
	сохраня́ешь (ся)	
	сохраня́ет (ся)	
	сохраня́ем (ся)	
	сохраня́ете (сь)	
	сохраня́ют (ся)	
PAST	сохраня́л (ся)	сохрани́л (ся)
	сохраня́ла (сь)	сохрани́ла (сь)
	сохраня́ло (сь)	сохрани́ло (сь)
	сохраня́ли (сь)	сохрани́ли (сь)
FUT.	бу́ду сохраня́ть (ся)	сохраню́ (сь)
	бу́дешь сохраня́ть (ся)	сохрани́шь (ся)
	бу́дет сохраня́ть (ся)	сохрани́т (ся)
	бу́дем сохраня́ть (ся)	сохрани́м (ся)
	бу́дете сохраня́ть (ся)	сохрани́те (сь)
	бу́дут сохраня́ть (ся)	сохраня́т (ся)
COND.	сохраня́л (ся) бы	сохрани́л (ся) бы
	сохраня́ла (сь) бы	сохрани́ла (сь) бы
	сохраня́ло (сь) бы	сохрани́ло (сь) бы
	сохраня́ли (сь) бы	сохрани́ли (сь) бы
IMP.	сохраня́й (ся)	сохрани́ (сь)
	сохраня́йте (сь)	сохрани́те (сь)

DEVERBALS

PRES. ACT.	сохраня́ющий (ся)	
PRES. PASS.	сохраня́емый	
PAST ACT.	сохраня́вший (ся)	сохрани́вший (ся)
PAST PASS.		сохранённый
		сохранён, сохранена́
VERBAL ADVERB	сохраня́я (сь)	сохрани́в (шись)

сохраня́ть кого – что

417

спасáть (ся) / спастú (сь)
to save, rescue

	IMPERFECTIVE ASPECT	PERFECTIVE ASPECT
INF.	спасáть (ся)	спастú (сь)
PRES.	спасáю (сь)	
	спасáешь (ся)	
	спасáет (ся)	
	спасáем (ся)	
	спасáете (сь)	
	спасáют (ся)	
PAST	спасáл (ся)	спáс (ся)
	спасáла (сь)	спаслá (сь)
	спасáло (сь)	спаслó (сь)
	спасáли (сь)	спаслú (сь)
FUT.	бýду спасáть (ся)	спасý (сь)
	бýдешь спасáть (ся)	спасёшь (ся)
	бýдет спасáть (ся)	спасёт (ся)
	бýдем спасáть (ся)	спасём (ся)
	бýдете спасáть (ся)	спасёте (сь)
	бýдут спасáть (ся)	спасýт (ся)
COND.	спасáл (ся) бы	спáс (ся) бы
	спасáла (сь) бы	спаслá (сь) бы
	спасáло (сь) бы	спаслó (сь) бы
	спасáли (сь) бы	спаслú (сь) бы
IMP.	спасáй (ся)	спасú (сь)
	спасáйте (сь)	спасúте (сь)

DEVERBALS

PRES. ACT.	спасáющий (ся)	
PRES. PASS.	спасáемый	
PAST ACT.	спасáвший (ся)	спáсший (ся)
PAST PASS.		спасённый
		спасён, спасенá
VERBAL ADVERB	спасáя (сь)	спáсши (сь)

спасáть кого – что

	IMPERFECTIVE ASPECT	PERFECTIVE ASPECT
INF.	спа́ть	поспа́ть
PRES.	сплю́ спи́шь спи́т спи́м спи́те спя́т	
PAST	спа́л спала́ спа́ло спа́ли	поспа́л поспала́ поспа́ло поспа́ли
FUT.	бу́ду спа́ть бу́дешь спа́ть бу́дет спа́ть бу́дем спа́ть бу́дете спа́ть бу́дут спа́ть	посплю́ поспи́шь поспи́т поспи́м поспи́те поспя́т
COND.	спа́л бы спала́ бы спа́ло бы спа́ли бы	поспа́л бы поспала́ бы поспа́ло бы поспа́ли бы
IMP.	спи́ спи́те	поспи́ поспи́те

DEVERBALS

PRES. ACT.	спя́щий	
PRES. PASS.		
PAST ACT.	спа́вший	поспа́вший
PAST PASS.		
VERBAL ADVERB	спа́в	поспа́в

спеши́ть / поспеши́ть
to hurry, rush

	IMPERFECTIVE ASPECT	PERFECTIVE ASPECT
INF.	спеши́ть	поспеши́ть
PRES.	спешу́ спеши́шь спеши́т спеши́м спеши́те спеша́т	
PAST	спеши́л спеши́ла спеши́ло спеши́ли	поспеши́л поспеши́ла поспеши́ло поспеши́ли
FUT.	бу́ду спеши́ть бу́дешь спеши́ть бу́дет спеши́ть бу́дем спеши́ть бу́дете спеши́ть бу́дут спеши́ть	поспешу́ поспеши́шь поспеши́т поспеши́м поспеши́те поспеша́т
COND.	спеши́л бы спеши́ла бы спеши́ло бы спеши́ли бы	поспеши́л бы поспеши́ла бы поспеши́ло бы поспеши́ли бы
IMP.	спеши́ спеши́те	поспеши́ поспеши́те

DEVERBALS

PRES. ACT.	спеша́щий	
PRES. PASS.		
PAST ACT.	спеши́вший	поспеши́вший
PAST PASS.		
VERBAL ADVERB	спеша́	поспеши́в

спеши́ть с чем, + infinitive
Часы спеша́т. *The watch (clock) is fast.*

	IMPERFECTIVE ASPECT	PERFECTIVE ASPECT
INF.	спóрить	поспóрить
PRES.	спóрю спóришь спóрит спóрим спóрите спóрят	
PAST	спóрил спóрила спóрило спóрили	поспóрил поспóрила поспóрило поспóрили
FUT.	бýду спóрить бýдешь спóрить бýдет спóрить бýдем спóрить бýдете спóрить бýдут спóрить	поспóрю поспóришь поспóрит поспóрим поспóрите поспóрят
COND.	спóрил бы спóрила бы спóрило бы спóрили бы	поспóрил бы поспóрила бы поспóрило бы поспóрили бы
IMP.	спóрь спóрьте	поспóрь поспóрьте

DEVERBALS

PRES. ACT.	спóрящий	
PRES. PASS.		
PAST ACT.	спóривший	поспóривший
PAST PASS.		
VERBAL ADVERB	спóря	поспóрив

спóрить с кем – чем о ком – чём

спрáшивать / спроси́ть
to ask [a question], inquire

	IMPERFECTIVE ASPECT	PERFECTIVE ASPECT
INF.	спрáшивать	спроси́ть
PRES.	спрáшиваю спрáшиваешь спрáшивает спрáшиваем спрáшиваете спрáшивают	
PAST	спрáшивал спрáшивала спрáшивало спрáшивали	спроси́л спроси́ла спроси́ло спроси́ли
FUT.	бýду спрáшивать бýдешь спрáшивать бýдет спрáшивать бýдем спрáшивать бýдете спрáшивать бýдут спрáшивать	спрошý спрóсишь спрóсит спрóсим спрóсите спрóсят
COND.	спрáшивал бы спрáшивала бы спрáшивало бы спрáшивали бы	спроси́л бы спроси́ла бы спроси́ло бы спроси́ли бы
IMP.	спрáшивай спрáшивайте	спроси́ спроси́те

DEVERBALS

PRES. ACT.	спрáшивающий	
PRES. PASS.	спрáшиваемый	
PAST ACT.	спрáшивавший	спроси́вший
PAST PASS.		спрóшенный
VERBAL ADVERB	спрáшивая	спроси́в

спрáшивать когó – что о ком – чём

спуска́ть (ся) / спусти́ть (ся)
to lower, let down (descend)

	IMPERFECTIVE ASPECT	PERFECTIVE ASPECT
INF.	спуска́ть (ся)	спусти́ть (ся)
PRES.	спуска́ю (сь)	
	спуска́ешь (ся)	
	спуска́ет (ся)	
	спуска́ем (ся)	
	спуска́ете (сь)	
	спуска́ют (ся)	
PAST	спуска́л (ся)	спусти́л (ся)
	спуска́ла (сь)	спусти́ла (сь)
	спуска́ло (сь)	спусти́ло (сь)
	спуска́ли (сь)	спусти́ли (сь)
FUT.	бу́ду спуска́ть (ся)	спущу́ (сь)
	бу́дешь спуска́ть (ся)	спу́стишь (ся)
	бу́дет спуска́ть (ся)	спу́стит (ся)
	бу́дем спуска́ть (ся)	спу́стим (ся)
	бу́дете спуска́ть (ся)	спу́стите (сь)
	бу́дут спуска́ть (ся)	спу́стят (ся)
COND.	спуска́л (ся) бы	спусти́л (ся) бы
	спуска́ла (сь) бы	спусти́ла (сь) бы
	спуска́ло (сь) бы	спусти́ло (сь) бы
	спуска́ли (сь) бы	спусти́ли (сь) бы
IMP.	спуска́й (ся)	спусти́ (сь)
	спуска́йте (сь)	спусти́те (сь)

DEVERBALS

PRES. ACT.	спуска́ющий (ся)	
PRES. PASS.	спуска́емый	
PAST ACT.	спуска́вший (ся)	спусти́вший (ся)
PAST PASS.		спу́щенный
VERBAL ADVERB	спуска́я (сь)	спусти́в (шись)

спуска́ть кого – что
спуска́ться на что

сра́внивать (ся) / сравни́ть (ся)
to compare

	IMPERFECTIVE ASPECT	PERFECTIVE ASPECT
INF.	сра́внивать (ся)	сравни́ть (ся)
PRES.	сра́вниваю (сь) сра́вниваешь (ся) сра́внивает (ся) сра́вниваем (ся) сра́вниваете (сь) сра́внивают (ся)	
PAST	сра́внивал (ся) сра́внивала (сь) сра́внивало (сь) сра́внивали (сь)	сравни́л (ся) сравни́ла (сь) сравни́ло (сь) сравни́ли (сь)
FUT.	бу́ду сра́внивать (ся) бу́дешь сра́внивать (ся) бу́дет сра́внивать (ся) бу́дем сра́внивать (ся) бу́дете сра́внивать (ся) бу́дут сра́внивать (ся)	сравню́ (сь) сравни́шь (ся) сравни́т (ся) сравни́м (ся) сравни́те (сь) сравня́т (ся)
COND.	сра́внивал (ся) бы сра́внивала (сь) бы сра́внивало (сь) бы сра́внивали (сь) бы	сравни́л (ся) бы сравни́ла (сь) бы сравни́ло (сь) бы сравни́ли (сь) бы
IMP.	сра́внивай (ся) сра́внивайте (сь)	сравни́ (сь) сравни́те (сь)

DEVERBALS

PRES. ACT.	сра́внивающий (ся)	
PRES. PASS.	сра́вниваемый	
PAST ACT.	сра́внивавший (ся)	сравни́вший (ся)
PAST PASS.		сравнённый сравнён, сравнена́
VERBAL ADVERB	сра́внивая (сь)	сравни́в (шись)

сра́внивать кого – что с кем – чем
сра́вниваться с кем – чем в чём

ссо́рить (ся) / поссо́рить (ся)
to come between, split (quarrel)

	IMPERFECTIVE ASPECT	PERFECTIVE ASPECT
INF.	ссо́рить (ся)	поссо́рить (ся)
PRES.	ссо́рю (сь)	
	ссо́ришь (ся)	
	ссо́рит (ся)	
	ссо́рим (ся)	
	ссо́рите (сь)	
	ссо́рят (ся)	
PAST	ссо́рил (ся)	поссо́рил (ся)
	ссо́рила (сь)	поссо́рила (сь)
	ссо́рило (сь)	поссо́рило (сь)
	ссо́рили (сь)	поссо́рили (сь)
FUT.	бу́ду ссо́рить (ся)	поссо́рю (сь)
	бу́дешь ссо́рить (ся)	поссо́ришь (ся)
	бу́дет ссо́рить (ся)	поссо́рит (ся)
	бу́дем ссо́рить (ся)	поссо́рим (ся)
	бу́дете ссо́рить (ся)	поссо́рите (сь)
	бу́дут ссо́рить (ся)	поссо́рят (ся)
COND.	ссо́рил (ся) бы	поссо́рил (ся) бы
	ссо́рила (сь) бы	поссо́рила (сь) бы
	ссо́рило (сь) бы	поссо́рило (сь) бы
	ссо́рили (сь) бы	поссо́рили (сь) бы
IMP.	ссо́рь (ся)	поссо́рь (ся)
	ссо́рьте (сь)	поссо́рьте (сь)

DEVERBALS

PRES. ACT.	ссо́рящий (ся)	
PRES. PASS.		
PAST ACT.	ссо́ривший (ся)	поссо́ривший (ся)
PAST PASS.		поссо́ренный
VERBAL ADVERB	ссо́ря (сь)	поссо́рив (шись)

ссо́рить кого – что с кем – чем
ссо́риться с кем – чем

425

ста́вить / поста́вить
to place, stand, put on [a performance]

	IMPERFECTIVE ASPECT	PERFECTIVE ASPECT
INF.	ста́вить	поста́вить
PRES.	ста́влю	
	ста́вишь	
	ста́вит	
	ста́вим	
	ста́вите	
	ста́вят	
PAST	ста́вил	поста́вил
	ста́вила	поста́вила
	ста́вило	поста́вило
	ста́вили	поста́вили
FUT.	бу́ду ста́вить	поста́влю
	бу́дешь ста́вить	поста́вишь
	бу́дет ста́вить	поста́вит
	бу́дем ста́вить	поста́вим
	бу́дете ста́вить	поста́вите
	бу́дут ста́вить	поста́вят
COND.	ста́вил бы	поста́вил бы
	ста́вила бы	поста́вила бы
	ста́вило бы	поста́вило бы
	ста́вили бы	поста́вили бы
IMP.	ста́вь	поста́вь
	ста́вьте	поста́вьте

DEVERBALS

PRES. ACT.	ста́вящий	
PRES. PASS.		
PAST ACT.	ста́вивший	поста́вивший
PAST PASS.	ста́вленный	поста́вленный
VERBAL ADVERB	ста́вя	поста́вив

ста́вить что, кого – что

	IMPERFECTIVE ASPECT	PERFECTIVE ASPECT
INF.	становИться	стАть
PRES.	становлЮсь станОвишься станОвится станОвимся станОвитесь станОвятся	
PAST	становИлся становИлась становИлось становИлись	стАл стАла стАло стАли
FUT.	бУду становИться бУдешь становИться бУдет становИться бУдем становИться бУдете становИться бУдут становИться	стАну стАнешь стАнет стАнем стАнете стАнут
COND.	становИлся бы становИлась бы становИлось бы становИлись бы	стАл бы стАла бы стАло бы стАли бы
IMP.	становИсь становИтесь	стАнь стАньте

DEVERBALS

PRES. ACT.	становЯщийся	
PRES. PASS.		
PAST ACT.	становИвшийся	стАвший
PAST PASS.		
VERBAL ADVERB	становЯсь	стАв

становИться кем – чем в чём, + infinitive

427

старáться / постарáться
to try, make an effort

	IMPERFECTIVE ASPECT	PERFECTIVE ASPECT
INF.	старáться	постарáться
PRES.	старáюсь старáешься старáется старáемся старáетеся старáются	
PAST	старáлся старáлась старáлось старáлись	постарáлся постарáлась постарáлось постарáлись
FUT.	бýду старáться бýдешь старáться бýдет старáться бýдем старáться бýдете старáться бýдут старáться	постарáюсь постарáешься постарáется постарáемся постарáетеся постарáются
COND.	старáлся бы старáлась бы старáлось бы старáлись бы	постарáлся бы постарáлась бы постарáлось бы постарáлись бы
IMP.	старáйся старáйтесь	постарáйся постарáйтесь

DEVERBALS

PRES. ACT.	старáющийся	
PRES. PASS.		
PAST ACT.	старáвшийся	постарáвшийся
PAST PASS.		
VERBAL ADVERB	старáясь	постарáвшись

	IMPERFECTIVE ASPECT	PERFECTIVE ASPECT
INF.	стира́ть (ся)	вы́стирать (ся)
PRES.	стира́ю стира́ешь стира́ет (ся) стира́ем стира́ете стира́ют (ся)	
PAST	стира́л (ся) стира́ла (сь) стира́ло (сь) стира́ли (сь)	вы́стирал (ся) вы́стирала (сь) вы́стирало (сь) вы́стирали (сь)
FUT.	бу́ду стира́ть бу́дешь стира́ть бу́дет стира́ть (ся) бу́дем стира́ть бу́дете стира́ть бу́дут стира́ть (ся)	вы́стираю вы́стираешь вы́стирает (ся) вы́стираем вы́стираете вы́стирают (ся)
COND.	стира́л (ся) бы стира́ла (сь) бы стира́ло (сь) бы стира́ли (сь) бы	вы́стирал (ся) бы вы́стирала (сь) бы вы́стирало (сь) бы вы́стирали (сь) бы
IMP.	стира́й стира́йте	вы́стирай вы́стирайте

DEVERBALS

PRES. ACT.	стира́ющий (ся)	
PRES. PASS.	стира́емый	
PAST ACT.	стира́вший (ся)	вы́стиравший (ся)
PAST PASS.	сти́ранный	вы́стиранный
VERBAL ADVERB	стира́я (сь)	вы́стиравши (сь)

стира́ть что

стира́ть (ся) / стере́ть (ся)
to rub out, wipe off, erase,

	IMPERFECTIVE ASPECT	PERFECTIVE ASPECT
INF.	стира́ть (ся)	стере́ть (ся)
PRES.	стира́ю	
	стира́ешь	
	стира́ет (ся)	
	стира́ем	
	стира́ете	
	стира́ют (ся)	
PAST	стира́л (ся)	стёр (ся)
	стира́ла (сь)	стёрла (сь)
	стира́ло (сь)	стёрло (сь)
	стира́ли (сь)	стёрли (сь)
FUT.	бу́ду стира́ть	сотру́
	бу́дешь стира́ть	сотрёшь
	бу́дет стира́ть (ся)	сотрёт (ся)
	бу́дем стира́ть	сотрём
	бу́дете стира́ть	сотрёте
	бу́дут стира́ть (ся)	сотру́т (ся)
COND.	стира́л (ся) бы	стёр (ся) бы
	стира́ла (сь) бы	стёрла (сь) бы
	стира́ло (сь) бы	стёрло (сь) бы
	стира́ли (сь) бы	стёрли (сь) бы
IMP.	стира́й	сотри́
	стира́йте	сотри́те

DEVERBALS

PRES. ACT.	стира́ющий (ся)	
PRES. PASS.	стира́емый	
PAST ACT.	стира́вший (ся)	стёрший (ся)
PAST PASS.		стёртый
VERBAL ADVERB	стира́я (сь)	стере́в – стёршись

стира́ть что

	IMPERFECTIVE ASPECT	PERFECTIVE ASPECT
INF.	стóить	
PRES.	стóю	
	стóишь	
	стóит	
	стóим	
	стóите	
	стóят	
PAST	стóил	
	стóила	
	стóило	
	стóили	
FUT.	бýду стóить	
	бýдешь стóить	
	бýдет стóить	
	бýдем стóить	
	бýдете стóить	
	бýдут стóить	
COND.	стóил бы	
	стóила бы	
	стóило бы	
	стóили бы	
IMP.		

DEVERBALS

PRES. ACT.	стóящий	
PRES. PASS.		
PAST ACT.	стóивший	
PAST PASS.		
VERBAL ADVERB	стóя	

стóить что, чего, кому + infinitive

431

стоя́ть / постоя́ть
to stand, be situated, stop

	IMPERFECTIVE ASPECT	PERFECTIVE ASPECT
INF.	стоя́ть	постоя́ть
PRES.	стою́	
	стои́шь	
	стои́т	
	стои́м	
	стои́те	
	стоя́т	
PAST	стоя́л	постоя́л
	стоя́ла	постоя́ла
	стоя́ло	постоя́ло
	стоя́ли	постоя́ли
FUT.	бу́ду стоя́ть	постою́
	бу́дешь стоя́ть	постои́шь
	бу́дет стоя́ть	постои́т
	бу́дем стоя́ть	постои́м
	бу́дете стоя́ть	постои́те
	бу́дут стоя́ть	постоя́т
COND.	стоя́л бы	постоя́л бы
	стоя́ла бы	постоя́ла бы
	стоя́ло бы	постоя́ло бы
	стоя́ли бы	постоя́ли бы
IMP.	сто́й	посто́й
	сто́йте	посто́йте

DEVERBALS

PRES. ACT.	стоя́щий	
PRES. PASS.		
PAST ACT.	стоя́вший	постоя́вший
PAST PASS.		
VERBAL ADVERB	сто́я	постоя́в

стоя́ть за кого - что

	IMPERFECTIVE ASPECT	PERFECTIVE ASPECT
INF.	страда́ть	пострада́ть
PRES.	страда́ю страда́ешь страда́ет страда́ем страда́ете страда́ют	
PAST	страда́л страда́ла страда́ло страда́ли	пострада́л пострада́ла пострада́ло пострада́ли
FUT.	бу́ду страда́ть бу́дешь страда́ть бу́дет страда́ть бу́дем страда́ть бу́дете страда́ть бу́дут страда́ть	пострада́ю пострада́ешь пострада́ет пострада́ем пострада́ете пострада́ют
COND.	страда́л бы страда́ла бы страда́ло бы страда́ли бы	пострада́л бы пострада́ла бы пострада́ло бы пострада́ли бы
IMP.	страда́й страда́йте	пострада́й пострада́йте

DEVERBALS

PRES. ACT.	страда́ющий	
PRES. PASS.		
PAST ACT.	страда́вший	пострада́вший
PAST PASS.		
VERBAL ADVERB	страда́я	пострада́в

страда́ть чем, от чего, за что

стреля́ть (ся) / постреля́ть (ся)
to shoot at, kill (duel)

	IMPERFECTIVE ASPECT	PERFECTIVE ASPECT
INF.	стреля́ть (ся)	постреля́ть (ся)
PRES.	стреля́ю (сь) стреля́ешь (ся) стреля́ет (ся) стреля́ем (ся) стреля́ете (сь) стреля́ют (ся)	
PAST	стреля́л (ся) стреля́ла (сь) стреля́ло (сь) стреля́ли (сь)	постреля́л (ся) постреля́ла (сь) постреля́ло (сь) постреля́ли (сь)
FUT.	бу́ду стреля́ть (ся) бу́дешь стреля́ть (ся) бу́дет стреля́ть (ся) бу́дем стреля́ть (ся) бу́дете стреля́ть (ся) бу́дут стреля́ть (ся)	постреля́ю (сь) постреля́ешь (ся) постреля́ет (ся) постреля́ем (ся) постреля́ете (сь) постреля́ют (ся)
COND.	стреля́л (ся) бы стреля́ла (сь) бы стреля́ло (сь) бы стреля́ли (сь) бы	постреля́л (ся) бы постреля́ла (сь) бы постреля́ло (сь) бы постреля́ли (сь) бы
IMP.	стреля́й (сь) стреля́йте (сь)	постреля́й (сь) постреля́йте (сь)

DEVERBALS

PRES. ACT.	стреля́ющий (ся)	
PRES. PASS.		
PAST ACT.	стреля́вший (ся)	постреля́вший (ся)
PAST PASS.		постре́лянный
VERBAL ADVERB	стреля́я (сь)	постреля́в (шись)

стреля́ть в кого – что, кого – что
стреля́ться с кем

434

стреми́ться
to strive, seek, aspire to

	IMPERFECTIVE ASPECT	PERFECTIVE ASPECT
INF.	стреми́ться	
PRES.	стремлю́сь стреми́шься стреми́тся стреми́мся стреми́тесь стремя́тся	
PAST	стреми́лся стреми́лась стреми́лось стреми́лись	
FUT.	бу́ду стреми́ться бу́дешь стреми́ться бу́дет стреми́ться бу́дем стреми́ться бу́дете стреми́ться бу́дут стреми́ться	
COND.	стреми́лся бы стреми́лась бы стреми́лось бы стреми́лись бы	
IMP.	стреми́сь стреми́тесь	

DEVERBALS

PRES. ACT.	стремя́щийся	
PRES. PASS.		
PAST ACT.	стреми́вшийся	
PAST PASS.		
VERBAL ADVERB	стремя́сь	

стреми́ться к чему, + infinitive

стри́чь (ся) / остри́чь (ся)
to cut, clip, shear (get a haircut)

	IMPERFECTIVE ASPECT	PERFECTIVE ASPECT
INF.	стри́чь (ся)	остри́чь (ся)
PRES.	стригу́ (сь)	
	стрижёшь (ся)	
	стрижёт (ся)	
	стрижём (ся)	
	стрижёте (сь)	
	стригу́т (ся)	
PAST	стри́г (ся)	остри́г (ся)
	стри́гла (сь)	остри́гла (сь)
	стри́гло (сь)	остри́гло (сь)
	стри́гли (сь)	остри́гли (сь)
FUT.	бу́ду стри́чь (ся)	остригу́ (сь)
	бу́дешь стри́чь (ся)	острижёшь (ся)
	бу́дет стри́чь (ся)	острижёт (ся)
	бу́дем стри́чь (ся)	острижём (ся)
	бу́дете стри́чь (ся)	острижёте (сь)
	бу́дут стри́чь (ся)	остригу́т (ся)
COND.	стри́г (ся) бы	остри́г (ся) бы
	стри́гла (сь) бы	остри́гла (сь) бы
	стри́гло (сь) бы	остри́гло (сь) бы
	стри́гли (сь) бы	остри́гли (сь) бы
IMP.	стриги́ (сь)	остриги́ (сь)
	стриги́те (сь)	остриги́те (сь)

DEVERBALS

PRES. ACT.	стригу́щий (ся)	
PRES. PASS.		
PAST ACT.	стри́гший (ся)	остри́гший (ся)
PAST PASS.	стри́женный	остри́женный
VERBAL ADVERB		остри́гши (сь)

стри́чь кого – что

строить (ся) / построить (ся)
to build, construct (line up)

	IMPERFECTIVE ASPECT	PERFECTIVE ASPECT
INF.	строить (ся)	построить (ся)
PRES.	строю (сь) строишь (ся) строит (ся) строим (ся) строите (сь) строят (ся)	
PAST	строил (ся) строила (сь) строило (сь) строили (сь)	построил (ся) построила (сь) построило (сь) построили (сь)
FUT.	буду строить (ся) будешь строить (ся) будет строить (ся) будем строить (ся) будете строить (ся) будут строить (ся)	построю (сь) построишь (ся) построит (ся) построим (ся) построите (сь) построят (ся)
COND.	строил (ся) бы строила (сь) бы строило (сь) бы строили (сь) бы	построил (ся) бы построила (сь) бы построило (сь) бы построили (сь) бы
IMP.	строй (ся) стройте (сь)	построй (ся) постройте (сь)

DEVERBALS

PRES. ACT.	строящий (ся)	
PRES. PASS.	строимый	
PAST ACT.	строивший (ся)	построивший (ся)
PAST PASS.		построенный
VERBAL ADVERB	строя (сь)	построив (шись)

строить что, на чём, кого – что

437

стуча́ть (ся) / постуча́ть (ся)
to knock, rap (knock at the door)

	IMPERFECTIVE ASPECT	PERFECTIVE ASPECT
INF.	стуча́ть (ся)	постуча́ть (ся)
PRES.	стучу́ (сь) стучи́шь (ся) стучи́т (ся) стучи́м (ся) стучи́те (сь) стуча́т (ся)	
PAST	стуча́л (ся) стуча́ла (сь) стуча́ло (сь) стуча́ли (сь)	постуча́л (ся) постуча́ла (сь) постуча́ло (сь) постуча́ли (сь)
FUT.	бу́ду стуча́ть (ся) бу́дешь стуча́ть (ся) бу́дет стуча́ть (ся) бу́дем стуча́ть (ся) бу́дете стуча́ть (ся) бу́дут стуча́ть (ся)	постучу́ (сь) постучи́шь (ся) постучи́т (ся) постучи́м (ся) постучи́те (сь) постуча́т (ся)
COND.	стуча́л (ся) бы стуча́ла (сь) бы стуча́ло (сь) бы стуча́ли (сь) бы	постуча́л (ся) бы постуча́ла (сь) бы постуча́ло (сь) бы постуча́ли (сь) бы
IMP.	стучи́ (сь) стучи́те (сь)	постучи́ (сь) постучи́те (сь)

DEVERBALS

PRES. ACT.	стуча́щий (ся)	
PRES. PASS.		
PAST ACT.	стуча́вший (ся)	постуча́вший (ся)
PAST PASS.		
VERBAL ADVERB	стуча́ (сь)	постуча́в (шись)

IMPERFECTIVE ASPECT	PERFECTIVE ASPECT

INF. судить (ся)

PRES.
сужу́ (сь)
су́дишь (ся)
су́дит (ся)
су́дим (ся)
су́дите (сь)
су́дят (ся)

PAST
суди́л (ся)
суди́ла (сь)
суди́ло (сь)
суди́ли (сь)

FUT.
бу́ду суди́ть (ся)
бу́дешь суди́ть (ся)
бу́дет суди́ть (ся)
бу́дем суди́ть (ся)
бу́дете суди́ть (ся)
бу́дут суди́ть (ся)

COND.
суди́л (ся) бы
суди́ла (сь) бы
суди́ло (сь) бы
суди́ли (сь) бы

IMP.
суди́ (сь)
суди́те (сь)

DEVERBALS

PRES. ACT. судя́щий (ся)

PRES. PASS. суди́мый

PAST ACT. суди́вший (ся)

PAST PASS.
суждённый
суждён, суждена́

VERBAL ADVERB судя́ (сь)

судить о ком – чём, кого – что
судиться с кем – чем

Note the stress in the phrase су́дя по кому – чему *judging by.*

439

существова́ть
to exist, live on

	IMPERFECTIVE ASPECT	PERFECTIVE ASPECT
INF.	существова́ть	
PRES.	существу́ю существу́ешь существу́ет существу́ем существу́ете существу́ют	
PAST	существова́л существова́ла существова́ло существова́ли	
FUT.	бу́ду существова́ть бу́дешь существова́ть бу́дет существова́ть бу́дем существова́ть бу́дете существова́ть бу́дут существова́ть	
COND.	существова́л бы существова́ла бы существова́ло бы существова́ли бы	
IMP.	существу́й существу́йте	

DEVERBALS

PRES. ACT.	существу́ющий	
PRES. PASS.		
PAST ACT.	существова́вший	
PAST PASS.		
VERBAL ADVERB	существу́я	

существова́ть чем, на что

схва́тывать (ся) / схвати́ть (ся)
to grab, comprehend

	IMPERFECTIVE ASPECT	PERFECTIVE ASPECT
INF.	схва́тывать (ся)	схвати́ть (ся)
PRES.	схва́тываю (сь)	
	схва́тываешь (ся)	
	схва́тывает (ся)	
	схва́тываем (ся)	
	схва́тываете (сь)	
	схва́тывают (ся)	
PAST	схва́тывал (ся)	схвати́л (ся)
	схва́тывала (сь)	схвати́ла (сь)
	схва́тывало (сь)	схвати́ло (сь)
	схва́тывали (сь)	схвати́ли (сь)
FUT.	бу́ду схва́тывать (ся)	схвачу́ (сь)
	бу́дешь схва́тывать (ся)	схва́тишь (ся)
	бу́дет схва́тывать (ся)	схва́тит (ся)
	бу́дем схва́тывать (ся)	схва́тим (ся)
	бу́дете схва́тывать (ся)	схва́тите (сь)
	бу́дут схва́тывать (ся)	схва́тят (ся)
COND.	схва́тывал (ся) бы	схвати́л (ся) бы
	схва́тывала (сь) бы	схвати́ла (сь) бы
	схва́тывало (сь) бы	схвати́ло (сь) бы
	схва́тывали (сь) бы	схвати́ли (сь) бы
IMP.	схва́тывай (ся)	схвати́ (сь)
	схва́тывайте (сь)	схвати́те (сь)

DEVERBALS

PRES. ACT.	схва́тывающий (ся)	
PRES. PASS.	схва́тываемый	
PAST ACT.	схва́тывавший (ся)	схвати́вший (ся)
PAST PASS.		схва́ченный
VERBAL ADVERB	схва́тывая (сь)	схвати́в (шись)

схва́тывать кого – что
схва́тываться за кого – что

сходи́ть (ся) / сойти́ (сь)
to come down, go down, get off (assemble)

	IMPERFECTIVE ASPECT	PERFECTIVE ASPECT
INF.	сходи́ть (ся)	сойти́ (сь)
PRES.	схожу́ (сь) схо́дишь (ся) схо́дит (ся) схо́дим (ся) схо́дите (сь) схо́дят (ся)	
PAST	сходи́л (ся) сходи́ла (сь) сходи́ло (сь) сходи́ли (сь)	сошёл (ся) сошла́ (сь) сошло́ (сь) сошли́ (сь)
FUT.	бу́ду сходи́ть (ся) бу́дешь сходи́ть (ся) бу́дет сходи́ть (ся) бу́дем сходи́ть (ся) бу́дете сходи́ть (ся) бу́дут сходи́ть (ся)	сойду́ (сь) сойдёшь (ся) сойдёт (ся) сойдём (ся) сойдёте (сь) сойду́т (ся)
COND.	сходи́л (ся) бы сходи́ла (сь) бы сходи́ло (сь) бы сходи́ли (сь) бы	сошёл (ся) бы сошла́ (сь) бы сошло́ (сь) бы сошли́ (сь) бы
IMP.	сходи́ (сь) сходи́те (сь)	сойди́ (сь) сойди́те (сь)

DEVERBALS

PRES. ACT.	сходя́щий (ся)	
PRES. PASS.		
PAST ACT.	сходи́вший (ся)	соше́дший (ся)
PAST PASS.		
VERBAL ADVERB	сходя́ (сь)	сойдя́ (сь)

сходи́ть с чего на что
сходи́ться в чём, чем, на чём

As a perfective verb, **сходи́ть** means *to go somewhere and return.*

442

	IMPERFECTIVE ASPECT	PERFECTIVE ASPECT
INF.	считáть (ся)	сосчитáть (ся)
PRES.	считáю (сь)	
	считáешь (ся)	
	считáет (ся)	
	считáем (ся)	
	считáете (сь)	
	считáют (ся)	
PAST	считáл (ся)	сосчитáл (ся)
	считáла (сь)	сосчитáла (сь)
	считáло (сь)	сосчитáло (сь)
	считáли (сь)	сосчитáли (сь)
FUT.	бýду считáть (ся)	сосчитáю (сь)
	бýдешь считáть (ся)	сосчитáешь (ся)
	бýдет считáть (ся)	сосчитáет (ся)
	бýдем считáть (ся)	сосчитáем (ся)
	бýдете считáть (ся)	сосчитáете (сь)
	бýдут считáть (ся)	сосчитáют (ся)
COND.	считáл (ся) бы	сосчитáл (ся) бы
	считáла (сь) бы	сосчитáла (сь) бы
	считáло (сь) бы	сосчитáло (сь) бы
	считáли (сь) бы	сосчитáли (сь) бы
IMP.	считáй (ся)	сосчитáй (сь)
	считáйте (сь)	сосчитáйте (сь)

DEVERBALS

PRES. ACT.	считáющий (ся)	
PRES. PASS.	считáемый	
PAST ACT.	считáвший (ся)	сосчитáвший (ся)
PAST PASS.	счúтанный	сосчúтанный
VERBAL ADVERB	считáя (сь)	сосчитáв (шись)

считáть кого – что кем – чем, за кого – что

танцева́ть (ся) / потанцева́ть
to dance (dance steps)

	IMPERFECTIVE ASPECT	PERFECTIVE ASPECT
INF.	танцева́ть (ся)	потанцева́ть
PRES.	танцу́ю танцу́ешь танцу́ет (ся) танцу́ем танцу́ете танцу́ют (ся)	
PAST	танцева́л (ся) танцева́ла (сь) танцева́ло (сь) танцева́ли (сь)	потанцева́л потанцева́ла потанцева́ло потанцева́ли
FUT.	бу́ду танцева́ть бу́дешь танцева́ть бу́дет танцева́ть (ся) бу́дем танцева́ть бу́дете танцева́ть бу́дут танцева́ть (ся)	потанцу́ю потанцу́ешь потанцу́ет потанцу́ем потанцу́ете потанцу́ют
COND.	танцева́л (ся) бы танцева́ла (сь) бы танцева́ло (сь) бы танцева́ли (сь) бы	потанцева́л бы потанцева́ла бы потанцева́ло бы потанцева́ли бы
IMP.	танцу́й танцу́йте	потанцу́й потанцу́йте

DEVERBALS

PRES. ACT.	танцу́ющий (ся)	
PRES. PASS.		
PAST ACT.	танцева́вший (ся)	потанцева́вший
PAST PASS.		
VERBAL ADVERB	танцу́я (сь)	потанцева́в

танцева́ть что с кем

	MULTIDIRECTIONAL	UNIDIRECTIONAL	PERFECTIVE ASPECT
INF.	таска́ть	тащи́ть	потащи́ть
PRES.	таска́ю	тащу́	
	таска́ешь	та́щишь	
	таска́ет	та́щит	
	таска́ем	та́щим	
	таска́ете	та́щите	
	таска́ют	та́щат	
PAST	таска́л	тащи́л	потащи́л
	таска́ла	тащи́ла	потащи́ла
	таска́ло	тащи́ло	потащи́ло
	таска́ли	тащи́ли	потащи́ли
FUT.	бу́ду таска́ть	бу́ду тащи́ть	потащу́
	бу́дешь таска́ть	бу́дешь тащи́ть	пота́щишь
	бу́дет таска́ть	бу́дет тащи́ть	пота́щит
	бу́дем таска́ть	бу́дем тащи́ть	пота́щим
	бу́дете таска́ть	бу́дете тащи́ть	пота́щите
	бу́дут таска́ть	бу́дут тащи́ть	пота́щут
COND.	таска́л бы	тащи́л бы	потащи́л бы
	таска́ла бы	тащи́ла бы	потащи́ла бы
	таска́ло бы	тащи́ло бы	потащи́ло бы
	таска́ли бы	тащи́ли бы	потащи́ли бы
IMP.	таска́й	тащи́	потащи́
	таска́йте	тащи́те	потащи́те

DEVERBALS

PRES. ACT.	таска́ющий	та́щащий	
PRES. PASS.	таска́емый	тащи́мый	
PAST ACT.	таска́вший	тащи́вший	потащи́вший
PAST PASS.	та́сканный		пота́щенный
VERBAL ADVERB	таска́я	таща́	потащи́вши

таска́ть – тащи́ть кого – что

та́ять / раста́ять
to melt, thaw, melt away

	IMPERFECTIVE ASPECT	PERFECTIVE ASPECT
INF.	та́ять	раста́ять
PRES.	та́ю	
	та́ешь	
	та́ет	
	та́ем	
	та́ете	
	та́ют	
PAST	та́ял	раста́ял
	та́яла	раста́яла
	та́яло	раста́яло
	та́яли	раста́яли
FUT.	бу́ду та́ять	раста́ю
	бу́дешь та́ять	раста́ешь
	бу́дет та́ять	раста́ет
	бу́дем та́ять	раста́ем
	бу́дете та́ять	раста́ете
	бу́дут та́ять	раста́ют
COND.	та́ял бы	раста́ял бы
	та́яла бы	раста́яла бы
	та́яло бы	раста́яло бы
	та́яли бы	раста́яли бы
IMP.	та́й	раста́й
	та́йте	раста́йте

DEVERBALS

PRES. ACT.	та́ющий	
PRES. PASS.		
PAST ACT.	та́явший	раста́явший
PAST PASS.		
VERBAL ADVERB	та́я	раста́яв

та́ять от чего

446

	IMPERFECTIVE ASPECT	PERFECTIVE ASPECT
INF.	терпе́ть	потерпе́ть
PRES.	терплю́ те́рпишь те́рпит те́рпим те́рпите те́рпят	
PAST	терпе́л терпе́ла терпе́ло терпе́ли	потерпе́л потерпе́ла потерпе́ло потерпе́ли
FUT.	бу́ду терпе́ть бу́дешь терпе́ть бу́дет терпе́ть бу́дем терпе́ть бу́дете терпе́ть бу́дут терпе́ть	потерплю́ поте́рпишь поте́рпит поте́рпим поте́рпите поте́рпят
COND.	терпе́л бы терпе́ла бы терпе́ло бы терпе́ли бы	потерпе́л бы потерпе́ла бы потерпе́ло бы потерпе́ли бы
IMP.	терпи́ терпи́те	потерпи́ потерпи́те

DEVERBALS

PRES. ACT.	те́рпящий	
PRES. PASS.	терпи́мый	
PAST ACT.	терпе́вший	потерпе́вший
PAST PASS.		
VERBAL ADVERB	терпя́	потерпе́в

терпе́ть кого́ – что

терять (ся) / потерять (ся)
to lose

	IMPERFECTIVE ASPECT	PERFECTIVE ASPECT
INF.	терять (ся)	потерять (ся)
PRES.	теряю (сь)	
	теряешь (ся)	
	теряет (ся)	
	теряем (ся)	
	теряете (сь)	
	теряют (ся)	
PAST	терял (ся)	потерял (ся)
	теряла (сь)	потеряла (сь)
	теряло (сь)	потеряло (сь)
	теряли (сь)	потеряли (сь)
FUT.	буду терять (ся)	потеряю (сь)
	будешь терять (ся)	потеряешь (ся)
	будет терять (ся)	потеряет (ся)
	будем терять (ся)	потеряем (ся)
	будете терять (ся)	потеряете (сь)
	будут терять (ся)	потеряют (ся)
COND.	терял (ся) бы	потерял (ся) бы
	теряла (сь) бы	потеряла (сь) бы
	теряло (сь) бы	потеряло (сь) бы
	теряли (сь) бы	потеряли (сь) бы
IMP.	теряй (ся)	потеряй (ся)
	теряйте (сь)	потеряйте (сь)
DEVERBALS		
PRES. ACT.	теряющий (ся)	
PRES. PASS.	теряемый	
PAST ACT.	терявший (ся)	потерявший (ся)
PAST PASS.		потерянный
VERBAL ADVERB	теряя (сь)	потеряв (шись)

терять кого – что

	IMPERFECTIVE ASPECT	PERFECTIVE ASPECT
INF.	тону́ть	утону́ть
PRES.	тону́ то́нешь то́нет то́нем то́нете то́нут	
PAST	тону́л тону́ла тону́ло тону́ли	утону́л утону́ла утону́ло утону́ли
FUT.	бу́ду тону́ть бу́дешь тону́ть бу́дет тону́ть бу́дем тону́ть бу́дете тону́ть бу́дут тону́ть	утону́ уто́нешь уто́нет уто́нем уто́нете уто́нут
COND.	тону́л бы тону́ла бы тону́ло бы тону́ли бы	утону́л бы утону́ла бы утону́ло бы утону́ли бы
IMP.	тони́ тони́те	утони́ утони́те

DEVERBALS

PRES. ACT.	то́нущий	
PRES. PASS.		
PAST ACT.	тону́вший	утону́вший
PAST PASS.		
VERBAL ADVERB	тону́в	утону́в

тону́ть в чём

торопи́ть (ся) / поторопи́ть (ся)
to urge on, hurry (be in a hurry)

	IMPERFECTIVE ASPECT	PERFECTIVE ASPECT
INF.	торопи́ть (ся)	поторопи́ть (ся)
PRES.	тороплю́ (сь)	
	торо́пишь (ся)	
	торо́пит (ся)	
	торо́пим (ся)	
	торо́пите (сь)	
	торо́пят (ся)	
PAST	торопи́л (ся)	поторопи́л (ся)
	торопи́ла (сь)	поторопи́ла (сь)
	торопи́ло (сь)	поторопи́ло (сь)
	торопи́ли (сь)	поторопи́ли (сь)
FUT.	бу́ду торопи́ть (ся)	потороплю́ (сь)
	бу́дешь торопи́ть (ся)	поторо́пишь (ся)
	бу́дет торопи́ть (ся)	поторо́пит (ся)
	бу́дем торопи́ть (ся)	поторо́пим (ся)
	бу́дете торопи́ть (ся)	поторо́пите (сь)
	бу́дут торопи́ть (ся)	поторо́пят (ся)
COND.	торопи́л (ся) бы	поторопи́л (ся) бы
	торопи́ла (сь) бы	поторопи́ла (сь) бы
	торопи́ло (сь) бы	поторопи́ло (сь) бы
	торопи́ли (сь) бы	поторопи́ли (сь) бы
IMP.	торопи́ (сь)	поторопи́ (сь)
	торопи́те (сь)	поторопи́те (сь)

DEVERBALS

PRES. ACT.	торопя́щий (ся)	
PRES. PASS.		
PAST ACT.	торопи́вший (ся)	поторопи́вший (ся)
PAST PASS.		поторо́пленный
VERBAL ADVERB	торопя́ (сь)	поторопи́в (шись)

торопи́ть кого – что с чем

тра́тить (ся) / потра́тить (ся)
to spend, expend, waste (spend money on something)

	IMPERFECTIVE ASPECT	PERFECTIVE ASPECT
INF.	тра́тить (ся)	потра́тить (ся)
PRES.	тра́чу (сь)	
	тра́тишь (ся)	
	тра́тит (ся)	
	тра́тим (ся)	
	тра́тите (сь)	
	тра́тят (ся)	
PAST	тра́тил (ся)	потра́тил (ся)
	тра́тила (сь)	потра́тила (сь)
	тра́тило (сь)	потра́тило (сь)
	тра́тили (сь)	потра́тили (сь)
FUT.	бу́ду тра́тить (ся)	потра́чу (сь)
	бу́дешь тра́тить (ся)	потра́тишь (ся)
	бу́дет тра́тить (ся)	потра́тит (ся)
	бу́дем тра́тить (ся)	потра́тим (ся)
	бу́дете тра́тить (ся)	потра́тите (сь)
	бу́дут тра́тить (ся)	потра́тят (ся)
COND.	тра́тил (ся) бы	потра́тил (ся) бы
	тра́тила (сь) бы	потра́тила (сь) бы
	тра́тило (сь) бы	потра́тило (сь) бы
	тра́тили (сь) бы	потра́тили (сь) бы
IMP.	тра́ть (ся)	потра́ть (ся)
	тра́тьте (сь)	потра́тьте (сь)

DEVERBALS

PRES. ACT.	тра́тящий (ся)	
PRES. PASS.		
PAST ACT.	тра́тивший (ся)	потра́тивший (ся)
PAST PASS.	тра́ченный	потра́ченный
VERBAL ADVERB	тра́тя (сь)	потра́тив (шись)

тра́тить что
тра́титься на что

тре́бовать (ся) / потре́бовать (ся)
to demand, request (required)

	IMPERFECTIVE ASPECT	PERFECTIVE ASPECT
INF.	тре́бовать (ся)	потре́бовать (ся)
PRES.	тре́бую тре́буешь тре́бует (ся) тре́буем тре́буете тре́буют (ся)	
PAST	тре́бовал (ся) тре́бовала (сь) тре́бовало (сь) тре́бовали (сь)	потре́бовал (ся) потре́бовала (сь) потре́бовало (сь) потре́бовали (сь)
FUT.	бу́ду тре́бовать бу́дешь тре́бовать бу́дет тре́бовать (ся) бу́дем тре́бовать бу́дете тре́бовать бу́дут тре́бовать (ся)	потре́бую потре́буешь потре́бует (ся) потре́буем потре́буете потре́буют (ся)
COND.	тре́бовал (ся) бы тре́бовала (сь) бы тре́бовало (сь) бы тре́бовали (сь) бы	потре́бовал (ся) бы потре́бовала (сь) бы потре́бовало (сь) бы потре́бовали (сь) бы
IMP.	тре́буй тре́буйте	потре́буй потре́буйте

DEVERBALS

PRES. ACT.	тре́бующий (ся)	
PRES. PASS.	тре́буемый	
PAST ACT.	тре́бовавший (ся)	потре́бовавший (ся)
PAST PASS.		потре́бованный
VERBAL ADVERB	тре́буя (сь)	потре́бовав (шись)

тре́бовать кого – что, чего от кого – чего

452

	IMPERFECTIVE ASPECT	PERFECTIVE ASPECT
INF.	трудиться	потрудиться
PRES.	тружусь трудишься трудится трудимся трудитесь трудятся	
PAST	трудился трудилась трудилось трудились	потрудился потрудилась потрудилось потрудились
FUT.	буду трудиться будешь трудиться будет трудиться будем трудиться будете трудиться будут трудиться	потружусь потрудишься потрудится потрудимся потрудитесь потрудятся
COND.	трудился бы трудилась бы трудилось бы трудились бы	потрудился бы потрудилась бы потрудилось бы потрудились бы
IMP.	трудись трудитесь	потрудись потрудитесь

DEVERBALS

PRES. ACT.	трудящийся	
PRES. PASS.		
PAST ACT.	трудившийся	потрудившийся
PAST PASS.		
VERBAL ADVERB	трудясь	потрудившись

трудиться над кем – чем

тяну́ть (ся) / потяну́ть (ся)
to pull, draw (stretch, reach out)

	IMPERFECTIVE ASPECT	PERFECTIVE ASPECT
INF.	тяну́ть (ся)	потяну́ть (ся)
PRES.	тяну́ (сь)	
	тя́нешь (ся)	
	тя́нет (ся)	
	тя́нем (ся)	
	тя́нете (сь)	
	тя́нут (ся)	
PAST	тяну́л (ся)	потяну́л (ся)
	тяну́ла (сь)	потяну́ла (сь)
	тяну́ло (сь)	потяну́ло (сь)
	тяну́ли (сь)	потяну́ли (сь)
FUT.	бу́ду тяну́ть (ся)	потяну́ (сь)
	бу́дешь тяну́ть (ся)	потя́нешь (ся)
	бу́дет тяну́ть (ся)	потя́нет (ся)
	бу́дем тяну́ть (ся)	потя́нем (ся)
	бу́дете тяну́ть (ся)	потя́нете (сь)
	бу́дут тяну́ть (ся)	потя́нут (ся)
SUBJ.	тяну́л (ся) бы	потяну́л (ся) бы
	тяну́ла (сь) бы	потяну́ла (сь) бы
	тяну́ло (сь) бы	потяну́ло (сь) бы
	тяну́ли (сь) бы	потяну́ли (сь) бы
IMP.	тяни́ (сь)	потяни́ (сь)
	тяни́те (сь)	потяни́те (сь)

DEVERBALS

PRES. ACT.	тя́нущий (ся)	
PRES. PASS.		
PAST ACT.	тяну́вший (ся)	потяну́вший (ся)
PAST PASS.	тя́нутый	потя́нутый
VERBAL ADVERB	тяну́в (шись)	потяну́в (шись)

тяну́ть кого – что с чем
тяну́ться к кому – чему, за кем – чем

	IMPERFECTIVE ASPECT	PERFECTIVE ASPECT
INF.	убега́ть	убежа́ть
PRES.	убега́ю	
	убега́ешь	
	убега́ет	
	убега́ем	
	убега́ете	
	убега́ют	
PAST	убега́л	убежа́л
	убега́ла	убежа́ла
	убега́ло	убежа́ло
	убега́ли	убежа́ли
FUT.	бу́ду убега́ть	убегу́
	бу́дешь убега́ть	убежи́шь
	бу́дет убега́ть	убежи́т
	бу́дем убега́ть	убежи́м
	бу́дете убега́ть	убежи́те
	бу́дут убега́ть	убегу́т
COND.	убега́л бы	убежа́л бы
	убега́ла бы	убежа́ла бы
	убега́ло бы	убежа́ло бы
	убега́ли бы	убежа́ли бы
IMP.	убега́й	убеги́
	убега́йте	убеги́те

DEVERBALS

PRES. ACT.	убега́ющий	
PRES. PASS.		
PAST ACT.	убега́вший	убежа́вший
PAST. PASS.		
VERBAL ADVERB	убега́я	убежа́в

убежда́ть (ся) / убеди́ть (ся)
to convince, persuade (assure oneself)

	IMPERFECTIVE ASPECT	PERFECTIVE ASPECT
INF.	убежда́ть (ся)	убеди́ть (ся)
PRES.	убежда́ю (сь) убежда́ешь (ся) убежда́ет (ся) убежда́ем (ся) убежда́ете (сь) убежда́ют (ся)	
PAST	убежда́л (ся) убежда́ла (сь) убежда́ло (сь) убежда́ли (сь)	убеди́л (ся) убеди́ла (сь) убеди́ло (сь) убеди́ли (сь)
FUT.	бу́ду убежда́ть (ся) бу́дешь убежда́ть (ся) бу́дет убежда́ть (ся) бу́дем убежда́ть (ся) бу́дете убежда́ть (ся) бу́дут убежда́ть (ся)	 убеди́шь (ся) убеди́т (ся) убеди́м (ся) убеди́те (сь) убедя́т (ся)
COND.	убежда́л (ся) бы убежда́ла (сь) бы убежда́ло (сь) бы убежда́ли (сь) бы	убеди́л (ся) бы убеди́ла (сь) бы убеди́ло (сь) бы убеди́ли (сь) бы
IMP.	убежда́й (ся) убежда́йте (сь)	убеди́ (сь) убеди́те (сь)

DEVERBALS

PRES. ACT.	убежда́ющий (ся)	
PRES. PASS.	убежда́емый	
PAST ACT.	убежда́вший (ся)	убеди́вший (ся)
PAST PASS.		убеждённый убеждён, убеждена́
VERBAL ADVERB	убежда́я (сь)	убеди́в (шись)

убежда́ть кого – что в чём, + infinitive
убежда́ться в чём

The first person singular of the perfective future is not used.

	IMPERFECTIVE ASPECT	PERFECTIVE ASPECT
INF.	убива́ть	уби́ть
PRES.	убива́ю убива́ешь убива́ет убива́ем убива́ете убива́ют	
PAST	убива́л убива́ла убива́ло убива́ли	уби́л уби́ла уби́ло уби́ли
FUT.	бу́ду убива́ть бу́дешь убива́ть бу́дет убива́ть бу́дем убива́ть бу́дете убива́ть бу́дут убива́ть	убью́ убьёшь убьёт убьём убьёте убью́т
COND.	убива́л бы убива́ла бы убива́ло бы убива́ли бы	уби́л бы уби́ла бы уби́ло бы уби́ли бы
IMP.	убива́й убива́йте	убе́й убе́йте

DEVERBALS

PRES. ACT.	убива́ющий	
PRES. PASS.		
PAST ACT.	убива́вший	уби́вший
PAST PASS.	убива́емый	уби́тый
VERBAL ADVERB	убива́я	уби́в

убива́ть кого - что

уважа́ть
to respect, esteem, honor

	IMPERFECTIVE ASPECT	PERFECTIVE ASPECT
INF.	уважа́ть	
PRES.	уважа́ю уважа́ешь уважа́ет уважа́ем уважа́ете уважа́ют	
PAST	уважа́л уважа́ла уважа́ло уважа́ли	
FUT.	бу́ду уважа́ть бу́дешь уважа́ть бу́дет уважа́ть бу́дем уважа́ть бу́дете уважа́ть бу́дут уважа́ть	
COND.	уважа́л бы уважа́ла бы уважа́ло бы уважа́ли бы	
IMP.	уважа́й уважа́йте	

DEVERBALS

PRES. ACT.	уважа́ющий	
PRES. PASS.	уважа́емый	
PAST ACT.	уважа́вший	
PAST PASS.		
VERBAL ADVERB	уважа́я	

уважа́ть кого – что

увлека́ть (ся) / увле́чь (ся)
to carry away, draw along (be captivated by)

	IMPERFECTIVE ASPECT	PERFECTIVE ASPECT
INF.	увлека́ть (ся)	увле́чь (ся)
PRES.	увлека́ю (ся)	
	увлека́ешь (ся)	
	увлека́ет (ся)	
	увлека́ем (ся)	
	увлека́ете (ся)	
	увлека́ют (ся)	
PAST	увлека́л (ся)	увлёк (ся)
	увлека́ла (сь)	увлекла́ (сь)
	увлека́ло (сь)	увлекло́ (сь)
	увлека́ли (сь)	увлекли́ (сь)
FUT.	бу́ду увлека́ть (ся)	улеку́ (сь)
	бу́дешь увлека́ть (ся)	увлечёшь (ся)
	бу́дет увлека́ть (ся)	увлечёт (ся)
	бу́дем увлека́ть (ся)	увлечём (ся)
	бу́дете увлека́ть (ся)	увлечёте (сь)
	бу́дут увлека́ть (ся)	увлеку́т (ся)
COND.	увлека́л (ся) бы	увлёк (ся) бы
	увлека́ла (сь) бы	увлекла́ (сь) бы
	увлека́ло (сь) бы	увлекло́ (сь) бы
	увлека́ли (сь) бы	увлекли́ (сь) бы
IMP.	увлека́й (ся)	увлеки́ (сь)
	увлека́йте (сь)	увлеки́те (сь)

DEVERBALS

PRES. ACT.	увлека́ющий (ся)	
PRES. PASS.	увлека́емый	
PAST ACT.	увлека́вший (ся)	увлёкший (ся)
PAST PASS.		увлечённый
		увлечён, увлечена́
VERBAL ADVERB	увлека́я (сь)	увлёкши (сь)

увлека́ть кого – что
увлека́ться кем – чем

459

угощáть / угостить
to entertain, treat

	IMPERFECTIVE ASPECT	PERFECTIVE ASPECT
INF.	угощáть	угостить
PRES.	угощáю угощáешь угощáет угощáем угощáете угощáют	
PAST	угощáл угощáла угощáло угощáли	угостил угостила угостило угостили
FUT.	бýду угощáть бýдешь угощáть бýдет угощáть бýдем угощáть бýдете угощáть бýдут угощáть	угощý угостишь угостит угостим угостите угостят
COND.	угощáл бы угощáла бы угощáло бы угощáли бы	угостил бы угостила бы угостило бы угостили бы
IMP.	угощáй угощáйте	угости угостите

DEVERBALS

PRES. ACT.	угощáющий	
PRES. PASS.	угощáемый	
PAST ACT.	угощáвший	угостивший
PAST PASS.		угощённый угощён, угощенá
VERBAL ADVERB	угощáя	угостив

угощáть кого – что чем

460

	IMPERFECTIVE ASPECT	PERFECTIVE ASPECT
INF.	удава́ться	уда́ться
PRES.	удаётся	
	удаю́тся	
PAST	удава́лся	уда́лся
	удава́лась	удала́сь
	удава́лось	удало́сь
	удава́лись	удали́сь
FUT.	бу́дет удава́ться	уда́стся
	бу́дут удава́ться	удаду́тся
COND.	удава́лся бы	уда́лся бы
	удава́лась бы	удала́сь бы
	удава́лось бы	удало́сь бы
	удава́лись бы	удали́сь бы
IMP.		

DEVERBALS

PRES. ACT.	удаю́щийся	
PRES. PASS.		
PAST ACT.	удава́вшийся	уда́вшийся
PAST PASS.		
VERBAL ADVERB	удава́ясь	уда́вшись

удава́ться кому

удивля́ть (ся) / удиви́ть (ся)
to amaze, surprise

	IMPERFECTIVE ASPECT	PERFECTIVE ASPECT
INF.	удивля́ть (ся)	удиви́ть (ся)
PRES.	удивля́ю (сь)	
	удивля́ешь (ся)	
	удивля́ет (ся)	
	удивля́ем (ся)	
	удивля́ете (сь)	
	удивля́ют (ся)	
PAST	удивля́л (ся)	удиви́л (ся)
	удивля́ла (сь)	удиви́ла (сь)
	удивля́ло (сь)	удиви́ло (сь)
	удивля́ли (сь)	удиви́ли (сь)
FUT.	бу́ду удивля́ть (ся)	удивлю́ (сь)
	бу́дешь удивля́ть (ся)	удиви́шь (ся)
	бу́дет удивля́ть (ся)	удиви́т (ся)
	бу́дем удивля́ть (ся)	удиви́м (ся)
	бу́дете удивля́ть (ся)	удиви́те (сь)
	бу́дут удивля́ть (ся)	удивя́т (ся)
COND.	удивля́л (ся) бы	удиви́л (ся) бы
	удивля́ла (сь) бы	удиви́ла (сь) бы
	удивля́ло (сь) бы	удиви́ло (сь) бы
	удивля́ли (сь) бы	удиви́ли (сь) бы
IMP.	удивля́й (ся)	удиви́ (сь)
	удивля́йте (сь)	удиви́те (сь)

DEVERBALS

PRES. ACT.	удивля́ющий (ся)	
PRES. PASS.	удивля́емый	
PAST ACT.	удивля́вший (ся)	удиви́вший (ся)
PAST PASS.		удивлённый
		удивлён, удивлена́
VERBAL ADVERB	удивля́я (сь)	удиви́в (шись) – удивя́сь

удивля́ть кого – что
удивля́ться чему

	IMPERFECTIVE ASPECT	PERFECTIVE ASPECT
INF.	уезжа́ть	уе́хать
PRES.	уезжа́ю	
	уезжа́ешь	
	уезжа́ет	
	уезжа́ем	
	уезжа́ете	
	уезжа́ют	
PAST	уезжа́л	уе́хал
	уезжа́ла	уе́хала
	уезжа́ло	уе́хало
	уезжа́ли	уе́хали
FUT.	бу́ду уезжа́ть	уе́ду
	бу́дешь уезжа́ть	уе́дешь
	бу́дет уезжа́ть	уе́дет
	бу́дем уезжа́ть	уе́дем
	бу́дете уезжа́ть	уе́дете
	бу́дут уезжа́ть	уе́дут
COND.	уезжа́л бы	уе́хал бы
	уезжа́ла бы	уе́хала бы
	уезжа́ло бы	уе́хало бы
	уезжа́ли бы	уе́хали бы
IMP.	уезжа́й	
	уезжа́йте	

DEVERBALS

PRES. ACT.	уезжа́ющий	
PRES. PASS.		
PAST ACT.	уезжа́вший	уе́хавший
PAST PASS.		
VERBAL ADVERB	уезжа́я	уе́хав

ýжинать / поýжинать
to have supper

	IMPERFECTIVE ASPECT	PERFECTIVE ASPECT
INF.	ýжинать	поýжинать
PRES.	ýжинаю	
	ýжинаешь	
	ýжинает	
	ýжинаем	
	ýжинаете	
	ýжинают	
PAST	ýжинал	поýжинал
	ýжинала	поýжинала
	ýжинало	поýжинало
	ýжинали	поýжинали
FUT.	бýду ýжинать	поýжинаю
	бýдешь ýжинать	поýжинаешь
	бýдет ýжинать	поýжинает
	бýдем ýжинать	поýжинаем
	бýдете ýжинать	поýжинаете
	бýдут ýжинать	поýжинают
COND.	ýжинал бы	поýжинал бы
	ýжинала бы	поýжинала бы
	ýжинало бы	поýжинало бы
	ýжинали бы	поýжинали бы
IMP.	ýжинай	поýжинай
	ýжинайте	поýжинайте

DEVERBALS

PRES. ACT.	ýжинающий	
PRES. PASS.		
PAST ACT.	ýжинавший	поýжинавший
PAST PASS.		
VERBAL ADVERB	ýжиная	поýжинав

	IMPERFECTIVE ASPECT	PERFECTIVE ASPECT
INF.	узнава́ть	узна́ть
PRES.	узнаю́ узнаёшь узнаёт узнаём узнаёте узнаю́т	
PAST	узнава́л узнава́ла узнава́ло узнава́ли	узна́л узна́ла узна́ло узна́ли
FUT.	бу́ду узнава́ть бу́дешь узнава́ть бу́дет узнава́ть бу́дем узнава́ть бу́дете узнава́ть бу́дут узнава́ть	узна́ю узна́ешь узна́ет узна́ем узна́ете узна́ют
COND.	узнава́л бы узнава́ла бы узнава́ло бы узнава́ли бы	узна́л бы узна́ла бы узна́ло бы узна́ли бы
IMP.	узнава́й узнава́йте	узна́й узна́йте

DEVERBALS

PRES. ACT.	узнаю́щий	
PRES. PASS.	узнава́емый	
PAST ACT.	узнава́вший	узна́вший
PAST PASS.		у́знанный
VERBAL ADVERB	узнава́я	узна́в

узнава́ть кого – что о чём

465

укáзывать / указáть
to indicate, point out

	IMPERFECTIVE ASPECT	PERFECTIVE ASPECT
INF.	укáзывать	указáть
PRES.	укáзываю	
	укáзываешь	
	укáзывает	
	укáзываем	
	укáзываете	
	укáзывают	
PAST	укáзывал	указáл
	укáзывала	указáла
	укáзывало	указáло
	укáзывали	указáли
FUT.	бýду укáзывать	укажý
	бýдешь укáзывать	укáжешь
	бýдет укáзывать	укáжет
	бýдем укáзывать	укáжем
	бýдете укáзывать	укáжете
	бýдут укáзывать	укáжут
COND.	укáзывал бы	указáл бы
	укáзывала бы	указáла бы
	укáзывало бы	указáло бы
	укáзывали бы	указáли бы
IMP.	укáзывай	укажи́
	укáзывайте	укажи́те

DEVERBALS

PRES. ACT.	укáзывающий	
PRES. PASS.	укáзываемый	
PAST ACT.	укáзывавший	указáвший
PAST PASS.		укáзанный
VERBAL ADVERB	укáзывая	указáв

укáзывать на кого – что

украша́ть (ся) / укра́сить (ся)
to adorn, decorate, paint

	IMPERFECTIVE ASPECT	PERFECTIVE ASPECT
INF.	украша́ть (ся)	укра́сить (ся)
PRES.	украша́ю украша́ешь украша́ет (ся) украша́ем украша́ете украша́ют (ся)	
PAST	украша́л (ся) украша́ла (сь) украша́ло (сь) украша́ли (сь)	укра́сил (ся) укра́сила (сь) укра́сило (сь) укра́сили (сь)
FUT.	бу́ду украша́ть бу́дешь украша́ть бу́дет украша́ть (ся) бу́дем украша́ть бу́дете украша́ть бу́дут украша́ть (ся)	укра́шу укра́сишь укра́сит (ся) укра́сим укра́сите укра́сят (ся)
COND.	украша́л (ся) бы украша́ла (сь) бы украша́ло (сь) бы украша́ли (сь) бы	укра́сил (ся) бы укра́сила (сь) бы укра́сило (сь) бы укра́сили (сь) бы
IMP.	украша́й украша́йте	укра́сь укра́сьте

DEVERBALS

PRES. ACT.	украша́ющий (ся)	
PRES. PASS.	украша́емый	
PAST ACT.	украша́вший (ся)	укра́сивший (ся)
PAST PASS.		укра́шенный
VERBAL ADVERB	украша́я (сь)	укра́сив (шись)

украша́ть кого – что чем

улета́ть / улете́ть
to fly off, away

	IMPERFECTIVE ASPECT	PERFECTIVE ASPECT
INF.	улета́ть	улете́ть
PRES.	улета́ю	
	улета́ешь	
	улета́ет	
	улета́ем	
	улета́ете	
	улета́ют	
PAST	улета́л	улете́л
	улета́ла	улете́ла
	улета́ло	улете́ло
	улета́ли	улете́ли
FUT.	бу́ду улета́ть	улечу́
	бу́дешь улета́ть	улети́шь
	бу́дет улета́ть	улети́т
	бу́дем улета́ть	улети́м
	бу́дете улета́ть	улети́те
	бу́дут улета́ть	улетя́т
COND.	улета́л бы	улете́л бы
	улета́ла бы	улете́ла бы
	улета́ло бы	улете́ло бы
	улета́ли бы	улете́ли бы
IMP.	улета́й	улети́
	улета́йте	улети́те

DEVERBALS

PRES. ACT.	улета́ющий	
PRES. PASS.		
PAST ACT.	улета́вший	улете́вший
PAST PASS.		
VERBAL ADVERB	улета́я	улете́в

468

	IMPERFECTIVE ASPECT	PERFECTIVE ASPECT
INF.	улыба́ться	улыбну́ться
PRES.	улыба́юсь улыба́ешься улыба́ется улыба́емся улыба́етесь улыба́ются	
PAST	улыба́лся улыба́лась улыба́лось улыба́лись	улыбну́лся улыбну́лась улыбну́лось улыбну́лись
FUT.	бу́ду улыба́ться бу́дешь улыба́ться бу́дет улыба́ться бу́дем улыба́ться бу́дете улыба́ться бу́дут улыба́ться	улыбну́сь улыбнёшься улыбнётся улыбнёмся улыбнётесь улыбну́тся
COND.	улыба́лся бы улыба́лась бы улыба́лось бы улыба́лись бы	улыбну́лся бы улыбну́лась бы улыбну́лось бы улыбну́лись бы
IMP.	улыба́йся улыба́йтесь	улыбни́сь улыбни́тесь

DEVERBALS

PRES. ACT.	улыба́ющийся	
PRES. PASS.		
PAST ACT.	улыба́вшийся	улыбну́вшийся
PAST PASS.		
VERBAL ADVERB	улыба́ясь	улыбну́вшись

улыба́ться кому – чему

уменьша́ть (ся) / уме́ньшить (ся)
to decrease, lessen

	IMPERFECTIVE ASPECT	PERFECTIVE ASPECT
INF.	уменьша́ть (ся)	уме́ньшить (ся)
PRES.	уменьша́ю (сь)	
	уменьша́ешь (ся)	
	уменьша́ет (ся)	
	уменьша́ем (ся)	
	уменьша́ете (сь)	
	уменьша́ют (ся)	
PAST	уменьша́л (ся)	уме́ньшил (ся)
	уменьша́ла (сь)	уме́ньшила (сь)
	уменьша́ло (сь)	уме́ньшило (сь)
	уменьша́ли (сь)	уме́ньшили (сь)
FUT.	бу́ду уменьша́ть (ся)	уме́ньшу (сь)
	бу́дешь уменьша́ть (ся)	уме́ньшишь (ся)
	бу́дет уменьша́ть (ся)	уме́ньшит (ся)
	бу́дем уменьша́ть (ся)	уме́ньшим (ся)
	бу́дете уменьша́ть (ся)	уме́ньшите (сь)
	бу́дут уменьша́ть (ся)	уме́ньшат (ся)
COND.	уменьша́л (ся) бы	уме́ньшил (ся) бы
	уменьша́ла (сь) бы	уме́ньшила (сь) бы
	уменьша́ло (сь) бы	уме́ньшило (сь) бы
	уменьша́ли (сь) бы	уме́ньшили (сь) бы
IMP.	уменьша́й (ся)	уме́ньши (сь)
	уменьша́йте (сь)	уме́ньшите (сь)

DEVERBALS

PRES. ACT.	уменьша́ющий (ся)	
PRES. PASS.	уменьша́емый	
PAST ACT.	уменьша́вший (ся)	уме́ньшивший (ся)
PAST PASS.		уме́ньшенный
VERBAL ADVERB	уменьша́я (сь)	уме́ньшив (шись)

уменьша́ть что

	IMPERFECTIVE ASPECT	PERFECTIVE ASPECT
INF.	уме́ть	суме́ть
PRES.	уме́ю уме́ешь уме́ет уме́ем уме́ете уме́ют	
PAST	уме́л уме́ла уме́ло уме́ли	суме́л суме́ла суме́ло суме́ли
FUT.	бу́ду уме́ть бу́дешь уме́ть бу́дет уме́ть бу́дем уме́ть бу́дете уме́ть бу́дут уме́ть	суме́ю суме́ешь суме́ет суме́ем суме́ете суме́ют
COND.	уме́л бы уме́ла бы уме́ло бы уме́ли бы	суме́л бы суме́ла бы суме́ло бы суме́ли бы
IMP.	уме́й уме́йте	суме́й суме́йте

DEVERBALS

PRES. ACT.	уме́ющий	
PRES. PASS.		
PAST ACT.	уме́вший	суме́вший
PAST PASS.		
VERBAL ADVERB	уме́я	суме́в

уметь + infinitive

471

умира́ть / умере́ть
to die

	IMPERFECTIVE ASPECT	PERFECTIVE ASPECT
INF.	умира́ть	умере́ть
PRES.	умира́ю умира́ешь умира́ет умира́ем умира́ете умира́ют	
PAST	умира́л умира́ла умира́ло умира́ли	у́мер умерла́ у́мерло у́мерли
FUT.	бу́ду умира́ть бу́дешь умира́ть бу́дет умира́ть бу́дем умира́ть бу́дете умира́ть бу́дут умира́ть	умру́ умрёшь умрёт умрём умрёте умру́т
COND.	умира́л бы умира́ла бы умира́ло бы умира́ли бы	у́мер бы умерла́ бы у́мерло бы у́мерли бы
IMP.	умира́й умира́йте	умри́ умри́те

DEVERBALS

PRES. ACT.	умира́ющий	
PRES. PASS.		
PAST ACT.	умира́вший	уме́рший
PAST PASS.		
VERBAL ADVERB	умира́я	умере́в – уме́рши

умира́ть с чего, от чего

умыва́ть (ся) / умы́ть (ся)
to wash up (wash yourself)

	IMPERFECTIVE ASPECT	PERFECTIVE ASPECT
INF.	умыва́ть (ся)	умы́ть (ся)
PRES.	умыва́ю (сь) умыва́ешь (ся) умыва́ет (ся) умыва́ем (ся) умыва́ете (ся) умыва́ют (ся)	
PAST	умыва́л (ся) умыва́ла (сь) умыва́ло (сь) умыва́ли (сь)	умы́л (ся) умы́ла (сь) умы́ло (сь) умы́ли (сь)
FUT.	бу́ду умыва́ть (ся) бу́дешь умыва́ть (ся) бу́дет умыва́ть (ся) бу́дем умыва́ть (ся) бу́дете умыва́ть (ся) бу́дут умыва́ть (ся)	умо́ю (сь) умо́ешь (ся) умо́ет (ся) умо́ем (ся) умо́ете (сь) умо́ют (ся)
COND.	умыва́л (ся) бы умыва́ла (сь) бы умыва́ло (сь) бы умыва́ли (сь) бы	умы́л (ся) бы умы́ла (сь) бы умы́ло (сь) бы умы́ли (сь) бы
IMP.	умыва́й (ся) умыва́йте (сь)	умо́й (сь) умо́йте (сь)

DEVERBALS

PRES. ACT.	умыва́ющий (ся)	
PRES. PASS.	умыва́емый	
PAST ACT.	умыва́вший (ся)	умы́вший (ся)
PAST PASS.		умы́тый
VERBAL ADVERB	умыва́я (сь)	умы́в (шись)

умыва́ть кого – что

уничтожа́ть (ся) / уничто́жить (ся)
to destroy, annihilate

	IMPERFECTIVE ASPECT	PERFECTIVE ASPECT
INF.	уничтожа́ть (ся)	уничто́жить (ся)
PRES.	уничтожа́ю	
	уничтожа́ешь	
	уничтожа́ет (ся)	
	уничтожа́ем	
	уничтожа́ете	
	уничтожа́ют (ся)	
PAST	уничтожа́л (ся)	уничто́жил (ся)
	уничтожа́ла (сь)	уничто́жила (сь)
	уничтожа́ло (сь)	уничто́жило (сь)
	уничтожа́ли (сь)	уничто́жили (сь)
FUT.	бу́ду уничтожа́ть	уничто́жу
	бу́дешь уничтожа́ть	уничто́жишь
	бу́дет уничтожа́ть (ся)	уничто́жит (ся)
	бу́дем уничтожа́ть	уничто́жим
	бу́дете уничтожа́ть	уничто́жите
	бу́дут уничтожа́ть (ся)	уничто́жат (ся)
COND	уничтожа́л (ся) бы	уничто́жил (ся) бы
	уничтожа́ла (сь) бы	уничто́жила (сь) бы
	уничтожа́ло (сь) бы	уничто́жило (сь) бы
	уничтожа́ли (сь) бы	уничто́жили (сь) бы
IMP.	уничтожа́й	уничто́жь
	уничтожа́йте	уничто́жьте

DEVERBALS

PRES. ACT.	уничтожа́ющий (ся)	
PRES. PASS.	уничтожа́емый	
PAST ACT.	уничтожа́вший (ся)	уничто́живший (ся)
PAST PASS.		уничто́женный
VERBAL ADVERB	уничтожа́я (сь)	уничто́жив (шись)

уничтожа́ть кого – что

употребля́ть (ся) / употреби́ть (ся)
to use, make use of

	IMPERFECTIVE ASPECT	PERFECTIVE ASPECT
INF.	употребля́ть (ся)	употреби́ть (ся)
PRES.	употребля́ю употребля́ешь употребля́ет (ся) употребля́ем употребля́ете употребля́ют (ся)	
PAST	употребля́л (ся) употребля́ла (сь) употребля́ло (сь) употребля́ли (сь)	употреби́л (ся) употреби́ла (сь) употреби́ло (сь) употреби́ли (сь)
FUT.	бу́ду употребля́ть бу́дешь употребля́ть бу́дет употребля́ть (ся) бу́дем употребля́ть бу́дете употребля́ть бу́дут употребля́ть (ся)	употреблю́ употреби́шь употреби́т (ся) употреби́м употреби́те употребя́т (ся)
COND.	употребля́л (ся) бы употребля́ла (сь) бы употребля́ло (сь) бы употребля́ли (сь) бы	употреби́л (ся) бы употреби́ла (сь) бы употреби́ло (сь) бы употреби́ли (сь) бы
IMP.	употребля́й употребля́йте	употреби́ употреби́те

DEVERBALS

PRES. ACT.	употребля́ющий (ся)	
PRES. PASS.	употребля́емый	
PAST ACT.	употребля́вший (ся)	употреби́вший (ся)
PAST PASS.		употреблённый употреблён, употреблена́
VERBAL ADVERB	употребля́я (сь)	употреби́в (шись)

употребля́ть кого – что

управля́ть (ся) / упра́вить (ся)
to manage, administer, operate a vehicle

	IMPERFECTIVE ASPECT	PERFECTIVE ASPECT
INF.	управля́ть (ся)	упра́вить (ся)
PRES.	управля́ю (сь)	
	управля́ешь (ся)	
	управля́ет (ся)	
	управля́ем (ся)	
	управля́ете (сь)	
	управля́ют (ся)	
PAST	управля́л (ся)	упра́вил (ся)
	управля́ла (сь)	упра́вила (сь)
	управля́ло (сь)	упра́вило (сь)
	управля́ли (сь)	упра́вили (сь)
FUT.	бу́ду управля́ть (ся)	упра́влю (сь)
	бу́дешь управля́ть (ся)	упра́вишь (ся)
	бу́дет управля́ть (ся)	упра́вит (ся)
	бу́дем управля́ть (ся)	упра́вим (ся)
	бу́дете управля́ть (ся)	упра́вите (сь)
	бу́дут управля́ть (ся)	упра́вят (ся)
COND.	управля́л (ся) бы	упра́вил (ся) бы
	управля́ла (сь) бы	упра́вила (сь) бы
	управля́ло (сь) бы	упра́вило (сь) бы
	управля́ли (сь) бы	упра́вили (сь) бы
IMP.	управля́й (ся)	упра́вь (ся)
	управля́йте (сь)	упра́вьте (сь)

DEVERBALS

PRES. ACT.	управля́ющий (ся)	
PRES. PASS.	управля́емый	
PAST ACT.	управля́вший (ся)	упра́вивший (ся)
PAST PASS.		
VERBAL ADVERB	управля́я (сь)	упра́вив (шись)

управля́ть кем – чем
управля́ться с кем – чем

476

	IMPERFECTIVE ASPECT	PERFECTIVE ASPECT
INF.	успева́ть	успе́ть
PRES.	успева́ю	
	успева́ешь	
	успева́ет	
	успева́ем	
	успева́ете	
	успева́ют	
PAST	успева́л	успе́л
	успева́ла	успе́ла
	успева́ло	успе́ло
	успева́ли	успе́ли
FUT.	бу́ду успева́ть	успе́ю
	бу́дешь успева́ть	успе́ешь
	бу́дет успева́ть	успе́ет
	бу́дем успева́ть	успе́ем
	бу́дете успева́ть	успе́ете
	бу́дут успева́ть	успе́ют
COND.	успева́л бы	успе́л бы
	успева́ла бы	успе́ла бы
	успева́ло бы	успе́ло бы
	успева́ли бы	успе́ли бы
IMP.	успева́й	успе́й
	успева́йте	успе́йте

DEVERBALS

PRES. ACT.	успева́ющий	
PRES. PASS.		
PAST ACT.	успева́вший	успе́вший
PAST PASS.		
VERBAL ADVERB	успева́я	успе́в

успева́ть к чему, на что, в чём

477

успока́ивать (ся) / успоко́ить (ся)
to calm, *soothe, reassure*

	IMPERFECTIVE ASPECT	PERFECTIVE ASPECT
INF.	успока́ивать (ся)	успоко́ить (ся)
PRES.	успока́иваю (сь)	
	успока́иваешь (ся)	
	успока́ивает (ся)	
	успока́иваем (ся)	
	успока́иваете (сь)	
	успока́ивают (ся)	
PAST	успока́ивал (ся)	успоко́ил (ся)
	успока́ивала (сь)	успоко́ила (сь)
	успока́ивало (сь)	успоко́ило (сь)
	успока́ивали (сь)	успоко́или (сь)
FUT.	бу́ду успока́ивать (ся)	успоко́ю (сь)
	бу́дешь успока́ивать (ся)	успоко́ишь (ся)
	бу́дет успока́ивать (ся)	успоко́ит (ся)
	бу́дем успока́ивать (ся)	успоко́им (ся)
	бу́дете успока́ивать (ся)	успоко́ите (сь)
	бу́дут успока́ивать (ся)	успоко́ят (ся)
COND.	успока́ивал (ся) бы	успоко́ил (ся) бы
	успока́ивала (сь) бы	успоко́ила (сь) бы
	успока́ивало (сь) бы	успоко́ило (сь) бы
	успока́ивали (сь) бы	успоко́или (сь) бы
IMP.	успока́ивай (ся)	успоко́й (ся)
	успока́ивайте (сь)	успоко́йте (сь)

DEVERBALS

PRES. ACT.	успока́ивающий (ся)	
PRES. PASS.	успока́иваемый	
PAST ACT.	успока́ивавший (ся)	успоко́ивший (ся)
PAST PASS.		успоко́енный
VERBAL ADVERB	успока́ивая (сь)	успоко́ив (шись)

успока́ивать кого – что

	IMPERFECTIVE ASPECT	PERFECTIVE ASPECT
INF.	уставáть	устáть
PRES.	устаю́	
	устаёшь	
	устаёт	
	устаём	
	устаёте	
	устаю́т	
PAST	уставáл	устáл
	уставáла	устáла
	уставáло	устáло
	уставáли	устáли
FUT.	бу́ду уставáть	устáну
	бу́дешь уставáть	устáнешь
	бу́дет уставáть	устáнет
	бу́дем уставáть	устáнем
	бу́дете уставáть	устáнете
	бу́дут уставáть	устáнут
COND.	уставáл бы	устáл бы
	уставáла бы	устáла бы
	уставáло бы	устáло бы
	уставáли бы	устáли бы
IMP.	уставáй	устáнь
	уставáйте	устáньте

DEVERBALS

PRES. ACT.	устаю́щий	
PRES. PASS.		
PAST ACT.	уставáвший	устáвший
PAST PASS.		
VERBAL ADVERB	уставáя	устáв

устана́вливать (ся) / установи́ть (ся)
to establish, set up

	IMPERFECTIVE ASPECT	PERFECTIVE ASPECT
INF.	устана́вливать (ся)	установи́ть (ся)
PRES.	устана́вливаю устана́вливаешь устана́вливает (ся) устана́вливаем устана́вливаете устана́вливают (ся)	
PAST	устана́вливал (ся) устана́вливала (сь) устана́вливало (сь) устана́вливали (сь)	установи́л (ся) установи́ла (сь) установи́ло (сь) установи́ли (сь)
FUT.	бу́ду устана́вливать бу́дешь устана́вливать бу́дет устана́вливать (ся) бу́дем устана́вливать бу́дете устана́вливать бу́дут устана́вливать (ся)	установлю́ устано́вишь устано́вит (ся) устано́вим устано́вите устано́вят (ся)
COND.	устана́вливал (ся) бы устана́вливала (сь) бы устана́вливало (сь) бы устана́вливали (сь) бы	установи́л (ся) бы установи́ла (сь) бы установи́ло (сь) бы установи́ли (сь) бы
IMP.	устана́вливай устана́вливайте	установи́ установи́те

DEVERBALS

PRES. ACT.	устана́вливающий (ся)	
PRES. PASS.	устана́вливаемый	
PAST ACT.	устана́вливавший (ся)	установи́вший (ся)
PAST PASS.		устано́вленный
VERBAL ADVERB	устана́вливая (сь)	установи́в (шись)

устана́вливать что

устра́ивать (ся) / устро́ить (ся)
to arrange, put in order (get a job)

	IMPERFECTIVE ASPECT	PERFECTIVE ASPECT
INF.	устра́ивать (ся)	устро́ить (ся)
PRES.	устра́иваю (сь)	
	устра́иваешь (ся)	
	устра́ивает (ся)	
	устра́иваем (ся)	
	устра́иваете (сь)	
	устра́ивают (ся)	
PAST	устра́ивал (ся)	устро́ил (ся)
	устра́ивала (сь)	устро́ила (сь)
	устра́ивало (сь)	устро́ило (сь)
	устра́ивали (сь)	устро́или (сь)
FUT.	бу́ду устра́ивать (ся)	устро́ю (сь)
	бу́дешь устра́ивать (ся)	устро́ишь (ся)
	бу́дет устра́ивать (ся)	устро́ит (ся)
	бу́дем устра́ивать (ся)	устро́им (ся)
	бу́дете устра́ивать (ся)	устро́ите (сь)
	бу́дут устра́ивать (ся)	устро́ят (ся)
COND.	устра́ивал (ся) бы	устро́ил (ся) бы
	устра́ивала (сь) бы	устро́ила (сь) бы
	устра́ивало (сь) бы	устро́ило (сь) бы
	устра́ивали (сь) бы	устро́или (сь) бы
IMP.	устра́ивай (ся)	устро́й (ся)
	устра́ивайте (сь)	устро́йте (сь)

DEVERBALS

PRES. ACT.	устра́ивающий (ся)	
PRES. PASS.	устра́иваемый	
PAST ACT.	устра́ивавший (ся)	устро́ивший (ся)
PAST PASS.		устро́енный
VERBAL ADVERB	устра́ивая (сь)	устро́ив (шись)

устра́ивать кого – что на что

481

уступа́ть / уступи́ть
to yield, give in

	IMPERFECTIVE ASPECT	PERFECTIVE ASPECT
INF.	уступа́ть	уступи́ть
PRES.	уступа́ю уступа́ешь уступа́ет уступа́ем уступа́ете уступа́ют	
PAST	уступа́л уступа́ла уступа́ло уступа́ли	уступи́л уступи́ла уступи́ло уступи́ли
FUT.	бу́ду уступа́ть бу́дешь уступа́ть бу́дет уступа́ть бу́дем уступа́ть бу́дете уступа́ть бу́дут уступа́ть	уступлю́ усту́пишь усту́пит усту́пим усту́пите усту́пят
COND.	уступа́л бы уступа́ла бы уступа́ло бы уступа́ли бы	уступи́л бы уступи́ла бы уступи́ло бы уступи́ли бы
IMP.	уступа́й уступа́йте	уступи́ уступи́те

DEVERBALS

PRES. ACT.	уступа́ющий	
PRES. PASS.	уступа́емый	
PAST ACT.	уступа́вший	уступи́вший
PAST PASS.		усту́пленный
VERBAL ADVERB	уступа́я	уступи́в

уступа́ть кого – что кому – чему, в чём

	IMPERFECTIVE ASPECT	PERFECTIVE ASPECT
INF.	ухáживать	поухáживать
PRES.	ухáживаю	
	ухáживаешь	
	ухáживает	
	ухáживаем	
	ухáживаете	
	ухáживают	
PAST	ухáживал	поухáживал
	ухáживала	поухáживала
	ухáживало	поухáживало
	ухáживали	поухáживали
FUT.	бýду ухáживать	поухáживаю
	бýдешь ухáживать	поухáживаешь
	бýдет ухáживать	поухáживает
	бýдем ухáживать	поухáживаем
	бýдете ухáживать	поухáживаете
	бýдут ухáживать	поухáживают
COND.	ухáживал бы	поухáживал бы
	ухáживала бы	поухáживала бы
	ухáживало бы	поухáживало бы
	ухáживали бы	поухáживали бы
IMP.	ухáживай	поухáживай
	ухáживайте	поухáживайте

DEVERBALS

PRES. ACT.	ухáживающий	
PRES. PASS.		
PAST ACT.	ухáживавший	поухáживавший
PAST PASS.		
VERBAL ADVERB	ухáживая	поухáжив

ухáживать за кем – чем

уходи́ть / уйти́
to walk away, leave

	IMPERFECTIVE ASPECT	PERFECTIVE ASPECT
INF.	уходи́ть	уйти́
PRES.	ухожу́	
	ухо́дишь	
	ухо́дит	
	ухо́дим	
	ухо́дите	
	ухо́дят	
PAST	уходи́л	ушёл
	уходи́ла	ушла́
	уходи́ло	ушло́
	уходи́ли	ушли́
FUT.	бу́ду уходи́ть	уйду́
	бу́дешь уходи́ть	уйдёшь
	бу́дет уходи́ть	уйдёт
	бу́дем уходи́ть	уйдём
	бу́дете уходи́ть	уйдёте
	бу́дут уходи́ть	уйду́т
COND.	уходи́л бы	ушёл бы
	уходи́ла бы	ушла́ бы
	уходи́ло бы	ушло́ бы
	уходи́ли бы	ушли́ бы
IMP.	уходи́	уйди́
	уходи́те	уйди́те

DEVERBALS

PRES. ACT.	уходя́щий	
PRES. PASS.		
PAST ACT.	уходи́вший	ушéдший
PAST PASS.		
VERBAL ADVERB	уходя́	уйдя́

участвовать / поучáствовать
to take part, participate

	IMPERFECTIVE ASPECT	PERFECTIVE ASPECT
INF.	учáствовать	поучáствовать
PRES.	учáствую учáствуешь учáствует учáствуем учáствуете учáствуют	
PAST	учáствовал учáствовала учáствовало учáствовали	поучáствовал поучáствовала поучáствовало поучáствовали
FUT.	бýду учáствовать бýдешь учáствовать бýдет учáствовать бýдем учáствовать бýдете учáствовать бýдут учáствовать	поучáствую поучáствуешь поучáствует поучáствуем поучáствуете поучáствуют
COND.	учáствовал бы учáствовала бы учáствовало бы учáствовали бы	поучáствовал бы поучáствовала бы поучáствовало бы поучáствовали бы
IMP.	учáствуй учáствуйте	поучáствуй поучáствуйте

DEVERBALS

PRES. ACT.	учáствующий	
PRES. PASS.		
PAST ACT.	учáствовавший	поучáствовавший
PAST PASS.		
VERBAL ADVERB	учáствуя	поучáствовав

участвовать в чём

учи́ть (ся) / научи́ть (ся)
to teach, study / learn (learn, study)

	IMPERFECTIVE ASPECT	PERFECTIVE ASPECT
INF.	учи́ть (ся)	научи́ть (ся)
PRES.	учу́ (сь)	
	у́чишь (ся)	
	у́чит (ся)	
	у́чим (ся)	
	у́чите (сь)	
	у́чат (ся)	
PAST	учи́л (ся)	научи́л (ся)
	учи́ла (сь)	научи́ла (сь)
	учи́ло (сь)	научи́ло (сь)
	учи́ли (сь)	научи́ли (сь)
FUT.	бу́ду учи́ть (ся)	научу́ (сь)
	бу́дешь учи́ть (ся)	нау́чишь (ся)
	бу́дет учи́ть (ся)	нау́чит (ся)
	бу́дем учи́ть (ся)	нау́чим (ся)
	бу́дете учи́ть (ся)	нау́чите (сь)
	бу́дут учи́ть (ся)	нау́чат (ся)
COND.	учи́л (ся) бы	научи́л (ся) бы
	учи́ла (сь) бы	научи́ла (сь) бы
	учи́ло (сь) бы	научи́ло (сь) бы
	учи́ли (сь) бы	научи́ли (сь) бы
IMP.	учи́ (сь)	научи́ (сь)
	учи́те (сь)	научи́те (сь)

DEVERBALS

PRES. ACT.	уча́щий (ся)	
PRES. PASS.		
PAST ACT.	учи́вший (ся)	научи́вший (ся)
PAST PASS.	у́ченный	нау́ченный
VERBAL ADVERB	уча́ (сь)	научи́в (шись)

учи́ть кого – что чему *teach someone something*
учи́ть что *study something*
учи́ться чему *study*; научи́ться чему, or infinitive *learn*

характеризова́ть (ся) / охарактеризова́ть (ся)
to characterize, describe

	IMPERFECTIVE ASPECT	PERFECTIVE ASPECT
INF.	характеризова́ть (ся)	охарактеризова́ть (ся)
PRES.	характеризу́ю	
	характеризу́ешь	
	характеризу́ет (ся)	
	характеризу́ем	
	характеризу́ете	
	характеризу́ют (ся)	
PAST	характеризова́л (ся)	охарактеризова́л (ся)
	характеризова́ла (сь)	охарактеризова́ла (сь)
	характеризова́ло (сь)	охарактеризова́ло (сь)
	характеризова́ли (сь)	охарактеризова́ли (сь)
FUT.	бу́ду характеризова́ть	охарактеризу́ю
	бу́дешь характеризова́ть	охарактеризу́ешь
	бу́дет характеризова́ть (ся)	охарактеризу́ет (ся)
	бу́дем характеризова́ть	охарактеризу́ем
	бу́дете характеризова́ть	охарактеризу́ете
	бу́дут характеризова́ть (ся)	охарактеризу́ют (ся)
COND.	характеризова́л (ся) бы	охарактеризова́л (ся) бы
	характеризова́ла (сь) бы	охарактеризова́ла (сь) бы
	характеризова́ло (сь) бы	охарактеризова́ло (сь) бы
	характеризова́ли (сь) бы	охарактеризова́ли (сь) бы
IMP.	характеризу́й	охарактеризу́й
	характеризу́йте	охарактеризу́йте

DEVERBALS

PRES. ACT.	характеризу́ющий (ся)	
PRES. PASS.	характеризу́емый	
PAST ACT.	характеризова́вший (ся)	охарактеризова́вший (ся)
PAST PASS.		охарактеризо́ванный
VERBAL ADVERB	характеризу́я (сь)	охарактеризова́в (шись)

характеризова́ть кого – что
характеризова́ться чем

Характеризова́ть can be used in both the imperfective and the perfective aspects.

хвали́ть (ся) / похвали́ть (ся)
to praise, compliment

	IMPERFECTIVE ASPECT	PERFECTIVE ASPECT
INF.	хвали́ть (ся)	похвали́ть (ся)
PRES.	хвалю́ (сь)	
	хва́лишь (ся)	
	хва́лит (ся)	
	хва́лим (ся)	
	хва́лите (сь)	
	хва́лят (ся)	
PAST	хвали́л (ся)	похвали́л (ся)
	хвали́ла (сь)	похвали́ла (сь)
	хвали́ло (сь)	похвали́ло (сь)
	хвали́ли (сь)	похвали́ли (сь)
FUT.	бу́ду хвали́ть (ся)	похвалю́ (сь)
	бу́дешь хвали́ть (ся)	похва́лишь (ся)
	бу́дет хвали́ть (ся)	похва́лит (ся)
	бу́дем хвали́ть (ся)	похва́лим (ся)
	бу́дете хвали́ть (ся)	похва́лите (сь)
	бу́дут хвали́ть (ся)	похва́лят (ся)
COND.	хвали́л (ся) бы	похвали́л (ся) бы
	хвали́ла (сь) бы	похвали́ла (сь) бы
	хвали́ло (сь) бы	похвали́ло (сь) бы
	хвали́ли (сь) бы	похвали́ли (сь) бы
IMP.	хвали́ (сь)	похвали́ (сь)
	хвали́те (сь)	похвали́те (сь)

DEVERBALS

PRES. ACT.	хваля́щий (ся)	
PRES. PASS.	хвали́мый	
PAST ACT.	хвали́вший (ся)	похвали́вший (ся)
PAST. PASS.		похва́ленный
VERBAL ADVERB	хваля́ (сь)	похвали́в (шись)

хвали́ть кого – что за что
хвали́ться кем – чем

хвата́ть (ся) / схвати́ть (ся)
to seize, grasp

	IMPERFECTIVE ASPECT	PERFECTIVE ASPECT
INF.	хвата́ть (ся)	схвати́ть (ся)
PRES.	хвата́ю (сь)	
	хвата́ешь (ся)	
	хвата́ет (ся)	
	хвата́ем (ся)	
	хвата́ете (сь)	
	хвата́ют (ся)	
PAST	хвата́л (ся)	схвати́л (ся)
	хвата́ла (сь)	схвати́ла (сь)
	хвата́ло (сь)	схвати́ло (сь)
	хвата́ли (сь)	схвати́ли (сь)
FUT.	бу́ду хвата́ть (ся)	схвачу́ (сь)
	бу́дешь хвата́ть (ся)	схва́тишь (ся)
	бу́дет хвата́ть (ся)	схва́тит (ся)
	бу́дем хвата́ть (ся)	схва́тим (ся)
	бу́дете хвата́ть (ся)	схва́тите (сь)
	бу́дут хвата́ть (ся)	схва́тят (ся)
COND.	хвата́л (ся) бы	схвати́л (ся) бы
	хвата́ла (сь) бы	схвати́ла (сь) бы
	хвата́ло (сь) бы	схвати́ло (сь) бы
	хвата́ли (сь) бы	схвати́ли (сь) бы
IMP.	хвата́й (ся)	схвати́ (сь)
	хвата́йте (сь)	схвати́те (сь)

DEVERBALS

PRES. ACT.	хвата́ющий (ся)	
PRES. PASS.	хвата́емый	
PAST ACT.	хвата́вший (ся)	схвати́вший (ся)
PAST PASS.		схва́ченный
VERBAL ADVERB	хвата́я (сь)	схвати́в (шись)

хвата́ть кого – что
хвата́ться за кого – что
Хвата́ть / хвати́ть чего is used in impersonal constructions to mean *be enough, suffice.*

ХОДИ́ТЬ – ИДТИ́ / ПОЙТИ́
to go by foot, walk / set off

	MULTIDIRECTIONAL	UNIDIRECTIONAL	PERFECTIVE ASPECT
INF.	ходи́ть	идти́	пойти́
PRES.	хожу́	иду́	
	хо́дишь	идёшь	
	хо́дит	идёт	
	хо́дим	идём	
	хо́дите	идёте	
	хо́дят	иду́т	
PAST	ходи́л	шёл	пошёл
	ходи́ла	шла́	пошла́
	ходи́ло	шло́	пошло́
	ходи́ли	шли́	пошли́
FUT.	бу́ду ходи́ть	бу́ду идти́	пойду́
	бу́дешь ходи́ть	бу́дешь идти́	пойдёшь
	бу́дет ходи́ть	бу́дет идти́	пойдёт
	бу́дем ходи́ть	бу́дем идти́	пойдём
	бу́дете ходи́ть	бу́дете идти́	пойдёте
	бу́дут ходи́ть	бу́дут идти́	пойду́т
COND.	ходи́л бы	шёл бы	пошёл бы
	ходи́ла бы	шла́ бы	пошла́ бы
	ходи́ло бы	шло́ бы	пошло́ бы
	ходи́ли бы	шли́ бы	пошли́ бы
IMP.	ходи́	иди́	пойди́
	ходи́те	иди́те	пойди́те

DEVERBALS

PRES. ACT.	ходя́щий	иду́щий	
PRES. PASS.			
PAST ACT.	ходи́вший	ше́дший	поше́дший
PAST PASS.			
VERBAL ADVERB	ходя́ – ходи́в	идя́	пойдя́

ходи́ть – идти́ во что, на что, к кому - чему, за кем – чем, в чём

With an imperfective infinitive, **пойти́** can mean *start to.*

490

хотéть (ся) / захотéть (ся)
to want

	IMPERFECTIVE ASPECT	PERFECTIVE ASPECT
INF.	хотéть (ся)	захотéть (ся)
PRES.	хочу́ хо́чешь хо́чет (ся) хоти́м хоти́те хотя́т	
PAST	хотéл хотéла хотéло (сь) хотéли	захотéл захотéла захотéло (сь) захотéли
FUT.		захочу́ захо́чешь захо́чет (ся) захоти́м захоти́те захотя́т
COND.	хотéл бы хотéла бы хотéло (сь) бы хотéли бы	захотéл бы захотéла бы захотéло (сь) бы захотéли бы
IMP.		

DEVERBALS

PRES. ACT.	хотя́щий	
PRES. PASS.		
PAST ACT.	хотéвший	захотéвший
PAST PASS.		
VERBAL ADVERB	хотéв	захотéв

хотéть чего, + infinitive, + чтобы
хо́чется кому

This verb is not used in the future tense of the imperfective aspect.

хранить (ся)
to keep, preserve

	IMPERFECTIVE ASPECT	PERFECTIVE ASPECT
INF.	хранить (ся)	
PRES.	храню́ храни́шь храни́т (ся) храни́м храни́те храня́т (ся)	
PAST	храни́л (ся) храни́ла (сь) храни́ло (сь) храни́ли (сь)	
FUT.	бу́ду храни́ть бу́дешь храни́ть бу́дет храни́ть (ся) бу́дем храни́ть бу́дете храни́ть бу́дут храни́ть (ся)	
COND.	храни́л (ся) бы храни́ла (сь) бы храни́ло (сь) бы храни́ли (сь) бы	
IMP.	храни́ храни́те	

DEVERBALS

PRES. ACT.	храня́щий (ся)	
PRES. PASS.	храни́мый	
PAST ACT.	храни́вший (ся)	
PAST PASS.		
VERBAL ADVERB	храня́ (сь)	

хранить что

целова́ть (ся) / поцелова́ть (ся)
to kiss

	IMPERFECTIVE ASPECT	PERFECTIVE ASPECT
INF.	целова́ть (ся)	поцелова́ть (ся)
PRES.	целу́ю (сь) целу́ешь (ся) целу́ет (ся) целу́ем (ся) целу́ете (сь) целу́ют (ся)	
PAST	целова́л (ся) целова́ла (сь) целова́ло (сь) целова́ли (сь)	поцелова́л (ся) поцелова́ла (сь) поцелова́ло (сь) поцелова́ли (сь)
FUT.	бу́ду целова́ть (ся) бу́дешь целова́ть (ся) бу́дет целова́ть (ся) бу́дем целова́ть (ся) бу́дете целова́ть (ся) бу́дут целова́ть (ся)	поцелу́ю (сь) поцелу́ешь (ся) поцелу́ет (ся) поцелу́ем (ся) поцелу́ете (сь) поцелу́ют (ся)
COND.	целова́л (ся) бы целова́ла (сь) бы целова́ло (сь) бы целова́ли (сь) бы	поцелова́л (ся) бы поцелова́ла (сь) бы поцелова́ло (сь) бы поцелова́ли (сь) бы
IMP.	целу́й (ся) целу́йте (сь)	поцелу́й (ся) поцелу́йте (сь)

DEVERBALS

PRES. ACT.	целу́ющий (ся)	
PRES. PASS.	целу́емый	
PAST ACT.	целова́вший (ся)	поцелова́вший (ся)
PAST PASS.	цело́ванный	поцело́ванный
VERBAL ADVERB	целу́я (сь)	поцелова́в (шись)

целова́ть кого – что
целова́ться с кем

чернéть / почернéть
to turn black

	IMPERFECTIVE ASPECT	PERFECTIVE ASPECT
INF.	чернéть	почернéть
PRES.	чернéю чернéешь чернéет чернéем чернéете чернéют	
PAST	чернéл чернéла чернéло чернéли	почернéл почернéла почернéло почернéли
FUT.	бýду чернéть бýдешь чернéть бýдет чернéть бýдем чернéть бýдете чернéть бýдут чернéть	почернéю почернéешь почернéет почернéем почернéете почернéют
COND.	чернéл бы чернéла бы чернéло бы чернéли бы	почернéл бы почернéла бы почернéло бы почернéли бы
IMP.	чернéй чернéйте	почернéй почернéйте

DEVERBALS

PRES. ACT.	чернéющий	
PRES. PASS.		
PAST ACT.	чернéвший	почернéвший
PAST PASS.		
VERBAL ADVERB	чернéя	почернéв

to clean, peel

	IMPERFECTIVE ASPECT	PERFECTIVE ASPECT
INF.	чи́стить (ся)	почи́стить (ся)
PRES.	чи́щу (сь) чи́стишь (ся) чи́стит (ся) чи́стим (ся) чи́стите (сь) чи́стят (ся)	
PAST	чи́стил (ся) чи́стила (сь) чи́стило (сь) чи́стили (сь)	почи́стил (ся) почи́стила (сь) почи́стило (сь) почи́стили (сь)
FUT.	бу́ду чи́стить (ся) бу́дешь чи́стить (ся) бу́дет чи́стить (ся) бу́дем чи́стить (ся) бу́дете чи́стить (ся) бу́дут чи́стить (ся)	почи́щу (сь) почи́стишь (ся) почи́стит (ся) почи́стим (ся) почи́стите (сь) почи́стят (ся)
COND.	чи́стил (ся) бы чи́стила (сь) бы чи́стило (сь) бы чи́стили (сь) бы	почи́стил (ся) бы почи́стила (сь) бы почи́стило (сь) бы почи́стили (сь) бы
IMP.	чи́сти (сь) чи́стите (сь)	почи́сти (сь) почи́стите (сь)

DEVERBALS

PRES. ACT.	чи́стящий (ся)	
PRES. PASS.	чи́стимый	
PAST ACT.	чи́стивший (ся)	почи́стивший (ся)
PAST PASS.	чи́щенный	почи́щенный
VERBAL ADVERB	чи́стя (сь)	почи́стив (шись)

чи́стить кого – что

читáть / прочитáть
to read, give a lecture

	IMPERFECTIVE ASPECT	PERFECTIVE ASPECT
INF.	читáть	прочитáть
PRES.	читáю читáешь читáет читáем читáете читáют	
PAST	читáл читáла читáло читáли	прочитáл прочитáла прочитáло прочитáли
FUT.	бýду читáть бýдешь читáть бýдет читáть бýдем читáть бýдете читáть бýдут читáть	прочитáю прочитáешь прочитáет прочитáем прочитáете прочитáют
COND.	читáл бы читáла бы читáло бы читáли бы	прочитáл бы прочитáла бы прочитáло бы прочитáли бы
IMP.	читáй читáйте	прочитáй прочитáйте

DEVERBALS

PRES. ACT.	читáющий	
PRES. PASS.	читáемый	
PAST ACT.	читáвший	прочитáвший
PAST PASS.	чи́танный	прочи́танный
VERBAL ADVERB	читáя	прочитáв

читáть кого – что

чу́вствовать (ся) / почу́вствовать (ся)
to feel (be noticeable)

	IMPERFECTIVE ASPECT	PERFECTIVE ASPECT
INF.	чу́вствовать (ся)	почу́вствовать (ся)
PRES.	чу́вствую (сь)	
	чу́вствуешь (ся)	
	чу́вствует (ся)	
	чу́вствуем (ся)	
	чу́вствуете (сь)	
	чу́вствуют (ся)	
PAST	чу́вствовал (ся)	почу́вствовал (ся)
	чу́вствовала (сь)	почу́вствовала (сь)
	чу́вствовало (сь)	почу́вствовало (сь)
	чу́вствовали (сь)	почу́вствовали (сь)
FUT.	бу́ду чу́вствовать (ся)	почу́вствую (сь)
	бу́дешь чу́вствовать (ся)	почу́вствуешь (ся)
	бу́дет чу́вствовать (ся)	почу́вствует (ся)
	бу́дем чу́вствовать (ся)	почу́вствуем (ся)
	бу́дете чу́вствовать (ся)	почу́вствуете (сь)
	бу́дут чу́вствовать (ся)	почу́вствуют (ся)
COND.	чу́вствовал (ся) бы	почу́вствовал (ся) бы
	чу́вствовала (сь) бы	почу́вствовала (сь) бы
	чу́вствовало (сь) бы	почу́вствовало (сь) бы
	чу́вствовали (сь) бы	почу́вствовали (сь) бы
IMP.	чу́вствуй (ся)	почу́вствуй (ся)
	чу́вствуйте (сь)	почу́вствуйте (сь)

DEVERBALS

PRES. ACT.	чу́вствующий (ся)	
PRES. PASS.	чу́вствуемый	
PAST ACT.	чу́вствовавший (ся)	почу́вствовавший (ся)
PAST PASS.		
VERBAL ADVERB	чу́вствуя (сь)	почу́вствовав (шись)

чу́вствовать что, себя

ШИ́ТЬ / СШИ́ТЬ
to sew

	IMPERFECTIVE ASPECT	PERFECTIVE ASPECT
INF.	ши́ть	сши́ть
PRES.	шью	
	шьёшь	
	шьёт	
	шьём	
	шьёте	
	шьют	
PAST	ши́л	сши́л
	ши́ла	сши́ла
	ши́ло	сши́ло
	ши́ли	сши́ли
FUT.	бу́ду ши́ть	сошью́
	бу́дешь ши́ть	сошьёшь
	бу́дет ши́ть	сошьёт
	бу́дем ши́ть	сошьём
	бу́дете ши́ть	сошьёте
	бу́дут ши́ть	сошью́т
COND.	ши́л бы	сши́л бы
	ши́ла бы	сши́ла бы
	ши́ло бы	сши́ло бы
	ши́ли бы	сши́ли бы
IMP.	ше́й	сше́й
	ше́йте	сше́йте

DEVERBALS

PRES. ACT.	шью́щий	
PRES. PASS.		
PAST ACT.	ши́вший	сши́вший
PAST PASS.	ши́тый	сши́тый
VERBAL ADVERB	шив	сшив

ши́ть что чем, по чему

The pair сшива́ть / сши́ть also means *to sew*.

	IMPERFECTIVE ASPECT	PERFECTIVE ASPECT
INF.	шуме́ть	пошуме́ть
PRES.	шумлю́	
	шуми́шь	
	шуми́т	
	шуми́м	
	шуми́те	
	шумя́т	
PAST	шуме́л	пошуме́л
	шуме́ла	пошуме́ла
	шуме́ло	пошуме́ло
	шуме́ли	пошуме́ли
FUT.	бу́ду шуме́ть	пошумлю́
	бу́дешь шуме́ть	пошуми́шь
	бу́дет шуме́ть	пошуми́т
	бу́дем шуме́ть	пошуми́м
	бу́дете шуме́ть	пошуми́те
	бу́дут шуме́ть	пошумя́т
COND.	шуме́л бы	пошуме́л бы
	шуме́ла бы	пошуме́ла бы
	шуме́ло бы	пошуме́ло бы
	шуме́ли бы	пошуме́ли бы
IMP.	шуми́	пошуми́
	шуми́те	пошуми́те

DEVERBALS

PRES. ACT.	шумя́щий	
PRES. PASS.		
PAST ACT.	шуме́вший	пошуме́вший
PAST PASS.		
VERBAL ADVERB	шумя́	пошуме́в

шути́ть / пошути́ть
to joke, jest

	IMPERFECTIVE ASPECT	PERFECTIVE ASPECT
INF.	шути́ть	пошути́ть
PRES.	шучу́	
	шу́тишь	
	шу́тит	
	шу́тим	
	шу́тите	
	шутят	
PAST	шути́л	пошути́л
	шути́ла	пошути́ла
	шути́ло	пошути́ло
	шути́ли	пошути́ли
FUT.	бу́ду шути́ть	пошучу́
	бу́дешь шути́ть	пошу́тишь
	бу́дет шути́ть	пошу́тит
	бу́дем шути́ть	пошу́тим
	бу́дете шути́ть	пошу́тите
	бу́дут шути́ть	пошу́тят
COND.	шути́л бы	пошути́л бы
	шути́ла бы	пошути́ла бы
	шути́ло бы	пошути́ло бы
	шути́ли бы	пошути́ли бы
IMP.	шути́	пошути́
	шути́те	пошути́те

DEVERBALS

PRES. ACT.	шутя́щий	
PRES. PASS.		
PAST ACT.	шути́вший	пошути́вший
PAST PASS.		
VERBAL ADVERB	шутя́	пошути́в

шути́ть над кем – чем

ЯВЛЯ́ТЬ (СЯ) / ЯВИ́ТЬ (СЯ)
to reveal (present oneself, turn up, to be)

	IMPERFECTIVE ASPECT	PERFECTIVE ASPECT
INF.	явля́ть (ся)	яви́ть (ся)
PRES.	явля́ю (сь)	
	явля́ешь (ся)	
	явля́ет (ся)	
	явля́ем (ся)	
	явля́ете (ся)	
	явля́ют (ся)	
PAST	явля́л (ся)	яви́л (ся)
	явля́ла (сь)	яви́ла (сь)
	явля́ло (сь)	яви́ло (сь)
	явля́ли (сь)	яви́ли (сь)
FUT.	бу́ду явля́ть (ся)	явлю́ (сь)
	бу́дешь явля́ть (ся)	я́вишь (ся)
	бу́дет явля́ть (ся)	я́вит (ся)
	бу́дем явля́ть (ся)	я́вим (ся)
	бу́дете явля́ть (ся)	я́вите (сь)
	бу́дут явля́ть (ся)	я́вят (ся)
COND.	явля́л (ся) бы	яви́л (ся) бы
	явля́ла (сь) бы	яви́ла (сь) бы
	явля́ло (сь) бы	яви́ло (сь) бы
	явля́ли (сь) бы	яви́ли (сь) бы
IMP.	явля́й (ся)	яви́ (сь)
	явля́йте (сь)	яви́те (сь)

DEVERBALS

PRES. ACT.	явля́ющий (ся)	
PRES. PASS.	явля́емый	
PAST ACT.	явля́вший (ся)	яви́вший (ся)
PAST PASS.		я́вленный
VERBAL ADVERB	явля́я (сь)	яви́в (шись)

явля́ть кого – что
явля́ться кем – чем

English-Russian Verb Index

This index contains all the Russian verbs found in the book. The English meanings are provided as a guide; for further meanings of Russian verbs, consult a good dictionary.

The preposition *to* of the English infinitive form has been omitted. In most cases, both the imperfective and the perfective verb forms are provided, separated by a slash /. Parentheses around **(ся)** indicate verbs that can be used both with and without the reflexive particle. For more complete information, consult the page(s) listed after the verbs.

A

arrive by vehicle приезжа́ть /
прие́хать 328

ascend всходи́ть / взойти́ 45

ask [a question] спра́шивать /
спроси́ть 422

assign задава́ть / зада́ть 122

assure oneself убежда́ть / убеди́ть
456

attract привлека́ть / привле́чь 320

avoid избега́ть / избежа́ть 148

awake просыпа́ться / проснуться
355

В

bake пе́чь (ся) / испе́чь (ся) 271

bathe купа́ть (ся) /
вы́купать (ся) 174

be бы́ть 19, явля́ться / яви́ться
501

be able мо́чь / смо́чь 191,
уме́ть / суме́ть 471

be afraid of боя́ться / побоя́ться
12

be born рожда́ться / роди́ться
386

be called, be named называ́ть(ся) /
назва́ть (ся) 197

be enough хвата́ть / хвати́ть 489

be friends дружи́ть (ся) /
подружи́ться 98

be ill боле́ть / заболе́ть 9

be late опа́здывать / опозда́ть
223

be mistaken ошиба́ться /
ошиби́ться 253

be on duty дежу́рить 81

be patient терпе́ть / потерпе́ть
447

be present име́ться 154

be proud of горди́ться /
возгорди́ться 73

be published печа́таться /
напеча́таться 270

be registered оформля́ться /
офо́рмиться 252

be solved разреша́ться /
разреши́ться 372

beat би́ть / поби́ть 6

become станови́ться / ста́ть 427

become ill заболе́ть 9

begin начина́ть (ся) / нача́ть (ся)
204, ста́ть 427

begin applauding зааплоди́ровать 1

begin pulling потащи́ть 445

begin swimming поплы́ть 274

begin talking загова́ривать (ся) /
заговори́ть (ся) 120

begin to work зарабо́тать 134

believe ве́рить / пове́рить 22

belong to принадлежа́ть 333

beware of бере́чься / побере́чься
4

blacken черне́ть / почерне́ть 494

blow ду́ть / ду́нуть 100

boil вари́ть (ся) / свари́ть (ся)
20

borrow занима́ть (ся) /
заня́ть (ся) 131

bother надоеда́ть / надое́сть 195

C

D

dance танцева́ть (ся) / потанцева́ть 444

dare to сметь / посметь 401

daydream мечта́ть / помечта́ть 188

deceive обма́нывать (ся) / обману́ть (ся) 212

decide реша́ть (ся) / реши́ть (ся) 384

declare объявля́ть (ся) / объяви́ть (ся) 217

decorate украша́ть (ся) / укра́сить (ся) 467

decrease уменьша́ть (ся) / уме́ньшить (ся) 470

defeat побежда́ть / победи́ть 277

defend защища́ть (ся) / защити́ть (ся) 139

deliberate рассужда́ть / порассужда́ть 379

delight восхища́ть (ся) / восхити́ть (ся) 40

demand тре́бовать (ся) / потре́бовать (ся) 452

depend on зави́сеть 117

describe опи́сывать (ся) / описа́ть (ся) 224

destroy разруша́ть (ся) / разру́шить (ся) 373, уничтожа́ть (ся) / уничто́жить (ся) 474

determine определя́ть (ся) / определи́ть (ся) 226

devote oneself отдава́ться / отда́ться 239

die умира́ть / умере́ть 472

differentiate отлича́ть (ся) / отличи́ть (ся) 243

dig копа́ть / копну́ть 169

direct направля́ть (ся) / напра́вить (ся) 200

disappear исчеза́ть / исче́знуть 161, пропада́ть / пропа́сть 351

discuss обсужда́ть / обсуди́ть 216

dispatch присыла́ть / присла́ть 336

disperse расходи́ться / разойти́сь 381

distribute раздава́ть (ся) / разда́ть (ся) 368

disturb беспоко́ить (ся) / побеспоко́ить (ся) 5

divide дели́ть (ся) / подели́ть (ся) 84, разделя́ть (ся) / раздели́ть (ся) 370

divorce разводи́ться / развести́сь 366

do де́лать (ся) / сде́лать (ся) 83

doubt сомнева́ться 412

drag таска́ть - тащи́ть / потащи́ть 445

drag out выта́скивать (ся) / вы́тащить (ся) 66

draw рисова́ть / нарисова́ть 385

dress одева́ть (ся) / оде́ть (ся) 219

drink пить / вы́пить 273

drive води́ть – вести́ / повести́ 32

drive off уезжа́ть / уе́хать 463

drive up to подъезжа́ть / подъе́хать 287

drop роня́ть / урони́ть 387

drop by on foot заходи́ть / зайти́ 138

drop by in a vehicle заезжа́ть / зае́хать 123

drown тону́ть / утону́ть 449

duel стреля́ться / постреля́ться 434

E

earn зараба́тывать / зарабо́тать 134

eat есть / съесть 103

educate воспи́тывать (ся) / воспита́ть (ся) 39

embrace обнима́ть (ся) / обня́ть (ся) 213

employ по́льзоваться / воспо́льзоваться 296

encourage поощря́ть / поощри́ть 301

endure выноси́ть / вы́нести 59, переноси́ть / перенести́ 262

enter входи́ть / войти́ 46

enter, join [university, etc.] поступа́ть / поступи́ть 307

enter, ride in въезжа́ть / въе́хать 47

entertain угоща́ть / угости́ть 460

envy зави́довать / позави́довать 116

establish осно́вывать (ся) / основа́ть (ся) 232, устана́вливать (ся) / установи́ть (ся) 480

examine осма́тривать (ся) / осмотре́ть (ся) 231, рассма́тривать / рассмотре́ть 377

exchange меня́ть (ся) / поменя́ть (ся) 186

excite волнова́ть (ся) / взволнова́ть (ся) 38

exclude выключа́ть / вы́ключить 56

excuse извиня́ть (ся) / извини́ть (ся) 149

exist существова́ть 440

exit выходи́ть / вы́йти 68

expend тра́тить (ся) / потра́тить (ся) 451

experience испы́тывать / испыта́ть 160

explain объясня́ть (ся) / объясни́ть (ся) 218

explode разрыва́ть (ся) / разорва́ть (ся) 374

express выража́ть (ся) / вы́разить (ся) 63

extend продолжа́ть (ся) / продо́лжить (ся) 344

F

fade блéднеть / побледнéть 8

fall пáдать / упáсть 254

fall asleep засыпáть / заснýть 136

fall behind отставáть / отстáть 250

fall ill заболевáть / заболéть 114

fall in love влюбля́ться / влюби́ться 30

fall out выпадáть / вы́пасть 60

feed корми́ть / накорми́ть 170

feel чýвствовать (ся) / почýвствовать (ся) 497

fell руби́ть / сруби́ть 388

fight дрáться / подрáться 96

find out находи́ть (ся) / найти́ (сь) 203

finish закáнчивать (ся) / закóнчить (ся) 125, кончáть (ся) / кóнчить (ся) 168

finish talking договáривать (ся) / договори́ть (ся) 89

fly летáть – летéть / полетéть 178

fly in прилетáть / прилетéть 332

fly off, away улетáть / улетéть 468

fly out, take off вылетáть / вы́лететь 57

follow слéдовать / послéдовать 396

force заставля́ть / застáвить 135

forget забывáть (ся) / забы́ть (ся) 115

forgive прощáть / прости́ть 357

formalize оформля́ть (ся) / офóрмить (ся) 252

found оснóвывать (ся) / основáть (ся) 232

freeze замерзáть / замёрзнуть 129

frighten пугáть (ся) / испугáть (ся) 360

fry жáрить / зажáрить 106

fulfil выполня́ть / вы́полнить 62

G

gain одéрживать / одержáть 220

get a haircut стри́чься / остри́чься 436

get a job устрáиваться / устрóиться 481

get angry серди́ться / рассерди́ться 394

get dressed одевáться / одéться 219

get ready to собирáться / собрáться 406

get up вставáть / встáть 43

get used to привыкáть / привы́кнуть 323

give давáть / дáть 78

give a present дари́ть / подари́ть 79

give back, give away отдава́ть (ся) / отда́ть (ся) 239

give birth to рожда́ть / роди́ть 386

gladden ра́довать (ся) / обра́довать (ся) 363

glow горе́ть / сгоре́ть 74

gnaw гры́зть / разгры́зть 76

go as far as доходи́ть / дойти́ 95

go away расходи́ться / разойти́сь 381

go by foot ходи́ть – идти́ / пойти́ 490

go out выходи́ть / вы́йти 68

go swimming купа́тся / вы́купаться 174

grab схва́тывать (ся) / схвати́ть (ся) 441

greet здоро́ваться / поздоро́ваться 143

grow up расти́ / вы́расти 380

guard бере́чь (ся) / побере́чь (ся) 4

H

halt остана́вливать (ся) / остано́вить (ся) 235

hand over сдава́ть (ся) / сда́ть (ся) 393

hang ве́шать (ся) / пове́сить (ся) 24, висе́ть / повисе́ть 27

happen быва́ть, 18, происходи́ть / произойти́ 350, случа́ться / случи́ться 398

hate ненави́деть / возненави́деть 205

have име́ть (ся) 154

have a meal поеда́ть / пое́сть 288

have to приходи́ться / прийти́сь 337

hear слы́шать (ся) / услы́шать (ся) 400

help помога́ть / помо́чь 298

hide пря́тать (ся) / спря́тать (ся) 359

hinder меша́ть (ся) / помеша́ть (ся) 189

hit би́ть / поби́ть 6, попада́ть (ся) / попа́сть (ся) 302

hold держа́ть (ся) / подержа́ть (ся) 85

hope наде́яться / понаде́яться 194

hurry спеши́ть / поспеши́ть 420, торопи́ть (ся) / поторопи́ть (ся) 450

I

illuminate освеща́ть (ся) / освети́ть (ся) 229

include включа́ть (ся) / включи́ть (ся) 28

indicate ука́зывать / указа́ть 466

inform сообща́ть (ся) / сообщи́ть (ся) 413

insist наста́ивать / настоя́ть 201

J

K

L

O

obey слу́шать (ся) / послу́шать (ся) 399
object возража́ть / возрази́ть 37
obtain добива́ться / доби́ться 87, достава́ть (ся) / доста́ть (ся) 93
occupy занима́ть (ся) / заня́ть (ся) 131
occur быва́ть 18
omit пропуска́ть / пропусти́ть 352
open открыва́ть (ся) / откры́ть (ся) 242
order зака́зывать / заказа́ть 124
organize организо́вывать (ся) / организова́ть (ся) 228
overwork перераба́тываться / перерабо́таться 264

P

paint рисова́ть / нарисова́ть 385
pale бледне́ть / побледне́ть 8
participate уча́ствовать / поуча́ствовать 485
pass by проходи́ть / пройти́ 356
pass on передава́ть (ся) / переда́ть (ся) 259
pay плати́ть / заплати́ть 276
perform исполня́ть (ся) / испо́лнить (ся) 157
perish погиба́ть / поги́бнуть 279

permit позволя́ть / позво́лить 289
pity жале́ть / пожале́ть 104
place класть / положи́ть 167
place, stand ста́вить / поста́вить 426
plant сажа́ть / посади́ть 391
play игра́ть / сыгра́ть 147
plow паха́ть / вспаха́ть 255
pour лить (ся) / поли́ть (ся) 180, налива́ть (ся) / нали́ть (ся) 198
pour on полива́ть (ся) / поли́ть (ся) 294
praise хвали́ть (ся) / похвали́ть (ся) 488
prefer предпочита́ть / предпоче́сть 313
prepare гото́вить (ся) / пригото́вить (ся) 75, подгота́вливать (ся) / подгото́вить (ся) 282, приготовля́ть (ся) / пригото́вить (ся) 326
present подава́ть (ся) / пода́ть (ся) 280, представля́ть (ся) / предста́вить (ся) 314
preserve храни́ть (ся) 492
press жать / пожа́ть 107
print печа́тать (ся) / напеча́тать (ся) 270
produce производи́ть / произвести́ 348
promise обеща́ть / пообеща́ть 210

pronounce произноси́ть /
произнести́ 349

propose предлага́ть / предложи́ть
312

protect сохраня́ть (ся) /
сохрани́ть (ся) 417

publish издава́ть / изда́ть 150

pull тяну́ть (ся) / потяну́ть (ся)
454

pull, tear out рва́ть (ся) /
порва́ть (ся) 382

put on [clothes, etc.] надева́ть (ся) /
наде́ть (ся) 193

Q

quarrel ссо́риться / поссо́риться
425

question расспра́шивать /
расспроси́ть 378

R

raise поднима́ть (ся) /
подня́ть (ся) 283

read чита́ть / прочита́ть 496

reap жа́ть / сжа́ть 108

rear выра́щивать / вы́растить 64

receive получа́ть (ся) / получи́ть
(ся) 295

recognize признава́ть (ся) /
призна́ть (ся) 330,
узнава́ть / узна́ть 465

recount расска́зывать /
рассказа́ть 376

recover выздора́вливать /
вы́здороветь 53

reduce понижа́ть (ся) /
пони́зить (ся) 299

refuse отка́зывать (ся) /
отказа́ть (ся) 241

register запи́сываться /
записа́ться 132

rejoice ра́доваться /
обра́доваться 363

relax отдыха́ть / отдохну́ть 240

remain остава́ться / оста́ться
233

remember вспомина́ть (ся) /
вспо́мнить (ся) 42,
запомина́ть (ся) /
запо́мнить (ся) 133,
по́мнить 297

rent сдава́ть (ся) / сда́ть (ся)
393

repair поправля́ть (ся) /
попра́вить (ся) 303

repeat повторя́ть (ся) /
повтори́ть (ся) 278

replace заменя́ть / замени́ть 128

reprint перепи́сывать (ся) /
переписа́ть (ся) 263

request проси́ть (ся) /
попроси́ть (ся) 353

respect уважа́ть 458

return возвраща́ть (ся) /
возврати́ть (ся) 34

reveal явля́ть (ся) / яви́ть (ся)
501

T

U

Index of Russian Verbs

The index of Russian verbs is an alphabetical list of all the verbs found in *501 Russian Verbs*. Each verb is followed by the page number where the verbal forms can be found. When a verb is used both with and without the reflexive particle, **(ся)** is found in parentheses. When the **ся** is not set off by parentheses, the verb is not used without this particle.

З

И

П

Р

С